석전유해
釋典類解

| 동국대학교 불교기록문화유산아카이브사업단(ABC)
본서는 문화체육관광부 지원으로 동국대학교 불교학술원에서 간행하였습니다.

한글본 한국불교전서 조선 74
석전유해

2022년 2월 18일 초판 1쇄 인쇄
2022년 2월 28일 초판 1쇄 발행

지은이 연담 유일
옮긴이 조영미
발행인 박기련
발행처 학교법인 동국대학교 출판문화원

출판등록 제2020-000110호(2020.7.9)
주소 04626 서울시 중구 퇴계로36길2 신관1층 105호
전화 02-2264-4714
팩스 02-2268-7851
Homepage http://dgpress.dongguk.edu
E-mail abook@jeongjincorp.com

편집디자인 다름
인쇄처 네오프린텍(주)

ⓒ 2022, 동국대학교(불교학술원)

ISBN 979-11-91670-23-3 93220

값 21,000원

이 책의 무단 전재나 복제 행위는 저작권법 제98조에 따라 처벌받게 됩니다.

한글본 한국불교전서 조선 74

석전유해
釋典類解

연담 유일 蓮潭有一
조영미 옮김

동국대학교 불교학술원

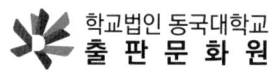

석전유해釋典類解 해제

조 영 미
동국대학교 불교학술원 전임연구원

1. 저자

연담 유일蓮潭有一(1720~1799)의 자는 무이無二, 속성은 천千이며, 조선 후기 영정조 때 활약한 대강백大講伯이다. 유일有一은 자보自譜에서 화순和順 출신이며 읍내邑內 적천跡泉에서 태어났다고 밝히고 있다. 고려 때 진각국사眞覺國師 혜심慧諶(1178~1234)의 모친이 이곳 샘에서 과瓜를 얻어서 먹고 국사를 잉태하여 적천이라 불리게 되었다는 유래까지 직접 소개한 대목에는 출생지와 고향에 대한 자부심이 엿보인다.

"교학뿐 아니라 선도를 함께 닦은 고승으로서, 법맥상으로는 호암 체정虎巖體淨(1687~1748)의 제자이고 설파 상언雪坡尙彦(1707~1791)을 동문이면서 스승으로 받들었다. 서산 대사 청허 휴정淸虛休靜(1520~1604)의 의발衣鉢을 전수함으로써 선교禪敎의 총본산인 전라남도 해남 대흥사大興寺의 12대종사大宗師 중 1인이 되었다."[1]

---

1 『西域中華海東佛祖源流』(H10, 112b18), "청허 하 제5세인 호암 체정 법사이며 청허의

유일의 생애는 자신이 직접 쓴 「연담대사자보행업蓮潭大師自譜行業」과 해남 대흥사 소재 「연담대종사비명병서蓮潭大宗師碑銘幷序」, 장성 백양사 소재 「연담선사비명蓮潭禪師碑銘」 등에 상세히 실려 있다.[2]

10세 때 『통감通鑑』을 배우기 시작하여 11세에 그 15권을 모두 마쳤는가 하면 『맹자』, 『중용』 등을 13세 때 떼었다. 하지만 이미 7세 때 부친을 여읜 데다 13세 때에는 모친까지 돌아가시어 곤고한 삶 속에서 배움을 자주 중단할 수밖에 없었다. 그러던 중 18세에 법천사法泉寺 성철性哲을 따라 출가하여 19세 때 안빈심安貧諶에게서 구족계具足戒를 받았다. 그 후 영허靈虛, 벽하碧霞, 용암龍岩, 영곡靈谷, 호암虎岩, 설파雪坡, 풍암楓岩, 상월霜月, 용담龍潭, 영해影海 등 십대법사十大法師를 두루 참학하여 밀지密旨를 얻고 교리에 능통하게 되었다. 또 동문인 설파 상언과 절차탁마하여 화엄강석을 30여 년 동안 15회 주관하기도 하였다. 교학과 선학에 모두 능통하였으나 특히 화엄학에 정통한 것으로 알려졌으며 '화엄종주'라 일컬어지게 된 연유이기도 하다.

세수 80세, 법랍 62세로 장흥 보림사寶林寺 삼성암三聖庵에서 입적하였다. 『동사열전』에 따르면, 대둔사大芚寺, 미황사美黃寺, 법천사에 부도浮屠가 세워졌고, 수관 거사水觀居士 초원椒園 이충익李忠翊이 비기碑記를 지었으며, 선을 전해 준 제자 42인, 교를 전해 준 제자 33인이라 기록되어 있다.[3] 번암樊巖 채제공蔡濟恭(1720~1799)이 「연담대사영찬蓮潭大師影贊」을 지었다.[4]

6세손에 연해 광열, 만화 원오, 풍악 보인, 청봉 거안, 영곡 영우, 서운 시연, 설파 상언, 용파 도주, 연담 유일 이상 9인이 있다.(淸虛下第五世, 虎巖淨嗣, 六世, 燕海廣悅, 萬化圓悟, 楓嶽普印, 靑峰巨岸, 靈谷永愚, 瑞雲時演, 雪坡常彦, 龍坡道周, 蓮潭有一, 已上九人有嗣.)" 한국민족문화대백과사전 '유일有一' 항목 참조.
2 金石泰, 「蓮潭 有一의 漢詩 고찰 : 詩的 형상화의 개방성을 중심으로」 『한국시가문화연구』 11, 2003), pp.28~30 참조.
3 『椒園遺藁』 册二 「蓮潭和尙碑記」.
4 『東師列傳』 권4 「蓮潭宗師」 (H10, 1030b6).

다산茶山 정약용丁若鏞(1762~1836)이 지은 〈지리산승가시유일智異山僧歌示有一〉에 "서른세 해토록 산에서 내려오지 않았으니, 세상 사람들 어찌 그 얼굴 알아보았으랴. 꽃이 피거나 지거나 전혀 마음 움직이지 않고, 오가는 구름마냥 그저 한가로웠네.(三十三年不下山, 世人那得識容顔. 花開花落了不省, 雲來雲去只同閑.)"[5]라는 구절이 있다.

또 유일의 문하가 유일의 탑비塔碑에 명문銘文이 없는 것을 안타까이 여겨 추사秋史 김정희金正喜(1786~1856)에게 청하자 김정희가 지어 준 게에 "유는 하나가 있다는 것이요, 무는 둘이 없다는 것. 유이지만 유를 옳게 여기지 않으며, 무이지만 무를 옳게 여기지 않네. 유와 무 양변을 벗어난 그 자리에, 문자반야[6]가, 밝게 빛나며 분명하도다.(有是有一, 無是無二. 有非是有, 無非是無. 有無之外, 文字般若, 的的明明.)"[7]라는 구절이 있다. 이것은 법명인 '유일有一'과 자인 '무이無二'를 소재로 재치 있게 유일의 면모를 그린 것이다.

위 두 사람의 시를 보건대, 유일은 화엄교학에만 치우쳤던 것이 아니라 선과 교를 아울러 섭렵했음을 미루어 짐작할 수 있다.

저술에는 『사집수기四集手記』 1권, 『기신사족起信蛇足』 1권, 『금강하목金剛鰕目』 1권, 『원각사기圓覺私記』 2권, 『현담사기玄談私記』 2권, 『대교유망기大敎遺忘記』 5권, 『제경회요諸經會要』 1권, 『염송착병拈頌着柄』 2권, 『임하록林下錄』 시詩 3권, 문文 2권, 그리고 본 책인 『석전유해』가 있다.

---

5 『茶山詩文集』 권1.
6 반야의 지혜를 촉발하는 모든 문자.
7 『阮堂全集』 권7 「雜著」.

2. 서지 사항 및 구성

이 책의 저본은 김민영金敏榮 소장 필사본筆寫本이며, 『한국불교전서』 10책(pp.287~302)에 수록되어 있다.

불교 관련 여러 전적에서 용어를 유類별로 모아 풀이한 책이다. 현대와 같은 가나다순은 아니지만 사전류에 속한다.[8]

책 처음에 1부터 10까지의 순서로 법수法數 용어가, 이어서 불보살들의 이름이 배열되어 있다. 다음으로는, 선가에서 사용하는 용어들로서 고정된 실체적 개념을 갖지 않는 말들, 불경佛經을 일컫는 용어들로서 주로 교가에서 쓰는 말들이 배열되어 있고, 다시 선가에서 쓰는 말들, 그리고 절을 일컫는 말들이 배열되어 있다. 그 이후에는 상위개념으로 유類를 묶기에는 어려운 선사들의 일화나 언행 그리고 경전 인용 등이 수록되어 있다.

다음으로는 유가 문인의 문집을 활용하고 있는 점이 특징적이다. 먼저 삼연三淵 김창흡金昌翕(1653~1722)의 문집 가운데 시집에 해당하는 권1에서 권16까지의 시에서 불교와 관련된 용어들에 주해를 붙였다. 이어 상촌象村 신흠申欽(1566~1628)의 『상촌집象村集』 권34에 수록된 「불가경의설佛家經義說」, 「도가경의설道家經義說」, 「역대천문지설歷代天文志說」, 「풍수가설風水家說」 네 편의 설설을 그대로 수록해 놓았다.

끝으로는 『불조역대통재佛祖歷代通載』에서 발췌한 내용이 중심을 이루고 있다. '칠불게七佛偈'를 필두로 하여 '제 조사 전발게 부諸祖師傳鉢偈付'

---

8 "대장경이나 하나의 경전 또는 어록 등에서 난해한 용어나 구절에 해설을 붙인 것으로는 당나라 현응玄應의 『일체경음의一切經音義』, 혜림慧琳의 『일체경음의』, 송나라 목암 선경睦庵善卿의 『조정사원祖庭事苑』, 명나라 대건大建의 『선림보훈음의禪林寶訓音義』, 일본 도충道忠의 『선림상기전禪林象器箋』 등"이 있는데, 이와 같은 성격의 사전이라고 볼 수 있다. 가산불교대사림 '불교사전' 항목 참조.

라는 소제하에 1조 마하가섭摩訶迦葉에서부터 27조 반야다라般若多羅까지의 게송, '조사상전祖師相傳'이라는 소제하에 초조 보리달마菩提達磨로부터 5조 홍인 대사弘忍大師, 그리고 신수神秀와 혜능慧能의 게송을 수록하였다. 말미에는 『불조역대통재』 권1에 수록되어 있으나 본래는 원나라 발합사파發合思巴(1239~1280)가 짓고 사라파沙羅巴가 한역한 『창소지론彰所知論』의 「기세간품器世間品」, 「정세계품情世界品」, 「도법품道法品」, 「과법품果法品」, 「무위법품無爲法品」 5개 장 가운데 앞의 두 품을 요약적으로 실었다.

3. 내용과 성격

이 책은 사전적 성격을 띠고 있는 만큼 일단 저자 자신의 생각이나 가치보다는 객관적 진술에 무게를 두었으리라는 측면에서 접근 가능하다. 하지만 일정한 내용과 재료라도 어떤 체재하에 어떻게 구성하느냐에 따라 글이나 책의 색채와 메시지는 얼마든지 달라지기 마련이다.

『석전유해』역시 석전釋典과 관련된 용어를 유별로 모아 풀이하였다고는 하지만 그 용어 선택과 풀이에서 저자의 가치 관념을 읽을 수 있는 대목이 곳곳에서 포착된다.

첫 올림말 '일심一心'에서 '화엄종주'라 일컬어지는 이름이 빈말이 아님을 단적으로 확인할 수 있다. 『화엄경소華嚴經疏』를 전거로 하여 "갖가지 모든 차별적 현상들이 일심一心에서 벗어나지 않는다."라 하고, '팔만대장경에 실린 교설이 모두 한마디로 일심을 설한 것'이라고 풀었다. 이러한 관점은 '일근一根'을 '천지 만물이 원래 하나의 뿌리'라고 푼 것이나, '일체一體'를 '유정이나 무정이나 모두 동일한 체體'라고 푼 데서도 드러난다. 차별적 현상과 평등한 본체가 상즉상입相卽相入하여 일一이 다多이고 다多가 곧 일一이기도 하다는 관점을 분명히 하고 있다.

일一·다多의 해석 틀에 못지않게 유일이 주요하게 사용한 또 하나의 해석 틀로 체體·용用을 들 수 있다. 일례로 '여래如來'를 풀면서 '여如는 체體요, 래來는 용用이다. 체와 용을 합하여 여래라 일컫는 것이다.'라고 한 대목이 대표적이다.

또한 어려서부터 유가 경전을 섭렵하고 유학자들과의 교류도 활발하였던 유일은 유가적 식견을 곳곳에서 드러내고 있다. 불가의 '오계五戒'를 유가에서의 다섯 가지 덕목에 배대한 대목을 꼽을 수 있다. 즉 불살생不殺生을 인仁에, 불투도不偸盜를 의義에, 불사음不邪淫을 예禮에, 불망어不妄語를 신信에, 불음주不飮酒를 지智에 대응하여 풀었다. 이러한 예는 조동종계의 선사 각랑 도성覺浪道盛(1592~1659)의 『천계각랑성선사전록天界覺浪盛禪師全錄』 권26(가흥장嘉興藏 제34책)에 보이는데, 유일이 이 책을 참조하였다고 확언할 수도 없지만 현재로서는 그 가능성도 배제할 수 없다.

불가와 유가의 동이점同異點에 대한 유일의 견해는 형악衡嶽 남대 수안南臺守安[9] 선사와 조선 숙종 때의 문신이자 학자인 노촌老邨(老村) 임상덕林象德[10]의 게송을 비교한 다음 평가에서도 드러난다.

> 유가에서는 조장해서도 안 되고 잊어서도 안 된다. 망상이 다가오면 제거하여 없게 만들고 사량할 만한 일이 있으면 사량한다. 불가에서의 '본래 망상도 없고 본래 사량할 일도 없다.'는 뜻과 비교하여 그 자체가 서로 반대된다. 불가에서는 세속을 벗어나 세속을 잊으니 망상도 없고 사량할 일도 없는 것이요, 유가에서는 세속에 들어가 세속에 보존하

---

9 남대 수안南臺守安 : 출신·행적 미상. 지장 계침地藏桂琛(867~928)의 법을 이었다. 현재 전하는 문헌에 자세한 행적은 전하지 않으나, 『禪家龜鑑』(H7, 644c1)에 법안종法眼宗 선사로 소개되어 있고, 『禪門拈頌說話』 1315칙(H5, 863c2) 본칙에 그의 게송이 실려 있다. 유일이 『석전유해』에서 언급한 바로 그 게송이다.

10 임상덕林象德(1683~1719) : 자는 윤보潤甫·이호彛好, 노촌老村은 호이다. 저서에 『老村集』이 있고, 역사에 관심이 많아 남긴 책으로 『東史會綱』이 있다.

므로 격물치지格物致知한 후에 마음을 바루고 뜻을 성실히 하여 나라를 다스리고 천하를 태평하게 하는 도에 이르니 사량하지 않는 일이란 없다.[11]

유일은 인욕人欲의 문제에 어떻게 접근하는가를 기준으로 양쪽을 비교하여 드러냈을 뿐, 어느 한쪽이 낫고 못하다는 가치판단으로 접근하지 않았다. 성리학에서 심성론心性論은 주요한 이론적 토대이다. 유일의 이러한 견해는 옳고 그름을 떠나 유학자들과 소통하고 교류할 수 있는 소재를 던져 주었다는 점에서 의미가 있다. 교학에 바탕을 둔 유일의 이론적 사고 체계와 소통 방식이 유학자들에게는 불교에 접근하는 보다 평탄한 길을 터 주었다고 하겠다.

고려 시대나 조선 초중기에 비해 선기禪機는 약화되고 교학적 이론 분석이 우세해졌다고는 하나 어록이나 공안집 등의 선서禪書를 치지도외했던 것은 아니다.[12] 『석전유해』에 한정해서 보아도 선어禪語가 비중 있게 처리되고 있다. 유일이 『선문염송』과 『염송설화』 등의 책을 섭렵했음을 알 수 있는 단적인 대목들도 적잖이 보이며,[13] 선사들의 일화도 다양하게 소개되어 있는 점이 그 방증이다.

한 시대를 특징짓는 사상이 태동하고 사람들의 인식에 울림과 변화를 가져오는 출발점은 어느 일개인의 힘에 의했을지라도 주도적 문화로 보편화되고 그 명맥을 이어 가는 것은 다수의 대중이다. 전 시대에 비해 이

---

11 『釋典類解』(H10, 292c5).
12 연담 유일보다 후대 인물이자 백파 긍선白坡亘璇의 문인門人인 설두 유형雪竇有炯(1824~1889)이 지은 『禪源溯流』에도 일견 삼종선 논쟁과 무관할 듯한 『拈頌說話』가 상당히 인용된 점에서도 이를 알 수 있다.
13 『釋典類解』(H10, 291b15), "염은 중요한 요점을 집어내는 것이고, 송은 그 뜻을 널리 펼치는 것이다.(拈頌. 拈振其綱, 頌宣其義.)"; 『禪門拈頌說話』「禪門拈頌集序」(H5, 1b21), "拈頌者, 拈振其網[綱], 頌宣其意也."

렇다 할 걸출한 선사들이 출현하지 않은 점을 이유로 꼽을 수도 있겠으나 당연히 이것이 근본적 요인이 될 수 없다. 선학에서 이론 분석 중심의 교학으로 무게가 옮겨 간 것을 부정적 흐름으로 판단할 이유도 없다. 다만, 이러한 흐름이 이루어질 수밖에 없었던 요인에 대한 역사적 문화적 분석은 의미를 가지리라 생각한다.

원인을 무엇으로 보든 유일의 시대는 선기가 퇴색하고 시대적 분위기도 달라져 있었던 것만큼은 분명하다. 교학의 이론 체계를 우선적으로 갖추어 지니면서도 선사상에 대한 이해의 끈을 놓지 않는 한편, 유학자들과의 교류를 이어 갔던 데에서 그의 고민을 읽을 수 있다. 그것은 자신의 사상적 정체성이 불안정하여 초래된 고민이 아니라, 선법의 요체가 끊어지면서 이에 대한 몰이해와 오해가 널리 퍼져 가는 데에 따른 고뇌의 단면이다. 뜻풀이와 일화 중심으로 선과 교의 용어를 정리한 『석전유해』를 발상發想할 수 있었던 것도 이런 맥락으로 판단된다.

불교와 불교도들에 대해 비판적 언사를 쏟아놓으며 그 논리에 반박할 도리를 찾고자 불교 용어를 정리한 상촌象村 신흠申欽의 글[14]을 그대로 옮겨 실은 데에는 유학자는 물론 재가자와 출가자 모두에게 선·교의 정확한 뜻을 전파하고자 한 마음이 담겨 있기 때문이다.

유일이 불가의 경전이나 문헌에 국한하지 않고 유학자들의 문집들을 폭넓게 살폈음은 다음 글에서 알 수 있다.

---

[14] 『釋典類解』「佛家經義說」(H10, 296a10), "불교의 가르침은 우리 도에 적이고, 불교도들은 백성에게 해를 끼치는 좀이다. 그 경서와 그것을 믿는 사람들에 대해서 유자들은 글에 싣지도 않고 입에 올리지도 않는다. 그런데 그 범어가 허황하고 기괴하여서 보아도 마디를 떼어 읽지 못하고 쓰려 해도 마디를 떼어 쓰지 못한즉 이를 똑똑히 밝혀 반박할 도리가 없다. 이에 불가에서 흔히 쓰는 언어문자를 시험 삼아 들어 해설을 약간 제시해 보탬으로써 후학들이 미혹되지 않도록 하고자 한다.(佛之敎, 吾道之賊也, 佛之人, 生民之蠹也. 其書其人, 儒者所不載不稱也. 然其梵語恢詭, 見者不能句, 書亦不能句, 則無由闢之廓如. 試擧其恒用於言語文字者, 略加提釋, 俾後學不迷也.)"

내가 또 우리나라 문집을 읽다가 불교의 말을 인용한 것을 보았는데 잘못 쓴 예가 많았다. 그런데 삼연 김창흡 선생은 불교의 말을 많이 인용하였는데도 어그러진 곳이 없었다.[15]

삼연 김창흡의 시집 전체 16권에서 불교 용어를 뽑아 정리한 것도 단순히 김창흡과의 개인적 인연에서라기보다 이처럼 유학자들의 문집에 쓰인 실례를 통해 불교에 대한 이해를 도모하는 편이 한층 쉽고 빠른 길이라 생각한 때문으로 보인다.

불교뿐 아니라 유가의 시문집에도 학식이 깊었던 유일은 동파東坡 소식蘇軾(1036~1101), 산곡山谷 황정견黃庭堅(1045~1105), 방옹放翁 육유陸游(1125~1210), 그리고 동파와 금나라 때의 시인 원호문元好問(1190~1257)을 좋아했던 목재牧齋 전겸익錢謙益(1582~1664) 등의 시구를 적재적소에 인용하여 이해를 도왔다.

유일의 이러한 일련의 저작과 활동을 유가와 불가의 차별 내지 반목질시를 넘어 유불 교섭 양상을 보여 주었다는 식으로 귀결시키는 것은 단견으로 보인다. 그것은 마치 과학자는 철학자나 예술가와 교류할 까닭이 없고 서로를 이해할 수도 없다고 단정하는 것이나 마찬가지이다. 유자와 출가한 승려 사이의 교류에서 의미를 길어 낼 만한 요체가 있는 것이 아닌 이상, 단순히 그 현상을 이색적으로 여기고 부각할 일은 아니라고 생각한다. 그보다는 조선 초기보다도 불교의 명맥이 스러져 가는 상황에서 사상과 문학을 비롯하여 각 방면에서 정확한 개념을 세우고 대중의 이해를 돕고자 한 유일의 마음 작용을 주목해 보아야 한다.

---

15 『釋典類解』(H10, 292a14), "愚或見吾東文集, 亦引佛語, 而錯用者多. 三淵先生, 多用佛語, 亦無乖違處."

4. 가치

『석전유해』는 크게 필기류 저술로서 유서類書 형태의 책이라고 할 수 있다. 다만, 보통 유서라 하면 백과전서적 성격을 띤 책을 지칭하는 데에 비해 『석전유해』는 '불교어'에 한정된다는 점이 다르다. 유서류의 책은 중국에서 비롯하였으며 우리나라는 고려 때 이런 형태의 책을 들여오기 시작한 것으로 알려져 있다.

그때그때마다 조각의 지식들을 필기해 두었다가 이를 유별類別로 구분하고 배치하는 편집의 작업을 거쳐 간행되었을 것이다. 이런 유서류의 책이 나올 수 있기 위해서는 우선 다양하고 호한한 서책들이 편찬 간행되고 보급된 상태라야 가능하다. 중국에서는 송나라 때에, 우리나라의 경우에는 조선 후기에 이와 같은 책이 많이 간행된 점이 이를 뒷받침한다.

유서류의 책이 갖는 특징 내지 의의를 두 가지 정도로 축약하면 다음과 같다. 첫째, 낱낱이 흩어져 있어 일견 관계없어 보이는 지식들을 어떻게 나누고(類) 구성했는가라는 외형적 모습에서부터 저자의 안목과 지향점이 드러난다는 점이다. 둘째, 이는 요즘의 사전과 같은 구실을 하며 이후 저술하는 이들에게 근거가 되는 참조 도서로서 활용하기 용이하다는 점이다.

유일은 『석전유해』 앞부분에서는 여러 석전釋典을 인용하며 명시적인 뜻풀이(explicit definition)를 보이는가 하면, 후반부에서는 김창흡 시집에서 불교 용어를 뽑아 풀이함으로써 이른바 사용적 뜻풀이(definition in use)의 모범을 보여 주었다.

조선 후기에 유학계에서는 이수광李睟光(1563~1628)의 「지봉유설芝峯類說」, 성호星湖 이익李瀷(1681~1763)의 『성호사설星湖僿說』 등 백과전서적 성격의 유서가 나와 박물학적 지식의 욕구와 확대에 부응하였다. 이러한 흐름에 고무되어 유일도 『석전유해』와 같은 책을 구성할 수 있었던 것으로 보인다. 또한 중국의 목암 선경睦庵善卿이 지은 『조정사원祖庭事苑』(1108년 찬술, 1154년 중간重刊)의 영향도 적잖이 받은 것으로 보인다.

분류의 체계나 양적 측면에서 여타의 유서에 미치지 못하는 점도 있지만 우리나라 불교계에서는 처음 선보인 책으로서 의미를 갖는다. 또한 18세기 조선 불교가 비록 교학 중심으로 흘러가고 있었다고는 하나 용어가 선명하고 바르게 정립되어 있지 못해 그 사용에서도 몰이해와 오용이 잦은 상황을 바로잡고자 한 유일의 의지가 돋보인다.

『석전유해』에는 화엄교학적 용어가 비중 있게 다루어지고 있지만 선어禪語와 선사들의 일화가 주를 이루고 있다고 해도 과언이 아니다. 설파상언, 인악 의소仁岳義沼(1746~1796)와 함께 조선 후기 화엄종사로서 명성을 떨쳤고, 또한 호남 지방을 중심으로 30여 년 동안 화엄학을 강설하였으며, 이후 화엄학 강사들이 그의 『화엄현담사기華嚴玄談私記』 등을 모범으로 삼아 따랐던 점[16]을 보면 의외라고도 할 수 있다. 하지만 이는 역설적으로 그가 화엄뿐 아니라 선과 교 모두에 정통하였음을 보여 주는 예라 할 수 있다. 또한 교학 용어에 비해 선어에 대한 몰이해와 무지가 더 깊고 빈번하였음을 말해 준다고도 하겠다. 그만큼 전대에 빛났던 선禪이 후대에 와서 드리운 그늘이 짙었음을 말해 주기도 한다.

책의 외형이나 성격상으로는 객관적 지식 정보를 건조하게 서술하고 있는 듯하지만 이제까지 보았듯이 이 책에는 유일이 마주하고 있던 시대의 고민과 해법이 모두 녹아들어 있다.

---

[16] 한국민족문화대백과사전 '화엄사상' 항목 참조.

5. 참고 자료

양영옥, 「趙在三의 『松南雜識』 硏究」, 성균관대학교 박사학위논문, 2017.
장병한, 「茶山 丁若鏞의 佛敎詩에 관한 一考察」—現實 世界의 幻化的 認識과 脫俗淸眞의 詩世界를 중심으로—, 『동양한문학연구』 제45집, 동양한문학회, 2016.
동국대학교 불교학술원 불교기록문화유산아카이브사업 지음, 『한국불교전서 편람』, 동국대학교출판부, 2015.
김석태, 「蓮潭 有一의 敎學的 佛敎詩」, 『고시가연구』 제15집, 한국시가문화학회, 2005.
김석태, 「蓮潭 有一의 漢詩 고찰 : 詩的 형상화의 개방성을 중심으로」, 『한국시가문화연구』 11, 2003.

『東師列傳』 한불전 10
『西域中華海東佛祖源流』 한불전 10
『兒庵遺集』 한불전 10
『蓮潭大師林下錄』 한불전 10
『椒園遺藁』 한국문집총간 255
『秋波集』 한불전 10
한국고전종합DB

차례

석전유해釋典類解 해제 / 5
일러두기 / 22

1. 법수法數 25

일심一心, 일진一眞, 일승一乘, 일원一源, 일미一味, 일로一路, 일근一根, 일체一體, 일대사一大事, 일찰나一刹那, 이리二利, 이승二乘, 이공二空, 삼보三寶, 삼장三藏, 삼승三乘, 삼학三學, 삼계三界, 삼공三空, 삼독三毒, 삼재三灾, 삼생三生, 삼귀三歸, 삼신三身, 삼관三觀, 삼도三途, 삼업三業, 삼천세계三千世界, 삼거三車, 삼처회향三處回向, 사생四生, 사상四相, 사대四大, 사주세계四洲世界, 사병四兵, 사중四衆, 사은四恩, 사사四事, 오음五陰, 오도五道, 오통五通, 오욕五欲, 오진五塵, 오근五根, 오계五戒, 오체투지五體投地, 오정육五淨肉, 육화六和, 육근六根, 육진六塵, 육천六天, 육장귀六藏龜, 칠보七寶, 칠불七佛, 팔상성도八相成道, 팔관재八關齋, 팔풍八風, 팔고八苦, 팔대지옥(八寒八熱), 팔환八還, 구류九類, 구류九流, 십악十惡, 십선十善, 십대제자十大弟子

2. 불보살 이름 외 불가의 상용어 55

불佛, 보살菩薩, 여래如來, 석가釋迦, 모니牟尼, 구담瞿曇, 아미타불阿彌陀佛, 미륵불彌勒佛, 약사藥師, 나무南無, 화남和南, 관음보살觀音菩薩, 진여眞如, 반야般若, 보리菩提, 열반涅槃, 바라밀波羅密, 해탈解脫, 방편方便, 삼매三昧, 비구比丘, 필추苾蒭, 벽안碧眼, 백족白足, 벽두碧頭, 황면黃面, 나한羅漢, 난야蘭若, 우담발라優曇鉢羅, 초제招提, 군지軍持, 유마힐維摩詰, 금사金沙, 기원祇園, 항사恒沙, 진사塵沙, 일체一切, 고공苦空, 인과因果, 선교禪敎, 자운慈雲, 혜월慧月, 법우法雨, 혜검慧劒, 사리舍利, 부도浮屠, 가사袈裟, 사문沙門, 사미沙彌, 화상和尙, 주지住持, 가람伽籃, 장로長老, 장실丈室, 사리闍梨, 유나維那, 대사大師, 상인上人, 개사開士, 수좌首座, 법계法界, 사바娑婆, 천축天竺, 쌍림雙林, 수미산須彌山, 유순由旬, 도솔兜率, 용상龍象, 율용의호律龍義虎, 묘법연화妙法蓮花, 금강반야金剛般若, 패엽貝葉, 천화天花, 화우花雨, 백호白毫, 나계螺髻, 두타頭陀, 금구金口, 부면覆面, 가음迦音, 조음潮音, 귀모龜毛·토각兎角·공화空花·수월水月

3. 고사故事와 불교 용어 90

야호선野狐禪, 겁회劫灰, 찬고지鑽故紙, 차안간경遮眼看經, 염화미소拈花微笑, 대진산문帶鎭山門 – 옥대를 내놓아 산문을 지키다, 후신後身, 삼생석三生石, 부모처남녀父母妻男女, 말월비풍抹月批風, 침공장신針孔藏身, 야자신椰子身, 임수증전인臨水證前因, 생객生客, 주처하육周妻何肉, 절만당折慢幢, 병수운천瓶水雲天, 다문지익多聞之益, 반혼향返魂香, 고상해수枯桑海水, 화룡사化龍梭, 십주十洲, 산호수珊瑚樹, 겁석劫石, 개성芥城, 전삼삼前三三, 은산철벽銀山鐵壁, 석화전광石火電光, 염추수불拈搥堅拂, 문자상철우蚊子上鐵牛, 영양괘각羚羊掛角, 해점거박解粘去縛, 추정발설抽釘拔楔, 전범성성轉凡成聖, 가불매조呵佛罵祖, 화반탁출和盤托出, 이포새찬伊蒲塞饌, 오미선五味禪, 백수자화栢樹子話, 해호장解虎杖, 항룡발降龍鉢, 타심통他心通, 지옥천당地獄天堂, 조계수曹溪水, 장륙신丈六身, 미여작랍味如嚼蠟, 마전작경磨甎作鏡, 백조함화百鳥含花, 제악막작諸惡莫作, 십무十無 외

4. 불경을 이르는 말 138

엽서葉書, 금문金文, 옥축玉軸, 축분竺墳, 보전寶詮, 교해教海, 법해法海, 용장龍藏, 낭함琅函, 비장秘藏, 밀장密藏

5. 선가禪家 상용어 141

선등禪燈, 심등心燈, 전등傳燈, 참선參禪, 공안公案, 화두話頭, 염송拈頌, 단전單傳, 직지直指, 밀전密傳, 활구活句, 격외선格外禪, 조사선祖師禪, 여래선如來禪, 노파선老婆禪, 방할가풍棒喝家風

6. 절을 이르는 말 149

임궁琳宮, 범우梵宇, 범왕가梵王家, 감원紺園, 기원祇園, 기수祇樹, 금사金沙, 녹원鹿園, 용궁龍宮, 영취靈鷲, 사굴闍崛, 왕사王舍, 화성化城, 총림叢林, 도량道場, 인사仁祠, 가람伽藍·난야蘭若·초제招提, 소사蕭寺, 보찰寶刹, 쌍림雙林, 학림鶴林

7. 선사들의 일화 외 156

법안 문익의 게, 대용 보복수의 문답, 장졸 수재와 석상 경저의 문답, 문수와 망명의 일화, 삼연 김창흡의 〈유점사〉에서, 당나라 선종과 향엄 지한의 일화, 조청헌공 열도의

게, 주문공의 시, 내복 견심의 시화詩禍, 동파 소식의 다비, 돌들을 끄덕이게 한 축도생, 도안 법사와 습착치, 유가와 불가에서 망상을 대하는 방법, 목주 도명의 담판한, 주장자와 죽부인, 중봉 명본의 분수分數, 각범 혜홍의 통찰, 동산 청품의 고요한 경계, 호랑이의 별칭

8. 삼연 김창흡 선생 시집에 쓰인 불교 용어 해설 179

1) 제1권 179
만덕사萬德寺, 석문 합장굴石門合掌窟, 신흥사시新興寺詩, 원유시遠遊詩

2) 제2권 182
월야시月夜詩, 병야도회시病夜悼懷詩, 석천사야우시石泉寺夜雨詩, 춘야 기이시春夜其二詩, 마하연摩訶衍, 구룡연가九龍淵歌, 백탑동시百塔洞詩, 가섭굴자伽葉窟者, 수미대須彌臺와 봉래가蓬萊歌, 백마편白馬篇

3) 제3권 194
이서경에 대한 만시挽詩, 반계감흥盤溪感興, 망릉시望陵詩, 현성잡영玄城雜咏, 만영시漫詠詩, 기허설봉시寄許雪峰詩, 추흥잡영秋興雜詠, 최형경천 보은사시崔兄擎天報恩寺詩, 모연선방暮烟禪房, 선방월야禪房月夜

4) 제4권 203
벽사甓寺, 도사시到寺詩, 초사일신기시初四日晨起詩, 하산시下山詩, 백련암白蓮庵, 두미시斗尾詩

5) 제5권 208
산거감회시山居感懷詩, 벽계부설시檗溪賦雪詩, 추만졸수편追挽拙篇

6) 제6권 212
차운증해사次韻贈海師, 임창계만林滄溪挽, 이자정만李子正挽, 신광사수희시神光寺隨喜詩

7) 제7권 216
서루망월시西樓望月詩, 사서대관일락시寺西臺觀日落詩, 감구서 우부시感舊棲又賦詩, 하산시下山詩, 갑진甲津, 차중씨운次仲氏韻, 차중씨증흡사次仲氏贈翕師, 소루小樓, 우부又賦, 효경시曉景詩, 별흡사시別翕師詩, 적성잡영赤城雜詠, 곡숭겸哭崇謙

8) 제8권 229
증이수겸시贈李秀謙詩, 자견성암하영지自見性庵下影池, 증천호상인贈天浩上人, 상원폭

포上院瀑布, 등향로절정시登香爐絶頂詩, 쌍계사 차이계상시 雙溪寺 次李季祥詩, 칠불사七佛寺, 우右 심진동시尋眞洞詩, 도산서원陶山書院, 청량산시淸凉山詩, 성류굴시聖留窟詩, 송내제나심원시送內弟羅深源詩

9) 제9권 242

낙가관일시洛伽觀日詩, 의상이적자의상이적義相異迹者, 관음신상觀音神像, 냉천고거시冷泉故居詩, 장심수미대시將尋須彌臺詩, 수미대시須彌臺詩, 마하연摩訶衍, 중백운中白雲, 화강수시花江守詩, 등비로절정시登毘盧絶頂詩, 하산下山, 유점사楡岾寺

10) 제10권 253

춘흥잡영春興雜咏, 석선시石船詩, 삼일포三日浦, 방유점시訪楡岾詩, 욕등미륵봉시欲登彌勒峯峰詩

11) 제11권 256

송사경시送士敬詩, 춘주도중시春州道中詩, 증치웅상인贈致雄上人, 증재총상인贈載聰上人

12) 제12권 261

조의嘲醫

13) 제13권 261

증별치웅상인시贈別致雄上人詩, 황제총皇帝塚, 선군재웅성 의두추흥팔수시 先君在雄城擬杜秋興八首詩, 대승암大乘庵

14) 제14권 266

증붕척상인贈朋陟上人, 수석정 화연대사시 水石亭 和演大師詩, 차증달진상인시次贈達眞上人詩, 섭청각 차조정이 躡淸閣 次趙定而, 화음굴華陰窟, 송정이필경운운시松汀李弼卿云云詩, 김병사만金兵使輓, 갈역잡영葛驛雜咏 기칠其七, 갈역잡영 기이십팔其二十八, 갈역잡영 기구십일其九十一, 갈역잡영 기백삼其百三

15) 제15권 275

갈역잡영葛驛雜咏 기칠십육其七十六, 갈역잡영 기구십칠其九十七, 오대산五臺山, 상원上院, 윤사문사청운운尹斯文士淸云云

16) 제16권 280

잡영雜咏, 우정일률 약우미침시 又呈一律 略寓微忱詩

부록 1 附錄一 : **상촌집**象村集 283
　1. 불가경의설佛家經義說 283
　2. 도가경의설道家經義說 291
　3. 역대천문지설歷代天文志說 297
　4. 풍수가설風水家說 304

부록 2 附錄二 307
　1. 칠불게七佛偈 307
　2. 제 조사 전발게 부諸祖師傳鉢偈付 310
　3. 조사상전祖師相傳 321

『창소지론彰所知論**』에서 발췌** 326
　1. 기세계품器世界品 326
　2. 정세계품情世界品 331

　찾아보기 / 339

1 '한글본 한국불교전서'는 문화체육관광부의 지원을 받아 동국대학교 불교학술원에서 수행하고 있는 '불교기록문화유산아카이브(ABC)사업'의 결과물을 출간한 것이다.
2 이 책의 역주는 『한국불교전서』(동국대학교출판부 간행) 제10책에 수록된 『釋典類解』를 저본으로 하였다.
3 이 책의 편장篇章은 저본의 기본 편제와 내용을 고려하여 역주자가 제목을 붙였으며, 곳에 따라 단락을 나누어 읽기 쉽도록 구분하였다. 「삼연 김창흡 선생 시집에 쓰인 불교 용어 해설」의 경우, 김창흡의 해당 시를 바로 아래에 실어 독자들이 참조할 수 있게 하였다. 연담 유일이 거론한 김창흡의 시가 방대할뿐더러 이들 시까지 번역하기에는 역주자의 역량이 닿지 못하여 원문만 실었다.
4 『한국불교전서』의 교감 내용은 ㉝으로, 역주자의 교감 내용은 ㉭으로 구분하여 밝혔다.
5 『韓國佛敎全書』는 H로, 『大正新修大藏經』은 T로, 『新纂大日本續藏經』은 X로 표시하였다.

석전유해
| 釋典類解* |

영암 월출산 도갑사 연담 유일 지음
靈岩月出山道岬寺 蓮潭有一 撰

---

* ㉆ 김민영金敏榮 소장 필사본筆寫本을 저본으로 하였다.

1. 법수法數[1]

일심一心[2]

『화엄경소華嚴經疏』에 "갖가지 모든 차별적 현상들이 일심一心에서 벗어나지 않는다."[3]라고 하였다. 더하여, 팔만대장경에 실린 말씀 모두 일심을 설한 것일 뿐이다.

華嚴疏云, "萬法不出一心." 又八萬大藏經, 都是一心.

---

1 ㉭ 이 소제목은 역자가 단 것이다.
2 일심一心 : 삼계유일심三界唯一心·만법유심萬法唯心·삼계유심三界唯心·만법유식萬法唯識 등과 같은 의미. 60권본『華嚴經』권25「十地品」(T9, 558c10), "삼계는 허망하니 다만 일심이 지어낸 것일 뿐이다.(三界虛妄, 但是心作.)"; 80권본『華嚴經』권37「十地品」(T10, 194a14), "삼계에 존재하는 모든 것은 오로지 일심일 뿐이다.(三界所有, 唯是一心.)";『大乘入楞伽經』권2「集一切法品」(T16, 599c9), "대혜야, 자기 마음이 드러난 현상을 관찰한다 함은 무슨 뜻이겠느냐? 삼계가 오직 자기 마음일 뿐이니 나와 내 것이라는 분별에서도 벗어나고 움직임도 없고 가고 옴도 없음을 관찰한다는 말이다. 무시이래로 훈습된 잘못된 습성에 집착하여 삼계의 온갖 현상과 행위와 이름과 언구 등에 속박되고 몸은 머무는 곳에 의지하며 분별이 따라 들어가 나타난 현상일 뿐이니, 보살마하살은 이와 같이 자기 마음이 드러난 현상이라고 관찰한다.(大慧, 云何觀察自心所現? 謂觀三界唯是自心, 離我我所, 無動作無來去. 無始執著過習所熏, 三界種種色行名言繫縛, 身資所住, 分別隨入之所顯現, 菩薩摩訶薩, 如是觀察自心所現.)";『大乘起信論』권1(T32, 576a10), "일체법이 본래 언설상言說相·명자상名字相·심연상心緣相에서 벗어나 있으니 궁극적으로 평등하고 어떤 변화도 없으며 파괴할 수도 없다. 오로지 일심일 뿐이므로 진여眞如라 한다.(一切法從本已來, 離言說相, 離名字相, 離心緣相, 畢竟平等, 無有變異, 不可破壞. 唯是一心, 故名眞如.)"
3 『大方廣佛華嚴經隨疏演義鈔』권42「偈讚品」(T36, 323b22), "마음이 총상總相이라는 것은, 법계의 오염되거나 청정한 만류만법이 모두 일심에서 벗어나지 않는다는 말이다. 이 마음은 일체의 세간과 출세간의 법을 포섭하므로 총상이라 한다.(心是總相者, 法界染淨, 萬類萬法, 不出一心. 是心卽攝一切世間出世間法, 故名總相.)"

일진一眞

『화엄경소』에 "하나의 진실한 법계에는 본래 안과 밖이란 없다."[4]라고 하였다.

華嚴云, "一眞法界, 本無內外."

일승一乘[5]

승乘이란 마치 배를 타고 바다를 건너듯이 일체법一切法이 일심一心의 현현[6]이라는 이치를 배로 삼아 타고서 삼계三界라는 고해苦海를 건넌다는 의미이다.

乘者, 如乘舟渡海, 乘一心法, 渡三界苦海也.

일원一源

수천수만의 온갖 물줄기가 있지만 그 근원은 다르지 않다.

---

[4] 『大方廣佛華嚴經隨疏演義鈔』 권1(T36, 2c29), "하나의 진실한 법계는 본래 안과 밖의 구별이 없고, 일一에도 다多에도 속하지 않는다. 부처님은 스스로 증득하여 중생이 평등하게 가지고 있음을 아시고, 중생들이 이를 깨닫게 하고자 의미상 심心과 경境을 나눈 것이니, 경은 증득할 대상이며 심은 증득하는 주체이다.(一眞法界, 本無內外, 不屬一多. 佛自證窮, 知物等有, 欲令物悟, 義分心境. 境爲所證, 心爲能證.)"

[5] 일승一乘 : 일불승一佛乘이라고도 한다. '삼승은 방편상 펼친 가르침이고 일승의 법만이 진실하다.(三乘方便, 一乘眞實.)'라는 뜻을 담고 있다. 『法華經』 권1「方便品」(T9, 7b22), "사리불아, 시방세계에는 이승도 없거늘 하물며 삼승이겠는가!……여러 부처님들께서 방편의 힘으로써 일불승을 분별하여 삼승을 설하신 것일 뿐이다.(舍利弗, 十方世界中, 尙無二乘, 何況有三!……諸佛以方便力, 於一佛乘分別說三.)"; 같은 책(T9, 8a17), "시방의 불국토에 오직 일승법이 있을 뿐. 이승도 삼승도 없으니 부처가 방편상 설하신 말씀은 버려라. 다만 가명으로써 중생을 인도하신 것이라네.(十方佛土中, 唯有一乘法. 無二亦無三, 除佛方便說. 但以假名字, 引導於衆生.)"

[6] 일체법一切法이 일심一心의 현현 : 하나의 마음에 삼라만상의 모든 요소를 빠짐없이 갖추고 있는 법계라는 일심법계一心法界의 의미로 해석하였다.

千派萬流, 一源莫二.

일미一味[7]

온갖 차별적 존재[8]가 일심一心일 뿐이라는 뜻이다. 수많은 물줄기가 결국에는 바다로 흘러들면 모두 한맛이 되는 것과 같음을 의미한다.

萬法一心. 如百川到海, 皆同一味.

일로一路

모든 성인들께서는 하나의 같은 길을 걸어 열반의 문[9]에 이르셨다.[10]

---

7 일미一味 : 여타의 잡다한 맛이 섞이지 않은 한맛을 뜻한다. 이로부터 동등·평등을 뜻하는 말로도 쓰인다.

8 만법萬法은 온갖 차별된 현상이나 존재를 뜻한다. 만법일심萬法一心은 그러한 온갖 차별된 현상과 존재가 일심으로 귀착된다는 뜻으로서 이 모두가 마음이 현현한 결과라는 의미이다. '삼계란 오직 마음이 현현한 것이며, 만법은 식識으로 이루어진 것일 뿐이다.(三界唯心, 萬法唯識.)'라는 말과 통한다. 『臨濟錄』(T47, 500a18), "나는 제법이 공상空相이라고 보니, 변하면 있고, 불변하면 없는 것이다. 삼계가 오직 마음이요, 만법은 식일 뿐이다.(我見諸法空相, 變卽有, 不變卽無. 三界唯心, 萬法唯識.)"; 『趙州錄』古尊宿語錄 13(X68, 83a23), "(조주에게 어떤 학인이) 물었다. '만법은 하나로 돌아가는데, 그 하나는 어디로 돌아갑니까?' '내가 청주에 있을 때 일곱 근 무게의 베적삼 한 벌을 지었다.'(問, '萬法歸一, 一歸何所?' 師云, '我在青州, 作一領布衫重七斤.')"

9 열반문涅槃門 : 불법수행佛法修行에서 발심發心·수행修行·보리菩提·열반涅槃이라는 네 가지 중요한 문 가운데 하나이다. 이를 동서남북 사방에 배대하는데 북쪽을 열반문으로 삼는다.

10 이 풀이는 『楞嚴經』 권5(T19, 124c28), "시방세계의 부처님들 한길로 열반이라는 문에 이르셨네.(十方薄伽梵, 一路涅槃門.)"라는 구절을 인용한 것이다. 박가범薄伽梵은 불박가범佛薄伽梵·불세존佛世尊이라고도 하는데, 불십호佛十號 중의 하나로 세존世尊·존귀尊貴 등으로 한역한다. 이 구절에 앞서 『楞嚴經』 권1(T19, 107a23)에 "삼마제三摩提를 대불정수능엄왕大佛頂首楞嚴王이라 하니, 만행을 구족하여 시방의 여래께서 모두 이 하나의 문으로 뛰어넘어 신묘하게 장엄하신 길이다.(有三摩提名大佛頂首楞嚴王, 具足萬行, 十方如來, 一門超出, 妙莊嚴路.)"라는 구절이 나온다. 『首楞嚴義疏注經』 권5(T39, 893c3), "시방의 박가범이 하나의 길로 열반이라는 문에 이른다.……시방의 모든 부처님께서 보리·열반이라는 묘과를 증득하시는데 오로지 이 하나의 길을 통하

千聖共由一路, 卽涅槃門.

일근一根
천지 만물이 원래 하나의 뿌리를 함께한다.

天地萬物, 元是一根.

일체一體
유정有情[11]이나 무정無情이나 동일한 몸이다.

有情無情, 皆同一體.

여 피안에 이르므로 열반문이라 한 것이다.(十方薄伽梵, 一路涅槃門.……十方諸佛取證菩提涅槃妙果, 唯此一路, 能通至彼, 故名爲門.)"; 같은 책, 권1(T39, 832c24), "'시방의 여래께서 모두 이 하나의 문으로 뛰어넘어 신묘하게 장엄하신 길'이라는 말은 이하에 '시방의 박가범이 하나의 길로 열반이라는 문에 이른다.'라고 한 말과 다름이 없다. 하나의 길로 통하여 보배가 있는 곳에 이르므로 '일문一門이 바로 청정한 과보의 바다'라고 한다.('十方如來, 一門超出, 妙莊嚴路,' 下云, '十方薄伽梵, 一路涅槃門.' 直道無異. 通至寶所, 故云, '一門清淨果海'); 『無門關』 48칙 '乾峯一路'(T48, 299a2), "건봉乾峯 화상에게 어떤 학인이 물었다. '시방의 박가범이 하나의 길로 열반이라는 문에 이른다 하였는데, 그 길이 어디에 있는지 모르겠습니다.' 건봉이 주장자를 들어 한 획을 그으며 말했다. '이 안에 있다.' 후에 학인이 운문雲門에게 이에 대해 가르침을 청하였다. 운문은 부채를 집어 들고 '부채가 삼십삼천을 뛰어올라 제석천의 콧구멍을 틀어막고 동해의 잉어는 한 방 맞더니 물동이를 기울인 듯이 비 쏟아붓는다.'라고 하였다.(乾峯和尙因僧問, '十方薄伽梵, 一路涅槃門. 未審路頭在甚麽處?' 峯拈起拄杖, 劃一劃云, '在者裏.' 後僧請益雲門, 門拈起扇子云, '扇子㪍跳, 上三十三天, 築著帝釋鼻孔, 東海鯉魚打一棒, 雨似盆傾.')"

11 유정有情 : ⓢ sattva. 음사어는 살다바薩多婆이고, 구역 한역어는 중생이다. 감정과 의식을 가진 일체의 생물을 총칭한다. 무정無情은 금석이나 토목처럼 정식情識이 없는 것을 가리킨다. 『宗鏡錄』 권7(T48, 454a28), "귤이 변하여 탱자가 되면 이전의 맛은 영원히 사라지고 만다. 그러니 유정과 무정이 각각 정해진 성품이 없음을 알라. 다만 마음을 따라 변하는 것일 뿐이요, 오직 업업을 쫓아 생겨나는 것일 뿐이다.(橘變成枳, 前味永消. 故知有情無情, 各無定性. 但隨心變, 唯逐業生.)"

일대사一大事[12]

여래께서는 일대사를 이루기 위해 세상에 출현하셨다. 대사大事란 궁극의 근본적인 진리를 뜻한다.

> 如來爲一大事, 出現於世. 大事亦謂極則之事.

일찰나一刹那[13]

경전의 '일찰나간'이라는 표현은 한량없이 무수한 세계를 지나온 것을 의미한다. 찰나는 경각頃刻이라고도 한다.

> 經云, '一刹那間', 過無量世. 刹那猶言頃刻也.

이리二利

자기를 이롭게 하는 것과 남을 이롭게 하는 두 가지 이로움을 가리킨다. 스스로 깨닫고 스스로 수행함은 바로 자기를 이롭게 하는 이기利己이

---

12 일대사一大事 : 가장 중요한 일, 근본적인 문제, 선禪의 극칙을 의미한다. 일단사一段事 · 개사箇事 · 차사此事 · 납승본분사衲僧本分事 등과 같은 말이다. 『法華經』 권1 「方便品」(T9, 7a22), "사리불아, 모든 불세존께서 오직 일대사인연을 위해 세상에 출현하셨다는 말은 어떤 뜻인가? 모든 불세존께서는 중생들로 하여금 불지견佛知見을 열어서(開) 청정함을 얻게 하고자 세상에 출현하셨고, 중생에게 부처의 지견을 보이고자(示) 세상에 출현하셨으며, 중생에게 부처의 지견을 깨닫게(悟) 하고자 세상에 출현하셨으며, 중생에게 부처의 지견이라는 도로 들어가게(入) 하고자 세상에 출현하셨다.(舍利弗, 云何名諸佛世尊, 唯以一大事因緣, 故出現於世? 諸佛世尊, 欲令衆生開佛知見, 使得淸淨故, 出現於世 ; 欲示衆生佛之知見故, 出現於世 ; 欲令衆生悟佛知見故, 出現於世 ; 欲令衆生入佛知見道故, 出現於世.)"
13 일찰나一刹那 : 감각할 수 없는 지극히 짧은 시간을 가리킨다. 아주 힘센 사람이 손가락을 한 번 튕기는 사이에 65찰나가 흐른다고도 한다. 일찰나는 1초秒의 75분의 1에 해당한다. 『攝大乘論釋論』 권8(T31, 305c28), "왕래란 일찰나 사이에 무량한 세계를 지나 이 찰나 사이에 즉시 다시 돌아온다고 하여 왕래라 한다.(往來者, 一刹那間往無量世界, 於此刹那間卽還來故.)"

고, 다른 사람을 깨닫고 수행하도록 함은 남을 이롭게 하는 이타利他이다.

利己利他也. 自悟自修, 則利己也 ; 敎人悟修, 則利他.

이승二乘

성문승聲聞乘과 연각승緣覺乘을 가리킨다. 이 둘은 모두 소승小乘으로서 그 자신만을 선하게 할 뿐(獨善), 일체중생을 아울러 선한 데로 이끌어 구제(兼濟)하지는 못한다.[14]

聲聞乘緣覺乘. 二者, 皆小乘也, 獨善其身, 未能兼濟也.

이공二空

아공我空과 법공法空[15]을 가리킨다. 내 몸도 공이요 만법도 공이라는 뜻이다. 또는 대공大空·소공小空[16]이라 불리는 큰 호랑이와 작은 호랑이를

---

14 독선獨善과 겸제兼濟 : 독선은 자기를 수양하고 절조를 지킴을 중시하는 것, 겸제는 천하의 모든 중생과 만물이 고루 은혜를 입도록 하는 것. 『孟子』「盡心」上, "옛사람은 뜻을 얻으면 은택이 백성에게 미치고 뜻을 얻지 못하면 수신하여 세상에 드러내었으니, 궁할 때는 그 몸을 수양하여 절조를 지키고 영달하였을 때는 천하 만물이 모두 은혜와 이익을 얻도록 한다.(古之人, 得志, 澤加於民 ; 不得志, 修身見於世. 窮則獨善其身, 達則兼善天下.)"

15 아공我空과 법공法空 : 아법이공我法二空·인법이공人法二空·이무아二無我라고도 한다. 아공은 인공人空·생공生空·인무아人無我라고도 하며, 나의 몸은 오온五蘊이 임시로 화합한 것이요 인연의 소생으로 존재한다는 뜻이다. 법공 역시 일체의 존재가 모두 인연으로 생겨났으며 자성적 실체가 없다는 뜻으로 상공相空·법무아法無我라고도 한다.

16 대공소공大空小空 : 『景德傳燈錄』 권8 「華林善覺傳」 및 『禪門拈頌說話』 302칙 참조. 두 호랑이가 물러간 뒤에 이어지는 문답은 다음과 같다. 『禪門拈頌說話』 302칙 「本則」 (H5, 267b9), "배휴裵休가 물었다. '스님은 어떤 수행을 하셨기에 이처럼 교감하십니까?' 화림華林이 염주를 들어 보이며 말했다. '알겠습니까?' '모르겠습니다.' '산승은 항상 관세음보살을 염합니다.'(休問曰, '師作何行業, 感得如斯?' 師擧起數珠云, '會麽?' 休曰, '不會.' 師曰, '山僧常念觀音.')" ; 같은 책, 같은 칙, 「本則 說話」, "'대공과 소공' : 지독하고 흉악한 것들이라는 생각을 마음에서 버리면 뱀이나 호랑이도 마음을 알아주는

가리키기도 한다. 배휴裵休[17]가 화림 선각華林善覺 선사를 찾아가 물었다. "무슨 이유로 시자侍者가 없으십니까?" 선사가 말했다. "이공二空의 시자가 있는데 어찌 없다 하겠소?" 배휴가 그들을 보기를 청함에 선사가 '대공' 하고 부르자 큰 호랑이가 숲속에서 나왔고, 다시 '소공' 하고 부르자 작은 호랑이가 나왔다. 배휴가 그들을 보고 놀라자 선사는 "손님이 와 계시니 잠시 물러가 있어라."라고 하였고, 두 호랑이는 으르렁 울부짖으며 물러났다. 선사가 이 두 호랑이를 시자로 삼았던 데서 비롯하여 요즘은 시자를 이호二虎라고도 칭한다.

我空法空也. 謂我身空萬法空也. 又有大空小空大虎小虎也. 裵休訪華林禪師, 問曰, "何以無侍者?" 師曰, "有侍者二空, 豈云無也?" 休請見之, 師呼大空, 大虎自林間出, 又呼小空, 小虎出. 休見而怖之, 師曰, "客來姑去." 二虎哮吼而去. 師以二虎爲侍者也, 故今侍者, 稱爲二虎云.

삼보三寶

불佛·법法·승僧을 가리킨다. 세상에 복이라는 결실을 가져다주는 밭(福田)으로서 세 가지 모두 보배처럼 귀중히 여길 만한 것이므로 삼보라고 한다.

벗이 될 수 있다. 또한 물 긷거나 땔나무 나르는 일을 하면서도 빈손으로 오간다고 여긴다는 뜻이다. '염주를 들어 보인 것' : 건추를 집어 들거나 불자를 세우는 동작과 마찬가지이다. '산승은 항상 관세음보살을 염합니다' : 염주를 들어 보인 동작으로 원만하게 모든 것에 통하고 두루 포용하는 문(圓通普門)이 활짝 열렸다는 뜻이다.(大空小空者, 毒惡旣忘懷, 蛇虎爲知己. 又運水般柴, 但見空去來. 擧起數珠者, 拈搥竪拂一般也. 山僧常念觀音者, 擧起數珠處, 圓通普門, 八字打開也.)

17 배휴裵休(797~870) : 당나라 때의 관리. 자는 미미. 산서성 하동河東 문희聞喜 출신이라고도 하고, 『唐書』에는 하남성 맹주孟州 제원濟源 출신이라 되어 있다. 하동대사河東大士·배상국裵相國·배상공裵相公·배공裵公 등으로도 부른다. 규봉 종밀圭峰宗密에게서 화엄을 배웠고, 황벽 희운黃檗希運을 자신의 임지任地인 용흥사龍興寺·개원사開元寺 등으로 맞이하여 아침저녁으로 문답을 나누기도 하였다. 규봉의 여러 저서에 서문을 지었으며 황벽의 어록인 『傳心法要』를 편찬하였다.

佛法僧也. 爲世福田, 皆可寶重, 故云三寶.

삼장三藏

경문·율문·논문 이 세 가지를 모두 함장含藏하고 있다는 의미에서 삼장이라고 한다. 삼연三淵 김창흡金昌翕(1653~1722)의 시에 '종취宗趣'[18]라는 시어가 보인다.

經文律文論文, 皆含藏意味, 故云三藏也. 三淵詩云, 宗[1])趣.

---
1) 옝 '宋'은 '宗'의 오기인 듯하다.

삼승三乘

첫째는 성문승, 둘째는 연각승, 셋째는 보살승을 가리킨다. 앞의 둘은 소승이고 세 번째는 대승으로서 자리自利와 이타利他 두 가지 수행을 모두 구족하였다.[19]

---

18 종취宗趣 : 어떤 한 종파가 근본적으로 지향하는 핵심 요지. 종은 종지宗旨, 취는 취향趣向·취지趣旨의 뜻이다. 『三淵集』권11〈贈載聰上人〉, "삼장의 종취를 비록 연구하지는 못했으나 산을 논하고 물을 평하며 현담을 대신한다.(三藏宗趣, 雖未究硏, 論山評水, 以代談玄.)"

19 『傳心法要』(T48, 381c21), "보살은 불법의 존재 자체만 깊이 믿고 대승과 소승에 차별이 있다는 견해를 지니지 않으며 부처와 중생이 동일한 법성이라고 보니 이래야 선근천제善根闡提라 한다. 무릇 교설敎說을 듣고서 깨닫는 자를 성문聲聞이라 하고, 인연을 관찰하여 깨닫는 자는 연각緣覺이라 한다. 하지만 자기 마음속에서 깨닫지 못한다면 성불한다고 한들 그저 성문불聲聞佛일 뿐이다. 도를 배우는 이들이 교법상에서 깨닫는 경우는 많으나 심법心法상에서 깨닫지 못한다면 오랜 세월 수행을 한다고 한들 끝내 본래의 부처는 되지 못할 것이다. 심법에서 깨닫지 못하고 교법상에서 깨닫는다면 마음을 가벼이 여기고 교법은 중히 여겨서 마침내 흙덩이를 쫓아가는 개와 같이 본심을 잊고 말리라. 그런 까닭에 다만 본심에 딱 들어맞으면 될 일이요 법을 구할 필요가 없으니 마음이 곧 법이기 때문이다.(菩薩者, 深信有佛法, 不見有大乘小乘, 佛與衆生同一法性. 乃謂之善根闡提. 大抵因聲敎而悟者, 謂之聲聞;觀因緣而悟者, 謂之緣覺. 若不向自心中悟, 雖至成佛, 亦謂之聲聞佛. 學道人多於敎法上悟, 不於心法上悟, 雖歷劫修行, 終不是本佛. 若不於心悟, 乃至於敎法上悟, 卽輕心重敎, 遂成逐塊, 忘於本心. 故但契本心, 不用求法, 心卽法也.)"

一, 聲聞乘 ; 二, 緣覺乘 ; 三, 菩薩乘. 前二小乘, 第三大乘, 二利俱足.

삼학三學[20]

계학·정학·혜학을 가리킨다.

戒學之[1)]學慧學也.

1) ㉠ '之'은 '定' 자이다. 이하 동일.

삼계三界

욕계에는 탐욕이 있고, 색계에는 탐욕은 없지만 색욕이 있으며, 무색계에는 색욕도 없고 다만 마음이 있을 뿐이다.

欲界有貪欲, 色界無欲而有色也, 無色界無色但有心.

---

[20] 삼학三學 : 불도 수행자가 닦아야 할 수행의 세 가지 요체이다. 계정혜학戒定慧學이라고도 한다. 일반적으로 계戒는 잘못을 막고 악을 그치게 하는 계율戒律을, 정定은 사려분별을 그치고 시절인연을 고요히 관하는 삼매를, 혜慧는 번뇌를 깨뜨리고 진리를 증득하는 지혜를 뜻하는 것으로 본다. 宗寶本『壇經』(T48, 358b28), "6조가 지성志誠에게 물었다. '내 들으니 그대 스승이 학인들에게 계정혜의 법을 가르친다고 하는데 계정혜의 행상行相을 어떻게 설명해 주더냐? 내게 말해 보라.' '신수神秀 대사께서는 어떠한 악도 일으키지 않는 것을 계戒, 온갖 선을 봉행하는 것을 혜慧, 스스로 그 뜻을 깨끗이 유지하는 것을 정定이라고 하십니다. 저의 스승은 이처럼 설해 주셨는데 화상께서는 어떠한 법도로써 가르치십니까?'……'너의 스승의 계정혜는 대승인을 대상으로 한 법이고 나의 계정혜는 최상승인最上乘人을 대상으로 한다.'……'마음에 잘못이 없음이 자성의 계요, 마음에 어리석음이 없음이 자성의 혜요, 마음에 산란함이 없음이 자성의 정이라네. 늘어남도 줄어듦도 없는 그대로 본래 금강심이요, 가거나 오거나 본래 삼매니라.'(師云, '吾聞汝師教示學人戒定慧法, 未審汝師說戒定慧行相如何? 與吾說看.' 誠曰, '秀大師說, 諸惡莫作名爲戒, 諸善奉行名爲慧, 自淨其意名爲定. 彼說如此, 未審和尙以何法誨人?'……師曰, '汝師戒定慧接大乘人, 吾戒定慧接最上乘人.'……心地無非自性戒, 心地無癡自性慧, 心地無亂自性定. 不增不減自金剛, 身去身來本三昧.')"

삼공三空[21]

아공·법공이라 한 앞의 두 가지 공에 세 번째 구공俱空을 합하여 삼공, 즉 일체구공이라고 한다.

我空法空, 同前二空, 第三俱空, 謂一切俱空也.

삼독三毒[22]

탐심·진심·치심 모두 독毒이 선한 마음을 해치는 것과 같으므로 삼독이라 한다.

貪心嗔心痴心, 皆毒害善心, 故云三毒.

---

21 삼공三空 : 『金剛經纂要刊定記』권1(T33, 176b24), "삼공이란 아공·법공·구공을 뜻한다. 『금강경』에서 '아상我相·인상人相 등은 없다.'라 한 것은 아공이고, '아상은 상相이 아니다.'라 한 것은 법공이며, '일체의 상을 벗어난 것이 부처이다.'라 한 것은 구공이다. 앞의 이공은 알 수 있지만 구공에 대해서는 세 가지 설이 있다. 첫째, 사람과 법을 각각 나누어 관찰하는 것을 이공이라 하고, 동일한 찰나에 사람과 법을 함께 관찰하는 것은 구공이라 보는 설이다. 둘째, 아我와 법法 두 가지에 대한 집착을 이미 떨어 버렸고, 이공에 대한 분별도 떨어 버린 것을 구공이라 보는 설이다. 셋째, 주관과 객관을 나누어 보는 분별을 떨어 버리고 나면 지혜도 머무는 바가 없이 본성과 상응하니 바로 이러한 때 사람과 법이라는 두 가지의 상도, 법이 아니라는 상도 없게 된 것을 구공이라 보는 설이다.(三空者, 卽我空, 法空, 俱空也. 如下經云, 無我相人相等, 卽我空也 ; 我相卽是非相等, 卽法空也 ; 離一切相卽名諸佛, 是俱空也. 二空可知, 俱空有三說. 一, 別觀人法, 名二空, 同一刹那, 雙觀人法, 曰俱空 ; 二, 卽二執旣遣, 二空亦遣, 名俱空 ; 三, 卽能所遣時, 慧亦無住, 卽與本性相應, 此時自無人法二相, 及非法相等, 名俱空.)"

22 삼독三毒 : 『大智度論』권31「序品」(T25, 286c2), "나라는 마음으로 인해 나의 것이라는 견해가 발생하고, 나의 것이라는 마음이 일어남으로 인해 나를 이롭게 하는 마음이 일어 탐욕貪欲이 생겨나고, 나의 마음을 거스르는 것으로 인해 성냄(瞋恚)이 일어난다. 이 속박과 번뇌는 지혜를 일으키지 못하게 하고 무명無明의 미혹만 일으키므로 이를 어리석음(癡)이라 한다. 이들 세 가지 독은 모든 번뇌의 근본이다.(以我心故生我所, 我所心生故, 有利益我者生貪欲, 違逆我者而生瞋恚. 此結使不從智生, 從狂惑生故, 是名爲癡. 三毒爲一切煩惱之根本.)"

삼재三灾[23]

하늘과 땅의 경계가 멸망할 때에 먼저 화재火灾가 일어나고 다음에는 수재水灾가 일어나고 마지막에는 풍재風灾가 일어난다.

天地境滅時, 先起火灾, 次起水灾, 後起風灾.

삼생三生[24]

삼세三世라고도 하며 삼제三際라고도 하는데, 과거·현재·미래를 가리킨다.

亦云三世, 亦云三際, 過去現在未來.

삼귀三歸[25]

부처에 귀의하고, 불법에 귀의하며, 승가에 귀의한다는 뜻이다.

---

23 삼재三灾 : 국토를 멸망케 하는 화재·수재·풍재의 세 가지 재앙을 대삼재大三灾라 하고, 전쟁·역병·기근 등 사람을 해치는 세 가지 재앙을 소삼재小三灾라고 한다.
24 삼생三生 : 과거·현재·미래를 각각 전생前生·현생現生·후생後生이라고도 하고 전제前際·중제中際·후제後際라고도 한다.
25 삼귀三歸 : 삼귀의三歸依·삼귀계三歸戒라고도 한다. 귀의歸依는 귀투의복歸投依伏을 줄인 말이다. 『大乘義章』 권10(T44, 654a8), "삼귀란 무엇인가? 의지하여 따른다는 뜻에서 귀의라 한다. 의지하는(歸投) 모습은 마치 자식이 아비를 섬겨 따르는 것과 같고, 따르는(依伏) 법도는 백성이 왕에게 순종하고 여자가 남자에게 가서 의지하는 것과 같기 때문이다. 귀의는 따르는 대상(佛法僧)이 달라 세 가지로 설한 것이다. 부처에 귀의하고, 불법에 귀의하고, 승가에 귀의한다는 의미는, 부처를 스승으로 삼아 의지하므로 귀불歸佛이라 하는 것이고, 법을 약으로 삼아 의지하므로 귀법歸法이라 하는 것이며, 승가를 승우勝友로 삼아 의지하므로 귀승歸僧이라 하는 것이다. '무슨 까닭에 이 세 가지에 전적으로 귀의하는가?' 이 세 가지는 궁극적으로 귀의할 곳으로서 중생을 생사윤회에서 벗어나게 하여 열반에 부합하니 이름을 이와 같이 붙인 것이다.(言三歸者, 歸投依伏, 故曰歸依. 歸投之相如子歸父, 依伏之義如民依王, 女性依男. 歸依不同隨境說三. 所謂歸佛歸法歸僧, 依佛爲師, 故曰歸佛 ; 憑法爲藥, 故稱歸法 ; 依僧爲友, 故名歸僧. 問曰, '何故偏歸此三?' 以此三種畢竟歸處, 能令衆生出離生死, 稱涅槃故, 名義如是.)"

歸佛歸法歸僧.

삼신三身[26]

부처에게는 삼신이 있으니, 법신法身·보신報身·화신化身이 그것이다.

佛有三身, 謂法身報身化身也.

삼관三觀[27]

공관空觀은 제법이 공空이라고 보는 방법이고, 가관假觀은 제법이 유有라고

---

26 삼신三身 : 宗寶本『壇經』(T48, 354b13), "내가 일체삼신자성불一體三身自性佛을 설하여 그대들이 삼신을 분명히 보아 스스로가 스스로의 성품(自性)을 깨닫도록 하리라. 모두들 나를 따라 말하라. '자기 육신에서 청정법신불淸淨法身佛에게 귀의하리라. 자기 육신에서 원만보신불圓滿報身佛에게 귀의하리라. 자기 육신에서 천백억화신불千百億化身佛에 귀의하리라.' 선지식이여! 육신은 집이므로 '돌아가 의지할 만한 곳'이라고 말할 수 없다. 앞서의 삼신불은 자성 안에 있으므로 세상 사람들이라면 모두 구유하고 있으나, 자기 마음이 미혹한 까닭에 자기 안의 불성을 보지 못하고, 밖으로 삼신의 여래를 찾을 뿐 자기 육신 안에 삼신불이 있음을 알지 못하는 것이다. (그런 까닭에) 그대들이 법을 듣고서 그대들 자신의 육신에서 자성自性이 삼신불을 구유하고 있음을 보도록 한 것이다. 이 삼신불은 자성에서 생기는 것이지 밖에서 얻을 수 있는 것이 아니다.(吾與說一體三身自性佛, 令汝等見三身了然, 自悟自性. 總隨我道, '於自色身, 歸依淸淨法身佛. 於自色身, 歸依圓滿報身佛. 於自色身, 歸依千百億化身佛.' 善知識! 色身是舍宅, 不可言歸. 向者三身佛, 在自性中, 世人總有, 爲自心迷, 不見內性, 外覓三身如來, 不見自身中有三身佛. 汝等聽說, 令汝等於自身中, 見自性有三身佛. 此三身佛, 從自性生, 不從外得.)"

27 삼관三觀 : 지의智顗가 세운 세 가지 관법이라 하여 천태삼관天台三觀이라고도 하고, 공가중삼관空假中三觀이라고도 한다.『宗鏡錄』권38(大48, 645a6), "또한 구슬을 놀리는 사람과 같으니 그 구슬은 공중에도 머물지 않고 땅에도 떨어지지 않으며 손안에도 있지 않다. 세 곳 어디에도 있지 않으면서 또한 어느 한 곳에도 머물지 않는다. 공중에 머물지 않는다는 것은 공관空觀에 머물지 않는다는 것을, 땅에도 떨어지지 않는다는 것은 가관假觀에도 머물지 않는다는 것을, 손안에도 있지 않다는 것은 중관中觀에도 머물지 않는다는 것을 비유한다. 공중·땅·손안의 세 곳 어디에도 머물지 않고 또한 공관·가관·중관 세 가지 중 어느 하나도 이루지 않는다면 하나도 아니고 셋도 아니지만 셋이면서 하나이기도 한 것이니 이것이 묘하다는 뜻이다.(又如弄珠鈴之者, 其珠不住空中, 不落地上, 不在手裏. 旣不在三處, 亦不住一處. 不住空中, 卽喩不住空觀 ; 不落地上, 卽喩不住假觀 ; 不在手裏, 卽喩不住中觀. 旣不住三亦不成一, 則非一非三而三而一, 斯爲妙矣.)"

보는 방법이고, 중관中觀은 제법이 공도 아니고 유도 아니라고 보는 방법이다.

空觀謂諸法空也, 假觀謂諸法有也, 中觀謂諸法非空非有也.

삼도三途[28]

지옥·귀신·축생을 가리킨다. 삼악도三惡道라고도 하는데 악업으로 인하여 이러한 고통의 과보를 받기 때문이다.

地獄鬼神畜生也. 亦云三惡途, 以惡業故, 受此苦報.

삼업三業[29]

신업身業·구업口業·의업意業.

身業口業意業.

삼천세계三千世界[30]

첫째 소천小千, 둘째 중천中千, 셋째 대천大千을 가리킨다. 소천이 쌓여

---

[28] 삼도三途 : 삼악취三惡趣라고도 한다. 지옥地獄·아귀餓鬼·축생畜生·수라修羅·인간人間·천상天上의 육도六道 가운데 악업의 과보로 받게 된 앞의 세 곳을 가리킨다. 화도火途(地獄)·혈도血途(餓鬼)·도도刀途(畜生)라고도 한다.

[29] 삼업三業 : 신체·언어·마음으로 행하는 선악의 업. 그중 십악十惡(十不善, 十不善業)이란, 신업에 살생殺生·투도偸盜·사음邪淫 세 가지, 구업에 망어妄語·기어綺語(雜穢語)·악구惡口(麤惡語)·양설兩舌(雜間語) 네 가지, 의업에 탐욕貪欲·진에瞋恚·사견邪見 세 가지를 가리킨다.

[30] 삼천세계三千世界 : 수미산을 중심으로 일日, 월月, 사대주四大洲, 육욕천六欲天, 범천梵天 등을 하나의 세계라 하는데, 천 개의 수미산, 천 개의 해, 천 개의 달, 천 개의 사대주, 천 개의 육욕천, 천 개의 범천이 모인 것을 소천세계小千世界, 이 소천세계가 다시 천 개 모인 것을 중천세계中千世界, 중천세계가 천 개 모인 것을 대천세계大千世界라 하며, 이들을 합하여 삼천대천세계三千大天世界라 한다.

중천을 이루고, 중천이 쌓여 대천을 이룬다. 대천 가운데 중천과 소천을 아우르니 합하여서는 대천이라 하고, 별도로 나누어서는 삼천三千이라 하므로 삼천이라고도 하고 대천이라고도 하는 것이다.

一, 小千, 二, 中千, 三, 大千也. 積小爲中, 積中爲大. 大中含中與小, 合之則大千, 別開則三千故, 或云三千, 或云大千.

삼거三車

삼승三乘을 비유한다. 첫째는 양 수레로 성문승을 비유하고, 두 번째는 사슴 수레로 연각승을 비유하며, 세 번째는 소 수레로 보살승을 비유한다.³¹

三乘之喩也. 一, 羊車, 喩聲聞乘 ; 二, 鹿車, 喩緣覺乘 ; 三, 牛車, 喩菩薩乘.

삼처회향三處回向³²

자기가 닦은 공덕을 돌이켜 삼처에 회향하는 것이다. 첫째 실제의 이치에 회향하니 이것은 법보法寶요, 둘째 보살의 지혜에 회향하니 이것은 불보佛寶요, 셋째 중생에 회향하니 이것은 승보僧寶이다.

回自己所修之德向彼三處. 一, 回向實際之理, 卽法寶也 ; 二, 回向菩薩之

---

31 『法華經』 권2 「譬喩品」(T9, 12b13)의 화택火宅의 비유 참조.
32 삼처회향三處回向 : 실제회향實際回向·보리회향菩提回向·중생회향衆生回向 세 가지. 『華嚴經問答』 권상(T45, 602a16), "'일승에서 삼처에 회향한다는 뜻은 무엇인가?' '중생·보리·실제에 회향한다는 뜻이다. 이 삼처 중에서 회향할 바가 없어야 회향이라 한다.'(問, '一乘中三處回向之義何爲?' 答, '謂回向衆生菩提實際. 三處中, 無所回向, 是名爲回向.')"

智, 卽佛寶也 ; 三, 回向衆生, 卽僧寶也.

사생四生[33]

태생·난생·습생·화생.

胎生卵生濕生化生.

사상四相

생·노·병·사를 가리킨다. 동파東坡 소식蘇軾(1037~1101)의 시에 "세 번 그 집을 들렀는데 늙고 병들고는 돌아가셨네."[34]라는 구절이 있다. 부처가 출가하기 전에 동문에서 태어난 아기를, 남문에서 노인을, 서문에서 병든 자를, 북문에서 죽은 자를 보고 세상사가 무상함을 깨닫고는 이에 출가하였다는 일화가 있다.

生老病死也. 坡詩, "三過門時生老病."[1) 佛在家時, 東門見生, 南門見老, 西門見病, 北門見死, 悟世間無常, 乃出家.

1) ㉠ '時生老病'이 『蘇東坡全集』 권6에는 '間老病死'로 되어 있다.

사대四大

안과 밖으로 나누어지니, 밖으로 사대란 지地·수水·화火·풍風을 가리키고, 안으로 사대란 가죽과 살은 지대地大를, 침과 눈물과 대소변 등은 수대水大를, 따뜻한 기운은 화대火大를, 이동하고 변전變轉함은 풍대風大

---

33 사생四生 : 생물의 발생 형태에 따라 네 가지로 나눈 것. 이 중에서 화생化生은 천계에 태어나는 중생처럼 무엇에도 의탁하지 않고 업력業力에 의해서 태어나는 것을 이른다.
34 〈過永樂文長老已卒〉, "初驚鶴瘦不可識, 旋覺雲歸無處尋. 三過門間老病死, 一彈指頃去來今. 存亡慣見渾無淚, 鄕井難忘尙有心. 欲向錢塘訪圓澤, 葛洪川畔待秋深."

를 가리킨다. ◆ 『노자老子』에서의 사대란 도대道大 · 천대天大 · 지대地大 · 왕대王大이다.[35]

有內外, 外四大, 地水火風也; 內四大, 皮肉地大, 唾涕便利等水大, 暖氣火大, 動轉風大也. ◆ 老子四大, 道大天大地大王大.

사주세계四洲世界[36]

수미산 주변을 중심으로 동서남북을 사주라 한다. 지금의 중국, 서역, 동토 등이 다 남주이다. 사주에 모두 한결같이 해와 달이 비춘다. 동주에서 해가 뜨면 서주에서는 해가 지고, 남주에서 해가 정오에 이르는 시각이면 북주는 한밤이다.

須彌山居中, 以其東西南北爲四洲. 今中國西域東土等, 皆南洲也, 四洲皆一日月之所照. 東洲日出則西洲日沒, 南洲日中則北洲夜半也.

사병四兵[37]

코끼리 부대, 말 부대, 수레 부대, 도보 부대.

象馬車步.

---

35 『老子』 25장, "有物混成, 先天地生. 寂兮寥兮, 獨立不改, 周行而不殆, 可以爲天下母. 吾不知其名, 字之曰道, 强爲之名曰大. 大曰逝, 逝曰遠, 遠曰反, 故道大, 天大, 地大, 王亦大. 域中有四大, 而王居其一焉. 人法地, 地法天, 天法道, 道法自然."

36 사주세계四洲世界 : 사주四洲 · 사대주四大洲 · 수미사주須彌四洲 · 사대부주四大部洲 · 사천하四天下라고도 한다. 고대 인도의 세계관에 따르면 수미산 사방의 함해鹹海 가운데 네 개의 대지가 있다고 한다. 즉 남섬부주南贍部洲 · 동승신주東勝身洲 · 서우화주西牛貨洲 · 북구로주北俱盧洲가 그것이다.

37 사병四兵 : 상병象兵 · 마병馬兵 · 거병車兵 · 보병步兵을 가리킨다. 전륜성왕轉輪聖王을 호위하는 군대라고 한다.

사중四衆[38]

첫째는 비구로서 남승을, 둘째는 비구니로서 여승을 가리키며, 셋째는 우바새優波塞[39]로 거사를, 넷째는 우바이優波夷[40]로 사당舍堂을 가리킨다.

一, 比丘, 男僧也；二, 比丘尼, 女僧也；三, 優波塞, 居士也；四, 優波夷, 舍堂也.

사은四恩[41]

임금의 은혜, 스승의 은혜, 부모의 은혜, 그리고 시주의 은혜를 가리킨다.

君師父及施主也.

사사四事

음식·의복·탕약·방사房舍[42]이다.[43]

---

38 사중四衆 : 불교 교단을 구성하는 네 부류의 사람을 가리킨다. 사부중四部衆·사배四輩라고도 하는데, 비구比丘·비구니比丘尼·사미沙彌·사미니沙彌尼를 사중이라고도 한다.
39 우바새優婆塞 : ⓢupāsaka. 오계五戒를 받아 지니는 남성 재가 신도. 청신사淸信士·근사남近事男·근선남近善男 등으로도 한역한다.
40 우바이優婆夷 : ⓢupāsikā. 오계를 받아 지니는 여성 재가 신도. 청신녀淸信女·근사녀近事女·근선녀近善女 등으로 한역한다.
41 사은四恩 : 『大乘本生心地觀經』 권2 「報恩品」(T3, 297a12), "세간과 출세간에서의 은혜에 네 가지가 있다. 첫째 부모의 은혜, 둘째 중생의 은혜, 셋째 국왕의 은혜, 넷째 삼보의 은혜이다. 이와 같은 네 가지 은혜는 일체중생이 똑같이 짊어지고 있다.(世出世恩有其四種. 一, 父母恩；二, 衆生恩；三, 國王恩；四, 三寶恩. 如是四恩, 一切衆生, 平等荷負.)"；『正法念處經』 권61(T17, 359b15), "무엇이 네 가지인가? 어머니의 은혜, 아버지의 은혜, 부처님의 은혜, 설법하는 법사의 은혜이다.(何等爲四? 一者, 母, 二者, 父, 三者, 如來, 四者, 說法法師.)"；『釋氏要覽』 권중(T54, 289c1), "은혜에는 네 가지가 있다. 부모의 은혜, 스승의 은혜, 국왕의 은혜, 시주의 은혜이다.(恩有四焉. 一, 父母恩, 二, 師長恩, 三, 國王恩, 四, 施主恩.)"
42 방사房舍 : 출가자가 기거하는 승방僧坊의 숙사宿舍.
43 여기에서 열거된 내용은 공양에 쓰는 네 가지 물건을 가리킨다. 출처에 따라서는 음

飮食衣服湯藥房舍.

오음五陰[44]

색色·수受·상想·행行·식識[45]이다. 첫 번째는 한 몸(色)이고, 나머지 네 가지는 마음이다. 이 오음이 참된 성품을 덮어 가린다고 하여 오음이라 하며 오온五蘊이라고도 한다.

色受想行識也. 初一身, 後四心也. 此五陰蔽眞性, 故云五陰, 亦云五蘊.

오도五道[46]

천도·인도·지옥·아귀·축생을 가리킨다. 오취五趣라고도 한다.

天道, 人道, 地獄, 餓鬼, 畜生也. 亦云五趣也.

식·의복·탕약·와구臥具, 음식·의복·산화散華·소향燒香, 음식·의복·방사·산화소향散華燒香 등으로 다르게 들기도 한다.

44 오음五陰 : 음陰은 음부陰覆 또는 적취積聚의 뜻. 유정有情의 심신 또는 객관세계 전체를 구성하는 다섯 가지 요소를 오음 또는 오온五蘊이라 한다. 宗寶本『壇經』(T48, 350b29), "선지식이여! 마하반야바라밀은 가장 존귀하고 가장 높으며 가장 뛰어나니 머무름도 없고 감도 없으며 옴도 없으나 삼세의 모든 부처께서는 이로부터 나오셨다. 응당 대지혜를 써서 오온의 번뇌를 부수어야 한다. 이와 같이 수행하면 불도를 이루고 삼독三毒을 변화시켜 계정혜戒定慧 삼학으로 바꿀 수 있다.(善知識! 摩訶般若波羅蜜, 最尊最上最第一, 無住無往亦無來, 三世諸佛從中出. 當用大智慧, 打破五蘊煩惱塵勞. 如此修行, 定成佛道, 變三毒爲戒定慧.)"

45 색수상행식色受想行識 : 색은 지·수·화·풍 등 사대四大 및 사대의 합성으로 구성된 존재. 수는 육체적으로나 정신적으로 감각하고 받아들이는 작용, 즉 고苦·낙樂·불고불락不苦不樂 등의 느낌. 상은 상像을 취하여 마음에 상을 그리는 것, 즉 생각·심상心像·개념概念·표상表象 등. 행은 마음과 함께 움직이거나 그렇지 않거나 어떤 행위로서 수온과 상온을 제외한 모든 심소법心所法과 심불상응행법心不相應行法. 식은 의식이나 대상에 대한 인식 작용.

46 오도五道 : 지옥·아귀·축생·수라·인간·천상이라는 육도六道(六趣) 가운데서 수라를 지옥에 포함하여 다섯 가지만 들어 이른 것이다.

오통五通

천안통天眼通[47] · 천이통天耳通[48] · 숙명통宿命通[49] · 타심통他心通[50] · 신족통神足通[51] 등 다섯 가지 신통력을 가리킨다.[52]

天眼通, 天耳通, 宿命通, 他心通, 神足通也.

오욕五欲[53]

재욕 · 색욕 · 음식욕 · 명예욕 · 수면욕이다.

財欲, 色欲, 食欲, 名欲, 睡眠欲也.

오진五塵[54]

색色 · 성聲 · 향香 · 미味 · 촉觸.

---

[47] 천안통天眼通 : 천안지증통天眼智證通 · 천안지통天眼智通이라고도 한다. 멀거나 가깝거나 혹은 크거나 작거나 등에 장애받지 않고 내다볼 수 있는 눈. 일체의 물상을 비롯하여 유정有情의 미래 생사의 운명을 아는 지혜를 갖춘 눈이라 하여 유정사생통有情死生通 · 사생지증통死生智證通으로도 일컬어진다.

[48] 천이통天耳通 : 멀고 가까움에 상관없이 평범한 사람은 들을 수 없는 일체의 소리를 듣는 귀.

[49] 숙명통宿命通 : 숙주지宿住智 · 숙명명宿命明 · 숙주수념지宿住隨念智라고 하며 줄여서 숙통宿通이라고도 한다. 자기와 남의 과거세 운명을 억념憶念하여 아는 지혜이다.

[50] 타심통他心通 : 남의 마음을 자유롭게 꿰뚫어 아는 신통력이다.

[51] 신족통神足通 : 신여의족통身如意足通의 줄임말. 몸을 뜻하는 대로 자유자재하게 움직이는 신통력이다.

[52] 이상의 다섯 가지에 누진통漏盡通을 합하여 육통六通 또는 육신통六神通이라 한다. 이 중 숙명宿命 · 천안명天眼明 · 누진명漏盡明을 삼명三明이라고 한다.

[53] 오욕五欲 : 색色 · 성聲 · 향香 · 미味 · 촉觸 등 오경五境에 집착하여 일으키는 다섯 가지 욕망인 색욕色欲 · 성욕聲欲 · 향욕香欲 · 미욕味欲 · 촉욕觸欲을 가리키기도 한다.

[54] 오진五塵 : 안眼 · 이耳 · 비鼻 · 설舌 · 신身 오근五根에 의해 인지된 경계. 오경五境이라고도 한다. 이 오경이 번뇌를 일으키고 먼지처럼 사람의 마음을 더럽힌다 하여 오진이라 한다. 의근意根의 경계인 법경法境을 더하여 육경六境 또는 육진六塵이라고도 한다.

色聲香味觸.

오근五根

안眼·이耳·비鼻·설舌·신身의 다섯 가지 감각기관. 이 오근으로 앞의 오진을 각각 마주한다.

眼耳鼻舌身也. 以此五根, 對上五塵.

오계五戒

첫째 불살생계不殺生戒로서 이는 인仁에 해당하고, 둘째 불투도계不偸盜戒로서 이는 의義에 해당하며, 셋째 불사음계不邪淫戒로서 이는 예禮에 해당하며, 넷째 불망어계不妄語戒로서 이는 신信에 해당하며, 다섯째 불음주계不飮酒戒로서 이는 지智에 해당한다.

一, 不殺生, 仁也 ; 二, 不偸盜, 義也 ; 三, 不邪淫, 禮也 ; 四, 不妄語, 信也 ; 五, 不飮酒, 智也.

오체투지五體投地[55]

왼 무릎과 오른 무릎, 왼쪽 손과 오른쪽 손 그리고 이마, 이 다섯 신체 부위를 예불할 때 땅에 닿도록 하여 공경을 표하는 모습을 말한다.

---

[55] 오체투지五體投地 : 『華嚴經探玄記』 권18(T35, 462b7), "예를 갖추는 의식 중에서 오체투지는 공경의 극치를 나타낸다.(設禮中, 五體投地, 敬之極也.)" ; 『大唐西域記』 권2(T51, 877c12), "서역에서 경의를 표하는 법식에 아홉 가지가 있다. 첫째, 말로 안부를 여쭙는다, 둘째, 머리를 숙여 경의를 나타낸다. 셋째, 손을 높이 들어 맞잡고 읍한다. 넷째, 양손을 합장하고 가슴까지 올려 절한다. 다섯째, 무릎을 꿇어 예를 표한다. 여섯째, 한쪽 무릎을 꿇고 앉아 예를 표한다(胡跪). 일곱째, 손과 무릎을 땅에 대고 예를 표한다. 여덟째, 오체를 모두 굽혀 예를 표한다. 아홉째, 오체를 땅에 대고 예를 표

左膝右膝, 左手右手, 及頭頂也, 此五者, 禮佛時投地也.

오정육五淨肉

부처님께서 병든 스님에게 다섯 종류의 깨끗한 육식을 허락하셨던 것을 말한다. 즉 죽이는 것을 보지 않았고, 죽이는 소리를 듣지 않았으며, 자신 때문에 살육하였다고 의심되지 않는 것이어야 하고,[56] 자연스럽게 죽은 것이어야 하며, 새들이 먹다 남긴 것 등은 괜찮다.

佛許病僧食五淨肉, 謂不見殺, 不聞殺,[1] 不疑爲我者, 自死者, 鳥殘者.

1) ㉘『楞嚴經正脈疏』 권6(X12, 376c20), 『楞嚴經圓通疏』 권6(X12, 851a22) 등에는 '不見殺, 不聞殺'이 '不見爲我殺, 不聞爲我殺'로 되어 있다.

육화六和[57]

승려에게는 여섯 가지 화합이 필요하다. 첫째 몸으로 화합하며 머무는 곳을 함께하고, 둘째 입으로 화합하여 다툼이 없어야 하며, 셋째 뜻이 화합하여 거스름이 없어야 하고, 넷째 견해가 화합하여 생각을 함께하며, 다섯째 계가 화합하여 준수하기를 함께하며, 여섯째 이로움에 대해 화합하여 균등하게 나눔이다.

한다. 이러한 아홉 가지 예는 다만 한 번의 절을 극진히 하는 것이며, 무릎을 꿇고 앉아 덕을 찬탄하는 것을 경의를 다하였다고 한다.(致敬之式, 其儀九等. 一, 發言慰問. 二, 俯首示敬. 三, 擧手高揖. 四, 合掌平拱. 五, 屈膝. 六, 長跪. 七, 手膝踞地. 八, 五輪俱屈. 九, 五體投地. 凡斯九等, 極唯一拜, 跪而讚德, 謂之盡敬.)

56 이상의 세 가지만을 들어서는 삼정육三淨肉이라 한다.
57 육화六和 : 육화경六和敬 또는 육화합六和合의 줄임말. 육화는 승가의 성원으로서 서로 화합하고 경애하며 실천해야 할 여섯 가지 여법한 일 또는 바로 이 육화경을 행하는 청정한 동료 수행승을 가리킨다. 『祖庭事苑』 권5「六和」(X64, 379b21), "一, 身和共住 ; 二, 口和無諍 ; 三, 意和同事 ; 四, 戒和同修 ; 五, 見和同解 ; 六, 利和同均." ; 『大乘義章』 권12「六和敬義」(T44, 712c25) ; 『法界次第初門』 권3「六和敬初門第五十」(T46, 692c25) 등 참조.

僧有六和, 一, 身和同住 ; 二, 口和無諍 ; 三, 意和無違 ; 四, 見和同解 ;
五, 戒和同遵 ; 六, 利和同均.

육근六根

안근眼根・이근耳根・비근鼻根・설근舌根・신근身根・의근意根 등 대상을 인식하는 여섯 개의 기관.

眼根, 耳根, 鼻根, 舌根, 身根, 意根.

육진六塵[58]

색色・성聲・향香・미味・촉觸・법法을 가리킨다. 이것이 육근과 접촉하여 먼지로 더럽혀진다는 뜻에서 육진이라 하며 육적六賊이라고도 하는데, 육진이 심성을 침해하므로 적적賊이라 한다. 눈으로 색을 보고, 귀로 소리를 들으며, 코로 향기를 분별하고, 혀로 맛을 알고, 몸으로 촉감을 느끼며, 의식으로 법을 안다.

色聲香味觸法也. 以此對六根, 有塵污之義, 故云六塵, 亦云六賊, 謂六塵侵害心性, 故云賊也. 眼見色, 耳聞聲, 鼻卞香, 舌知味, 身覺觸, 意知法.

---

[58] 육진六塵 :『涅槃經』권23「光明遍照高貴德王菩薩品」(T12, 501a10), "여섯 도적이란 외부의 육진(六境)을 말한다. 보살마하살이 이 육진을 여섯 도둑과 같다고 보는 것은 어째서인가? 그것이 일체의 모든 선법善法을 빼앗기 때문이다.(六大賊者, 卽外六塵. 菩薩摩訶薩, 觀此六塵如六大賊, 何以故? 能劫一切諸善法故.)";『觀心論』(T85, 1270c19), "육적六賊을 육식六識이라고도 한다. 온갖 감각기관을 출입하며 갖가지 대상경계에 탐욕과 집착을 내며, 악업을 짓고 진여의 본체를 잃게 하므로 육적이라 한다.(其六賊者, 則名六識. 出入諸根, 貪著萬境, 能成惡業, 損眞如體, 故名六賊.)"

육천六天

인간계에서 올려다보는 하늘이 곧 사왕천四王天이다. 그 위에 도리천忉利天이 있고, 도리천 위에 야마천夜摩天이, 야마천 위에는 도솔천兜率天이, 도솔천 위에는 화락천化樂天이, 화락천 위에는 타화천他化天이 있다. 두 번째 도리천에는 삼십삼천三十三天이 있다.

> 人間仰見之天, 卽四王天也. 其上有忉利天, 忉利上有夜摩天, 夜摩上有兜率天, 兜率上有化樂天, 化樂上有他化天. 又第二忉利天, 有三十三天.

육장귀六藏龜[59]

(거북의) 네 발과 머리와 꼬리, 여섯 부위를 가리킨다. 여우가 거북을 보고 잡으려 해도 여섯 부위를 숨겨 버리니 여우도 어찌할 도리가 없어 놓아주고 가 버린다. 부처님께서 비구들에게 말씀하기를 '너희들이 육근을 수습하여 삼가기를 마치 여섯 부위를 감추는 거북처럼 한다면 육적이 침범할 수 없으리라.'라고 하셨다.

> 四足頭尾爲六也. 野狐見龜欲捉六藏, 其野狐無如之何, 捨之而去. 佛告比丘, '爾等收攝六根, 如六藏龜, 六賊不能來侵.'

---

[59] 육장귀六藏龜 : 네 발과 머리와 꼬리 이 여섯 부위는 여섯 가지 인식 기관, 즉 육근六根을 비유한다. 『出曜經』 권23 「泥洹品」(T4, 730c6), "거북이 여섯 부위를 감추듯이, 비구는 생각을 다잡아 다스려야 하니, 그것에 의지함도 손상됨도 없이, 멸도滅度에 이르면 언설도 없으리라.(如龜藏其六, 比丘攝意想, 無倚無害彼, 滅度無言說.)"; 『一切經音義』 권26(T54, 465c3), "거북이 여섯 부분을 감추는 것과 같다.【거북에게는 머리와 꼬리 그리고 네 발이 있는데, 그것을 여섯 부분이라 한다. 만약 밖에서 적이 침범하여 괴롭히면 그것들을 껍데기 속으로 숨긴다. 중생의 육근이 밖의 대상경계를 따라다니면 육진六塵이라는 도적이 침범해 들어오므로 스스로 육근의 문을 지키기를 마치 거북이 여섯 부분을 감추는 것처럼 해야 한다는 뜻이다.】(如龜藏六.【龜有頭尾四足, 名爲六處. 若侵惱則藏入殼中. 衆生六根, 馳流外境, 塵賊來侵, 自守根門, 如龜藏六也.】)"

칠보七寶

금·은·유리·파려·차거·마류·금강.

金, 銀, 琉璃, 玻瓈, 硨磲, 瑪瑙, 金剛.

칠불七佛[60]

비바시불·시기불·비사부불·구류손불·구나함불·가섭불·석가불이다. 석가모니불 이전의 고불古佛이야 이루 셀 수가 없으나 오로지 칠불을 존경하는 것은 천자칠묘天子七廟[61]의 예와 같다.

一, 毘婆尸佛 ; 二, 尸棄佛 ; 三, 毘舍浮佛 ; 四, 拘留孫佛 ; 五, 拘那含佛 ; 六, 迦葉佛 ; 七, 釋迦佛. 古佛無數, 唯尊七佛者, 如天子七庙之例.

팔상성도八相成道[62]

왕발王勃(650~676)이 『석가여래성도기釋迦如來成道記』[63]를 지었다. 모든

---

60 칠불七佛 : 비바시불·시기불·비사부불은 과거장엄겁過去莊嚴劫의 삼불三佛이고, 구류손불·구나함불·가섭불·석가불은 현재현겁現在現劫의 사불四佛이다.

61 천자칠묘天子七廟 : 『禮記』 권23 「王制」, "천자는 7묘이니 3소 3목과 태조의 묘를 합하여 일곱이고, 제후는 5묘이니 2소 2목과 태조의 묘를 합하여 다섯이며, 대부는 3묘이니 1소 1목과 태조의 묘를 합하여 셋이며, 사는 1묘요, 서인은 침침寢에서 제사한다.(天子七廟, 三昭三穆, 與太祖之廟而七 ; 諸侯五廟, 二昭二穆, 與太祖之廟而五 ; 大夫三廟, 一昭一穆, 與太祖之廟而三 ; 士一廟 ; 庶人祭於寢.)"

62 팔상성도八相成道 : 팔상작불八相作佛·팔상시현八相示現·석가팔상釋迦八相이라고도 한다. 중생을 구제하기 위해 세상에 출현하여 여덟 가지 상相을 나타내신 것을 이른다. 『선문염송 염송설화 회본 1』(pp.93~94), "팔상이란 주도솔住兜率·강왕궁降王宮·주태住胎·출태出胎·출가出家·성도成道·항마군降魔軍·전법륜轉法輪·입열반入涅槃 등을 가리킨다. 그렇다면 구상九相이 되는데, 무슨 이유에서 팔상이라 한 것일까? 대승에는 항마군이 없으니 마구니는 곧 법계이기 때문이고, 소승에는 주태가 없으니 태胎는 허공과 같기 때문이다. 그러므로 대승과 소승에서 각각 하나씩 제외하여 팔상이 된다. 또한 『기신론』에서 '도솔천에서 왕궁으로 물러나'라고 운운하였다. 대대로 부

사찰마다 팔상전이 있는데, 그 여덟 가지 차별상은 첫째 도솔천에서 내려오심, 둘째 (마야부인의) 태중에 머무심, 셋째 (가비라성迦毘羅城 밖 남비니원藍毘尼園에서) 탄생하심, 넷째 (석가족의) 왕궁을 떠나심, 다섯째 (보리수 아래에서) 성불하심, 여섯째 악마를 항복하게 하심, 일곱째 (바라나성波羅奈城 녹야원鹿野苑에서 다섯 비구에게) 설법하심, 여덟째 (구시나라성拘尸那羅城 사라쌍수沙羅雙樹 사이에서) 입멸하심이다.

王勃作八相成道記. 諸寺有八相殿, 一, 降兜率, 二, 托胎, 三, 降生, 四, 踰城, 五, 成道, 六, 降魔, 七, 說法, 八, 入滅也.

팔관재八關齋[64]

오계五戒에다가 높은 침상에 눕지 않으며, 가무를 하지 않으며, 금은보화 등으로 꾸미지 않을 것을 더한 것이다.[65] 고려 때에는 팔관재를 여러

  처님들이 세상에 나타나실 때 모두 팔상성도의 과정에 근거하는 법인데, '도솔천을 떠나기도 전에 이미 왕궁에 강림하였고, 모태에서 태어나기도 전에 중생제도를 벌써 마쳤다.'라고 한 것은 무슨 이유인가? 팔상성도의 차제는 성문인聲聞人이 상세하게 분석한 견해(曲見)일 뿐이며, 화엄華嚴의 교설에 따르면 팔상은 한순간에 성립되어 앞뒤로 정해진 시간적 순서가 없기 때문이다.(八相者, 住兜率·降王宮·住胎·出胎·出家·成道·降魔軍·轉法輪·入涅槃. 此則九相, 所謂八相者, 何也? 大無降魔, 魔則法界故; 小無住胎, 胎若虛空故. 然則大小乘, 互奪爲八相也. 又起信論云, '從兜率退王宮'云云也. 佛佛出世, 皆以八相成道, '未離兜率'云云者, 何也? 八相成道次第, 聲聞人曲見, 若約華嚴, 八相一時, 無前後次第.)
63 『석가여래성도기釋迦如來成道記』: 『여래성도기如來成道記』라고도 한다. 당나라 초기에 시인 왕발이 짓고, 항주杭州 남쪽 교외의 전당강錢塘江 가에 있는 월륜산月輪山의 도성道誠이 주석한 『註釋迦如來成道記』가 있다.
64 팔관재八關齋 : 팔재계八齋戒·팔계재八戒齋·팔관재계八關齋戒·팔지재계八支齋戒·팔금八禁이라고도 하며, 팔계八戒와 같다. 재가의 남녀(우바새, 우바이)가 출가에 준할 정도로 육재일六齋日에 만 하루 동안 지키는 여덟 계이다.
65 둘째와 셋째를 합하여 향수를 뿌리거나 꾸미지 말며 가무를 보거나 듣지 말라는 계(不塗飾香鬘舞歌觀聽戒)를 하나로 보고 여기에 정오가 지나서 먹지 말라는 계(不食非時食戒)를 더하여 팔계八戒로 보기도 한다.

번 시행하였다.

五戒上, 更加不臥高床, 不歌舞, 不纓絡莊嚴. 高麗多設八關齋.

팔풍八風[66]

이利·쇠衰·훼毁·예譽·칭稱·기譏·고苦·낙樂이다. 이 중 네 가지는 욕구를 거스르는 것이고, 네 가지는 욕구를 따르는 것이다. 사람의 마음을 동요케 하므로 바람에 비유한 것이다.

利衰毁譽稱譏苦樂也. 四逆四順. 鼓動人心, 故謂之風.

팔고八苦[67]

나고, 늙고, 병들고, 죽고, 사랑하는 이와 헤어지고, 미워하는 이와 만나며, 구하는 것을 얻지 못하며, 몸이 비만한 것이다.

一, 生 ; 二, 老 ; 三, 病 ; 四, 死 ; 五, 別離 ; 六, 怨憎 ; 七, 求不得 ; 八, 色身肥滿.

---

[66] 팔풍八風 : 이利는 생각에 들어맞는 것, 쇠衰는 생각에 어긋나는 것, 훼毁는 면전에서 헐뜯고 비방하는 것, 예譽는 상찬賞讚하는 것, 칭稱은 면전에서 상찬하는 것, 기譏는 비방하는 것, 고苦는 심신에 번뇌가 있는 것, 낙樂은 심신에 기쁨이 있는 것.

[67] 팔고八苦 : 생로병사生老病死 사고四苦에 원증회고怨憎會苦, 애별리고愛別離苦, 구부득고求不得苦, 오취온고五取蘊苦(五陰盛苦)를 더하여 팔고라고 한다. 사성제四聖諦 중에서 고제苦諦를 설한 것으로 고苦를 총칭한다. 『中阿含經』 권7 「舍梨子相應品」 (T1, 464b28), "무엇을 고성제苦聖諦라 하는가? 나는 괴로움, 늙는 괴로움, 병드는 괴로움, 죽는 괴로움, 미워하는 이를 만나는 괴로움, 사랑하는 이와 이별하는 괴로움, 구하는 것을 얻지 못하는 괴로움, 요약하면 오음五陰으로 일어나는 치성한 괴로움이 그것이다.(云何苦聖諦? 謂生苦, 老苦, 病苦, 死苦, 怨憎會苦, 愛別離苦, 所求不得苦, 略五盛陰苦.)"

팔대지옥(八寒八熱)

팔한八寒[68]이나 팔열八熱 모두 지옥의 모습이다. 『능엄경』에 보인다.[69]

皆地獄也. 見楞嚴經.

팔환八還[70]

『능엄경』에 "밝음은 해로 돌려보내고, 어두움은 열엿새 날 이후(黑月)[71]

---

[68] 팔한八寒 : 팔한지옥八寒地獄. 팔한나락가八寒捺落迦라고도 한다. 남염부주南閻浮洲 아래로 500유순由旬을 지나 팔열지옥 옆에 있는데, 차가운 얼음으로 고통받는 여덟 종류의 지옥이다. 『俱舍論』 권11 「分別世品」(T29, 58c29), "여기에 더하여 극심한 추위로 고통받는 여덟 종류의 나락가가 있다. 그 여덟 종류란 무엇인가? 첫째 알부타, 둘째 니랄부타, 셋째 알치타, 넷째 확확바, 다섯째 호호바, 여섯째 올발라, 일곱째 발특마, 여덟째 마하발특마이다. 이곳의 유정은 혹독한 추위로 인해 몸과 소리가 따라 변하므로 그것으로써 이름을 지은 것이다. 이 여덟 지옥은 섬부주 아래에 앞에서 언급한 대지옥 옆에 아울러 있다.(復有餘八寒捺落迦. 其八者何? 一, 頞部陀, 二, 尼剌部陀, 三, 頞哳吒, 四, 臛臛婆, 五, 虎虎婆, 六, 嗢鉢羅, 七, 鉢特摩, 八, 摩訶鉢特摩. 此中有情, 嚴寒所逼, 隨身聲變, 以立其名. 此八并居贍部洲下, 如前所說大地獄傍.)"

[69] 『楞嚴經』 권8(T19, 144c26) 이하에서 지옥의 종류와 인과를 상세히 서술하고 있지만 팔한과 팔열에 대한 언급은 없다.

[70] 팔환八還 : 변화 현상을 포괄하는 개념이다. 『大明三藏法數』 권24(P182, 385a10), "팔환변견八還辯見.『능엄경』에 나온다.} 환還은 돌려보낸다는 뜻이고 변辯은 분별하다는 뜻이며 견見은 보는 주체의 성품이다. 팔환변견이란 보이는 여덟 종류는 돌려보낼 수 있는 경계로 여기지만 보는 주체의 성품은 돌려보낼 수 없다고 분별한다는 뜻이다.……【여섯째, 완허환공頑虛還空】완頑은 무지를 뜻한다. 완허頑虛는 형상이 없고 우둔하여 지각이 없는 것을 이르는 말이다.【일곱째, 울발환진欎埻還塵】울欎은 쌓이고 엉겨 있다는 뜻이다. 발埻은 기운이 왕성한 모양이다.(八還辯見.{出楞嚴經}. 還者復也, 辯者分別也, 見卽能見之性也. 八還辯見者, 以所見八種可還之境, 而辯能見之性不可還也.……{六頑虛還空} 頑者無知也, 頑虛者, 謂無形相, 頑然無有知覺也. {七欎埻還塵} 欎者滯也, 埻者氣盛貌.)"

[71] 열엿새 날 이후(黑月) : 흑분黑分이라고도 한다. 한 달을 두 시기로 나누어서 달이 기우는 기간을 흑월분黑月分, 달이 차는 기간을 백월분白月分이라고 한다. 중국 역법에서는 달이 차기 시작하는 날부터 완전히 기우는 날까지를 한 달로 계산하지만, 인도 역법에서는 달이 기울기 시작하는 날부터 완전히 차는 날까지를 한 달로 본다. 따라서 인도력에서는 매달 음력 16일부터 다음 달 15일까지가 한 달이다. 곧 중국력 16일이 인도력에서는 1일에 해당한다.

로 돌려보내며, 통함은 문과 창문으로 돌려보내고, 막힘은 담장과 지붕으로 돌려보내며, 인연은 분별로 돌려보내고, 우둔하고 나약함은 공空으로 돌려보내며, 무성한 티끌은 먼지로 돌려보내고, 청명함은 비 갠 날로 돌려보내리라."[72]라고 하였다. 동파 소식 시에 "같으니 다르니 다시는 석 자로 답한 말(將無同)[73]을 의심치 말지니, 만물과 내가 종국에는 응당 여덟 변화를 따르리라."[74]라고 하였다.

楞嚴云, "明還日輪, 暗還黑月, 通還戶牖, 壅還墻宇, 緣還分別, 頑虛還空, 欝浡[1]還塵, 淸明還霽." 坡詩云, "異同更莫疑三語, 物我終當付八還."

1) ㉠ '浡'이 『楞嚴經』에는 '垺'로 되어 있다.

구류九類

난생·태생·습생·화생·유색有色·무색無色·유상有想·무상無想·비유상비무상非有想非無想 등이 아홉 가지 부류이며, 이는 중생의 부류에 아홉 가지가 있음을 가리킨다.

---

[72] 『楞嚴經』 권2(T19, 111b3), "아난아, 이 갖가지 변화상變化相 가운데 밝음은 해로 돌려보낸다. 어째서이겠느냐? 해가 없으면 밝지 않고 밝음의 요인은 해에 속하므로 해로 돌려보내는 것이다.(阿難, 此諸變化, 明還日輪. 何以故? 無日不明, 明因屬日, 是故還日.)" 이후에 위와 같은 구절이 이어진다.

[73] 석 자로 답한 말(將無同) : 진晉나라 때, 왕연王衍이 완수阮修에게 노장과 유교의 가르침이 같은지 어떤지 묻자, 완수가 '거의 같을 것'이라며 '장무동將無同' 석 자로 답한 일화가 전한다. '장무동'은 상동相同하다는 뜻이다. 『晉書』 「阮瞻傳」에는 왕연이 완첨阮瞻으로, 완수가 왕융王戎으로 되어 있으며 이들 간의 문답으로 실려 있다. 『世說新語』 「文學」, "완선자阮宣子는 명성이 나 있었으니, 태위 왕이보王夷甫가 그를 만나서는 물었다. '노장과 성인의 가르침이 같은가?' '아마도 같겠지요.' 태위는 그 말을 훌륭하다고 여기고 불러서는 속관屬官에 앉혔다. 세상 사람들은 세 마디로 얻은 속관(三語掾)이라 하였다.(阮宣子有令聞, 太尉王夷甫見而問曰, '老莊與聖教同異?' 對曰, '將無同.' 太尉善其言, 辟之爲掾. 世謂三語掾.)"

[74] 〈次韻道潛留別〉, "爲聞廬岳多眞隱, 故就高人斷宿攀. 已喜禪心無別語, 尙嫌剃髮有詩斑. 異同更莫疑三語, 物我終當付八還. 到後與君開北戶, 擧頭三十六靑山."

一, 卵生；二, 胎生；三, 濕生；四, 化生；五, 有色；六, 無色；七, 有想；八, 無想；九, 非有想非無想, 此九類, 指衆生之類有九也.

구류九流
유가儒家 · 도가道家 · 음양가陰陽家 · 법가法家 · 명가名家 · 묵가墨家 · 종횡가縱橫家 · 잡가雜家 · 농가農家 등이 아홉 학파인데 업으로 삼는 학문의 부류가 다름을 가리킨다.

儒流, 道流, 陰陽流, 法流, 名流, 墨流, 縱橫流, 雜流, 農流, 此九流, 指所業之家不同也.

십악十惡
살생, 도둑질, 음란함, 일구이언一口二言(또는 이간질하는 말), 추악한 말, 거짓말, 허튼소리, 탐욕, 분노, 어리석음.

一, 殺生；二, 偸盜；三, 邪淫；四, 兩舌；五, 惡口；六, 綺語；七, 妄語；八, 貪；九, 嗔；十, 痴.

십선十善
십악 하나하나에 '불不' 자를 붙이면 십선이 된다. 첫 번째 불살생으로부터 열 번째 어리석지 않음까지가 그것이다.

十惡上, 一一加不字, 則爲十善. 自一不殺生, 至十不痴.

십대제자十大弟子
부처님께 십대제자가 있다. 마하가섭摩訶迦葉([S] Mahā-kāśyapa)은 정정

제일定正第一,⁷⁵ 아난다阿難陀(Ⓢ Ānanda)는 다문제일多聞第一, 사리불舍利佛(Ⓢ Śāriputra)은 지혜제일智慧第一, 수보리須菩提(Ⓢ Subhūti)는 해공제일解空第一, 부루나富樓那(Ⓢ Pūrṇa)는 설법제일說法第一, 마하목건련摩訶目犍連(Ⓢ Mahā-maudgalyāyana)은 신통제일神通第一, 마하가전연摩訶迦旃延(Ⓢ Mahā-kātyāyana)은 논의제일論議第一, 아나율阿那律(Ⓢ Aniruddha)은 천안제일天眼第一, 우바리優婆離(Ⓢ Upāli)는 지계제일持戒第一, 나후라羅候羅(Ⓢ Rāhula)는 밀행⁷⁶제일密行第一로서 공자 문하의 십철(孔門十哲)⁷⁷에 비견된다.

佛有十大弟子, 迦葉定正第一, 阿難多聞第一, 舍利佛智慧第一, 須菩提解空第一, 富樓那說法第一, 目連神通第一, 迦旃論議第一, 阿那律天眼第一, 優婆離持戒第一, 羅候羅密行第一, 以配孔門十哲.

---

75 정정제일定正第一 : 두타제일頭陀第一로 더 많이 쓰인다. 두타頭陀란 심신을 닦음에 탐욕 등의 번뇌를 완전히 꺾어 버리고 특히 의식주를 엄격하게 유지하며 간소한 생활을 하는 것을 뜻한다.
76 밀행密行 : 계율을 한순간도 잊지 않고 미세微細하게 호지護持하는 것을 뜻한다.
77 공자 문하의 십철(孔門十哲) : 『論語』 「先進」, "덕행으로는 안연·민자건·염백우·중궁을, 언어로는 재아·자공을, 정사로는 염유·계로를, 문학으로는 자유·자하를 들 수 있다.(德行, 顔淵, 閔子騫, 冉伯牛, 仲弓 ; 言語, 宰我, 子貢 ; 政事, 冉有, 季路 ; 文學, 子游, 子夏.)"

2. 불보살 이름 외 불가의 상용어[78]

불佛[79]

인도의 '불佛'이라는 글자는 중국에서는 각覺 자의 의미이다. 삼계가 생사윤회하는 헛된 꿈[80]임을 깊이 깨달았다 하여 '불'이라 한다.

西域佛字, 此方覺字之義也. 三界大夢永覺, 故謂之佛.

---

78 ㈐ 이 소제목은 역자가 단 것이다.
79 불佛: Ⓢ buddha. 佛陀・佛駄・浮陀・浮屠・浮圖・浮頭・勃駄・勃陀・沒駄・母駄・步陀 등으로도 음사하고, 각覺・각자覺者・지자知者 등으로 한역한다. 일체법의 성상性相을 여실하게 알고 등정각等正覺을 성취한 성인을 가리킨다. 번뇌를 관찰하여 어떠한 장애도 없고, 제법의 실상을 깨달아 명철한 지혜를 갖춘 것을 '각覺'이라 한다.
80 삼계대몽三界大夢은 삼계를 생사윤회하며 헛된 꿈을 꾸는 것.『無量壽經優婆提舍願生偈註』권상(T40, 828b23), "이 삼계는 모두 번뇌에 예속된 삿된 경계(邪道)에서 발생한 것이다. 죽도록 헛된 꿈을 꾸면서 이에서 벗어나기를 바랄 줄은 모르는 까닭에 큰 자비심을 일으켜 우리 중생들이 성불하여 무상정견無上正見의 도로써 청정한 국토를 세워 삼계에서 벗어나기를 서원하는 것이다.(此三界, 皆是有漏邪道所生. 長寢大夢莫知悕出, 是故興大悲心, 願我成佛以無上正見道, 起淸淨土, 出于三界.)";『中觀論疏』권2「因緣品」(T42, 29b4), "삼계는 기나긴 밤을 지내는 집이고 심식心識은 그 안에서 헛된 꿈을 꾸는 주인이다. 지금 보이는 온갖 존재 군상들은 모두 꿈속에서 본 영상들이니, 헛된 꿈에서 깨어나 무명의 어둠과 같은 그 기나긴 밤이 밝고 나면 전도되고 미혹된 식識이 사라지고 삼계가 모두 공空이리라. 이때는 발생한 바도 없으며 발생하지 않은 바도 없다.(三界爲長夜之宅, 心識爲大夢之主. 今之所見群有, 皆於夢中所見, 其於大夢旣覺, 長夜獲曉, 卽倒惑識滅, 三界都空. 是時無所從生, 而靡所不生.)";『莊子』「齊物論」, "완벽한 깨어남이 있고 난 후에라야 이것이 한바탕 커다란 꿈이었음을 안다.(且有大覺而后, 此其大夢也.)"

보살菩薩[81]

이 또한 인도말이며 중국말로는 각유정覺有情이라 한다. 이 사람은 위로는 부처의 깨달음을 구하고 아래로는 유정중생을 교화한다. 또 이 사람은 마음으로는 깨달음을 얻었다고는 하나 망령된 마음 작용도 있어서 조금의 망념도 없이 진실한 깨달음을 얻은 부처의 지위에는 미치지 못한다. 즉, 불도를 깨닫고 수행하지만 부처의 지위에는 아직 이르지 못한 자를 보살이라 한다.

亦西域之言, 此方譯云, 覺有情也. 謂此人上求佛覺, 下化有情衆生也. 又此人, 心雖有覺, 而亦有妄情, 不及佛之純覺無妄也. 卽悟道修行, 而未至佛位者, 謂之菩薩也.

여래如來[82]

'불佛'을 여래라고도 한역한다. 여如는 체體요, 래來는 용用이다. 체와 용

---

81 보살菩薩 : ⓢbodhisattva. 菩提薩埵·菩提索多·冒地薩怛嚩라고도 음사하며, 각유정覺有情·도중생道衆生·도심중생道心衆生·개사開士 등으로 한역한다. 보리를 구하는 자리행自利行과 중생을 교화하는 이타행利他行을 실천하고 바라밀행波羅蜜行을 닦는다.
82 여래如來 : ⓢtathāgata. 多陀阿伽陀·多他阿伽度·怛薩阿竭·怛他誐多·怛他蘗多 등으로 음사하고, 여거如去라고도 한역한다. '여거'는 생사에서 벗어나 열반으로 간다는 뜻이다. 부처의 법신은 원래 출몰함이 없지만 대비大悲의 원력願力으로 진여眞如에 근본을 두고 여실하게 오고 가므로 '여래'라고 한다. 『涅槃經』권18 「梵行品」(T12, 468a29), "무슨 이유에서 여래라 하는가? 과거 여러 부처님들이 하신 말씀이 변하지 않는 것(不變)과 같기 때문이다. 어째서 불변不變이라 하는가? 과거 여러 부처님들이 중생을 제도하기 위해 십이부경을 설하셨는데, 여래 또한 그러하시므로 여래라 한다. 여러 불세존께서는 육바라밀과 삼십칠품과 십일공十一空으로부터 대열반에 이르셨는데, 여래 또한 그러하시므로 부처를 여래라 부르는 것이다. 여러 불세존께서 중생을 위해 적합한 방편으로 삼승을 열어 보이시고 수명은 한량이 없어 헤아릴 수가 없는데, 여래 또한 그러하시므로 부처를 여래라 부르는 것이다.(云何名如來? 如過去諸佛所說不變. 云何不變? 過去諸佛爲度衆生說十二部經, 如來亦爾, 故名如來. 諸佛世尊從六波羅蜜三十七品十一空來至大涅槃, 如來亦爾, 是故號佛爲如來也. 諸佛世尊爲衆生故, 隨宜方便, 開示三乘, 壽命無量不可稱計, 如來亦爾, 是故號佛爲如來也.)"

을 합하여 여래라 일컫는다.

佛亦云如來也. 如者, 體也, 來者, 用也. 體用合稱, 故云如來也.

석가釋迦[83]
능인能仁이라 한역하며, 부처님의 성姓이다.

此云能仁, 佛之姓也.

모니牟尼
적묵寂默[84]이라 한역하며, 부처님의 이름이다.

此云寂默, 佛之名也.

구담瞿曇[85]
부처의 성姓이다. 본래 성은 구담씨瞿曇氏로서 부처의 고조부인 구로왕拘盧王 때부터 석가씨로 일컫기 시작하였다. 시인들이 많이 쓰는 시어 중

---

83 석가釋迦 : 석가모니釋迦牟尼. ⓢ Śākya-muni. 석가는 종족의 이름으로서 '능能'의 뜻이다. 능만能滿·능인能忍·능인能仁이라고도 한다.『梵網經菩薩戒本述記』권상(X38, 401c1), "석가모니는 능적능적이라 한역하며 구역에서는 능만·능인이라고도 한다.(釋迦牟尼, 大唐翻云, 能寂, 舊翻, 亦云能滿, 亦云能仁.)"

84 적묵寂默 : ⓢ muni. 정적靜寂한 침묵의 경지를 뜻하는 말.

85 구담瞿曇 : ⓢ Gautama. 喬答摩라고도 음사한다. 최상의 소라는 뜻이며, 인도 왕족의 성씨로서 석가모니를 가리킨다. 석가모니가 태어난 가비라위성迦毘羅衛城(ⓢ Kapilavastu)이라는 이름에서 비롯하여 황면구담黃面瞿曇이라고도 한다.『雜阿含經』권22(T2, 157c1), "사문 구담은 석가족의 자손으로 석가종에서 수염과 머리를 깎고 가사를 입고 바른 믿음으로 출가하여 도를 배우고 아뇩다라삼먁삼보리를 얻었으니, 그분을 부처님(佛)이라 한다.(有沙門瞿曇, 是釋種子, 於釋種中, 剃除鬚髮, 著袈裟衣, 正信非家, 出家學道, 得阿耨多羅三藐三菩提, 是名爲佛.)"

에 담운曇雲, 담월曇月 등이 있는데 모두 이 구담의 뜻을 활용한 것이다. 지적승地寂勝이라는 한역어는 부처의 종족을 일컫는 말이며, 지상에서 가장 뛰어나다는 뜻이다.

亦佛之姓也. 本姓瞿曇氏, 自佛之高祖父拘盧王, 始稱釋迦氏. 詩家多用之言, 又曇雲曇月之類, 皆用此瞿曇之義也. 此云地寂勝, 謂佛之種族, 地上最勝也.

아미타불阿彌陀佛[86]

서방극락세계의 부처이다. 아미타는 무량수無量壽라고 한역한다. 아阿는 무無, 미彌는 량量, 타陀는 수壽를 뜻한다. 이 부처는 수명이 무량하기 때문에 무량수불이라 일컬어진다.

西方極樂世界之佛也. 阿彌陁, 此云無量壽. 阿無也, 彌量也, 陁壽也. 彼佛壽無量, 故謂之無量壽佛.

미륵불彌勒佛[87]

자씨慈氏라고 한역하는데 미래불의 성姓이다.

此云慈氏, 未來佛之姓也.

---

[86] 아미타불阿彌陀佛 : ⓢAmita. 줄여서 미타彌陀라고도 한다. 불광佛光이 한량없다고 하여 무량광無量光이라고도 하고, 수량壽量이 무한하다 하여 무량수無量壽라고도 한다. 시간상(壽)으로나 공간상으로나(光) 자유자재로 통하며 무량무한無量無限하다는 의미를 담고 있다.

[87] 미륵불彌勒佛 : ⓢMaitreya. 梅呾麗耶·末怛唎耶·彌帝禮·梅任梨 등으로도 음사하며 자존慈尊·자씨慈氏라 한역한다. 그 성이 아일다阿逸多이어서 아일다보살이라고도 한다. 미륵불은 56억 7천만 년 후에 인간세계에 하생하여 석존에 이어 성불할 것이 예정된 보살이다. 현재는 도솔천에 머물고 있어 일생보처보살一生補處菩薩(한 번만 태어나면 성불할 것이 예정된 보살)·보처보살補處菩薩이라고 한다.

약사藥師[88]

동방 세계의 부처님 명호이다.

東方世界之佛名也.

나무南無[89]

귀의歸依라는 뜻이다. 모든 불·보살에 두루 통용된다.

此云歸依也. 通用於諸佛諸菩薩.

화남和南[90]

반담槃談이라고도 하는데 불법에 귀의하며 공경한다는 뜻이다. 옛사람들은 머리를 숙이고 '화남'이라 하고 재배하고 '화남'이라 하였다.

---

88 약사藥師 : ⓢBhaiṣajyaguru. 갖춘 한역 명호는 약사유리광여래藥師瑠璃光如來이다. 약사여래·약사불이라고도 한다. 동방의 정유리淨瑠璃라는 세계에 머물고 있는 부처이다. 이 여래는 보살일 때 십이대원十二大願을 일으켜 정유리 세계에서 성불하여 약사유리광여래가 되었다. 중병에 걸린 사람이 죽음에 이르러 염라대왕 앞에서 죄복에 따라 처분을 받을 때 그와 가까운 이들이 주야로 이 여래에게 예배공양하면 소생하여 목숨을 계속 유지할 수 있다고 한다.
89 나무南無 : ⓢnamas. 南謨·南牟·那摸·納莫·納慕·曩莫·娜謨 등으로도 음사하며, 예배·정례頂禮·귀례歸禮·귀명歸命 등으로 한역한다. 불법승 삼보에 귀명歸命하며 예배하는 것을 이르는 말이다. 신심信心의 발로에서 자연히 드러나는 예배 행위 또는 귀경歸敬을 나타내는 뜻에서 발하는 말이다. 『一切經音義』권27(T54, 485b24), "나무[바른 음사어는 납모納慕이며, 납모納莫라고도 하는데 경례를 뜻한다. 반담伴談이라 하거나 반제伴題라고 할 경우는 예배라 한역하니, 화남和南 등으로 쓰는 것은 모두 잘못이다.}(南無{正言納慕, 亦言納莫, 此云敬禮. 若言伴談, 或云伴題, 此云禮拜, 言和南, 皆等訛謬也.})"
90 화남和南 : ⓢvandana. 畔睇·伴題·婆南·槃談·伴談 등으로 음사하고 경례敬禮·공경恭敬·도아度我 등으로 한역한다. 존경의 뜻을 표현하는 행위이다. 머리를 숙이며 하는 말이다.

亦云槃談, 亦歸敬之義也. 古人多云, 稽首和南再拜和南也.

관음보살觀音菩薩

관세음보살觀世音菩薩이라고도 한다. 세간의 말소리를 살펴보고서 중생을 제도한다는 뜻이다. 말소리라고 하면 응당 '듣는다(聞聽)'고 해야 맞지만 '본다(觀)'고 한 것은 육근六根이 상호 작용하기 때문이다. 이근耳根으로 음성을 '보고', 안근眼根으로 형색을 '듣는다'는 의미이다.[91] 동파 소식이 귀머거리와 이야기하는데 단지 글자를 써서 그에게 보여 줄 뿐이었다. 동파가 웃으며 "나와 그대는 보통의 사람은 아니로군. 나는 손을 입으로 삼아 말하고 그대는 눈을 귀로 삼아 들으니 말일세."라고 하였다.[92] 부처님께서 육근이 상호 작용한다고 하신 말씀이 진실로 허언이 아니다. 동파는 또 "밤중에 베개를 더듬어 그것이 베개인 줄 아니 손에 눈이 있는 것이요, 밥을 먹을 때에는 혀에 눈이 있는 것이요, 말소리를 듣고서 그 사람이 누구인지를 아니 귀에 눈이 있는 것이다."라고도 하였다.[93] 관음보살을 천안天眼이라 칭하는 것도 이러한 이유에서이다.[94]

---

91 이근耳根으로 음성을~'듣는다'는 의미이다. : 육근원통六根圓通의 도리를 말한다.
92 『東坡志林』 권1에 나오는 일화이다. "기주의 방안상은 의술에 뛰어났으나 귀머거리여서 다른 사람들과 말을 할 때면 글로 써야만 알 수 있었다. 동파가 웃으며 말했다. '나와 그대는 보통의 사람은 아니로군. 나는 손을 입으로 삼아 말하고 그대는 눈을 귀로 삼아 들으니, 보통의 사람들이 아니지 않은가!'(蘄州龐君安常, 善醫而聵, 與人語須書始能曉. 東坡笑曰, '吾與君皆異人也. 吾以手爲口, 君以眼爲耳, 非異人乎!')"
93 이 일화가 실린 정확한 전거는 찾지 못했다. 『禪門拈頌說話』 532칙(H5, 416a8), "도오 종지道吾宗智(道吾圓智)에게 운암 담성雲嵒曇晟이 물었다. '대비보살은 수많은 손과 눈을 가지고서 무엇을 합니까?' '마치 어떤 사람이 한밤중에 자다가 손을 등 뒤로 돌려 베개를 더듬어 찾는 것과 같다.' '무슨 뜻인지 알겠습니다.' '무엇을 알았는가?' '온몸(遍身)이 손이자 눈입니다.' '말인즉슨 대단히도 거창하나 열에 여덟 정도만 말했을 뿐이다.' '사형은 어떻게 말하시겠습니까?' '온몸(通身)이 손이자 눈이다.'(道吾因雲嵒問, '大悲菩薩用許多手眼作麼?' 師云, '如人夜中背手摸枕子.' 嵒云, '我會也.' 師云, '汝作麼生會?' 嵒云, '遍身是手眼.' 師云, '道卽大殺道, 只道得八成.' 嵒云, '師兄作麼生?' 師云, '通身是手眼.')"
94 『從容錄』 54칙(T48, 261c6), "예전에 화복貨卜이라는 눈먼 산인山人이 있었는데 비가

亦云觀世音菩薩之名也. 謂觀世間言音而度之也. 言音當云聞聽, 而云觀者, 六根互用之義也. 謂以耳根觀音聲, 以眼根聞形色也. 東坡與聾人說話, 唯寫字以示之. 坡笑曰, "我與彼皆異人也. 我以手爲口, 彼以眼爲耳." 佛說六根互用之言, 信不虛矣. 坡又云, "夜間摸枕子而知之, 手上有眼; 喫飯時, 舌上有眼; 聽語識人, 耳中有眼." 觀音菩薩千眼之稱, 亦以此也.

진여眞如[95]

이성理性을 뜻한다. 만물이 서로 닮지는 않았으나 이성을 가지고 있으니 어느 곳이나 만물 하나마다 진실한 상은 같기 때문에 진여라 한다.[96]

내린 후에 진흙길을 깨끗한 흰 신발을 신고서 지나 저잣거리로 들어갔다. 사람들이 궁금하여 '산인은 눈이 멀었는데 어떻게 진흙길에도 신발을 더럽히지 않을 수 있었습니까?'라고 묻자 산인은 주장자를 들고서 '주장자에 바로 눈이 있어요.'라고 하였다. 이 산인의 예로 증명컨대 밤중에 베개를 더듬어 찾을 때에는 손에 눈이 있는 것이요, 밥을 먹을 때에는 혀에 눈이 있는 것이요, 말소리를 듣고서 그가 누구인지를 알아차릴 때에는 귀에 눈이 있는 것이다.(昔有無目山人, 貨卜, 雨過泥途, 著鮮白鞋入市. 人問, '山人失明, 如何泥不污鞋?' 山人擧拄杖云, '拄杖頭上有眼.' 以山人爲證, 夜間摸枕子, 手上有眼, 喫飯時, 舌上有眼, 聽語識人, 耳中有眼.)"

95 진여眞如 : 만유萬有가 그것 그대로의 모습인 것. 근원적인 실상實相을 뜻한다. 달이 교교하게 허공에 떠 있다는 고월당공孤月當空, 푸른 대나무와 노란 꽃을 뜻하는 취죽황화翠竹黃花 등이 모두 이를 표현한 말이다. 『祖庭事苑』 권5(X64, 387b13), "취죽황화 : 도생道生 법사는 '무정에게도 불성이 있다'는 설에 대해 파릇파릇한 쪽빛 대나무들이 온통 다 진여요, 무성한 노란 국화들 모두 반야 아님이 없다는 것이라고 하였다. 이 말씀을 믿지 못하는 자들이 부처님 말씀으로 증명하지 못한다고 하였다. 이에 법사는 10년을 고요히 앉아 경에서 증명해 내고자 하였다. 후에 삼장이 『열반경』 후분을 가지고 이르렀는데 과연 이러한 설이 있었다. 법사는 이를 다 보고는 불자를 땅에 떨어뜨리고 안석에 기대어 입멸하였다.(翠竹黃花 : 道生法師說, 無情亦有佛性. 尸云, 青青翠竹盡是眞如, 鬱鬱黃花無非般若. 世少信者, 謂無佛語所證. 法師乃端坐十年, 待經而證. 後三藏帶涅槃後分經至, 果有斯說. 法師覽畢, 塵尾墜地, 隱几入滅.)" 소식의 다음 시와도 뜻이 통한다. 〈贈東林總長老〉, "시냇물 소리가 부처님의 장광설이요, 산 빛이 청정한 법신이 아니랴! 어젯밤 접한 팔만사천의 무량한 소식을, 어느 날에 누구에게 말해 줄 수 있으랴!(溪聲便是廣長舌, 山色豈非淸淨身! 夜來八萬四千偈, 他日如何擧似人!)"
96 『御選語錄』 권11(X68, 545c21), "때가 이르러 도가 성취되면서 냉철한 눈이 원만하게 밝아져야 비로소 어느 곳이나 보리의 도량이고 만물 하나마다 정법안이며 만사 하나마다 보살행이고 걸음마다 나가정이라는 진실을 알 수 있다.(時至道成, 冷眼圓明, 方知

理性之稱也. 萬物未得相似, 而唯理性, 在在物物眞宗相如, 故云眞如.

반야般若[97]

지혜라고 한역한다. 심체心體의 별칭이기도 하다. 옛 음은 발야鉢野인데 요즘 세속에서는 앞의 발鉢 자를 본음인 '반'으로 읽는다.

此云智慧也. 亦心體之異名也. 古音鉢野, 而今俗上字, 以本音讀之云.

보리菩提[98]

'提'의 음은 '리'이다. 깨달음 또는 지혜를 이른다.

提音離. 此云覺, 亦智慧之稱.

열반涅槃[99]

원적圓寂이라고 한역하며 입멸入滅을 가리킨다. 여래께서 입멸하실 때

在在是菩提場, 物物是正法眼, 事事是菩薩行, 步步是那伽定.)"

[97] 반야般若 : ⓢ prajñā. 波若·鉢若·般羅若·鉢剌若 등으로 음사하고, 혜慧·지혜로 한역한다. 사제四諦의 경계를 알고 번뇌와 생사를 끊은 지혜이다. 보살이 행해야 할 여섯 가지 덕목인 육바라밀六波羅蜜의 하나이기도 하다.
[98] 보리菩提 : ⓢ bodhi. 도道·각覺·지智 등으로 한역한다. 보통의 경우에는 부처의 정각正覺·불과佛果를 가리킨다. 『維摩義記』권3 「觀衆生品」(T38, 482a5), "보리는 범어이며 도도라고 한역한다. 원만하게 통하는 도를 보리라 하고 자비가 원만하게 통하므로 보리라 한다.(菩提胡語, 此翻名道. 圓通之道, 說爲菩提, 慈行圓通, 故名菩提.)"
[99] 열반涅槃 : ⓢ nirvāṇa. 泥洹·泥曰·涅槃那·涅隸槃那라고도 음사하며, 멸滅·멸도滅度·적적寂·적멸寂滅 등으로 한역한다. 'nirvāṇa'는 '불어 끄다'라는 뜻이다. 탐진치貪瞋癡 삼독三毒의 번뇌煩惱라는 불을 불어 끈다는 의미이다. 대반열반大般涅槃·대열반大涅槃·반열반般涅槃이라고도 한다. 『雜阿含經』권18(T2, 126b2), "염부차閻浮車가 사리불에게 물었다. '열반이라 하는데, 어떤 것을 열반이라 합니까?' '열반이란 탐욕을 영원히 끊고 분노를 영원히 끊으며 어리석음을 영원히 끊어 일체의 번뇌를 영원히 끊은 것이니, 이를 열반이라 한다.'(閻浮車問舍利弗, '謂涅槃者, 云何爲涅槃?' 舍利弗言, '涅槃

설한 경을 『열반경』이라고 한다.

此云圓寂, 入滅之稱也. 如來入滅時說經, 謂之涅槃經也.

바라밀波羅密[100]

도피안到彼岸이라 한역한다. 극칙極則의 경지에 도달한다는 뜻이다. 또는 구경究竟이라고도 하는데 모두 바라밀을 뜻한다.

此云到彼岸. 謂到極則之處也. 又所作究竟, 皆云波羅密.

者, 貪欲永盡, 瞋恚永盡, 愚癡永盡, 一切諸煩惱永盡, 是名涅槃.)";『般若波羅蜜多心經略疏』(T33, 554b25), "열반은 원적이라 한역한다. 덕이 갖추어지지 않음이 없음을 원圓이라 하고, 장애가 다하지 않음이 없음을 적寂이라 한다.(涅槃, 此云圜[圓]寂. 謂德無不備稱圜[圓], 障無不盡稱寂.)"

100 바라밀波羅密 : ⓢ pāramitā. 波羅蜜·波羅蜜多라고도 음사한다. 한역어는 도피안到彼岸(度彼岸)·도무극度無極·사구경事究竟 등이다. '완전하다'는 뜻이며 생사生死의 차안에서 열반의 피안에 도달하는 것을 의미한다. 또는 피안에 이르기 위한 육바라밀 등의 수행법을 가리키기도 한다. 宗寶本『壇經』(T48, 350b21), "무엇을 바라밀이라 하는가? 이는 인도말이고 한역어로는 도피안이라 하는데 '생멸에서 벗어났다'는 뜻을 푼 것이다. 경계에 집착하여 생멸이 일어나는 것이 마치 물에 파랑이 이는 것과 같다 하여 이를 '차안'이라 하고, 경계에서 벗어나 생멸이 없는 것이 물이 항상 막힘없이 잘 흐르는 것과 같다 하여 이를 '피안'이라 하며 '바라밀'이라고도 한다. 선지식이여! 어리석은 사람은 입으로만 외우니 외우는 그 순간(當念)에 망심도 있고 잘못됨도 있다. 매 순간 행한다면 이를 참된 본성(眞性)이라고 한다. 이 법을 깨닫는 것이 반야법이고 이 행을 닦는 것이 반야행이다. 반야행을 닦지 않으면 범부이고 한순간 반야행을 닦으면 자기 자신 부처와 같아질 것이다. 선지식이여! 범부가 부처요 번뇌가 깨달음이다. 앞의 찰나에 어리석으면 범부이고 뒤의 찰나에 깨달으면 부처이다. 앞의 생각이 경계에 집착하면 번뇌이고 뒤의 생각이 경계에서 벗어나면 깨달음이다.(何名波羅蜜? 此是西國語, 唐言到彼岸, 解義離生滅. 著境生滅起, 如水有波浪, 即名爲此岸;離境無生滅, 如水常通流, 即名爲彼岸, 故號波羅蜜. 善知識! 迷人口念, 當念之時, 有妄有非. 念念若行, 是名眞性. 悟此法者, 是般若法;修此行者, 是般若行. 不修即凡, 一念修行, 自身等佛. 善知識! 凡夫即佛, 煩惱即菩提. 前念迷即凡夫, 後念悟即佛. 前念著境即煩惱, 後念離境即菩提.)"

해탈解脫[101]

해탈은 당연히 번뇌이기도 하다. 이 두 말의 뜻은 같다. 또 일설에서는 해解는 만법을, 탈脫은 진로塵勞(번뇌)를 뜻한다고 하니, 해란 곧 깨달음이다.[102]

解脫其煩惱也. 則二字義同. 又一說云, 解其萬法, 脫其塵勞, 則解者悟也.

---

101 해탈解脫 : ⓈⓢⓂⓐ vimukti. 번뇌의 속박과 삼계 윤회에서 벗어나 무애자재한 깨달음을 얻은 것을 뜻한다. 번뇌(Ⓢ kleśa)는 혹혹惑으로 한역한다. 심신이 어지럽고 적정寂靜하지 못한 마음의 작용, 성질, 상태 등을 가리킨다. 번뇌의 다른 명칭으로는 혹惑을 비롯하여 수면隨眠(使)·전纏·박박縛·폭류暴流·액軛·취取·계繫·개蓋·주궤주株杌·구구垢·상해常害·전箭·소유所有·근根·악행惡行·누漏·궤匱·소소燒·뇌惱·유쟁有諍·화火·치연熾然·조림稠林·구애拘礙 등이 있으며, 진로塵勞도 같은 뜻이다.

102 열반의 깨달음에 구애되어 머물지 않는다면, 번뇌가 보리(煩惱卽菩提)요 생사가 열반(生死卽涅槃)이라는 의미이다. 『傳心法要』(T48, 381a8), "팔만사천법문은 팔만사천 번뇌를 대적하여 다스리는 방법으로서 중생을 교화하고 인도하는 방편일 뿐이다. 본래 일체법이란 없는 것이니, 이에서 벗어나는 것이 바로 법이요, 벗어날 줄 아는 이가 부처이다. 일체 번뇌에서 벗어나기만 하면 얻을 만한 법도 없는 것이다. 도를 배우는 이가 번뇌에서 벗어나는 비결을 얻고자 한다면 다만 어떠한 물상物象에도 집착하는 마음이 없어야 한다. '부처님의 참된 법신은 허공과 같다.'라는 말은 법신이 허공이요 허공이 법신이라는 뜻을 비유한 말이다. 사람들은 (이 말을 듣고는) 법신이 허공에 두루 펴져 있으며 허공이 법신을 품고 있다고 생각하며, 법신이 허공이요 허공이 법신임은 알지 못한다. 만약 허공이 있다고 단정적으로 말한다면 허공은 법신이 아니요, 법신이 있다고 단정적으로 말한다면 법신은 허공이 아니다. 허공이라는 지해知解를 내지 말지니 허공이 곧 법신이며, 법신이라는 지해를 내지 말지니 법신이 곧 허공이다. 허공과 법신에 다른 상相이 없고, 부처와 중생에 다른 상相이 없으며, 생사와 열반에 다른 상相이 없으며, 번뇌와 보리에 다른 상相이 없으니, 일체의 상相에서 벗어난 것이 바로 부처이다.(八萬四千法門, 對八萬四千煩惱, 祇是敎化接引門. 本無一切法, 離卽是法, 知離者是佛. 但離一切煩惱, 是無法可得. 學道人若欲得知要訣, 但莫於心上著一物. 言佛眞法身猶若虛空, 此是喻法身卽虛空, 虛空卽法身. 常人謂法身遍虛空處, 虛空中含容法身, 不知法身卽虛空虛空卽法身也. 若定言有虛空, 虛空不是法身 ; 若定言有法身, 法身不是虛空. 但莫作虛空解, 虛空卽法身 ; 莫作法身解, 法身卽虛空. 虛空與法身無異相, 佛與衆生無異相, 生死與涅槃無異相, 煩惱與菩提無異相, 離一切相卽是佛.)"

방편方便[103]

'방법편의方法便宜'의 줄임말이다. '便'이 거성으로 쓰일 때의 음은 변이 니 아마도 편의의 뜻이 아닌가 한다.

方法便宜也. 便去聲用之音卞, 恐非便宜之義.

삼매三昧[104]

정수正受라고 한역한다. 삼三은 정正, 매昧는 수受의 뜻이다. 선정에 들었을 때는 어떤 대상경계에도 영향을 받아 마음이 흔들리지 않기 때문에 정수라고 한다.

此云正受. 三者, 正也, 昧者, 受也. 入之則不受諸緣, 故云正受.

비구比丘[105]

걸사乞士라고 한역하는데 중을 뜻한다. 법을 구하여 마음을 밝게 하고

---

103 방편方便 : ⓢ upāya. 漚波耶·漚和라고 음사한다. 보통 '방'은 방법, '편'은 편의便宜하다는 뜻으로 본다. 중생을 유도하는 선교善巧, 학인을 이끄는 수단을 뜻하며 선교방편善巧方便 또는 방편선교方便善巧라고도 한다. 선종에서는 방편으로 가립假立하는 방법을 빈주먹·누런 잎(空拳黃葉)에 비유한다. 아무것도 쥐고 있지 않은 주먹 속에 무엇인가 있는 듯이 내보이거나 누런 잎을 금화金貨라 속여 어린아이의 울음을 그치게 하는 방편을 공권황엽空拳黃葉이라 한다. 누런 잎을 금화라 속여 울음을 그치게 한다(黃葉止啼錢)는 비유는 『涅槃經』에 근거한 고사故事이다. 『涅槃經』 권20 「嬰兒行品」(T12, 485c10) 참조.

104 삼매三昧 : ⓢ samādhi. 三摩地·三摩提·三昧地 등으로도 음사하고, 한역어는 정定·정혜定慧·등지等持 등이 있다. 마음을 한곳에 전일하게 집중한다 하여 심일경성心一境性이라고도 한다. 정수正受는 산란한 상태에서 벗어나 대상을 바르게 받아들인다는 뜻이다.

105 비구比丘 : ⓢ bhikṣu. 苾蒭·比呼라고 음사하고 걸사乞士·제근除饉·파번뇌破煩惱로 한역한다. 출가하여 구족계具足戒를 받은 수행자를 총칭한다. 『釋氏要覽』 권1(T54, 259a18), "범어 비구는 걸사라고 한역한다. 위로는 여러 부처님께 법을 구

음식을 빌려 몸을 기르기 때문에 비구라 한다.

此云乞士, 卽僧也. 乞法以明其心, 乞食以養其身, 故云比丘.

필추苾蒭[106]

향초香草를 뜻한다. 중을 필추라 일컫는 것은 중의 덕행이 향초처럼 천하를 두루 향기롭게 하므로 필추라 한다.

香草也. 僧謂之苾蒭者, 僧之德行, 如香普薰天下, 故云苾蒭也.

벽안碧眼

인도의 승려인 달마의 눈이 쪽빛처럼 파랬다.

胡僧達摩眼碧如藍.

하여 지혜의 목숨을 증익增益(資益)하고 아래로는 시주에게 걸식하여 몸을 유지한다.……『열반경』에 '번뇌를 능히 타파한 이를 비구라 한다.'라고 하였다.(梵語云, 比丘, 秦言乞士. 謂上於諸佛乞法, 資益慧命 ; 下於施主乞食, 資益色身.……涅槃經云, 能破煩惱, 故名比丘.)"; 『涅槃經』 권16 「梵行品」(T12, 712b21), "바가바婆伽婆에서 바가는 깨뜨리다, 바는 번뇌를 지칭한다. 번뇌를 깨뜨린다는 뜻에서 바가바라 한다.(婆伽婆者, 婆伽名破, 婆名煩惱. 能破煩惱, 故名婆伽婆.)"

106 필추苾蒭 : 비구比丘와 같은 말이다. 『解深密經疏』 권3(X21, 231c14), "필추는 걸사라 한역하는데, 구역은 비구이다.(言苾蒭者, 唐言乞士, 舊云比丘.)"; 『大唐西域記』 권3(T51, 885c9), "나이 든 사람을 필추라 하고 어린 사람은 사미라 한다.(大者謂苾蒭, 小者稱沙彌.)"; 『法華經玄贊決擇記』 권2(X34, 165b22), "필추는 대단히 좋은 약초 이름이다. 이 풀이 자라는 곳에는 가뭄이 닥쳐도 항상 무성하며, 그 옆에 온갖 초목이 우거져 울창하다. 비구 또한 그러하니, 한 사람이 계를 잘 수지한다면 한량없는 사람들에게 그 과보를 받게 하여 어려운 일을 맞닥뜨리더라도 근심하고 두려워할 일이 없다.(苾蒭者, 上好藥草. 此草生處, 縱逢天旱, 亦常滋茂, 傍諸草木, 亦能敷榮. 比丘亦爾, 若一人持戒, 令無量人受諸果報, 縱逢難事, 亦無憂畏.)"

백족白足[107]

진晉나라의 중 담시曇始의 발이 하얘서 당시 사람들이 백족화상이라 불렀다. 후에 그 별칭을 본따서 스님 일반을 일컫기도 한다.

晋僧曇始足白故, 當時稱白足和尙. 後冒襲焉.

벽두碧頭

조주趙州[108] 선사가 머리털을 깎았을 때 푸른 잿빛을 띠었다 하여 벽두라 한다.

趙州禪師剃頭如靑灰, 故云碧頭.

황면黃面[109]

부처님의 얼굴이 금색을 띠어서 황면이라 한다. 황두黃頭라고도 한다.

佛面金色故云. 亦云黃頭.

---

107 백족白足 : 『海東高僧傳』 권1(T50, 1016c29), "담시는 관중 사람이다. 출가한 이래로 수많은 이적을 남겼다. 발이 얼굴보다도 희었고 진흙탕을 건너도 발이 젖은 적이 없어 세상 사람들이 백족화상이라 불렀다.(釋曇始, 關中人也. 自出家多有異跡. 足白於面, 雖涉泥水, 未嘗沾濕, 天下咸稱白足和尙.)"; 『三國遺事』 권3 興法3 「阿道基羅」 참조.
108 조주趙州(778~897) : 법명은 종심從諗. 남전 보원南泉普願에게서 깨달음을 얻고, 그 후 황벽黃檗·보수寶壽·염관鹽官·협산夾山 등을 찾아 참학하였으며, 하북성 조주 관음원觀音院에 주석하며 40년간 독자적 선풍을 드날렸다. 시호는 진제대사眞際大師이다.
109 황면黃面 : 석가모니 세존이 태어난 고향 가비라위성迦毘羅衛城에 옛날에 황두선인 黃頭仙人이 살았는데 이로 인하여 가비라迦毘羅[S] Kapila : 黃色)라는 성 이름을 얻게 되었다. 이로써 석가세존을 이르는 말로도 쓰이며 황면구담黃面瞿曇·황두대사黃頭大士·황면노黃面老·황두노黃頭老라고도 한다.

나한羅漢[110]

번뇌가 없다는 뜻이다. 영원히 탐욕을 끊어 신통 자재한 성인을 뜻한다.

此云無煩惱也. 永離貪欲. 神通自在之聖人也.

난야蘭若[111]

온전히 갖춘 음사어는 아란야阿蘭若이다. 고요한 곳을 가리킨다. 산에 있는 암자를 난야라고 한다.

具云阿蘭若. 寂靜之處也. 山庵謂蘭若.

우담발라優曇鉢羅[112]

꽃 이름. 우발담優鉢曇 또는 우담이라고만도 하는데 천 년에 한 번 꽃

---

[110] 나한羅漢 : 아라한阿羅漢(⑤arhat)의 줄임말. 응공應供·복전福田·살적殺賊·무학無學 등으로 한역한다. 원래는 '자격이 있는 사람'이라는 의미에서 일체의 번뇌를 단멸하고 할 일을 완성한 사람을 뜻하게 되었다. 신자信者에게서 의식衣食 등을 공양받을 만하다는 뜻에서는 '응공'이라 한다. 또 신자는 공양을 함으로써 큰 공덕을 받는다는 점에서 신자에게 복을 주는 밭에 비유하여 '복전'이라 한다. 번뇌라는 적을 물리쳐 없앤 사람이라는 뜻에서 '살적'이라 하고, 일체의 번뇌를 끊고 할 일을 마쳐 더 이상 배울 그 무엇도 없다는 점에서 '무학'이라 한다.

[111] 난야蘭若 : ⑤araṇya. 阿蘭若·阿練若·阿蘭那 등으로 음사하고, 무쟁성無諍聲·한적閑寂·원리처遠離處 등으로 한역한다. 비구가 머무는 고요한 수행처를 뜻한다. 두세 명 정도의 비구가 마을에서 적당히 떨어진 고요한 곳에 작은 승방을 만들고 함께 머물기에 적합한 장소로, 대체로 마을에서 거리가 1구로사俱盧舍(⑤krośa) 정도 떨어진 곳이 적합하다고 한다. 1구로사는 큰 소의 울음소리가 미치지 않는 거리라고 한다. 『釋氏要覽』 권1(T54, 263a26), "난야는 범어로 아란야 또는 아련야라고도 하며, 무쟁無諍이라 한역한다.(蘭若, 梵云, 阿蘭若, 或云阿練若, 唐言無諍.)"; 『祖庭事苑』 권7(X64, 422b21), "난야는 범어이며 아란야라고도 한다. 고요한 곳을 뜻한다.(蘭若, 梵云阿蘭若, 此言寂靜處.)"

[112] 우담발라優曇鉢羅 : ⑤uḍumbara. 優曇婆羅·烏曇으로 음사한다. 한역어로는 서응瑞應·영서靈瑞·서상瑞祥·희유希有·공희空希 등이 있다. 부처를 만나기 어려움을 3천 년에 한 번 핀다는 이 꽃에 비유한다.

이 핀다고 한다. 방옹放翁 육유陸游(1125~1210)의 시에 "쓸쓸한 내 집 고요하기가 아란야 같으니, 반가운 손님은 우발담 꽃 보기만큼이나 드물구나."[113]라는 구절이 있고, 동파 소식의 시에 "우담발라에 꽃이 피겠지."[114]라는 구절이 있다.

花名. 或云優鉢曇, 或但云優曇, 千年一開. 放翁詩云, "寒廳靜似阿蘭若, 佳客少于優鉢曇." 坡詩云, "優曇鉢羅豈有花."

초제招提[115]

사원을 통칭하는 말. 서역의 왕이 여러 사원을 훼손하고 파괴하였는데 초제사만 아직 그 지경에 이르지 않았던 차였다. 밤에 백마 한 마리가 절을 돌며 슬피 울자 왕이 파괴하려던 뜻을 멈추고 초제사를 백마사白馬寺로 개명하였다. 그 후에 여러 절이 다시 건립되었고 초제라는 이름을 많이 취하였기 때문에 (사원을) 초제라 통칭하게 된 것이다. 초제는 범어 음사어를 줄여 부르는 말로서 온전한 음사어는 초투제사招鬪提舍이다. 한역하면 (사방의 모든 수행자가 사용할 수 있다는 뜻에서) 사방승물四方僧物이라 하고, 대면시對面施라고도 하는데 보시물을 이른다.

寺之通稱也. 西域王毀破諸寺, 唯招提寺未及壞. 夜一白馬, 遶寺悲鳴, 王卽

---

113 〈東齋偶書〉, "華髮蕭蕭不滿簪, 強扶衰病著朝衫. 寒廳靜似阿蘭若, 佳客少於優鉢曇. 詩酒放懷窮亦樂, 文移肆罵老難堪. 棄官若遂飄然計, 不死揚州死劍南."
114 〈贈蒲澗信長老〉, "優鉢曇花豈有花, 問師此曲唱誰家. 已從子美得桃竹,【此山有桃竹, 可作杖, 而土人不識, 予始錄子美詩遺之.】不向安期覓棗瓜. 燕坐林間時有虎, 高眠粥後不聞鴉. 勝游自古兼支許, 爲採松肪寄一車."
115 초제招提 : 초투제사招鬪提奢(⑤ cāturdiśya)의 약칭. 한역어는 사방四方이다. 한 곳에 머무르지 않는 수행 또는 사원寺院을 일컫는다. 사방에서 승려들이 모이는 곳이라는 의미이다.

• 69

停壞, 因改招提爲白馬寺. 厥後諸寺復立, 多取則於招提故, 通稱招提也. 又 招提, 梵語爲略, 具云招鬪提舍. 此云四方僧物. 或云對面施施,¹⁾ 施物之謂.

1) 역 '施'는 연자衍字이다. 『翻譯名義集』 권7(T54, 1167b4) 참조.

군지軍持¹¹⁶

범어이다. 갖춘 음사어는 군치가軍椎迦이다. 병瓶을 가리킨다. 옛 시에 "한 켤레 짚신 신고서 산에 올라,【불차不借¹¹⁷는 짚신을 가리킨다.】정병淨瓶에 물 길어 온다네."¹¹⁸라는 시구가 있다.

梵語也. 具云軍椎迦. 此云瓶也. 古詩云, "登山¹⁾雙不借,【不借木屐也.】²⁾ 汲水一軍持."

1) 역 『陸放翁全集』에는 '登山'이 '穿林'으로 되어 있다. 2) 역 '不借木屐也'는 역주자가 협주로 처리하였다.

유마힐維摩詰¹¹⁹

한역 이름은 정명淨名이다. 부처님과 동시대를 지낸 거사이다. 여러 시

---

116 군지軍持 : 군치가軍椎迦 Ⓢ kuṇḍikā. 한역어는 정관澡灌·정병澡瓶이다. 수행자가 행각할 때 항상 휴대하고서 수시로 손을 씻는 물을 담아 사용한다.
117 불차不借 : 사유史游의 『急就章』 권2에 "가죽 바지에 짚신은 소나 양 등을 치는 사람의 복장이다.(裘韋不借爲牧人)"라고 하였고 안사고顔師古는 이에 대해 위상韋裳과 불차는 비천한 사람의 복장이며 일을 하는 데 편하고 값이 싸서 누구나 가질 수 있으며 남에게 빌릴 필요가 없어 '불차'라고 이름 지었다고 주석을 붙였다. 명주실로 만든 것을 리履라 하고 마麻로 만든 것을 불차라고 하여 구분하기도 한다. 위에서는 '나막신(木屐)'이라고 하였는데 짚신(草鞋)으로 봄이 타당할 듯하다.
118 방옹 육유의 시 〈巢山〉 두 수 가운데 두 번째 수이다. "短髮巢山客, 人知姓字誰. 穿林雙不借, 取水一軍持. 渴鹿群窺澗, 驚猿獨裊枝. 何曾畜筆硯, 景物自成詩."
119 유마힐維摩羅 : Ⓢ Vimalakīrti. 維摩羅詰·毘摩羅詰이라 음사하고 줄여서 유마維摩라고도 한다. 한역어로는 정명淨名·무구칭無垢稱이라고 하며 정명거사淨名居士라고도 한다. 비야리성毘耶離城(毘舍離城)의 장자長者로서 부호였다. 재가의 몸으로 대승보살의 행업을 닦아 무생인無生忍을 터득하였으며 변재辯才가 뛰어났다.

에서는 정명이라는 이름으로 다수 인용되고 있다. 『불설유마경』은 『정명경』이라고도 한다.[120] 왕유王維(699?~759)의 자가 마힐摩詰인데 이 뜻을 취한 것이다. 삼연 김창흡의 〈조의嘲醫〉라는 시 마지막 구절에 "끝났도다, 편작扁鵲과 화타華佗도 이제는 없으니, 이내 몸 기꺼이 정명의 모습처럼 살아가리."[121]라 하였다. 『정명경』에 사람의 육신이 본래 공空이라는 이치를 열 가지로 비유한 구절이 있는데 물거품, 파초, 허깨비, 꿈, 그림자, 메아리, 구름, 번개와 같다[122]고 하였다. 이와 같이 공으로 관찰한다면 병이 어디로부터 말미암겠는가! ◆ 파초는 어느 것이나 모두 껍데기뿐이고 안에 열매가 없기 때문에 공을 비유한다.

此云淨名. 佛同時居士也. 諸詩多用淨名之言也. 佛說維摩經, 亦云淨名經. 王維字摩詰, 亦取此義也. 三淵嘲醫詩末句云, "已矣扁和今不在, 將身好作淨名觀." 淨名經中云, '人身本空, 有十種譬喩, 謂如泡漚, 如芭蕉, 如幻, 如夢, 如影, 如響, 如雲, 如電云', 如此觀空, 病從何處有! ◆ 芭蕉件件, 皆皮無內實, 故以喩於空.

---

120 구마라집鳩摩羅什이 한역한 것을 『維摩詰所說經』 또는 『維摩經』이라 하고, 현장玄奘이 한역한 것을 『說無垢稱經』 또는 줄여서 『無垢稱經』이라고 한다.
121 『三淵集』 권12 〈嘲醫〉, "平生欲唾術人顔, 病裏逢醫亦冷看. 憂在藥房猶袖手, 交疎草野肯輸肝. 郡符爭珮專門少, 寶鑑忙披起死難. 已矣扁和今不在, 將身好作淨名觀."
122 『維摩詰所說經』 권20 「方便品」(T14, 539b10~29) 참조. "밝은 지혜를 가진 자라면 이 몸에 의지하지 않습니다. 이 몸은 물방울 같아 쥐어 잡을 수 없고, 이 몸은 포말과 같아 오래 지탱하지 못하며, 이 몸은 불꽃과 같아 갈애로부터 생겨난 것일 뿐이며, 이 몸은 파초와 같아 그 안에 단단한 열매가 없으며, 이 몸은 허깨비처럼 전도된 망상으로부터 일어난 것이며, 이 몸은 꿈과 같으니 헛되고 망령된 견해로 인한 것이며, 이 몸은 그림자와 같으니 업연에 따라 나타난 것이며, 이 몸은 메아리와 같으니 온갖 인연에 따른 것일 뿐이며, 이 몸은 뜬구름과 같으니 잠깐 사이에 변하고 사라지며, 이 몸은 번개와 같아 찰나도 머물지 않습니다.(如此身, 明智者所不怙. 是身如聚沫, 不可撮摩 ; 是身如泡, 不得久立 ; 是身如炎, 從渴愛生 ; 是身如芭蕉, 中無有堅 ; 是身如幻, 從顚倒起 ; 是身如夢, 爲虛妄見 ; 是身如影, 從業緣現 ; 是身如響, 屬諸因緣 ; 是身如浮雲, 須臾變滅 ; 是身如電, 念念不住.)"

금사金沙

예전에 수달장자須達長者[123]가 절터를 사서 금을 그 절터에 깔고, 값을 치르고서 사원으로 샀다 하여 절을 금사金沙 또는 금지金地라고도 한다. 두보杜甫(712~770)의 시에 "황금이 땅에 깔려 있다네."[124], 삼연 김창흡의 시에 "금을 깔 만한 땅 없다네."[125]라는 시구가 있다.

> 昔須達長者, 買寺址, 以金布其地, 以給價買爲寺園故, 寺稱金沙, 亦云金地. 杜詩, "布地有黃金." 三淵詩, "地無金可布."

기원祇園[126]

수달장자가 금을 깔아 산 절터는 기타태자祇陀太子의 정원이며, 태자 기타의 정원에 나무를 심어 절을 건립하였다 하여 기원이라 하고 기수祇樹라고도 한다.

> 須達長者, 布金所買者, 祇陁太子之園, 而太子陁園中樹以建寺, 云祇園, 亦云祇樹.

항사恒沙[127]

항하의 모래를 가리킨다. 이 모래를 수효로 삼아 (헤아릴 수 없이 많은

---

123 수달장자須達長者 : 석존 시대 구살라국拘薩羅國 사위성舍衛城의 대부호大富豪이다. 일명 급고독장자給孤獨長者라는 이름으로 불린다. 그와 기타태자祇陀太子가 기부하여 기원정사祇園精舍를 지었다고 한다.
124 〈望牛頭寺〉, "牛頭望鶴林, 梯逕繞幽深. 春色浮山外, 天河宿殿陰. 傳燈無白日, 布地有黃金. 休作狂歌老, 廻看不住心."
125 『三淵集』 권9 〈普德窟〉, "銅柱青霞杪, 扶顚鐵鎖聯. 地無金可布, 室與磬俱懸. 勢逈鷗翔逮, 功齊蜃構圓. 浮屠信多幻, 普德定何禪."
126 기원祇園 : 기수급고독원祇樹給孤獨園·급고독원給孤獨園·기원정사祇園精舍라고도 한다.

수를) 항사라고 한다. 제불의 항사세계, 항사시겁이란 무수無數함을 일컫는다.

恒河中沙也. 以此爲筭, 故云恒沙. 諸佛恒沙世界, 恒沙時劫, 言其無數也.

진사塵沙
항사보다도 많다는 뜻이다.

又多於恒沙.

일체一切
'切'의 음은 체이다. '무릇, 여러, 모든'의 뜻으로 쓰이는 '범제凡諸'와 같다.

切音體. 猶言凡諸也.

고공苦空
일체가 모두 고苦요, 일체가 모두 공空이라는 뜻이다.

一切皆苦, 一切皆空.

인과因果[128]
인因은 꽃과 같으니 선이나 악을 만듦을 비유한다. 과果는 열매와 같으

---

127 항사恒沙 : 항하사恒河沙의 줄임말이며, 무량항하사無量恒河沙라고도 한다. 항하는 갠지스강을 가리킨다. 그 강의 모래알처럼 무수히 많다는 뜻을 나타낸다. 무량무변無量無邊의 수數를 나타내는 경전의 대표적인 표현이다.

니 경사나 재앙을 받음을 비유한다.

因花也, 喩作善惡. 果實也, 喩受慶殃.

선교禪敎
선禪은 마음을 마음에 전하며 문자를 세우지 않는 것이요, 교敎는 문자에 의지하여 경전經傳을 설함으로써 경을 독송하고 도를 깨치도록 하는 것이다.

禪以心傳心, 不立文字也. 敎藉其文字, 以說經傳, 讀經悟道也.

자운慈雲
자비가 만물을 이롭게 함이 마치 구름이 비를 내려 만물을 윤택하게 함과 같다.

慈悲利物, 如雲潤澤.

혜월慧月
지혜가 밝아 막힘없이 통함이 마치 달이 세상을 두루 비춤과 같다.

智慧通達, 如月普照.

---

128 인과因果 : 원인(因)과 결과(果). 원인을 세분하면 직접 원인(因)과 간접 원인(緣)이 있고, 인과의 원인에는 직접·간접 원인이 모두 포함된다. 선인선과善因善果, 악인악과惡因惡果와 같이 원인에 따라 결과가 초래되는 것을 인과응보因果應報라고 한다. 인과의 도리가 불변不變이며 명백하다고 보는 것을 인과역연因果歷然이라 하고, 인과의 도리를 부정하는 것을 인과발무因果撥無 또는 발무인과撥無因果라 한다.

법우法雨[129]

법을 설하여 중생을 제도함이 마치 비가 만물을 윤택하게 함과 같다.

說法度人, 如雨潤物.

혜검慧劍

지혜로 온갖 분별(情塵)과 애착(탐욕)을 끊어 버림이 마치 검으로 사물을 베어 버림과 같다.

以智慧, 斷情塵愛欲, 如劍斷物.

사리舍利[130]

신골身骨 또는 신주身珠라고 한역한다. 사람의 정기가 응결하여 구슬이 된 것이다.

此云身骨, 亦云身珠. 人之精氣, 結而爲珠.

---

[129] 법우法雨 : 감로법우甘露法雨라고도 한다. 『法華經』 권7「觀世音菩薩普門品」(T9, 58a22), "비悲는 체體요 계戒는 우레이며, 자慈의 마음은 빼어난 큰 구름과 같구나. 감로의 법우로 적셔, 번뇌의 불길 멸해 주네.(悲體戒雷震, 慈意妙大雲. 澍甘露法雨, 滅除煩惱焰.)"

[130] 사리舍利 : [S] sarīra. 設利羅·室利羅라고도 음사하며, 한역어로는 신身·신골身骨·유골遺骨·영골靈骨 등이 있다. 원래는 몸을 뜻하는 말에서 부처나 고승들이 입멸한 후의 몸을 가리키게 되었다. 다비 전의 전신사리全身舍利와 다비 후의 쇄신사리碎身舍利로 나누기도 하는데 보통은 후자를 지칭하며 이를 태도駄都[S] dhātu라고 한다. 또한 그것을 생신사리生身舍利라 하는 데에 상대하여 부처의 교법과 경전을 가리켜서는 법신사리法身舍利라고 한다.

부도浮屠[131]

탑과 같은 말이다. 사리를 보관하는 곳이다. 승려를 부도라고도 하는데 '도屠'는 '도圖'와 같다.

與塔同也. 藏舍利者也. 僧亦謂爲浮屠, 屠一作圖.[1)]

1) ㉭ '屠'는 '圖'의 속자이다.

가사袈裟[132]

괴색의壞色衣라고 한역한다. 그 옷 색깔이 청황적백흑青黃赤白黑 등의 근본이 되는 색과는 다르므로 괴색이라 하니, 즉 백색도 흑색도 아니고 청색도 홍색도 아니다. 구품九品이 있는데 상상에서 하하에 이른다. 면, 명주, 비단 등으로 만드는데, 여러 조각으로 찢어 꿰맨다. 상품이 조각이 많고 하품은 조각이 적다. 그 형상이 무논의 밭 경계와 같다 하여 전의田衣 또는 휴의畦衣라고도 한다. 또 가사(를 펼친) 모양새가 네모나다 하여 방포方袍라고도 한다.

此云壞色衣. 謂其衣色壞其本色, 非白非黑, 非靑非紅也. 有九品, 自上上

---

131 부도浮屠 : Ⓢbuddha-stūpa. 불사佛寺·불탑佛塔·솔도파窣堵婆 등을 가리킨다.
132 가사袈裟 : Ⓢkaṣāya. 무덤가나 쓰레기 더미 등지에서 버려진 천을 주워 세척하여 황갈색으로 염색하여 입었던 데서 폐의弊衣·분소의糞掃衣라고 하며, 천 조각을 몇 장 꿰매어 만들었다는 데서 할재의割截衣·납의衲衣라고도 하며, 그 모양이 밭두둑 경계와 같다 하여 전상의田相衣·복전의福田衣라고도 한다. 옷에 신경을 빼앗기지 않고 수행에 전념하여 해탈을 얻고 공덕을 쌓기도 한다는 점에서 공덕의功德衣·해탈의解脫衣라고도 한다. 또한 이런 의미에서 세상에 복전이 된다는 점에서 복전의라고 한다. 꿰맨 천 조각의 수에 따라 5조條, 9조, 13조, 15조, 25조 등으로 나누기도 하는데, 크게는 9조 이상을 대의大衣(僧伽梨), 7조를 상의上衣(鬱多羅僧), 5조를 내의內衣(安陀會)라 하여 셋으로 나눈다. 선종에서는 법을 전해 받은 징표로서 의발衣鉢과 가사를 전하여 왔으나, 이것이 분쟁의 씨앗이 된다는 우려에 따라 6조 혜능 이후로 가사를 전하지 않았다.

至下下也. 以綿紬錦爲之, 而裂其多條合縫之. 上品條多, 下品條少. 其狀如水田之畦畛, 故云田衣, 或云畦衣. 其形方正故, 亦云方袍.

사문沙門[133]

상문桑門이라고도 하며, 이는 모두 범어이다. 근식勤息이라 한역하는데, 정법을 부지런히 닦고 번뇌를 소멸한다는 의미로서 승려를 통칭한다.

亦云桑門, 皆梵語也. 此云勤息, 勤修正法, 息滅煩惱, 僧之通稱.

사미沙彌[134]

식자息慈[135]라고 한역한다. 번뇌를 소멸하고 자비를 닦는다는 뜻이다. 나이가 어린 중을 사미라고 한다.

此云息慈. 息滅煩惱, 慈悲修行. 年少僧, 謂之沙彌.

---

133 사문沙門 : ⓢ śramaṇa. 舍囉摩拏·沙門那 등으로 음사한다. 한역어로는 근식 외에 근로勤勞·정지淨志·수도修道·빈도貧道 등이 있다. 나쁜 짓을 삼가고 심신을 잘 간수하며 선행을 닦아 열반에 이르고자 노력한다는 점에서 출가자 일반을 총칭하기도 한다. 『釋氏要覽』권1 「稱謂」(T54, 258c24), "사문 : 승조僧肇가 말하였다. '출가자를 총칭한다. 범어는 사가만낭沙迦懣囊[懣은 문門 자의 상성 음으로 읽는다.]이다. 근식이라 한역하는데, 이 출가자가 선한 품성을 부지런히 닦고 온갖 악행을 그친다는 뜻이다. 또 근행勤行이라고도 하는데 선법을 부지런히 닦아 열반에 이른다는 뜻이다. 또는 사문나沙門那·상문桑門이라고도 음사한다.'(沙門 : 肇師云, '出家之都名也. 梵云, 沙迦懣[懣門字上聲呼之.]囊. 唐言勤息, 謂此人勤修善品, 息諸惡故. 又秦譯云, 勤行, 謂勤修善法, 行趣涅槃也. 或云沙門那, 或云桑門.')"

134 사미沙彌 : ⓢ śrāmaṇera. 室羅摩尼羅라고도 음사한다. 한역어는 식자·근책남勤策男이다. 출가하여 십계十戒는 받았으나 구족계를 받기 전까지의 남자 수행자를 가리킨다.

135 식자息慈 : 『翻譯名義集』권1(T54, 1073a10), "「남산사미별행편」에 다음과 같이 나온다. 사미는 식자라 번역한다. 속세에 물든 생각을 그치고 자비로 여러 중생을 제도한다는 뜻이다. 또한 처음 불법에 입문하였을 때는 속세의 정이 많이 남아 있기 때문에 오염된 생각을 그치고 자비를 행해야 한다는 뜻이라고도 한다.(南山沙彌別行篇云, 此翻息慈. 謂息世染之情, 以慈濟群生也. 又云, 初入佛法, 多存俗情故, 須息惡行慈也.)"

화상和尙[136]

역생力生이라고 한역한다. 승려들 가운데 영수를 화상이라고 한다. 법칙과 위의가 모두 그의 수행력에 따라 일어나기 때문이다.

此云力生. 盖僧中領袖, 謂之和尙. 法則威儀, 皆從其力而生也.

주지住持

한 가람에 머물며(住) 법도를 주관한다(持)는 뜻이다. 또한 불법이 이 주지에 의지하여 머무르고(住) 이 주지에 의지하여 유지된다(持)는 뜻이다.

住於伽籃, 持其法度. 又佛法. 依此人而住, 依此人而持.

가람伽籃[137]

범어이다. 갖춘 음사어는 승가람마僧伽籃摩이며 중원衆園으로 한역한다. 갖춘 음사어에서 두 글자만 간략히 취하여 가람이라 한다.

梵語也. 具云僧伽籃摩, 此云衆園. 略取中二字, 云伽籃.

---

[136] 화상和尙 : Ⓢupādhyāya. 烏波陀耶·優婆陀訶·郁波第耶夜·和闍·和社·烏社·和上 등으로 음사하고, 친교사親教師·근송近誦·의학依學·역생 등으로 한역한다. 어느 한때의 가르침으로 그치는 것이 아니라, 제자의 생애 전반을 통해서 마치 부모처럼 항상 지도하는 존재라는 의미가 있다. 부모가 심신을 길러 주신 것과 같이 제자의 법신法身을 생장시키고 그의 지혜를 발양해 주기 때문에 '역생'이라 한다.

[137] 가람伽籃 : Ⓢsaṅghārāma. 승가람마僧伽籃摩·승가람僧伽藍을 약칭한 말. 승원僧園·중원·승원僧院·임원林園·장원莊園·사寺 등으로 한역한다. 승중僧衆이 모여 수행하는 청정하고 고요한 곳을 뜻한다.

장로長老[138]

덕이 뛰어나고 나이가 많은 분을 일컫는다.

德長年老.

장실丈室

방장方丈이라고도 한다. 대사가 거처하는 방이다. 사방이 모두 1장이어서 장실丈室이라 한다. 인도에 정명淨名(유마힐)이 거처하던 방을 중국 사람이 가서 홀笏로 재어 보니 사방이 모두 10홀이었다고 하여 십홀방十笏房이라고도 한다.

亦云方丈. 大師所居之房也. 四方皆一丈, 故云丈室. 西域有淨名所居之房, 唐人徃見之以笏度, 其四方皆十笏, 故云十笏房也.

사리闍梨[139]

갖춘 음사어는 아사리阿闍梨이다. 이 또한 장로를 일컫는다.

具云阿闍梨. 亦長老僧之稱.

유나維那[140]

유維는 강유綱維[141]의 뜻이고, 나那는 '那'라는 글자의 범어이다. 승려들

---

138 장로長老 : 주지住持나 화상和尙을 공경하여 부르는 호칭. 노숙老宿·존숙尊宿·숙덕宿德·기년耆年·기숙耆宿 등과 같다.
139 사리闍梨 : 아사리阿闍梨(S) ācārya)의 줄임말. 제자를 바른길로 가르치며 그의 모범이 되는 고승高僧을 존경하여 일컫는 말이다.
140 유나維那 : 한역 '維'와 범어 '那'를 합한 말이다. 대중에게 법열法悅을 일으킨다는 뜻에서 열중悅衆이라고도 한다. '那'는 갈마타나羯磨陀那(S) karma-dāna)에서 마지막 글

가운데서 절의 일을 총괄하는 소임을 맡은 사람이다.

維者, 綱維, 那者, 那字之梵語也. 僧中持綱維之任者.

대사大師[142]
인간계와 천상계에서 모두 함께 섬기는 분을 대사라고 한다.

人天之所共事者云, 大師.

상인上人
상사上士[143]라고도 한다. 덕행이 뛰어나고 높은 사람에게 존경의 뜻으로 '上'으로 가리킨 것이다.

亦云上士. 德大行高, 爲人之上.

개사開士[144]
처음으로 보리를 구하고자 마음을 내어 개오開悟한 사람을 가리킨다.

자를 따온 것이다. 수사授事·열중·사호寺護·차제次第 등으로 한역한다.
141 강유綱維 : 사원의 모든 규율과 법도를 유지 관장하고 총괄한다는 뜻이다.
142 대사大師 : 부처 또는 보살을 존경하여 이르는 말. 일반적으로 조사의 존칭으로 쓰이며, 조정에서 고승에게 내리는 시호를 대사라고도 한다.
143 상사上士 : 보살·대사를 가리키기도 하고, 상근인上根人의 뜻으로 쓰이는 경우도 있다.
144 개사開士 : 보살菩薩(Ⓢ bodhisattva)의 한역어 가운데 하나이다. 보살은 진리로써 중생을 개도開導하는 대장부, 사士와 같다는 점에서 개사라 한다. '開'는 달達·명명·해解의 뜻이다. 전진前秦의 부견符堅이 덕을 갖춘 이에게 이 칭호를 내린 데서 비롯하였다고 한다. 『釋氏要覽』 권1(T54, 260c23) 참조.

初發心開悟之士.

수좌首座[145]

대중 가운데 제일좌이므로 수좌라고 한다.

大衆中第一座, 故云首座.

법계法界[146]

법法은 만법을, 계界는 성性 또는 분分을 뜻한다. 즉 천지·만물·인·축이 모두 법계이다.

法者, 萬法也 ; 界者, 性也, 分也. 則天地萬物人畜, 皆法界也.

사바娑婆[147]

이 세계의 별명이다. 감인堪忍이라고도 하는데 세계의 악한 일들을 참고 감내한다는 의미에서 사바라 한다.

此世界之別名也. 此云堪忍, 謂世界惡事, 堪能忍之也, 故云娑婆.

---

145 수좌首座 : 승당僧堂의 자리에서 첫 번째 자리인 제일위第一位에 앉기 때문에 제일좌라 한다. 선두禪頭·수중首衆·상좌上座·좌원座元·좌부座頭·입승立僧 등과도 같은 말이다. 『禪苑淸規』권3(X63, 531c5), "수좌의 직책을 맡은 이는 여러 중들의 모범이 되며, 법도에 맞지 않는 것을 지적하여 바르게 하는 역할을 한다.(首座之職, 表儀衆僧, 擧正非法.)"

146 법계法界 : ⓢdharmadhātu. 계界는 세계 또는 요소要素의 뜻이다. 의식意識의 대상이 되는 모든 만유제법萬有諸法(色心), 세계의 모든 존재가 법계라는 뜻이다. 십법계색심十法界色心이라는 말과도 통한다.

147 사바娑婆 : ⓢsahā. 沙訶·索訶라고도 음사한다. 이 세계의 중생들이 십악十惡에 안주하면서도 이곳에서 벗어나려는 생각이 없으므로 온갖 번뇌를 참고 견뎌야 한다는 뜻에서 인인忍·감인·능인能忍·인토忍土 등으로 한역한다.

천축天竺[148]

서역 인도를 가리키는 이름으로 신독身【음은 간】毒이라고도 하고 인도라고도 하는데 모두 뜻은 같다. '월月'의 뜻인데 그 나라에서 성현이 많이 배출되어 달이 비추는 것과 같다 하여 '월'이라 한다. 오천축五天竺이 있는데 동서남북 그리고 중앙의 다섯으로 구분한 이름이다. 당나라 시에 "설산에서 오천五天의 승을 슬퍼하며 보내도다."[149]라는 구절이 있는데, 여기서 '오천의 승'이란 오천축의 스님을 말한다.

西域國名, 亦云身【音干】毒, 亦云印度, 皆義同. 此云月也, 彼國衆聖多出, 如月照臨, 故曰月也. 有五天竺, 謂東西南北中也. 唐詩, "雪山愁送五天僧." 謂五天竺僧.

쌍림雙林

부처님께서 사라쌍수沙羅雙樹 사이에서 입멸하셨는데,[150] 그 나무 네 쌍

---

[148] 천축天竺 : 인도. 축토竺土·축건竺乾·서건西乾·서천西天이라고도 한다. '身毒'은 ⓢ Sindhu의 음사어이며 申毒·賢豆·信度·辛頭·新陶·信圖·身度라고도 음사한다.『法苑珠林』권100(T53, 1019c2), "중국에서 서역을 천축이라 하는 것은 총칭한 것이다. 중국말로는 신독身毒이라 한다. 마치 범어로 중국을 지나脂那·진단眞丹·진단震旦이라 하는 것과 같다.(詳夫天竺之稱, 異議紛紜, 舊云身毒, 或曰賢豆, 今從正音, 宜云印度.……五印度之境, 周九萬餘里, 三垂大海, 北背雪山. 北廣南狹, 形如半月.)";『大唐西域記』권2(T51, 875b16), "천축을 칭하는 말에 대해서는 다른 견해들이 얽히고설켜 있다. 구역으로는 신독, 현두賢豆라 하는데 바른 음사어를 따르자면 마땅히 인도라 해야 한다.……5인도는 둘레가 9만여 리이고, 삼면이 바다이며, 북쪽은 설산을 등지고 있다. 북쪽은 땅이 넓고 남쪽은 좁아 마치 반달 모양과 같다.(詳夫天竺之稱, 異議紛紜, 舊云身毒, 或曰賢豆, 今從正音, 宜云印度.……五印度之境, 周九萬餘里, 三垂大海, 北背雪山. 北廣南狹, 形如半月.)"
[149] 郞士元,〈送粲上人兼寄梁鎭員〉, "季月還鄕獨未能, 林行溪宿厭層冰. 尺素欲傳三署客, 雪山愁送五天僧. 連空朔氣橫秦苑, 滿目寒雲隔灞陵. 借問從來香積寺, 何時携手更同登."
[150] 석존이 사라쌍수 사이에서 입멸할 때 주위 나무의 꽃이 모두 활짝 피더니 하얗게 변하여 백학白鶴과 같이 되었다고 한다.

여덟 그루 가운데 매양 한 그루는 무성하고 푸르며 한 그루는 메마르고 희었다. 메마른 나무로는 부처님의 사멸死滅을 보이고 무성한 나무로는 그 사멸 가운데 사멸하지 않음이 있음을 보인 것이다. 학림학수鶴林鶴樹라고도 한다.

佛入滅於雙樹之間, 其樹四雙八隻中, 每一隻榮而靑, 一隻枯白. 枯者, 示其死滅 ; 榮者, 示其死中有不死者也. 或云鶴林鶴樹.

수미산須彌山

향수해香水海 가운데에 있는데 물속 깊이가 팔만 유순이요 물에서 나온 부분의 높이가 팔만 유순이다. 산허리는 좁지만 산꼭대기는 넓으며, 그 가로세로도 팔만 유순이다. 북쪽은 금색, 남쪽은 유리색, 동쪽은 은색, 서쪽은 파지가보색頗胝迦寶色[151]으로 이루어져 있다. 해와 달이 그 산허리를 중심으로 둘러싸고 돈다. 산의 사방세계가 각기 다르게 생겼다. 남섬부주南贍部洲는 반달처럼 생겼는데 바로 이 천지가 남주이다. 동승신주東勝身洲도 반달처럼 생겼는데 다른 여느 땅들보다 빼어나다고 해서 승신勝身이라 한다. 서우화주西牛貨洲는 둥근 모양인데 소를 재화와 바꾸는 곳이라 하여 우화牛貨라 한다. 북승생주北勝生洲는 네모진 모양인데 수명이 천 세나 되고 의식衣食은 자연에 맡기므로 뛰어난 곳에 태어났다 하여 승생勝生이라 한다. 수미산 허리에는 사왕천四王天이 있는데 지금 우리가 우러러보는 하늘이다. 그 꼭대기에는 도리천이 있는데 네 모퉁이에 각각 여

---

151 파지가보색頗胝迦寶色 :『一切經音義』권41(T54, 581a7), "파지가보【범어이다. 구역에 파려頗棃, 파지頗胝라 한 것은 모두 와전이다. 바른 범어 음사어는 삽파지가颯破椥迦이다. 모양이 수정과 같은데 수정보다 빛이 투명하고 아름답다. 홍색·벽색·자색·백색 등 네 가지 색이 있다. '椥'의 음은 지知와 리里를 반절한 음이다.】(頗胝迦寶【梵語. 古譯或云頗棃, 或云頗胝, 皆訛轉也. 正梵音云, 颯破椥迦. 形如水精, 光瑩精妙於水精. 有紅碧紫白四色差別. 椥音知里反.】)"

덟 개의 하늘이 있으니 모두 32천이다. 중간의 1천과 합하여 33천이 된다. 수미는 묘고妙高라고 한역하는데 십묘十妙를 갖추어 그 장점이 가장 뛰어나기 때문에 묘고라 한다.

在香水海中, 入水八萬由旬, 出水八萬由旬. 腰狹而頂廣, 其縱廣亦八萬由旬. 北邊金色, 南琉璃色, 東銀色, 西頗胝迦寶色. 日月繞行其腰. 山之四方世界各異. 南贍部洲形如半月, 此天地卽南洲也; 東勝身洲, 其形亦半月, 勝於餘洲, 故云勝身; 西牛貨洲, 其形圓, 以牛貨易, 故云牛貨; 北勝生洲, 其形方, 壽定千歲, 衣食自然, 故云勝生. 須彌山腰有四王天, 今仰見之天也. 其頂卽忉利天, 四角各八天, 四八三十二也. 居中一天合爲三十三天也. 須彌此云妙高, 有十妙而其長極高, 故云妙高也.

유순由旬[152]

인도에서 리里를 단위로 재는 거리의 길이이다. 16리는 소유순, 40리는 중유순, 80리는 대유순이라 한다. 경에 많이 사용되는 예는 소유순이다.

里數也. 十六里小由旬, 四十里中由旬, 八十里大由旬. 經中多用小由旬.

도솔兜率[153]

욕계 육천 가운데 제4천이다. 지족知足이라고 한역한다. 모든 일이 다 족하여 하나도 구할 일이 없고 삼재三災가 이르지 않는다. 모든 부처님이

---

[152] 유순由旬 : ⓈyojanaⓈ. 한역어로는 합合·응應·한량限量·일정一程·험험驗 등이 있다. 딱히 어느 정도의 거리라고 확정하지는 못한다. 원래는 멍에를 멘 소가 하루 동안 가는 거리를 가리켰다고 한다. 인도에서는 24지指를 1주肘(1척 8촌), 4주를 1궁弓, 500궁을 1구로사拘盧捨(소 울음소리나 북소리가 들리는 최대 거리), 8구로사를 1유순이라 한다.

[153] 도솔兜率 : Ⓢtuṣita. 지족·묘족妙足·희락喜樂 등으로 한역한다.

이 천하에서 인간계에 내려와 성불하셨다.

欲界六天中第四天名也. 此云知足. 事事皆足, 一無所求, 三災不到. 佛佛皆自此天下, 降人間以成佛也.

용상龍象[154]
육로를 가는 것으로 치면 코끼리의 힘이 가장 크고, 수로를 가는 것으로 치면 용의 힘이 가장 크다. 수행승은 능력이 뛰어나고 불법을 짊어진 사람이므로 (용과 코끼리에 견주어) 용상대덕龍象大德이라 한다.

陸行象力大, 水行龍力大. 僧有才力, 荷負佛法之人, 謂之龍象大德.

율용의호律龍義虎
앞의 용상의 뜻과 같다. 경에 "힘센 코끼리의 발질은 나귀가 감당할 수 있는 것이 아니다."[155]라고 하였다.

同上龍象之義也. 經云, "龍象蹴踏, 非驢所堪."

묘법연화妙法蓮花
묘법이란 마음을 가리킨다. 이 마음은 오염된 곳에 처해서도 항상 청정하기가 마치 연꽃이 진흙탕에 떠 있어도 항상 청정한 것과 같다.

---

154 용상龍象 : 이하 풀이처럼 용과 코끼리로 나누어 보기도 하고, 최고로 뛰어나다는 의미로서 '용'을 수식어처럼 앞에 붙여 코끼리 가운데 최상의 코끼리, 말 가운데 가장 뛰어난 말(龍馬)과 같은 용례로 쓰기도 한다.『維摩經略疏』권4(X19, 212b18). 이하 '율용의호律龍義虎'에서 보이는 용례와 같다.
155 『維摩詰所說經』권중「不思議品」(T14, 547a24) ;『臨濟錄』(T47, 502c29).

妙法, 指心也. 此心處染常淨, 如蓮花處游泥而常淨.

금강반야金剛般若
반야라는 지혜로 만물을 쳐부수니 마치 금강의 예리함과 같고, 만물 중 어떤 것도 그 지혜를 깨뜨리지 못하니 마치 금강의 견고함과 같다.

般若之智慧, 能壞萬物, 如金之利, 萬物不能壞, 如金之堅.

패엽貝葉
서역의 패다라수貝多羅樹[156] 잎은 넓어서 글을 쓰기 좋다. 불경이 모두 여기에 씌어졌다.

西域貝多羅樹葉廣可書. 故佛經皆於此書.

천화天花
부처님께서 법을 설하실 때 하늘에서 네 가지 꽃이 비처럼 내렸다.

佛經[1]法時, 天雨四花.

1) ㉠ '經'은 '說'의 오기인 듯하다.

화우花雨
비가 흩뿌리는 것. 하늘에서 내리는 비가 꽃을 흩뿌리듯이 내린다는 말이다.

---

156 패다라貝多羅([S] patra)는 잎(葉)이라는 뜻인데, 범어와 한어를 중복하여 패다라엽貝多羅葉이라고도 하고, 간략히 패엽·패다라고도 한다.

雨散也. 天雨之雨, 卽此散也.

백호白毫

부처의 미간에 있는 하얀 털이 마치 수정 기둥에 새겨진 팔각 모서리와 같은 모양인데, 펴면 길이가 10척이고 말면 구슬처럼 모아진다.[157]

佛眉間, 有白毫, 如冰柱有八稜, 展之則長十尺, 卷之則合如珠.

나계螺髻[1)]

부처의 머리털이 말려 고부라진 모습이 마치 소라와 같다고 하여 붙여진 이름이다.

佛頭髮卷曲, 如螺故云.

---
1) ㉾ 원문의 '髻'를 '髻'로 고쳤다.

두타頭陀[158]

두다로도 음사하며, 번뇌를 떨어 버린다(抖擻)는 뜻이다. 머리털이 눈썹을 덮어도 깎지 않는 생활 방식이다.

亦云杜多, 抖擻煩惱. 頭髮齊眉而不削者也.

---
157 『觀無量壽佛經義疏』 권중(T37, 289c18).
158 두타頭陀 : Ⓢdhūta. 이 밖에도 杜茶·投多·偸多·抖擻·斗藪 등의 음사어가 있다. 완세浣洗·수치修治·기제棄除·제견除遣 등으로 한역한다. 심신을 닦아 탐욕 등의 번뇌를 떨어 버리는 수행을 뜻한다. 두수抖擻는 Ⓢdhūta의 음사어이기도 하고, '발분하다', '떨구어 버리다'라는 뜻으로도 쓰인다.

금구金口[159]

부처님의 말씀은 금처럼 변하지 않는다는 뜻이다.

佛說不變如金.

부면覆面

부처님의 혀는 넓고 길어서 내밀면 얼굴을 덮는다는 뜻이다.[160]

佛舌廣長, 出則覆面.

가음迦音

가릉빈가迦陵頻伽[161]는 선조仙鳥라 한역한다. 그 새의 청아한 소리가 부처님의 음성과 같아 이 새에 빗대어 이른다.

迦陵頻伽, 仙鳥也. 其音淸雅, 佛音如之故云.

---

159 금구金口 : 『止觀輔行傳弘決』 권1(T46, 147a11), "금구란 황금색신을 갖추신 여래의 입에서 나온 말씀을 기록한 것이다.(金口者, 此是如來黃金色身口業所記.)"

160 부처 삼십이상三十二相의 하나가 광장설상廣長舌相이다. 혀가 넓고 길어 얼굴을 덮고 머리끝까지 이른다고 하여 이렇게 이른다. 이로부터 부처의 설법을 뜻하기도 한다. 동파 소식의 시 〈贈東林總長老〉에 광장설이라는 표현이 보인다. "계곡에 흐르는 물소리 모두 광장설이요, 산 빛이 어찌 청정한 법신이 아니랴! 한밤에 팔만사천 게송을 들었으니, 훗날 사람들에게 어떻게 말해 줄 수 있으려나!(溪聲便是廣長舌, 山色豈非淸淨身! 夜來八萬四千偈, 他日如何擧似人!)"

161 가릉빈가迦陵頻伽 : ⑤ Karavinka. 羯羅頻伽·迦陵頻·迦陵이라고도 음사하고, 호성조好聲鳥·묘성조妙聲鳥라고 한역한다. 부처 삼십이상 중에 범음상梵音相이 있는데 부처의 아름다운 음성이 이 새의 소리를 닮았다고 한다.

조음潮音

부처님이 법을 설하심에 적절한 때를 잃은 적이 없고 무심하게 설하심은 조수潮水와 같다¹⁶² 하여 이와 같이 부른다.

佛說法不失時, 及無心如潮故云.

귀모龜毛 · **토각**兎角 · **공화**空花 · **수월**水月¹⁶³

거북 털, 토끼 뿔, 허공의 꽃, 물에 비친 달, 이 네 가지 모두 공空을 비유한다.

皆喩空無之義.

---

162 바닷물이 때에 맞춰 나가고 들어오며, 해면이 낮아졌다 높아졌다 하듯이 부처님의 설법 또한 그러하다는 말이다.
163 거북 털과 토끼 뿔은 원래 있지 않은 것, 이름만 있고 실재가 따르지 않는 것을 비유한다. 실체가 없는데 실체가 있다는 견해를 일으키며 그것에 집착하는 잘못된 생각을 비유한다. 허공 꽃 역시 실체가 없는 것을 있다고 착각함이 마치 눈병을 앓는 사람이 허공에서 꽃을 보는 것과 같다는 점에 비유한 말이다. 물에 비친 달도 달 자체가 아니라는 점에서 앞의 세 단어와 같은 의미이다. '원숭이가 물에 비친 달을 잡으려 한다.(獼猴探水月)'라는 말이 있는데 헛된 노력을 말한다.

3. 고사故事와 불교 용어[164]

야호선野狐禪[165]

한마디 말을 잘못하여 여우의 몸에 떨어졌다가 백장 회해百丈懷海 선사의 한마디 말로 인해 오백생五百生 만에 크게 깨닫고 여우의 몸에서 벗어난 일화에서 나온 말이다. 동파 소식의 시에 "동파의 철로 된 주장자와 비

---

164 ㉭ 이 소제목은 역자가 단 것이다.
165 야호선野狐禪 : 좌선 수행에 정진하지도 않고 진실한 참구도 하지 않으며 깨달음의 경계에 들지도 못했으면서 함부로 불자를 집어 들었다 내치거나 주먹을 쥐기도 하며 방棒과 할喝을 아무렇게나 시행하는 사람의 사이비 선. 『禪門拈頌說話』 184칙(H5, 184c17), "백장이 상당법문을 하는 날마다 언제나 법문을 듣고 나서 대중을 따라 물러가는 한 노인이 있었다. 하루는 떠나지 않고 있자 백장이 물었다. '서 있는 사람은 누구요?' '저는 과거 가섭불迦葉佛 당시에 이 산에 살았는데, 어떤 학인이 「수행을 마친 사람도 인과因果에 떨어집니까?」라고 한 질문에 「인과에 떨어지지 않는다.(不落因果)」라고 대답한 잘못으로 여우의 몸에 떨어졌습니다. 이제 화상께서 저를 대신하여 결정적인 전기가 되는 한마디(一轉語)를 해 주시기 바랍니다.' '일단 물으십시오.' 이에 노인이 '수행을 마친 사람도 인과에 떨어집니까?'라고 물었고, 백장은 '인과에 어둡지 않다.(不昧因果)'라고 답했다. 노인은 그 말을 듣자마자 크게 깨닫고 작별 인사를 올리며 말했다. '저는 이미 여우의 몸을 벗어났으니 이제 산 뒤에 머물러 있겠습니다. 입적한 스님을 화장하는 의식에 따라 장례를 치러 주십시오.' 백장이 유나維那를 시켜 건추를 올리고 대중에게 '공양을 마친 다음 모두 모여 입적한 스님의 장례를 치르겠습니다.'라고 알리도록 하였다. 대중이 영문을 몰라 하니 만참晩參 때 백장이 이전의 인연을 들려주었다.(百丈, 每日上堂, 常有一老人聽法, 隨衆散去. 一日不去, 師乃問, '立者何人?' 老人云, '某甲於過去迦葉佛時, 曾住此山, 有學人問, 「大修行底人, 還落因果也無?」對云, 「不落因果.」 墮在野狐身. 今請和尙代一轉語.' 師云, '但問.' 老人便問, '大修行底人, 還落因果也無?' 師云, '不昧因果.' 老人於言下大悟, 告辭云, '某甲已免野狐身, 住在山後, 乞依亡僧燒送.' 師令維那, 白槌告衆, '齋後普請送亡僧.' 大衆不能詳, 至晩參, 師擧前因緣.)"

교할 상대 있던가? 바로 당장에 야호선을 흩어 버린다네."¹⁶⁶라 하였고, 방옹 육유의 시에 "오백생 전의 잘못으로 여우로 살다가, 삼천 세 후에 고고한 학이 되어 돌아왔네."¹⁶⁷라는 시구가 있다. 시인들이 많이 활용하는 소재이다.

> 因一言錯, 遂墮野狐身, 因百丈山懷禪師一言, 大悟脫其野狐身於五百生之後. 坡詩曰, "何似東坡鐵柱杖? 一時驚散野狐禪." 放翁詩, "老狐五百生前錯, 孤鶴三千歲後歸." 詩家多用之.

겁회劫灰¹⁶⁸

한 무제漢武帝가 곤명국昆明國을 정벌하고자 하였는데 그 나라는 수중에 있었다. 그러므로 종남산終南山 아래로 300리를 내려가 연못을 파고 수전水戰을 익히도록 하였는데, 이로 인해 이 연못을 곤명지라고 부르게 되었다. 연못 아래에서 괴이한 재를 얻게 되어 동방삭東方朔에게 물었으나 동방삭도 알지 못하였다. 훗날 이역 승에게 물으니, 그 스님이 말하기를 "세계가 무너질 때 겁화劫火가 세계를 불태워 버리게 되는데 이 겁화가 소진하고 남은 재"라 하였다.

> 漢武欲伐昆明國, 其國在水中. 鑿池終南山下三百里, 敎水戰, 故號昆明

---

166 〈常州太平寺法華院舊薝葡亭醉題〉, "六花舊葡林間佛, 九節菖蒲石上仙. 何似東坡鐵拄杖, 一時驚散野狐禪." 이 시의 예와 같이 야호선은 주로 헛된 분별을 확고한 보금자리로 삼는 사이비 선법을 가리킨다. 『了菴淸欲語錄』 권7(X71, 375c13), "구절마다 모두 사자후와 같으니, 소리마다 야호선이 갈가리 찢어진다.(句句盡同師子吼, 聲聲裂破野狐禪.)"
167 〈昨非〉, "溫飽從來與道違, 書生隻合臥牛衣. 老狐五百生前錯, 孤鶴三千歲後歸. 舌自生肥勝玉食, 腰常忘帶況金圍. 一官彭澤曾何有, 元亮歸家悔昨非."
168 겁회劫灰: 곤명회昆明灰라고도 한다. 겁화로 불타고 남은 재이다. 이로부터 후에는 전란을 뜻하는 말로도 쓰이게 되었다.

池. 池底得異灰, 問東方朔, 朔不知. 後人問胡僧, 僧曰, "世界壞時, 劫火燒盡世界, 是劫燒之灰."云矣.

찬고지鑽故紙[169]

고령 신찬古靈神贊 선사가, 어떤 중이 창 아래에서 경을 읽고 있는데 이때 벌 한 마리가 창호지를 뚫고 나가려는 모습을 보았다. 선사가 시를 지어 "열린 문으로 나가려 하지 않고, 창만 뚫으려 하니 참으로 어리석구나. 한평생 낡아 빠진 글귀를 뚫어져라 본들, 언제 자유롭게 벗어날 날 있으리오!"라고 읊었다. 목재牧齋[170]의 시에 "쓸데없이 낡아 빠진 글귀나 파고들며 생각을 허비하는구나."[171]라 하였다.

神贊禪師, 見僧在窓下看經, 時一蜂子, 投牕欲出. 師作詩曰, "空門不肯出, 投窓也大痴. 百年鑽故紙, 何日出頭時!" 牧齋詩云, "閑鑽故紙費商量."

차안간경遮眼看經

약산 유엄藥山惟儼(745~828) 선사가 말했다. "노승이 경문을 보는 까닭

---

169 찬고지鑽故紙 : 고지故紙는 고서古書, 옛 문헌을 뜻하기도 하고 이미 오래되어 쓸모없어진 종이, 불필요한 것을 비유하기도 한다. 경전의 문자에만 매달려 옛 전적을 파고드는 어리석음을 찬고지라 한다. 『景德傳燈錄』 권9 「古靈神贊傳」(T51, 268a15), "수업사受業師가 또 하루는 창 아래서 경전을 보고 있는데 벌이 창호지를 뚫고 나가려 하고 있었다. 신찬神贊이 이 광경을 보고 말했다. '세계는 이렇게 광활하건만 나가려 하지 않고, 케케묵은 종잇장만 뚫으며 허구한 날을 그리 보내는구나.'(其師又一日在窓下看經, 蜂子投窓紙求出. 師覩之曰, '世界如許廣闊不肯出, 鑽他故紙, 驢年去得.')"
170 목재牧齋 : 명말 청초의 문인인 전겸익錢謙益(1582~1664). 목재는 그의 호이며, 몽수蒙叟·동간유로東澗遺老라고도 하며 자는 수지受之이다. 저서에는 『初學集』 110권과 『有學集』 50권이 있다.
171 『初學集』 권9 〈讀史〉, "班史才翻又短長, 閒鑽故紙費商量. 死人豈必無生術, 今病何曾乏古方. 種漆樊侯知備豫, 解絃董子會更張. 空齋白日聊成夢, 一笑依然看屋梁."

은 단지 눈을 가리고자 해서일 뿐인데, 배우는 이들은 소가죽이라도 뚫어 버리려는 기세구나."¹⁷² 동파 소식 시에 "눈을 가리고는 글을 읽지 못한다."¹⁷³라는 시구가 있다.

> 藥山禪師云, "老僧看經, 只圖遮眼而已, 學者牛皮亦須透却." 坡詩, "遮眼文書元不讀."

염화미소拈花微笑¹⁷⁴

세존께서 영산회상에서 마지막에 꽃가지를 들어 대중에게 보이자 모두들 멍하니 있는데 오직 가섭만이 미소하였다는 일화에서 나온 말로서 꽃을 들어 마음을 전했다는 바로 그것이다. 미소한 것은 세존께서 마음을 전한 뜻을 가섭이 깨달았다는 의미이다.

> 世尊於靈山會上, 末後拈花枝, 以示大衆, 衆皆茫然, 唯迦葉微笑, 盖拈花傳心也. 而微笑者, 悟其傳心之意.

---

172 『禪門拈頌說話』 337칙(H5, 290b2), "약산이 경전을 읽고 있는데 어떤 학인이 물었다. '화상께서는 평소에 누구에게도 경전 읽기를 허용하지 않으셨으면서, 어째서 스스로는 읽으십니까?' '나는 눈을 가리고자 할 뿐이다.' '제가 화상을 본받아도 되겠습니까?' '그대라면 틀림없이 소가죽이라도 뚫을 정도로 보아야 할 것이다.'(藥山看經, 有僧問, '和尙尋常不許人看經, 爲什麼却自看?' 師云, '我只圖遮眼.' 曰, '某甲學和尙得也無?' 師曰, '若是汝, 牛皮也須看透.')"; 『景德傳燈錄』 권14「藥山惟儼傳」(T51, 312b5) 참조.
173 〈侄安節遠來夜坐〉, "南來不覺歲崢嶸, 坐撥寒灰聽雨聲. 遮眼文書元不讀, 伴人燈火亦多情. 嗟予潦倒無歸日, 今汝蹉跎已半生. 免使韓公悲世事, 白頭還對短燈檠."
174 『禪門拈頌說話』 5칙(H5, 14a3), "세존께서 영산에서 설법하실 때 하늘에서 네 가지 꽃이 비 오듯이 내렸다. 세존께서 마침내 꽃을 집어 대중에게 보이자 가섭이 미소 지었다. 세존께서 말씀하셨다. '나에게 정법안장이 있으니 그것을 마하가섭에게 전하노라.'(世尊在靈山說法, 天雨四花. 世尊遂拈花示衆, 迦葉微笑. 世尊云, '吾有正法眼藏, 付囑摩訶迦葉.')"; 『無門關』 6칙 「世尊拈花」(T48, 293c12).

대진산문帶鎭山門 - 옥대玉帶를 내놓아 산문을 지키다[175]

동파 소식이 금산 요원金山了元(1032~1098)과 내기를 하였다가, (내기에 져서 소식은) 옥대를 풀어 요원에게 주었고, 요원은 대신에 누더기 군자裙子[176]를 벗어 주었는데 소식이 이에 보답하여 말하였다. "기생집에서 걸식하게 하려고, 일부러 수행납자의 옛 납의를 주셨구나."[177] 옛 납의라 말한 까닭은 이러하다. 소식의 전신前身이 오조 사계五祖師戒[178] 화상이었기 때문이다.[179] 사계가 도를 깨달았다고는 하나 배우지 못하였기에 일찍이 일념으로 문장가가 되기를 서원하였고 그 과보로 소식으로 태어났다고 한

---

175 요원了元이 금산사에 주지로 있을 때 소식蘇軾이 그곳에 찾아가 며칠 머무른 적이 있다. 하루는 요원이 방장에 들어가다가 소식을 보고는 '이곳에는 그대가 앉을 자리가 없다.'고 하자 소식은 '화상의 사대四大를 빌려 선상으로 삼겠다.'고 하였고, 요원은 자신의 일전어一轉語에 바로 답하면 그 청대로 해 주고 그렇지 못하면 차고 있는 옥대를 내놓아 산문을 지키도록 하겠다(鎭山門)고 하였다. 소식이 옥대를 풀어 탁자에 올려놓고 물음에 응하겠다 하자 요원은 '사대가 본래 공空이요 오온五蘊은 실재하는 실체가 아닌데, 그대는 어디에 앉겠다는 것인가?'라고 물었고 소식은 답하지 못했다. 요원은 시자를 불러 옥대를 가져가도록 하고 대신에 소식에게 납군衲裙을 주었다. 이에 소식이 〈以玉帶施元長老 元以衲裙相報次韻〉이라는 두 수의 시를 지었다. 『續傳燈錄』 권5 「了元佛印傳」(T51, 498a7) ; 『聯燈會要』 권28(X79, 247b10) 등 참조.

176 군자裙子 : 군의裙衣·내의內衣라고도 한다. 스님들이 허리에 두르는 옷으로 형태는 바지(袴)와 비슷하다.

177 〈以玉帶施元長老 元以衲裙相報次韻〉, "病骨難堪玉帶圍, 鈍根仍落箭鋒機. 欲教乞食歌姬院, 故與雲山一衲衣.", "此帶閱人如傳舍, 流傳到我亦悠哉. 錦袍錯落眞相稱, 乞與佯狂老萬回."

178 오조 사계五祖師戒 : 송나라 때 스님. 쌍천 사관雙泉師寬의 법을 이었다. 호북성 기주蘄州 오조산에 주석하며 교화를 펼쳤고 만년에는 강서성 고안현高安縣 대우산大愚山에서 주석하다가 입적하였다.

179 금산 요원이 소식에게 준 납군衲裙의 의미를 소식은 배휴가 걸치고 다니던 납의에 견주어 시로 읊었다. 『東坡禪喜集』 권9(B26, 791a11), "『냉재야화』에 '선생은 자신이 전생에 사계師戒 선사이었음을 알고 항상 납의를 입고 다녔다.'라고 하였다. 그러므로 『북몽쇄언』에서는 '배휴는 항상 모직 납의를 걸치고 가희원에 발우를 들고 가서 걸식하였는데, 속된 생각으로 얻은 것이 아니라고 여겼기에 사람들에게 설법할 수 있었던 것이다.'라고 하였다.(冷齋夜話云, '先生悟其前生爲戒禪師, 常衣衲衣.' 故云, 北夢鎖言云, '裴休常披毳衲於歌姬院持鉢乞食, 以爲不爲俗情所得, 可以說法爲人.')" ; 『東坡詩集註』 권21 참조.

다. ◆ 소식의 차남이 생후 3년이 되도록 걷지 못하여 변재 선사辯才禪師[180]에게 청하니 선사가 머리털을 깎고 정수리를 어루만지며 축원해 주자 며칠 지나지 않아 다른 아이들처럼 걸을 수 있었다고 한다. 소식이 시를 지어 "선사께서 오셔서 정수리를 어루만져 주시니, 달아나는 사슴을 일어나 쫓아 달렸다네."[181]라 하였다.

坡翁與金山寺了元戲, 因解玉帶與之元, 亦解衲裙以報曰, "欲教[1)]乞食歌姬院, 故與[2)]雲山舊衲衣." 言舊衲者, 坡之前身, 卽五祖山戒和尙也. 戒雖悟道而不學, 嘗一念願爲文章故, 果爲東坡云. ◆ 坡中子, 生三年, 不能行, 請卞才禪師, 落髮摩頂祝之, 不數日, 能行如他兒. 公作詩云, "師來爲摩頂, 起走趁奔鹿."

1) ㉮ '欲教'가 『續傳燈錄』, 『聯燈會要』 등에는 '會當'으로 되어 있다. 2) ㉮ '故與'가 『續傳燈錄』, 『聯燈會要』 등에는 '奪得'으로 되어 있다.

후신後身[182]

서방정토설에 따르면 이러하다. 오조 사계 선사의 후신이 동파 소식이고, 청초당靑草堂의 후신이 증로공曾魯公,[183] 남암주南庵主의 후신이 진

---

180 변재 선사辯才禪師(1011~1091) : 북송 때 천태종의 이름난 스님. 항주杭州 잠潛(지금의 臨安區) 출신. 일명 원정元靜이라고도 하며, 자는 무상無象이고, 변재는 송 인종이 내린 시호이다. 그의 나이 63세 때 소식을 만나 소식의 둘째 아들 소태蘇迨의 정수리를 어루만져 주고 병을 낫게 해 준 것으로 알려져 있다.
181 〈贈上天竺辯才師〉, "南北一山門, 上下兩天竺. 中有老法師, 瘦長如鸛鵠. 不知修可行, 碧眼照山谷. 見之自淸凉, 洗盡煩惱毒. 坐令一都會, 男女禮白足. 我有長頭兒, 角頰峙犀玉. 四歲不知行, 抱負煩背腹. 師來爲摩頂, 起走趁奔鹿. 乃知戒律中, 妙用謝覊束. 何必言法華, 佯狂啖魚肉."
182 『雲棲淨土彙語』 「後身(一)」(X62, 15c2) ; 『樂邦遺稿』 권하(T47, 243c22·244a25) ; 『龍舒增廣淨土文』 권7(T47, 275a19) 등 참조.
183 증로공曾魯公(999~1078) : 증공량曾公亮. 자는 명중明仲, 호는 낙정樂正. 북송 때의 관리이자 정치가이며 군사가이다. 『新唐書』 편찬에 참여하였고, 인종의 명으로 병서兵書인 『武經總要』 편찬에도 참여하였다. 시호는 헌정憲靖이고 노공魯公에 봉해졌다.

충숙陳忠肅,[184] 지장사地藏師의 후신이 장문정張文定,[185] 엄수좌嚴首座의 후신이 왕구령王龜齡[186]이다. 지영 상인智永上人[187]의 후신이 방차율房次律(房琯)[188]인데, 그가 도사 형화박邢和璞[189]과 함께 하구夏口라는 곳에 있는 절에 놀러 간 적이 있었다. 형화박이 사람을 시켜 오래된 소나무 아래를 파게 하였더니 항아리 안에 누사덕婁師德[190]과 지영 상인을 그린 초상이 있었다. 형화박이 방관에게 "이 일을 기억하오?"라고 물었는데 방관은 멍하니 있었다. 형화박이 방관에게 잠시 침묵할 시간을 주었더니, 방관은 불현듯 자신의 전신이 지영이었음을 깨달았다. ◆ 장방평張方平(張文定)이 저주滁州에서 날마다 낭야산琅琊山에 노닐다 장원藏院에 이르러 대들보 위에 전생에 『능가경』을 쓰다가 마치지 못한 권수가 있는 것을 보고는 마침내

---

184 진충숙陳忠肅(1057~1124) : 진관陳瓘. 충숙은 시호. 북송 남검주南劍州 사현沙縣 출신의 관원. 자는 형중瑩中, 호는 요옹了翁·요재了齋·요당了堂이며 화엄거사華嚴居士로도 불린다.

185 장문정張文定(1007~1091) : 장방평張方平. 문정은 시호. 응천부應天府 남경南京 출신. 자는 안도安道, 호는 낙전거사樂全居士이다. 『樂全集』 40권이 있다. 1034년에 무재이등과茂才異等科에 급제하여 곤산현昆山縣 지현知縣이 되었고, 현량방정과賢良方正科에 급제하여 목주 통판睦州通判을 지냈으며, 지간원知諫院·지제고知制誥·지개봉부知開封府·한림학사翰林學士·어사중승御史中丞 등을 역임하였다. 저주滁州·강녕부江寧府·항주杭州·익주益州 등지에서 장관을 하고 신종 때에는 참지정사參知政事에 이르렀다. 왕안석의 신법新法을 반대하였다. 소식과는 인연이 깊었으며 소식은 그를 공융孔融과 제갈공명諸葛孔明에 견주기도 하였다.

186 왕구령王龜齡(1112~1171) : 왕십붕王十朋. 구령은 자, 호는 매계梅溪. 남송 때의 정치가이자 문인.

187 지영 상인智永上人 : 생몰년 미상. 남북조시대 수나라 사람. 본명은 왕법극王法極이며 왕희지王羲之의 다섯째 아들인 왕휘지王徽之의 후손이다. 호는 영선사永禪師이다. 영자팔법永字八法을 창안하여 후대 해서楷書의 전범을 세웠다. 왕희지 서법의 전형을 『眞草千字文』 800여 권에 담아 후세에 전했다.

188 방차율房次律(697~736) : 방관房琯. 차율은 자. 당나라 때의 대신.

189 형화박邢和璞 : 당나라 현종 때의 도사道士. 점술에 능하였고 황제黃帝·노자의 도학道學을 이야기하기를 즐겼다고 한다. 출생에 대해서는 잘 알려져 있지 않다. 저서에 『潁陽書』가 있다.

190 누사덕婁師德 : 자는 종인宗仁, 시호는 정貞. 당나라 고종과 측천무후則天武后 때의 대신.

마쳤다. 명나라 왕수인王守仁(1472~1529)의 '문을 연 사람이 바로 문을 닫을 사람'¹⁹¹이라는 예와 같다.

西方說云, 戒禪師後身爲東坡, 靑草堂後身爲曾魯云,¹⁾ 南庵主後身爲陳忠肅, 地藏師爲張文之, 嚴首座爲王龜齡. 永上人爲房次律【琯字】, 琯與道士邢和璞, 遊夏口佛寺. 邢令人掘古松下, 得一甕中, 有婁師德及智永上人畫像. 邢謂琯曰, "能憶此否?" 琯茫然. 邢令琯靜嘿少時, 琯悅然悟前身是智永也. ◆ 張方平爲滁州日遊琅琊山至藏院, 見梁上有前生書楞伽經未終之卷, 乃終成之. 與明王守仁, '開門人是閉門人'之事同.

1) ㉱ '云'은 '公'의 오자이다.

삼생석三生石¹⁹²

당나라 때 이원李源이 원관圓觀 스님과 함께 유행하다가 하루는 촉 땅에 들어가기로 하였다. 길을 가던 중에 비단 잠방이를 입은 한 여자가 빨

---

191 왕양명이 절을 두루 돌아다니던 중에 한 절의 방이 굳게 봉쇄되어 있는 것을 보고 열어 보고자 하였으나, 그 절의 중이 그 안에는 입적한 스님을 모셔 놓았는데 문을 닫고 열지 않은 지 50년이 되었다며 허락지 않았다. 왕양명이 완강하게 고집하여 열어 보니 감실 안에는 한 스님이 앉아 있는데 엄연히 살아 있는 듯하였으며 왕양명 자신과 모습이 매우 닮아 있었다. 왕양명은 '이 어찌 나의 전신이 아니리오.'라 하다가 이윽고 벽에 '오십 년 전의 왕수인, 문을 연 이가 원래는 문을 닫을 사람이로다. 정령이 떠난 뒤 다시 돌아왔으니, 선문에서 말하는 불괴신不壞身임을 알리라.(五十年前王守仁, 開門原是閉門人. 精靈剝後還歸復, 始信禪門不壞身.)'라고 적힌 시를 보고 한참을 망연히 있다가 탑을 세워 묻어 주고는 떠났다. 그 후 남안南安의 한 선실에서 입적한 스님 옆에 적힌 게송을 보게 되었는데 '오십칠 세의 왕수인, 나의 자물쇠를 열어 나의 먼지를 떠는구나. 그대 이전의 일 알고 싶은가, 문을 연 이가 곧 문을 닫을 사람이라네.(五十七年王守仁, 啟吾鑰拂吾塵. 問君欲識前程事, 開門卽是閉門人.)'라는 것이었다. 이를 보고 나서 왕양명은 며칠 지나지 않아 죽었다고 한다. 『堯山堂外紀』 권90, 『嶠南瑣記』 등 참조.
192 이하의 일화는 『神僧傳』 권8(T50, 1004c29), 『冷齋夜話』, 『東坡全集』 권39 「僧圓澤傳」 등에 전한다.

래하고 있는 모습을 보게 되었는데 원관이 울면서 말하였다. "애초에는 이곳에 오고자 했던 것이 아닌데, 이 여인 때문이었구나. 이러니 업연은 피할 수 없구나! 사흘 뒤에 그대가 이 여자 집으로 나를 찾아오면 내가 한 번 웃음으로써 증험하리라. 그리고 20년이 지나 고산孤山 아래에서 서로 만나게 되리니, 나는 이미 세 번째로 비구로 태어나 악록사岳麓寺에 거처하고 있을 것이다. 그곳에 커다란 바위가 있는데 일찍이 그 바위 위에서 선禪을 닦았기 때문이다." 그러고는 더 이상 말하지 않았다. 그날 밤에 원관이 죽고 여자는 아이를 낳았다. 사흘 뒤에 이원이 비단 잠방이 여자 집에 이르러 태어난 아이를 보았는데 과연 아이가 한 번 웃음을 지어 보였다. 20년 뒤에 이원이 전당錢塘의 고산에 이르니, 달 아래서 한 목동이 피리를 불며 노래하는데, "삼생석 위의 옛 정혼이여, 달맞이하며 바람 따위 읊을 필요도 없다네. 벗이 멀리로부터 찾아와 주니 부끄럽구나, 이 몸은 비록 다른 몸 받았지만 항상 여기 살고 있었다네."[193]라고 하였다. 정학년丁鶴年[194]이 문文 상인을 애도하는 시에 "구름 자욱한 원택圓澤의 삼생석, 달빛 차가운 유마維摩의 작은 방."[195]이라 하였다. 원택과 원관은 옷을 함께 입는 동포同袍[196]이다. 그러므로 이름을 가탁하여 이어받았다고 하는 것이다.

---

193 목동으로 다시 태어난 원관이 읊은 것이다. 『全唐詩續補遺』 권3에 〈竹枝詞〉라는 제목으로 실려 있는데 2수 가운데 그 첫 수이다.
194 정학년丁鶴年(1335~1424) : 원말 명초 때의 색목인色目人. 자는 영경永庚, 호는 우학산인友鶴山人이다. 시율詩律에 정통하였으며 효자로도 이름이 난 인물이다.
195 〈悼湖心寺壁東文上人〉, "祇林一葉隕秋霜. 回首滄洲泪兩行. 几上殘經塵已暗, 篋中遺稿墨猶香. 雲迷圓澤三生石, 月冷維摩十笏房. 想像淸容何處記, 寒梅的的竹蒼蒼."
196 동포同袍 : 『詩經』〈秦風·無衣〉, "어찌 옷이 없다고 하리, 그대와 함께 입으리라. 왕이 군대 일으키시면 나의 창 매만져 그대와 함께 짝하리라.(豈曰無衣, 與子同袍. 王于興師, 修我戈矛, 與子同仇.)"

唐李源與僧圓觀遊, 一日約與入蜀. 於路中, 見一錦襠女子浣衣, 觀泣曰, "初意不欲來此, 以此女故也. 然業緣不可逃! 後三日, 君訪我於此女家, 我以一笑爲驗. 又二十年, 當相見於孤山下, 吾已三生爲比丘, 居岳麓寺. 有巨石, 嘗習禪其上." 遂不復言. 是夕觀亡而婦乳. 後三日, 源至錦襠家, 見所生兒, 果一笑. 後二十年, 源至錢塘孤山, 月下有牧童叩角而歌曰, "三生石上舊精魂, 賞月吟風不要論. 慚愧情人遠相訪, 此身雖異性常存." 丁鶴年挽文上人, 詩曰, "雲迷圓澤三生石, 月冷維摩十笏房." 圓澤圓觀之同袍, 故冒襲云.

부모처남녀 父母妻男女

『유마경』에 "지혜는 보살의 어머니요, 방편이 아버지요, 법의 기쁨은 아내요, 성실한 마음은 아들이요, 자비로운 마음은 딸이로다."[197]라고 하였다. ◆ 동파 소식의 시에 "비록 돈(孔方)이라는 형은 없지만, 법희法喜라는 아내가 있다네."[198]라는 구절이 있다. 목재 전겸익의 시에 "법희에 귀의하니 아내에게 부끄러워라."[199]라는 구절이 있다.

---

[197] 『維摩詰所說經』 권중 「佛道品」(T14, 549c2), "지혜바라밀은 보살의 어머니요, 방편바라밀은 아버지이니, 모든 중생을 이끄는 스승, 이로부터 아니면 나지 못한다네. 법희가 아내요, 자비심이 딸이며, 선한 마음과 성실함은 아들이요, 마침내 공적함이 바로 집이로다.(智度菩薩母, 方便以爲父, 一切衆導師, 無不由是生. 法喜以爲妻, 慈悲心爲女, 善心誠實男, 畢竟空寂舍.)"

[198] 〈贈王仲素寺丞〉, "養氣如養兒, 棄官如棄泥, 人皆笑子拙, 事定竟誰迷. 歸耕獨患貧, 問子何所齎? 尺宅足自庇, 寸田有餘畦. 明珠照短褐, 陋室生虹霓, 雖無孔方兄, 顧有法喜妻. 彈琴一長嘯, 不答阮與嵇. 曹南劉夫子, 名與子政齊, 家有鴻寶書, 不鑄金裹蹄. 促膝問道要, 遂蒙分刀圭, 不忍獨不死, 尺書肯見梯. 我生本强鄙, 少以氣自擠, 孤舟倒江河, 赤手攬象犀. 年來稍自笑, 留氣下暖臍, 苦恨聞道晚, 意象颯已凄. 空見孫思邈, 區區賦病梨."

[199] 『有學集』 권1 〈和東坡西台詩韻六首〉 其五, "六月霜凝倍懍凄, 骨消皮削首頻低. 雲林永絶離羅雉, 砧幾相鄰待割雞. 墮落劫塵悲宿業, 歸依深喜醜山妻. 西方西市原同觀, 縣鼓分明落日西." 판본에 따라서 '醜'가 '愧'로 되어 있는 곳도 있다.

維摩經云, "智慧菩薩母, 方便以爲父, 法喜以爲妻, 善男慈悲女." ◆ 坡詩云, "雖無孔方兄, 頗有法喜妻." 牧齋詩云, "歸依法喜愧山妻."

말월비풍抹月批風[200]

동파 소식의 육언시六言詩에 "가난한 집에서 무엇을 즐거움으로 삼을까? 다만 풍월을 안주로 삼을 줄 알 뿐이노라."[201]라고 하였다. 대개 선가에서는 밝은 달을 얇게 썰고 맑은 바람을 곱게 가루로 만들어 요리로 삼는다는 말로 쓰인다. 고봉 원묘高峰原妙(1238~1295) 선사의 제야설법除夜說法에 "연못에 비친 달을 얇게 썰고 고갯마루 구름을 곱게 가루로 만들어 각각으로 창자와 배를 가득 채우리라."[202]라고 하였는데, 이는 동파 소식의 이 시구를 용사用事한 것이다.

東坡六言云, "貧家何以娛樂? 但知抹月批風." 盖禪家有薄批明月, 細抹淸風之語. 高峯禪師, 除夜說法云, "薄批潭底月, 細切嶺頭雲, 介介盈腸塞腹." 坡詩用此.

침공장신針孔藏身

당나라 때 지자智孜 선사가 법좌에 올라앉아 말했다. "바늘구멍 속에 몸을 숨기기는 그래도 넓지만, 드넓은 바다 가운데서 말을 달리기는 너무

---

[200] 말월비풍抹月批風 : 풍월風月을 요리, 반찬, 안주로 삼는다는 말이다. 집이 가난하여 손님을 대접할 만한 것이 없음을 농 삼아 하는 말이다. 음풍농월吟風弄月한다는 뜻과도 같다. 바람·꽃·눈·달 등을 시적 소재로 사용하여 한적閑寂함을 표현하기도 한다.

[201] 〈和何長官六言次韵〉, "作邑君眞伯厚, 去官我豈曼容. 一廛願托仁政, 六字難賡變風. 五噫已出東洛, 三復願比南容. 學道未從潘盎, 草書猶似楊風. 石渠何須反顧, 水驛幸足相容. 長江大欲見庇, 探支八月涼風. 淸風初號地籟, 明月自寫天容. 貧家何以娛客, 但知抹月批風. 靑山自是絶色, 無人誰與爲容. 說向市朝公子, 何殊馬耳東風."

[202] 『禪要』「除夜小參」(X70, 710b6).

좁다."²⁰³ 크고 작음이 하나로 뒤섞여 어떤 장애도 없다는 뜻이다.

> 唐智孜禪師上堂云, "向針眼裡藏身稍寬, 大海中走馬甚窄." 大小混同無碍之義.

야자신椰子身²⁰⁴

당나라 때 사람 이발李渤²⁰⁵은 만 권의 책을 읽었다 하여 '이만권李萬卷'이라 불렸다. 일찍이 귀종 지상歸宗智常²⁰⁶ 선사에게 물었다. "수미산이 개자씨를 거두고 있다는 말에 대해서는 묻지 않겠습니다만, 개자씨가 수미산을 거두고 있다는 말은 무슨 뜻입니까?" 선사가 이발의 몸을 어루만지며 "그대 몸이 야자열매 크기로 줄어든다면 (그동안 읽은) 만 권의 서적은 어디에 두겠습니까?" 방옹 육유의 시에 "야자 크기만 한 몸에 책을 품었네."²⁰⁷라 하였다.

> 唐李渤, 讀萬卷書, 號李萬卷. 嘗問歸宗師曰, "須彌納芥子不必問, 如何

---

203 『續傳燈錄』 권8(T51, 514c18); 『建中靖國續燈錄』 권10(X78, 704c19).
204 이발과 귀종 지상의 이하의 문답은 개자씨·터럭·티끌 등의 지극히 작은 것과 수미산·대해大海로 대표되는 큰 것을 대비하여 대소大小의 차별에서 자유로운 경계를 화제로 제시하는 대표적 공안의 하나이다. 개자씨가 수미산을 거두고 있다는 개납수미芥納須彌나 터럭 하나가 거대한 바다를 머금고 있다는 모탄거해毛呑巨海 등의 비유를 통해 큰 것이 작은 것으로, 작은 것이 큰 것으로 걸림 없이 통하는 경계를 보여 준다. 『景德傳燈錄』 권7 「歸宗智常」(T51, 256b9); 『禪門拈頌說話』 262칙(H5, 244a19) 참조.
205 이발李渤(?~831) : 당나라 때 거사居士. 자는 준지濬之. 강서성 성자현星子縣 여산廬山 오로봉五老峯 아래 백록동白鹿洞에 은거하다가 821년에 강주 자사江州刺史가 되었다.
206 귀종 지상歸宗智常 : 마조 도일馬祖道一을 참학하여 그 법을 이음. 후에 여산 귀종사에 주석하며 도속道俗을 교화하였다.
207 〈晚過保福〉, "堂靜僧閒普請疏, 爐紅氈暖放參餘. 蓮花池上容投社, 椰子身中悔著書. 茶試趙坡如潑乳, 芋來犀浦可專車. 放翁一飽眞無事, 擬伴園頭日把鉏."

是芥子納須彌?" 師撫其身曰, "是身如椰子大, 萬卷書容於何處?" 放翁詩, "椰子身中悔着書."

임수증전인臨水證前因

양 무제梁武帝 때의 부대사傅大士[208]는 당시 사람들에게 미륵불의 후신이라 일컬어졌다. 일찍이 계수稽水에서 낚시를 하였는데 달마 대사를 그냥 지나쳤다. 달마 대사가 "나와 그대는 과거 비바시불毘婆尸佛 때에 함께 마음의 번뇌를 깨끗이 하였고, 지금 도솔천 방사房舍(宮)에 (의발衣鉢이) 남아 있다. 언제 가려는가?"라고 물었으나, 부대사는 단지 눈을 부릅뜰 뿐이었다. 달마 대사가 "그대가 전생의 인연을 기억하지 못한다면 물가에 가서 그림자를 비춰 보라."라고 하자 부대사가 이에 물에 비친 모습에서 원광圓光과 보개寶蓋를 보고서 온몸으로 비로소 전신을 깨닫고는 낚시 도구를 내려놓고 말했다. "대장간에 둔철이 많은 법이요, 명의의 문 앞에 병든 사람이 찾아오기 마련입니다. 생사의 바다를 건너는 일이 시급하니 천궁天宮의 즐거움을 생각할 겨를이 있겠습니까!"[209] 목재 전겸익의 시에 "흐르는 물에 비춰 전생의 인연을 깨닫고자 하였다."[210]라는 시구가 있다.

梁武帝傅大士, 時稱彌勒佛後身也. 嘗釣魚於稽水, 過達摩大師. 師曰, "吾與汝, 同於過去毘波佛時散心, 今兜率天中房舍現在. 何時當過?" 大士惟

---

208 부대사傅大士(497~569) : 성은 부傅, 이름은 흡翕. 선혜 대사善慧大士·총림 대사叢林大士·동양 대사東陽大士라고도 일컬어진다.
209 이상의 일화는 『景德傳燈錄』 권27 「善慧大士傳」(T51, 430a29) 참조.
210 『初學集』 권13 〈苕上吳子德輿次東坡獄中寄子由韻作丁丑紀聞詩六首 蓋悲余之逮繫而喜其獄之漸解也 感而和之亦如其前後之次〉 其二, "銀鐺影裏見殘春, 悵恨登朝未殺身. 禍遘隐章知漢法, 行逢贈策感秦人. 途窮漫浪謌山鬼, 獄急倉皇禮嶽神. 金馬多生餘諍論, 欲臨流水證前因."

瞪目而已. 師曰, "汝不憶前因, 當臨水見影." 大士乃見水中, 見圓光寶蓋, 滿身始悟前身, 放下魚具, 謂師曰, "爐鞴之所, 多乎鈍鐵; 良醫之門, 足乎病人. 度生爲急, 何暇思天宮之樂乎!" 牧詩, "欲臨流水證前因."

생객生客

『동파지림』[211]에 다음과 같이 나온다. "자유子由가 지은 「서현승당기」를 읽어 보니 흡사 당 안에 있으면서도 물과 돌, 무성한 숲, 초목, 어지러이 얽힌 칡을 보는 것 같았다. 내 마땅히 글을 적어 당상堂上의 돌에 새기고 여산廬山과 인연을 맺고자 한다. 그리하면 훗날 여산에 들어가도 낯선 나그네(生客)는 되지 않을 것이다."[212] 방옹 육유의 시에 "상견하고도 낯선 나그네 많아 늘 탄식하였는데, 도리어 처음을 기억하니 외려 소년이로다."[213]라는 시구가 있다.

東坡志林, "子由作棲賢僧堂記, 讀之便如在堂中, 見水石陰森, 草木膠葛也. 僕當爲之書, 刻石堂上, 且欲與廬山作緣. 他日入山, 不爲生客也." 放翁詩, "每嗟相見多生客, 却憶初來尙少年."

---

211 『동파지림東坡志林』: 원풍元豐(1078~1085)에서 원부元符(1098~1100) 연간까지 20여 년 동안 소식이 지은 잡설雜說과 사론史論 등을 모은 책. 판본의 권수는 일정하지 않은데 잡설과 사론이 모두 실린 5권본이 흔히 읽힌다. 송나라 때는 '동파수택東坡手澤'이라 불리기도 하였다. 내용이 광범위하여 논하지 않은 것이 없을 정도이며, 문장은 길이에 구애받지 않아 천언만어千言萬語에 달하는가 하면 몇 마디로 그친 경우도 있는데 짤막한 글이 많은 편이다. 붓 가는 대로 자유자재로 쓴 글들로 행운유수처럼 막힘없이 자연스럽고 붓을 잡기만 해도 흥취를 일으키는 소식의 문학적 풍격이 고스란히 드러나 있다.
212 『東坡志林』에서는 찾지 못하였고, 『蘇軾集』 권115에 「跋子由棲賢堂記後」라는 제목의 글에 실려 있다.
213 〈江瀆池醉歸馬上作〉, "久住西州似宿緣, 笙歌叢裏著華顚. 每嗟相見多生客, 卻憶初來尙少年. 迎馬綠楊爭拂帽, 滿街丹荔不論錢. 浮生何處非羈旅, 休問東吳萬裏船."

주처하육周妻何肉[214]

『남사』[215]에 전하는 이야기이다. 주옹周顒[216]은 불교의 이치에 매료되어 종일토록 채소만 먹고 처자가 있음에도 홀로 산속에 거처하였고, 하윤何胤[217]은 무구사武丘寺에 살면서 경을 강설하며 음식에 사치하였다. 이에 주옹이 채소를 먹을 것을 권하자 말년에는 고기나 생선 따위를 끊었다. 문혜文惠 태자[218]가 주옹에게 물었다. "그대의 정진이 하윤과 비교하여 어떠한가?" 주옹은 "삼도팔난三途八難[219]을 둘 다 면하지는 못합니다. 각자에게는 번뇌(결점)가 있습니다."라고 대답하였다. 태자가 "번뇌가 되는 것이 무엇인가?"라고 묻자 "저는 아내이고, 하윤은 고기입니다."라고 하였다. 정학년의 시에 "주옹의 처, 하윤의 고기 모두 번뇌가 되지 않으나, 다만 시마詩魔가 오래도록 이르지 않는구나."[220]라고 하였다.

---

214 주처하육周妻何肉 : 수행에 어려움이 되는 식욕과 색욕을 비유하는 말로 쓰인다.
215 『南齊書』 권41 「周顒傳」 참조.
216 주옹周顒 : 남조 제나라 여남汝南 안성安城 사람. 자는 언륜彦倫. 백가百家를 두루 섭렵했는데, 불교의 이치에 정통했다. 서예에도 일가를 이루었고, 음운音韻에도 뛰어났다. 저서에 『三宗論』, 『四聲切韻』이 있다.
217 하윤何胤(446~531) : 남조 양나라 여강廬江 첨현灊縣 사람. 자는 자계子季. 종산鍾山 정림사定林寺에 들어가 불경을 배워 불학佛學에 정통했다. 저서에 『毛詩總集』, 『禮記隱義』가 있다.
218 문혜文惠 태자(458~493) : 소장무蕭長懋. 문혜는 시호이다. 자는 운교雲喬. 남조 제나라 왕 무제武帝 소색蕭賾의 장자이다. 제위에 오르지는 못하였고 아들 소소업蕭昭業이 제위에 오른 뒤에 문황제文皇帝로 추존되고 세종이라는 묘호를 받았다.
219 삼도팔난三途八難 : 고통과 장애를 총괄적으로 나타내는 말. 삼도와 여덟 가지 장애. 삼도는 화도火途(地獄)·혈도血途(餓鬼)·도도刀途(畜生)이며 삼악취三惡趣·삼악도三惡道라고도 한다. 팔난은 팔난처八難處·팔난해법八難解法·팔무가八無暇·팔불한八不閑·팔비시八非時·팔악八惡이라고 하며 부처를 보거나 정법正法을 듣거나 범행梵行을 닦아 보리의 도를 향하기 어려운 여덟 가지 경계를 말한다. 팔난에 삼도가 포함되며 나머지 다섯 가지는 재장수천난在長壽天難·재변지지울단월난在邊地之鬱單越難·맹농음아난盲聾瘖瘂難(諸根毁壞)·세지변총난世智辯聰難(邪見)·생재불전불후난生在佛前佛後難이다.
220 〈逃禪室解嘲〉, "久慕陶公臥北窓, 還從馬祖吸西江. 掃愁那用千金箒, 折慢惟瞻七寶幢. 日晏卷簾延疊幛, 雨晴欹枕聽流淙. 周妻何肉俱無累, 祇有詩魔老未降."

南史, 周顒妙於佛理, 終日長蔬, 雖有妻子, 獨處山舍. 何胤居武丘寺, 講經而侈於食味. 周勸令食菜, 末年絶血味. 文惠太子問周曰, "卿精進何如何胤?" 對曰, "三途八難, 共所不免. 然各有累." 太子曰, "累伊何?" 對曰, "周妻何肉." 丁鶴年詩, "周妻何肉俱無累, 惟有詩魔老未降."

절만당折慢¹⁾幢²²¹

『전등록』에 전하는 이야기이다. 법달法達이 6조 혜능에게 예를 표하면서 머리를 땅에 대지 않자 6조가 꾸짖으며 "예는 본디 교만한 마음을 꺾기 위한 것인데 어찌 머리가 땅에 닿지 않는가!"²²²라고 하였다. 정학년의 시에 "근심을 쓸어 버리는 데에 어찌 천금 나가는 빗자루를 쓰리오, 교만을 꺾고자 하면 다만 칠보당을 우러르라."²²³라고 하였다.

傳燈錄, 法達禮六祖, 頭不至地. 祖呵之曰, "禮本折慢幢, 頭奚不至地!" 丁鶴年詩, "掃愁那用千金帚, 折慢惟瞻七寶幢."

1) ㉠ 원문의 '幔'을 '慢'으로 고쳐 번역하였다. 이하 동일.

병수운천瓶水雲天

당나라 때 이고李翶²²⁴가 약산 유엄 선사를 배알하여 물었다. "도란 무엇입니까?" "구름은 푸른 하늘에 떠 있고 물은 병 속에 있습니다."²²⁵ 이고가

---

221 만당慢幢 : 아만我慢. 교만한 마음. 아만이 높은 것을 높이 달려 펄럭이는 깃발에 비유한 말.
222 宗寶本『壇經』(T48, 355b8) ;『景德傳燈錄』권5「法達傳」(T51, 237c21) 참조. 이어지는 혜능의 게송 3구와 4구는 다음과 같다. "아상에 집착하면 허물이 일어나지만, 공을 잊으면 그 복이 비할 바가 없으리라.(有我罪卽生, 亡功福無比.)"
223 주 220 참조.
224 이고李翶(772~841) : 자는 습지習之. 시호는 문공文公. 농서隴西(甘肅省) 출신. 스승 한유韓愈를 따라 고문古文을 배웠다. 한유가 불교를 배척했던 데 비해 불교사상에 대한 이해를 달리하였다. 저서에『復性書』,『李文公集』이 있다.

• 105

즉시 절구 한 수를 지어 올렸다. "단련한 몸은 학과 흡사하고, 천 그루 소나무 아래 두 권의 경전. 내 찾아가 도를 물어도 별말씀 없고, 구름은 하늘에 물은 병 속에 있다 하시네."[226] '구름은 하늘에 물은 병 속에'라는 말은 '하늘에 솔개가 날고 물속에서 고기가 뛰논다.'[227]라는 뜻과 같다. 옛사람의 시에 "바쁜 가운데 서래의西來意[228] 묻지 말지니, 병 속의 물과 하늘의 구름을 아는가."[229]라고 하였다. 나에게도 시 한 수 있으니 읊어 보리라. "옛 유자들 일찍이 누설했듯이, 물고기 뛰놀고 솔개 난다네. 나 하늘의 풍취와 하나 되어, 끝내 천진난만天眞爛熳함 성취하여 돌아오리라."

唐李翶, 謁藥山禪師, 問, "如何是道?" 山云, "雲在青天水在瓶." 翶卽呈一絶曰, "鍊得身容似鶴形, 千株松下兩函經. 我來問道無餘語, 雲在青天水在瓶." 盖此雲天瓶水, 與鳶飛魚躍之義同矣. 古人詩云, "忙中不問西來意, 瓶水天雲識也曾.[1]" 愚亦有詩云, "先儒曾漏洩, 魚躍又鳶飛. 與我雲天趣, 終成煉熳歸."

1) ㉠ 보통 '미未' 자를 써서 의문문이 된다. '증曾'의 형식은 거의 찾아볼 수 없다.

---

225 '운재청천수재병雲在青天水在瓶'은 일체의 만물이 각각의 성품 그대로 있을 곳에 있는 그대로의 상태를 표현한 말이다.
226 『景德傳燈錄』 권14 「藥山惟儼傳」(T51, 312b13) ; 『禪門拈頌說話』 335칙(H5, 288b2) 참조.
227 연비어약鳶飛魚躍 : 『詩經』 「大雅」 〈旱麓〉, "솔개는 하늘 끝까지 날아오르고 물고기는 깊은 연못에서 뛰어오른다.(鳶飛戾天, 魚躍於淵.)" 공영달孔穎達의 소疏, "높은 곳에서는 솔개가 날아서 하늘 끝에 닿아 비상하며 노닐고, 낮은 곳에서는 물고기가 모두 도약하며 연못 속에서 즐겁게 헤엄친다. 이는 도가 비상이나 자맥질을 통해 만물이 제각각 적절한 자리를 얻게 되는 조화를 분명하게 관찰한 것이다.(其上則鳶鳥得飛, 至於天以遊翔, 其下則魚皆跳躍, 於淵中而喜樂. 是道被飛潛, 萬物得所, 化之明察故也.)"
228 서래의西來意 : 조사서래의祖師西來意. 달마 대사가 서쪽인 인도로부터 중국에 온 뜻. 달마 대사는 중국 선종의 초대 조사이며 그로부터 선종이라는 새로운 종지가 전해졌기 때문에 조사서래의라 하면 선종의 종지를 나타낸다.
229 누구의 시인지 찾지 못하였다.

다문지익多聞之益[230]

옛날에 어떤 사람이 많이 듣기를 좋아하여 매번 눈길을 끄는 것이 있으면 반드시 물었다. 하루는 귀신을 만났는데 귀신이 잡아먹으려 하자 그 사람이 말했다. "그대에게 한 가지만 물어보면 내 죽어도 여한이 없다." 귀신이 물어보라고 하자 그 사람은 "그대는 무슨 까닭에 얼굴은 희고 등은 검은가?"라고 물었다. 귀신은 "우리 귀신의 성향은 해를 무서워하여 일찍이 빛을 쬔 적이 없기 때문에 얼굴이 희다."라고 답하였다. 이때 해가 막 떠올랐는데 그 사람이 이 말을 듣고는 해가 비추는 곳으로 급히 내달려 도망하자 귀신이 쫓아오지 못하여 화를 면할 수 있었다. 그 사람이 게로 설하였다. "제일의第一義를 부지런히 배울지니, 많이 듣는 것이 제일가는 방법이라. 길에서 나찰의 위험을 만나면, 어둠을 등지고 태양을 향해라."

昔有人好多聞, 每所見必問. 一日遇鬼, 鬼將噉食, 其人曰, "問君一言, 我死無恨." 鬼曰, "請問." 其人曰, "君何以面白背黑?" 鬼曰, "我鬼性畏日, 未曾照故, 面白也." 時日方出, 其人聞之, 急走日照處, 鬼不敢追得免. 其人說偈曰, "勤學第一道, 多聞第一方. 路逢羅利難, 背陰向太陽."

반혼향返魂香[231]

『조정록』[232]에 전하는 이야기이다. 한나라 건화建和 원년에 월지국의 왕이 향 넉 냥을 바쳤는데 크기는 새알만 하고 색은 뽕나무 열매 같았다. 시원始元 원년에 이르러 수도(京師)에 역병이 돌아 죽은 자가 반이 넘었다.

---

230 이하의 이야기에 대해서는 『祖庭事苑』 권5 「藏機」(X64, 382c8) 참조.
231 반혼향返魂香 : 반생향反生香이라고도 한다. 기사회생起死回生하게 하는 스승의 수단을 비유하기도 한다.
232 이하의 이야기는 『海內十洲記』에 보이며, 『從容錄』 61칙 「評唱」(T48, 265b24)에서는 '습유전拾遺傳'을 출전으로 밝히고 있다.

황제가 향을 사르자 죽은 지 사흘이 되지 않은 자는 모두 소생하였고, 향내는 퍼져 삼 개월 동안 사라지지 않았다. 이 향은 취굴주聚窟洲[233] 인조산人鳥山[234]의 나무에서 추출한 것인데 그 나무는 단풍나무와 비슷하고 향은 몇 리에까지 퍼져 반혼수라 한다. 그 나무뿌리를 베어 옥 솥에 달여 즙을 흑색 환丸으로 만드는데 첫째 경혼향驚魂香(驚精魂), 둘째 반생향返生香, 셋째 진단향振檀香, 넷째 각사향却死香 등이라고 부른다.[235] 옛사람이 홀연 읊기를 "지하에는 한을 삭일 술이 없고, 인간 세상에서는 반혼향 얻기 어려워라."[236]라고 하였는데 오래지 않아 죽으니, 사람들은 그의 단명을 예측한 글귀라고 여겼다.

祖庭錄云, 漢建和元年,[1] 月氏國王, 獻香四兩, 大如雀卵, 色如桑甚. 至始元[2]元年, 京師大疫, 死者過半. 帝取香焚之, 未三日死者皆甦,[3] 香飛三月不息. 香出聚窟洲人鳥山, 樹如楓, 香聞數里, 名返魂樹. 伐其根, 玉釜煮汁成黑粘, 一名驚魂, 二名返生, 三名振檀, 四名劫[4]死. 古之士人忽吟, "地下應無消恨酒, 人間難得返魂香."之句, 非久死, 人以爲短命句也.

1) ㉠ '建和元年'(147년)은 『從容錄』 등에는 '延和元年'(712년)으로 되어 있기도 한데, 바로 이어 나오는 '始元元年'이 기원전 86년임을 고려할 때 '延和'는 '征和'의 오기인 듯하다. 征和元年은 기원전 92년이다. 『海內十洲記』 「聚窟洲」에는 '征和三年'

233 취굴주聚窟洲 : 신선이 산다는 곳. 십주十洲 가운데 하나. 취굴주를 비롯하여 조주祖洲·영주瀛洲·현주玄洲·염주炎洲·장주長洲·원주元洲·유주流洲·생주生洲·봉린주鳳麟洲 등이다. 『海內十洲記』 참조.
234 인조산人鳥山 : 『海內十洲記』에는 '취굴주에 큰 산이 있는데 그 형상이 인조人鳥와 흡사하여 신조산神鳥山이라 한다.'라고 되어 있다.
235 『海內十洲記』에는 이 네 가지 외에 진령환震靈丸·인조정人鳥精 등까지 모두 여섯 가지 명칭이 실려 있다.
236 이제신李濟臣(1536~1583)의 『淸江先生詩話』에 다음과 같이 나온다. "수찬修撰 안수安璲는 시로 이름이 난 인물이다. 일찍이 지은 시에 '지하에는 정녕 한을 삭여 줄 만한 술이 없고, 인간 세상에서는 반혼향 얻지 못한다네.'라는 구절이 있는데, 그해에 병사하고 마니 세상 사람들은 이 시를 시참詩讖으로 여겼다.(安修撰璲, 以詩名. 嘗有詩一句, '地下定無消恨酒, 人間難得返魂香.' 其年病死, 世以爲詩讖.)"

으로 되어 있다. 2) ㉑ '始元'이 『海內十洲記』에는 '後元'으로 되어 있다. 後元元年 은 기원전 88년이다. 3) ㉑ '未三日死者皆甦'가 『從容錄』에는 '其死未三日皆活'로, 『海內十洲記』에는 '其死未三月者皆活'로 되어 있다. 4) ㉑ '劫'은 '刼'의 오기이다.

고상해수 枯桑海水

『조정사원』[237]에 실려 있는 글을 간추려 의견을 밝힌다. 고악부사 古樂府 詞[238]에 "마른 뽕나무도 바람 부는 것을 알고, 바닷물도 추운 날씨를 아는 법인데, 집에 돌아와 각기 자신들만 즐길 뿐, 누가 말이나 붙여 주려 할 까!"[239]라는 구절이 있다. 지知 자가 어찌 '안다'는 뜻이겠는가! '불不'이라 는 한 글자를 숨기고 있으니, 즉 '마른 뽕나무는 가지와 잎이 없기 때문에 바람 부는 것을 알지 못하고, 바닷물은 얼지 않으므로 추위를 알지 못한 다.'는 것으로써 '녹을 먹는 관리가 재주와 식견이 없어 각자 자기를 보존 하고 현인을 천거하지 못함'을 비유한 말로 보아야 한다. 내 일찍이 한 유 자儒者가 '知天風知天寒' 구절을 '바람 부는 것을 알 수 있고 추위를 알 수 있다.'라고 푼 것을 보았는데, '어찌 알랴(豈知)'의 뜻으로 새겨야 함에도 그러지 않았으므로 여기에 쓴 것이다.[240]

---

[237] 『祖庭事苑』 권5 「枯桑海水」(X64, 386b16).
[238] 원래 제목은 〈飮馬長城窟行〉이라고 한다. 『古文眞寶前集』 樂府 上 및 『祖庭事苑』 등 참조.
[239] 『文選』 권27 樂府 三首, 「飮馬長城窟行」.
[240] 『祖庭事苑』 권5 「枯桑海水」(X64, 386b17), "'문선' 주에 '지知는 어찌 알랴'는 뜻이라 고 하였다. '마른 뽕나무는 가지와 잎이 없기 때문에 바람 부는 것을 알지 못하고, 바 닷물은 얼지 않으므로 추위를 알지 못한다.'는 의미로써 집에 있는 부인이 남편의 소 식을 알지 못함을 비유한 것이다. 또는 녹을 먹는 관리이면서도 각자 자기를 보존하 고 현인을 천거하지 못함을 비유하기도 한다. 또한 『백씨금침』에서는 '枯桑知天風, 海水知天寒'이라는 구절에는 불不이라는 한 글자가 숨어 있다.'라고 하였다.(選注云, '知謂豈知也.' 枯桑無枝葉則不知天風, 海水不凝凍則不知天寒, 以喻婦人在家不知夫之 信息也. 亦喻食祿之士, 各自保己, 不能薦賢. 又白氏金針云, '枯桑知天風, 海水知天寒, 謂隱不之一字也.')"; 『文選』 이선李善의 주注에 "마른 뽕나무는 가지가 없어도 바람이 부는 것을 알고 바닷물은 광대하지만 날이 추운 것을 안다. 남편이 정역征役을 나갔 으니 어찌 바람과 추위로 인한 근심이 없겠는가!(枯桑無枝, 尚知天風 ; 海水廣大, 尚

祖庭云, 古樂府詞云, "枯桑知天風, 海水知天寒, 入門各自媚, 誰肯相爲言!" 盖知字, 豈知之意也! 隱不之一字, 謂'枯桑無枝葉, 故不知天風; 海水不凝凍, 故不知天寒.' '以喻食祿之士, 自無才識故, 各自保己, 不能薦賢也.' 余曾見一儒士, 以知天風知天寒句, 爲能知天風能知天寒云云, 而不以豈知之意釋之. 故筆于此.

화룡사化龍梭

『조정사원』[241]에 '도간陶侃이 어렸을 때 뇌택雷澤에서 고기잡이하다가 북 하나가 그물에 걸려들어 집으로 돌아와 벽에 걸어 놓았다. 어느 날 저녁 뇌우가 크게 치자 북이 변화하여 용이 되어서는 벽을 깨뜨리고 날아갔다.'[242]고 한다. 선禪 문구 중에 '갈피화룡지장葛陂化龍之杖', '도가거칩지사陶家居蟄之梭'라는 말이 있는데 이는 사람의 변화를 비유한다.[243] '갈피화룡지장'이란 다음 고사에서 나온 말이다. '한나라 때 여남 출신 비장방費長房이 시연市椽(시장을 관리하는 직)을 지낼 때 선인 호공壺公을 만났는데 호공이 청죽장青竹杖을 부러뜨려 거짓으로 비장방을 만들어 집에서 목매 죽은 것으로 하고는 호리병 안으로 함께 들어갔다. 도를 배웠으나 이루지 못함에 비장방이 작별하고 돌아가려는데 호공이 죽장을 주며 말했다. 「이것을 타고 집에 이르면 갈피에 버려라.」 비장방이 집에 이르러 갈피에 죽장을 던지니 변화하여 용이 되었다.'고 한다.

知天寒. 君子行役, 豈不離風寒之患乎!)"라고 하였다.
241 이하의 두 편의 이야기는 『祖庭事苑』 권2 「陶壁」(X64, 327b11), 권5 「葛陂」(X64, 385b2) 참조.
242 『晉書』「陶侃傳」 참조.
243 '갈피화룡지장葛陂化龍之杖', '도가거칩지사陶家居蟄之梭' 모두 자유자재하게 변화하며 펼치는 작용을 비유한다. 갈피葛陂는 중국 하남성 친채현親蔡縣 북쪽에 있는 호수 이름이다. 도가陶家는 진晉나라 때의 무장이자 도연명陶淵明의 증조부인 도간陶侃(257~332)의 집을 가리킨다.

祖庭云, "陶侃少時, 漁于雷澤, 網得一梭, 歸掛壁上. 一夕雷雨大作, 梭化 爲龍, 破壁而去." 禪文有云, '葛陂化龍之杖', '陶家居蟄之梭', 以喩人之變 化也. 葛陂者, 漢費長房, 汝南人也, 爲市椽, 遇仙人壺公, 斷靑竹杖, 僞爲 長房, 縊死於家, 同入壺中. 學道不成, 辭歸, 公與竹杖曰, "騎此至家, 棄葛 陂." 長房至家, 投杖於葛陂, 化爲龍去云.

십주十洲

바다 가운데 있다. 이른바 물 가운데에 머물 수 있는 땅을 주洲라 한다. 첫째 조주祖洲에서는 반혼향返魂香이 난다. 둘째 영주瀛洲에서는 지초와 옥석이 나고 샘물이 술맛과 같다. 셋째 현주玄洲에서는 선약仙藥이 나는데 이를 복용하면 장생한다. 넷째 장주長洲에서는 모과와 옥영이 난다. 다섯째 염주炎洲에서는 화완포火浣布[244]가 난다. 여섯째 원주元洲에서는 신령한 샘이 솟는데 그 맛이 꿀맛과 같다. 일곱째 생주生洲에는 추위와 더위가 닥치지 않는 산천이 있다. 여덟째 봉린주鳳獜洲(鳳麟洲)에서는 사람들이 봉황의 부리와 기린의 뿔을 가져다 달여서 끊어진 궁노弓弩 등의 줄을 잇는 접합제 아교로 쓴다. 아홉째 취굴주聚窟洲에서는 사자가 나는데 구리 머리에 철로 된 이마를 가진 짐승이다. 열째 단주檀洲에서는 곤오석昆吾石[245] 이 나는데 이것으로 검을 만들면 옥을 베는 것이 마치 진흙을 베듯 부드

---

244 화완포火浣布 : 불에 넣어도 타지 않는다는 베. 지금의 석면포石綿布에 해당한다. '화한포火澣布'라고도 쓰며 줄여서 화포火布라고도 한다. 『列子』「湯問」, "주나라 목왕이 서융을 크게 정벌하니 서융이 곤오의 검과 화완포를 바쳤다. 그 검은 길이가 한 자 여덟 치이며 강철을 제련하여 만든 것으로 칼날이 붉은빛을 띠는데 그것으로 옥을 자르면 진흙을 자르듯 부드럽게 잘 들었다. 화완포는 빨 때에 반드시 불에 넣어 빨아야 한다. 그러면 그 베는 불빛이 되고 베에 묻은 때는 베의 본래 색으로 변하는데 불 속에서 꺼내어 털면 희고 깨끗하기가 마치 눈과 같다.(周穆王大征西戎, 西戎獻錕鋙之劍, 火浣之布. 其劍長尺有咫, 練鋼赤刃, 用之切玉如切泥焉. 火浣之布, 浣之必投於火. 布則火色, 垢則布色, 出火而振之, 皓然疑乎雪.)"

245 곤오석昆吾石 : 주 244 참조.

럽게 잘린다.【이상의 내용은 『벽암록』[246]에 나온다.】

在海中. 所謂水中可居曰, 洲也. 一, 祖洲, 出返魂香 ; 二, 瀛洲, 出芝草玉石, 泉如酒味 ; 三, 玄州,[1)]出仙藥, 服之長生 ; 四, 長洲, 出木瓜玉英 ; 五, 炎州,[2)] 出火浣布 ; 六, 元洲, 出靈泉如蜜 ; 七, 生洲, 有山川無寒暑 ; 八, 鳳獜[3)]洲, 人取鳳喙獜角,[4)] 煎續弦膠 ; 九, 聚窟洲, 出獅子, 銅頭鐵額之獸 ; 十, 檀洲, 出昆吾石, 作劒切玉如泥.【出碧雲[5)]錄.】

1) ㉠ '州'는 '洲'의 오기이다. 2) ㉠ '州'는 '洲'의 오기이다. 3) ㉠ '獜'은 보통 '麟'으로 쓴다. 4) ㉠ '鳳喙獜角'은 보통 '麟角鳳觜'라 쓰는데 대단히 희유한 물건을 비유한다. 5) ㉠ '雲'은 '巖'의 오기이다.

산호수珊瑚樹

『십주기』에 따르면 이러하다.[247] 산호수는 남해 가운데 반석 위에서 자라는데 가지는 있으나 껍질은 없고, 옥과 비슷하며 붉은빛에 윤기가 난다. 달이 차고 기우는 것에 따라 감응하여 자라며, 대부분의 가지에는 일월의 빛이 난다. 사람들이 철망으로 산호수를 채취한다.

十洲記云, 生南海中盤石上, 有枝無皮, 似玉而紅潤. 感月而長, 凡枝頭皆有日月暈. 人以鐵網取之也.

겁석劫石

겁석은 길이 사십 리, 너비 팔만사천 리이며 두께도 팔만사천 리이다. 천인天人이 오백 년마다 한 번 와서 6수銖[248]밖에 나가지 않는 옷소매로 스

---

246 『碧巖錄』 70칙(T48, 199c28). 『祖庭事苑』 권2 「十洲」(X64, 339c7)에도 실려 있다.
247 『十洲記』에는 보이지 않는다. 『碧巖錄』 70칙(T48, 200a6), 『祖庭事苑』 권2 「珊瑚」(X64, 339c13) 등에 이 내용이 실려 있으며 『碧巖錄』에 『十洲記』를 출전으로 기술한 대목이 있다. 이에 따른 오류로 보인다.

치기를 한 번 하고 다시 떠났다가 오백 년에 이르러 한 번 와서 한 번 스치는데 이와 같이 하여서 이 돌이 닳아 없어지는 데 걸리는 시간이 일겁一劫이다. 옛 시에 "겁석도 자고이래 오히려 닳아 없어지고, 푸른 바다 깊은 바닥도 틀림없이 마르기 마련이라네."249라고 하였다. 고려의 이예李預가 지은 「삼각산중수승가굴기三角山重修僧伽崛記」250에, "수의銖衣로 겁석을 닳아 없애도 자비라는 집은 여전히 남아 있으며, 푸른 바다가 말라 먼지 날려도 공덕이라는 숲은 여전히 무성하리라."라고 하였다. '수의로 겁석을 닳아 없앤다.'라는 말은 6수의 옷으로 스쳐서 겁석을 닳아 없앤다는 뜻이다.

此石長四十里, 廣八萬四千里, 厚亦八萬四千里. 天人以五百年爲限一來, 以六銖衣袖拂之, 一度又去, 至五百年, 一來一拂, 如此拂之, 拂盡此石, 方爲一劫也. 古詩云, "劫石固來猶可懷,1) 滄溟深處立須乾." 高麗李預所撰, 三角山僧伽窟記云, "銖衣盡石, 慈悲之室猶存 ; 碧海飛塵, 功德之林尙茂." 其銖衣盡石者, 用六銖衣, 拂盡劫石之言.

1) 영 '懷'는 '壞'의 오자이다.

개성芥城251

둘레가 사십 리인 성에 가득히 개자를 채운 것을 가리킨다. 개자 한 개를

---

248 수銖 : 1냥兩(37g)의 24분의 1. 지극히 가벼운 것을 뜻한다.
249 설두 중현雪竇重顯의 송頌에 나오는 구절. 『碧巖錄』 75칙(T48, 203a9) 참조.
250 『東文選』 권64 「三角山重修僧伽崛記」.
251 개성芥城 : 『大智度論』 권38(T25, 339b21), "사방 100유순인 성에 개자를 가득 채워 놓고 장수천長壽天의 사람이 100년마다 개자 하나씩을 가져가서 그 개자가 다 없어진다 해도 겁은 그대로 다하지 않는다. 또 마치 사방 100유순이 되는 돌이 있는데 어떤 사람이 100년 만에 한 번씩 와서 가시迦尸라는 가볍고 부드러운 첩의疊衣로 스쳐서 그 돌이 다 닳아 없어진다 해도 겁은 여전히 다하지 않는 것과 같다.(有方百由旬城, 溢滿芥子, 有長壽人過百歲持一芥子去, 芥子都盡, 劫猶不澌. 又如方百由旬石, 有人百歲持迦尸輕軟疊衣一來拂之, 石盡, 劫猶不澌.)"

1겁으로 세는데, 개자가 다해도 겁은 다하지 않는다. 앞의 겁석이나 개성이나 모두 시겁時劫[252]은 다하지 않는다는 뜻이다. 모두 『잡비유경』에 나온다.

有城周圍四十里, 滿城盛芥子. 以芥子一介筭一劫, 芥子盡而劫不盡. 上劫石芥城, 皆言時劫之無盡也. 皆出雜譬喩經云云爾.

전삼삼前三三

무착 문희無着文喜 선사가 오대산에 이르러 문수를 방문하였다. 묘희 노사妙喜老師(문수보살의 화신)를 만나 물었다. "이 산의 대중이 얼마나 됩니까?" "앞에 삼삼 뒤에 삼삼입니다(前三三後三三)."[253] 무착이 물었다. "제가 듣자 하니 이 산에는 일만 문수가 있다는데, 어찌해서 하나가 빕니까?" 묘희는 답하지 않고 가 버렸다. 묘희가 그 하나의 수였던 것이다. 하나가 빈다는 말은, '전삼삼후삼삼'이 9999이기 때문이다. '전삼삼후삼삼'이라는

---

252 시겁時劫 : 시간. 시기時機. 『大明三藏法數』 권11(P181, 783a7) "겁은 범어이며 온전히 갖춘 명칭은 겁파劫波이다. 한역어는 분별시절分別時節이다. 한역어와 범어를 아울러서 시겁이라 한다.(劫, 梵語具云劫波, 華言分別時節. 華梵雙稱, 故名時劫.)"

253 전삼삼후삼삼前三三後三三 : 앞뒤로 빽빽이 들어찼다는 말로 차별 없이 불도를 수행하고 있는 중생을 가리킨다. 화두 참구법으로 접근하면 이러한 생각도 한낱 헛된 분별에 지나지 않는다. 『禪門拈頌說話』 1436칙 「本則」(H5, 913b7), "문수보살이 무착에게 물었다. '어디서 오는가?' '남방에서 왔습니다.' '남쪽에서는 불법을 어떻게 행하고 있는가?' '말법시대의 비구들이 계율을 거의 지키지 않고 있습니다.' '대중은 얼마나 되는가?' '300명, 500명입니다.' 무착이 물었다. '여기에서는 불법을 어떻게 행하고 있습니까?' '범부와 성인이 함께 살고, 용과 뱀이 뒤섞여 있다.' '대중은 얼마나 됩니까?' '앞에 삼삼, 뒤에 삼삼이다.'(文殊問無着, '近離甚處?' 着云, '南方.' 殊云, '南方佛法, 如何住持?' 着云, '末法比丘, 小奉戒律.' 殊云, '多小衆?' 着云, '或三百, 或五百.' 着問, '此間如何住持?' 殊云, '凡聖同居, 龍蛇混雜.' 着云, '多小衆?' 殊云, '前三三, 後三三.')"; 「本則 說話」, "'전삼'이란 앞의 생각이 범부이면 범부가 아닌 것도 범부가 되며, '후삼'이란 뒤의 생각이 성인이면 성인이 아닌 것도 성인이 된다는 뜻이다. '앞에 삼, 뒤에 삼'이란 앞의 삼이 뒤의 삼과 통하고, 뒤의 삼이 앞의 삼과 통한다는 뜻이다. 이것은 문수와 보현의 대인경계이다.(前三者, 前念凡, 非凡亦凡也, 後三者, 後念聖, 非聖亦聖也. 前三後三者, 前三徹後三, 後三徹前三也. 此是文殊普賢大人境界.)"

말에서 네 개의 삼三 자 모두 셈을 세는 가지이다. 3×3천千을 하고 3×3 백百(三三千三三百)을 하면 9900이니 각각 그 앞의 삼 자만으로 '전삼삼'이라 한 것이다. 또 3×3십十을 하고 3×3(三三十三三)을 하면 99이니, 이 또한 앞의 삼 자만을 취하여 '후삼삼'이라 한 것이다. 동파 소식의 시에 "선의 도리를 물었으나 전삼이라는 말에 딱 들어맞지 못했다."[254]라는 구절이 있는데 무착이 묘희의 말을 알지 못했기 때문이다. 방옹 육유의 시에 "승당(雲堂)에 빽빽이 들어찬(三三) 스님들 이미 흩어지고, 묘탑墓塔[255]도 텅 비었는데 점점화상點點和尙을 찾네."[256]라는 시구가 있다. 그 절에 점점화상이 있었다고 한다.

無着文喜禪,[1] 至五臺山訪文殊. 遇妙喜老師, 問, "此山衆多少?" 答曰, "前三三後三三." 無着云, "吾聞此山有一萬文殊, 何以欠一?" 妙喜不答而去. 盖妙喜其一數也. 言欠一者, 前三三後三三, 是爲九千九百九十九也. 謂前三三後三三, 四介三字, 皆是筭也. 三三千三三百, 卽九千九百, 各上三字, 爲前三三. 又三三十三三, 卽九十九也, 亦各取上三字, 爲後三三也. 坡詩云, "問禪不契前三語." 盖無着不知妙喜之言故也. 放翁詩, "雲堂已散三三衆, 卯[2]塔空尋點點師." 其寺有點點和尙.

1) ㉠ '禪' 다음에 '師'가 탈락된 듯하다. 2) ㉠ '卯'는 '卵'의 오자이다.

---

254 〈贈淸涼寺和長老〉, "代北初辭沒馬塵, 江南來見臥雲人. 問禪不契前三語, 施佛空留丈六身. 老去山林徒夢想, 雨餘鐘鼓更淸新. 會須一洗黃茅瘴, 未用深藏白氎巾."
255 묘탑墓塔 : 무봉탑無縫塔이라고도 하는데 형상이 새의 알과 비슷하다고 하여 난탑卵塔이라고도 한다. 『禪林象器箋』권2 「殿堂類」, "난탑 : 혜충慧忠이 말하였다. 무봉탑은 형상이 새의 알과 같기 때문에 난탑이라 한다.(卵塔 : 忠曰, 無縫塔, 形似鳥卵, 故云卵塔.)"
256 〈遊靈鷲寺堂中然獨作禮開山定心尊者尊者唐人有問法者輒點胸示之時號點點和尙〉, "半世吳松理釣絲, 蜀山著脚豈前知. 雲堂已散三三衆, 卵塔空尋點點師. 戴雪數峰臨峭絶, 浮花一水舞淪漪. 勞生未盡能重到, 應掃流塵讀此詩."

은산철벽銀山鐵壁[257]

선가의 도리는 마치 은산銀山과 같아 높고 멀어 부여잡고 오르기 힘들고, 철벽鐵壁처럼 견고하여 뚫기 어렵다는 뜻에서 은산철벽이라 한다.

禪家道理, 如銀山高逈莫攀, 如鐵壁堅固難透也.

석화전광石火電光

선가의 도리는 부싯돌을 부딪쳐 불을 일으키는 것과 같고 번갯불이 순간 번쩍이는 것과 같으며, 바늘에 실을 꿰는 것과 흡사하니, 신속하여 따라잡기 힘들다는 말이다.

禪家道理, 如擊石出火, 如閃電光裡, 穿針相似, 言其迅速難追也.

염추수불拈搥竪拂[258]

선가에서 설법할 때 금추를 잡고 종을 치는데 이는 호령을 질서 있게

---

[257] 은산철벽銀山鐵壁 : 그 어떤 수단을 가지고 접근해도 도저히 미치기 어려운 화두를 표현하기도 한다. 만 길 높이로 험준하게 우뚝 솟은 것과 같다고도 하여 벽립천인壁立千仞 · 벽립만인壁立萬仞이라고도 한다. 『碧巖錄』 45칙 「本則 評唱」(T48, 181c27), "이 공안은 이해하기는 어려워도 알아차리기는 쉽다. 알아차리기는 쉽고 이해하기는 어려우니 어렵기로는 은산철벽과 같고 쉽기로 보자면 바로 그 즉시 명료하기 때문이다. 그 누구도 이리저리 시비를 따지며 분별할 문제가 아니다.(這箇公案, 雖難見却易會. 雖易會却難見, 難則銀山鐵壁, 易則直下惺惺. 無爾計較是非處.)"

[258] 염추수불拈搥竪拂 : 『普菴印肅語錄』 권2(X69, 398a12), "불조가 꺼내 놓은 하나의 상과 한마디 말, 주먹 하나와 손가락 하나, 건추를 잡거나 불자를 세우고서 이쪽을 가리켰다 저쪽을 가리켰다 하는 행위는 모두 외물로 드러내 보여 마음을 밝혀 준 것이다. 임시로 세운 이름들을 허물어뜨리지 않으면서 실상을 말해 준다고 할 만하다.(佛祖所出, 一相一言, 一拳一指, 拈搥竪拂, 指東顧西, 無不示物明心. 喚作不壞假名, 而談實相.)" ; 『雲門廣錄』 권중(T47, 558c15), "건추를 잡거나 불자를 세우거나 손가락을 퉁겨 보인 소식들 하나하나가 모두 점검해 보면 자취가 없지 않다.(拈搥竪拂彈指時節, 皆撿點來, 也未是無朕跡.)"

내리는 행위이다. 불자를 세워 동쪽을 가리켰다 서쪽을 가리켰다 하는 것은 지시를 분명하게 하는 표현이다.

禪家說法時, 拈金鎚擊鐘, 卽號令整齊也. 竪拂子指東畫西, 卽分明指示也.

문자상철우蚊子上鐵牛

배우는 이들이 자구에만 구애되어 이치는 깊이 연구하지 못하여 의미를 알지 못하는 것이 마치 모기가 무쇠 소에 올라앉았으나 주둥이를 꽂을 수 없는 것과 같다.[259]

學者, 尋行數墨, 不知意味, 如蚊子上鐵牛, 揷觜不得也.

영양괘각羚羊掛角

영양은 잘 때에 반드시 나뭇가지 위에 뿔을 걸어 자신의 발자국을 남기지 않는다.[260] 이처럼 선문의 언구는 몰자미沒滋味하고 더듬어 모색할

---

[259] 이상의 풀이와 같이 부정적인 맥락에서 쓰이는 경우도 있지만 대개의 경우는 이러저러한 분별로는 진실을 이해할 수 없음을 비유하는 말로 활용한다. 화두를 타파하기 전의 막막한 상태를 표현하기도 한다.『懶翁和尙語錄』(H6, 726a15), "생각으로 헤아려도 미치지 못하고 의식도 작용하지 않아 아무 맛이 없는 것이 마치 모기가 무쇠 소 위에 올라앉은 것과 같아도 공空에 떨어질까를 두려워하지 마십시오. 바로 이때가 예로부터 모든 부처님과 조사들이 몸을 던지고 목숨을 놓아 버린 경계이니 또한 상국께서도 화두 공부에 힘을 얻은 경계인 동시에 힘이 덜 드는 경계이며, 부처가 되고 조사가 될 조짐이기도 합니다.(心思不及, 意識不行, 百無滋味, 如蚊子上鐵牛時, 莫怕落空. 此是從上, 諸佛諸位祖師, 放身捨命處, 亦是老相國得力處, 省力處, 成佛作祖之處也.)";『禪家龜鑑』(H7, 637a21), "눈앞에 당면한 이 일은 마치 모기가 무쇠 소의 등에 앉은 것과 같으니 이러니저러니 따지며 분별하지 말고 부리조차 꽂을 도리가 전혀 없는 경계에서 목숨을 한 번 버린다는 생각으로 온몸으로 뚫고 들어가야 한다.(此事, 如蚊子上鐵牛, 便不問如何若何, 下觜不得處, 棄命一攢, 和身透入.)"

[260] 자유 무애한 행위나 작용을 표현한다. 무미지담無味之談과도 통한다. 이하에서 몰자

바가 없어 그 자취를 찾을 수 없다. 그런 면에서 영양괘각에 비유하여 그 형상이 없어 알기 어려움을 뜻한다.

> 羚羊睡時, 必掛角於樹上, 無蹤迹. 禪門言句, 無滋味, 沒摸索, 不得其踪跡. 故以喩羚羊掛角, 謂其無形難知也.

해점거박解粘去縛

사람들이 눈앞의 경계에 집착하고 번뇌에 휘어잡혀 의지함이 마치 아교의 점성과 같고 노끈으로 포박한 것과 같다. 선가에서는 일언지하에 번뇌의 경계에서 당장에 벗어나도록 하므로 점성을 없애고 속박을 제거한다는 뜻에서 해점거박이라 한다.

> 人之取着前境攀緣煩惱, 如膠粘, 如繩縛. 而禪家一言之下, 頓脫煩惱塵境, 故云解粘去縛也.

추정발설抽釘拔楔[261]

앞의 해점거박解粘去縛이라는 말과 같다. 사람들이 세간사에 착 들러붙어 집착하는 행태가 마치 단단히 박힌 못과 같고 쐐기와 같다. 설법에 뛰어난 자는 그 못을 빼내고 쐐기를 뽑아낸다. 설楔의 음은 설雪이고 말뚝이라는 뜻의 궐橛과 통한다.

> 與解粘去縛之言同. 人之粘着世間, 如釘如楔. 而善能說法, 則抽其釘拔其

미沒滋味하다고 한 뜻과 같다.

261 추정발설抽釘拔楔 : 눈에 박힌 못을 뽑고 머리에 박힌 쐐기를 뽑는다는 '안리추정眼裏抽釘 뇌후발설腦後拔楔'을 줄인 말이다. 눈에서 장애를 없애 주고 미망을 타파해 준다는 뜻이다.

楔也. 楔音雪, 橛也.

전범성성轉凡成聖

성인의 한마디가 범부를 바꾸어 성인으로 만들 수 있다. 그런 까닭에 '환단還丹 한 알로 쇠에 점을 찍으면 금이 되고, 진리를 담은 한마디가 범부를 바꾸어 성인으로 만든다.'²⁶²고 하는 것이다.

聖人之一言, 能令革凡夫爲聖人, 故云, '還丹一粒, 點鐵成金. 眞理一言, 轉凡成聖'云爾.

가불매조呵佛罵祖²⁶³

위산 영우潙山靈祐(771~853)가 덕산 선감德山宣鑑(780~865)의 면모를 드러내어 말했다. "이자는 훗날 고봉 정상에 초암을 짓고 살며 부처를 꾸짖고 조사를 타매하리라."²⁶⁴ 이 말은 덕산의 견해가 고준하여 불조의 언교 따위는 따르지 않을 것이라는 뜻이다. 옛 선사의 게송에 "대장부라면 스스로 하늘을 찌르는 기백이 있을지니, 부처가 간 길일지라도 맹목적으로 따라가지 말라."²⁶⁵라고 하였다. 또 "두 눈동자로 끝없이 드넓은 사해

---

262 『容庵錄』 43칙 「示衆」(T48, 254c18), "환단 한 알로 쇠에 점을 찍으면 금이 되고, 지극한 이치의 한마디가 범부를 돌려 성인으로 만든다. 쇠와 금이 둘이 아니며 범부와 성인이 본래 같은 줄 알면 과연 한 점도 쓸 필요가 없을 것이다. 말해 보라. 어떤 한 점을 말하는 것인가.(還丹一粒, 點鐵成金, 至理一言, 轉凡成聖. 若知金鐵無二, 凡聖本同, 果然一點, 也用不著. 且道. 是那一點.)"
263 가불매조呵佛罵祖 : 불조佛祖를 뛰어넘는 활발한 기략機略을 펼친다는 뜻이다.
264 『潙山語錄』(T47, 578a17).
265 『景德傳燈錄』 권29 「同安察禪師十玄談」(T51, 455b13), "세속과 다름 : 흐린 것은 흐린 대로 맑은 것은 맑은 대로, 보리와 번뇌는 허공처럼 평등하다네. 변화卞和의 옥(卞璧)을 감정할 사람 없다고 뉘 말하는가, 여주驪珠가 도처에서 빛난다고 내 말하리라. 만법이 소멸하면 전체가 드러날 터인데, 삼승은 분별하며 억지로 이름 붙이네. 대장부라면 스스로 하늘을 찌르는 기백이 있을지니, 부처가 간 길일지라도 맹목적으로 따

를 바라보고, 부처와 조사를 아이들 보듯 내려다본다."²⁶⁶라고도 하고, 또한 천태의 스승 남악 혜사南岳慧思²⁶⁷ 선사는 '하늘만 바라보며 무엇 하느냐?'²⁶⁸는 질문에 '불조를 삼켜 버렸다.'²⁶⁹라고 하였다.²⁷⁰

潙山稱德山曰, "此子向後, 於孤峯頂上, 盤結草庵, 呵佛罵祖去." 謂見解高峻, 不遵佛祖之言教也. 古師偈云, "丈夫自有衝天志, 不向如來行處行." 又云, "雙眸四海空牢牢, 下視佛祖爲兒曹." 又天台行思¹⁾禪師, '目視雲漢', '口呑佛祖.'²⁾

1) ㉠ '天台行思'에서 '行思'는 '慧思' 또는 '思大'의 오기인 듯하다. '天台'를 붙인 것은 남악 혜사가 천태종의 창시자인 지의智顗의 스승이기 때문인 듯하다. 2) ㉠ '目視雲漢', '口呑佛祖.' 원문에 대해서는 주 270 참조.

라가지 말라.(塵異 : 濁者自濁淸者淸, 菩提煩惱等空平. 誰言卞璧無人鑒, 我道驪珠到處晶. 萬法泯時全體現, 三乘分別强安名. 丈夫皆有衝天志, 莫向如來行處行.)"; 『續傳燈錄』 권7 「翠岩可眞傳」(T51, 507b26).

266 중봉 명본中峰明本(1263~1323)의 다음 책에 보인다. 『天目中峰廣錄』 권8 「天童東巖日禪師」(B25, 780b3).

267 남악 혜사南岳慧思(515~577) : 천태종의 창시자 지의智顗의 스승. 남악 대사南岳大師·사대 선사思大禪師·사대 화상思大和尙 등이라고도 한다.

268 목시운한目視雲漢 : '운한'은 은하수 또는 하늘 끝을 뜻한다. 하늘 끝을 바라본다는 말로써 오로지 본분을 고수하는 것을 비유한다. 목시운소目視雲霄라고도 한다.

269 구탄불조口呑佛祖 : 불조佛祖로 대변되는 권위, 관념상에서 만들어 낸 집착 대상들을 모두 떨어 버리라는 의미이다. 『禪要』(X70, 703a2), "각각이 저마다 무위無爲의 도를 배운다는 말은 어떤 뜻입니까?' '입으로는 불조를 삼키고, 눈으로는 하늘과 땅을 덮는다.'('如何是箇箇學無爲?' 師云, '口呑佛祖, 眼蓋乾坤.')"

270 원문에 착오가 있는 듯하다. 양나라 지공誌公과 남악 혜사의 다음 문답을 인용한 것으로 보인다. 『聯燈會要』 권29(X79, 256b7), "지공이 사람을 시켜 남악 혜사 선사에게 '어찌 산에서 내려와 중생을 교화하지 않고 하늘만 바라보며 무엇 하는 것이냐?'고 묻게 하였다. 이에 혜사는 '삼세제불도 내 한입에 다 삼켜 버렸거늘 교화할 중생이 어디에 있단 말이냐.'라고 답하였다.(南岳慧思禪師, 因誌公, 令人傳語云, '何不下山, 敎化衆生, 目視雲漢, 作甚麼?' 師云, '三世諸佛, 被我一口吞盡, 何處更有衆生可化.')"

화반탁출和盤托出[271]

『선요』 서序에 "공부의 차례와 뜻을 세워서 해야 할 일과 지혜를 단련하는 방도를 노사老師께서 이 책에 있는 대로 다 내놓으셨다."[272]라고 하였다. 이를테면 가지고 있는 음식을 쟁반째 내놓은 것과 같다. '화和'는 아우른다는 '병幷'의 뜻으로 '다 써 버려서 남은 것이 없다.'는 말이다. 삼연 김창흡의 시에 "비밀한 뜻을 다 털어놓다."[273]라는 구절이 있는데 여기서의 탁託 자는 오자이다. 탁托 자가 의탁依托이라는 뜻으로 쓰일 경우에는 탁託과 혼용되기도 한다. 그런데 지금 여기서 쓰인 탁출托出이라는 말은 '두 손으로 온통 다 내놓다.'라는 뜻이지, 의탁한다는 뜻의 탁托은 아니다. 따라서 탁託 자와 같은 말로 쓴 것은 옳지 않다.

禪要序[1)]云, "工夫次第, 進趣操略, 老師於此書中, 和盤托出云云." 如所有飮食, 和其盤托出. 和, 幷也, 謂罄盡無餘之義也. 三淵詩云, "密意和盤託." 託字錯也. 盖托字, 以依托用之, 則如託同用. 而今托出者, 兩手扶出之義, 非依托之托也. 不可如託字同用也.

1) ㉠ '서序'가 아니라, 지원至元 갑오년甲午年(1294) 10월에 주영원朱潁遠이 쓴 '발跋'에 나오는 글이다.

이포새찬伊蒲塞饌[274]

이포새는 우바새優波塞[275]라고도 하며 범어이다. 근주近住라고 한역하

---

271 화반탁출 : 전반탁출全盤托出·합반탁출合盤托出 등과도 같은 말이다. 한 점도 남기거나 숨기는 바 없이 꺼내 놓는 것을 일컫는다.
272 『禪要』 「參學淸苕淨明朱潁遠謹跋」(X70, 702c2).
273 『三淵集』 권5 〈追挽拙修齋趙公〉 其八, "間氣公爲是, 通儒世亦稀. 丁寧勉我語, 洒落見天機. 密意和盤託, 忠言到耳違. 惟應篋裏札, 三復永沾衣."
274 이포伊蒲는 비근하다는 뜻의 범어 접두어 Ⓢupa를 음사한 말. 삼보三寶에 친근하다는 의미에서 청정하다는 뜻도 있다.
275 우바새優波塞 : Ⓢupāska. 청신사淸信士·신사信士·근사남近事男·근선남近善男 등

는데 거사가 승려들이 거처하는 곳에 가까이 있다는 뜻이다. 채소로 찬을 마련하여 승려들에게 공양하기 때문에 채소의 맛을 이포새의 기미氣味라고 한다. 또 승려들은 이포새를 속한俗漢이라 여겨 이포의 기미라 하면 속기俗氣를 뜻한다.

> 伊蒲塞, 或云優波塞, 卽梵語也. 此云近住, 謂居士親近僧住也. 備菜饌以供於僧, 故菜蔬之味, 謂伊蒲塞氣味也. 又僧以伊蒲塞爲俗漢, 則伊蒲氣味者俗氣也.

오미선五味禪[276]

옛날에 어떤 학인이 귀종 지상歸宗智常[277] 선사에게 하직을 고하자, 귀종이 물었다. "어디로 가느냐?" "제방을 돌아다니며 오미선을 배우러 갑니다." "어째서 이곳에 머물며 일미선을 배우지 않는가?" 일미선이란 하

으로 한역한다. 불도佛道에 귀의하여 오계五戒를 수지하는 재가의 남자 신도를 가리킨다.

[276] 갖가지 선禪을 차별적으로 가르고 우열을 가름하는 오미선五味禪과 어떤 맛도 띠지 않는 일미평등一味平等한 일미선一味禪을 대비하여 이야기를 나누고 있는 이 문답은 공안의 소재로도 활용된다. 궁극적으로는 일미선에도 집착해서는 안 된다는 것이 귀종의 뜻이라 할 수 있다. 『禪門拈頌說話』 256칙 「本則 說話」(H5, 241c24), "오미선 : ……세간의 맛은 이 다섯 가지 맛에서 벗어나지 않는다. 곧 여러 선문의 차별된 선을 말한다. 일미선 : 옛사람이 말하였다. '눈앞에 미세한 티끌 하나도 아른대는 모습이 보이지 않고, 맑은 바람과 밝은 달만이 쓸쓸하도다. 담담함 가운데 숨은 맛을 그대는 아는가? 이것이 바로 장로長蘆의 일미선이라네.' 또 옛사람이 '해인삼매 가운데 삼종세간이 드러나니, 삼종세간이 모두 다함이 없구나. 다함없는 본성의 바다가 한맛을 머금었으나, 그 맛 또한 침몰시키는 것이 나의 선이다.'라고 하여 한맛조차 물속에 던져 버린 것이 바로 장로의 일미선이라 하였다. 이것이 장로가 말한 그 일미선이다.(五味禪者,……世間之味, 不出五味, 卽諸方差別禪也. 一味禪者, 古人云, '不見纖塵到眼前, 淸風明月兩蕭然. 淡中有味君知否? 箇是長蘆一味禪.' 又古人云, '海印定中三種現, 三種世間皆無盡. 無盡性海含一味, 一味尙沈是我禪.' 則一味尙沈處, 是長蘆一味禪也. 此是長蘆所謂一味禪也.)"

[277] 귀종 지상歸宗智常 : 당나라 때 선사. 마조 도일의 법을 이었다.

나의 이치이고, 오미선은 차별법이다. 주희의 시[278]에 이 오미선을 활용한 예가 있다.

> 昔有僧辭歸宗禪師, 師云, "何去?" 僧曰, "諸方學五味禪去." 宗曰, "何不留此學一味禪云云." 一味禪, 一理也 ; 五味禪, 差別法也. 朱詩, 用此五味禪.

백수자화栢樹子話

학인이 조주 종심趙州從諗 선사에게 "달마가 서쪽에서 온 까닭은 무엇입니까?"라고 묻자 조주는 "뜰 앞의 잣나무."라고 답하였다. 이는 바로 그 당시에 보인 경물을 가리켜 답한 말이다.[279] 아무 맛이 없는 말로써 사람

---

[278] 『晦庵先生朱文公文集』 권3 〈伏讀秀野劉丈問居十五詠謹次高韻率易拜呈 伏乞痛加繩削是所願望〉 其九 〈山人方丈〉, "方丈翛然屋數椽, 檻前流水自淸漣. 蒲團竹几通宵坐, 掃地焚香白晝眠. 地窄不容揮塵客, 室空那有散花天. 箇中有句無人薦, 不是諸方五味禪."

[279] 연담 유일은 조주의 백수자화에 대해 '그 당시에 보인 경물을 가리켜 답한 말'이라 규정하였으나, 공안을 다루고 궁구하는 안목과는 차이가 있다. 『禪門拈頌說話』 421칙 (H5, 351a8), "조주에게 어떤 학인이 물었다. '달마가 서쪽에서 온 까닭은 무엇입니까?' '뜰 앞의 잣나무!' '화상이시여, 경물로 지시하지 마십시오.' '나는 경물로 지시하지 않았다.' '달마가 서쪽에서 온 까닭은 무엇입니까?' '뜰 앞의 잣나무!'【법안이 각철자覺鐵觜에게 물었다. '조주에게는 뜰 앞의 잣나무라는 화두가 있다고 들었는데 그런가?' '선사先師께서는 이런 말씀을 하신 적이 없습니다.' '지금 세상 사람들이 모두「달마가 서쪽에서 온 까닭은 무엇입니까?」라고 학인이 묻자 조주가「뜰 앞의 잣나무!」라고 대답하였다고 전하는데, 어째서 없다고 하는가?' '선사를 비방하지 마십시오! 선사께서는 이런 말씀을 하신 적이 없습니다.'】(趙州因僧問, '如何是祖師西來意?' 師云, '庭前栢樹子!' 僧云, '和尙, 莫將境示人.' 師云, '我不將境示人.' 僧云, '如何是祖師西來意?' 師云, '庭前栢樹子!'【法眼問覺鐵觜, '承聞趙州有栢樹子話, 是否?' 覺云, '先師無此語.' 眼云, '而今天下盡傳, 僧問趙州,「如何是祖師西來意?」州云,「庭前栢樹子!」如何言無?' 覺云, '莫謗先師好! 先師無此語.'】)" 이 책 본칙 설화에서는 다음과 같이 푼다. "뜰 앞의 잣나무라는 이 말 그대로(卽) 이해하려는 경우도 있기에 조주는 그에 따라 다음과 같이 일깨워 주었다. '그대가 만일 내가 이렇게 한 말을 그대로 받아들인다면 나는 그대를 등질 것이며, 그대가 만일 내가 이렇게 한 말을 그대로 받아들이지 않는다면 나는 그대를 등지지 않을 것이다.' 뜰 앞의 잣나무라는 이 말에서 벗어나(離) 이해하려는 경우도 있기에 오조 법연五祖法演은 또한 다음과 같이 말했다. '달마가 서쪽에서 온 까닭은 무엇인가?「뜰 앞의 잣나

들로 하여금 의심을 일으켜 참구하게 한다. 만약 깨달은 자의 소견이라면 "분명하게 드러난 온갖 현상에, 지극히 분명하게 조사의 뜻이 나타나 있다."[280]라고 생각할 것이니, 단지 백수자뿐만이 아니라 눈앞의 사사물물이 서래의西來意 아닌 것이 없다는 뜻이다. 여러 시인이 백수柏樹라는 말을 많이 언급하였는데, 삼연 김창흡의 시[281]에도 보인다.

僧問趙州禪師云, "如何是祖師西來意?" 州云, "庭前栢樹子." 指當時所見

무!」 이렇게 이해하면 온전하지 못하다. 달마가 서쪽에서 온 까닭은 무엇인가? 「뜰 앞의 잣나무!」 이렇게 이해해야 비로소 옳다.' 가령 누군가 이런 말을 듣고서 떠나는 방식(離)과 그대로 두는 방식(卽)에서 모두 벗어나 별도로 지어낸 도리를 본분에 적합한 대답이라고 여긴다면 멀어도 한참 먼 생각으로 천리만리 떨어질 것이다. 그래서야 어떻게 각철자가 '선사를 비방하지 마십시오! 선사께서는 이런 말씀을 하신 적이 없습니다.'라고 한 말을 이해하겠는가!(若卽此栢樹子會, 趙州又隨而誠之曰, '汝若肯我伊麽道, 我卽辜負汝; 汝若不肯我伊麽道, 我卽不辜負汝.' 若離此栢樹子會, 五祖演又道, '如何是祖師西來意?「庭前栢樹子!」伊麽會, 便不是了也. 如何是祖師西來意?「庭前栢樹子!」伊麽會, 方始是.' 如有人聞伊麽說, 又於離卽外, 別作道理, 謂是本分答話, 遠之遠矣, 千里萬里. 又何曾會得覺鐵觜道, '莫謗先師好! 先師無此語也!')"

280 방거사龐居士와 그 딸 영조靈照의 문답에 나오는 구절. 온갖 풀(百草)은 번뇌 망상으로 뒤덮인 모든 현상을 나타낸다. 번뇌 망상의 세계 자체와 조사의 근본적인 뜻이 다르지 않다는 말이다. 하지만 이 뜻 그대로 이해해서도 안 되고 이것을 벗어나서도 안 되는 하나의 빗장이 걸린 화두이다. 『龐居士語錄』 권상(X69, 134b3), "방거사가 하루는 앉아 있다가 영조에게 물었다. '옛사람이 「분명하게 드러난 온갖 현상에 지극히 분명하게 조사의 뜻이 나타나 있다.」라고 말했다. 어떻게 생각하느냐?' '노숙하고 당당하신 분께서 겨우 이런 말씀이나 들먹이시는군요.' '너라면 어떻게 말하겠느냐?' '분명하게 드러난 온갖 현상에 지극히 분명하게 조사의 뜻이 나타나 있습니다.' 이에 방거사가 웃었다.(居士一日坐次, 問靈照曰, '古人道, 「明明百草頭, 明明祖師意.」如何會?' 照曰, '老老大大, 作這箇語話.' 士曰, '你作麽生?' 照曰, '明明百草頭, 明明祖師意.' 士乃笑.)"

281 『三淵集』 권9 〈觀日出〉, "半枕香爐夢, 推牕日涌溟. 迢迢賓駕轉, 漾漾浴盆停. 紫合楓林壁, 青搖栢樹庭. 蛟涎與鯨吸, 曾厭洛山腥."; 같은 책, 권10 〈春興雜詠〉 其三十二, "咫尺儂源似各天, 送春谷口亦悠然. 浮來花是千巖落, 啼到禽應萬木遷. 栢樹參禪僧滿窟, 筍輿探勝客如煙. 山中消息俱堪喜, 得意逍遙任爾先."; 같은 책, 권13 〈金剛窟〉, "古窟幽奇愜肥遯, 巧成禪龕復砌闠. 泉和鍾乳聞一滴, 蘚著雲牀厚數寸. 借問高僧住在年, 栢樹爲話松作飯. 誰爲後來我亦去, 輸與玄熊及蒼鼺."; 같은 책, 권14 〈葛驛雜詠〉 其三十五, "東國無人愛坐禪, 栗翁參請在初年. 余亦寒溪看栢樹, 塞悲心事有誰憐."

以答也. 以無味之談, 令人起疑叅究也. 若達者所見, 則'明明百草頭, 明明
祖師意', 則非但栢樹子, 目前物物, 無非西來意也. 諸詩家, 多栢樹之言.
三淵詩中亦有之.

해호장解虎杖[282]

승조僧稠(480~560) 선사는 진陳·수隋 연간 사람이다. 머무르던 암자 밖
에서 두 마리 호랑이가 싸운 일이 있었는데 선사가 석장으로 호랑이 두
마리를 잡았고, 마침내 싸움을 그치고 갔다 한다.

僧稠禪師, 陳隋間人. 所居庵外, 有兩虎共鬪, 師以杖打兩虎頭, 遂解而去.

항룡발降龍鉢[283]

부처님 재세 시에 독룡이 굴에 있으면서 사람들을 해치는 일이 많았다.
부처님이 독룡을 교화하고자 화광을 뿜어 굴속의 물이 모두 끓게 만드셨
다. 독룡이 굴을 나왔으나 숲과 산과 강과 연못 할 것 없이 모두 불타고
있어 도피할 곳이라곤 없었다. 오직 부처님 발우 속의 물이 청량하였기

---

[282] 해호장解虎杖 : 해호석解虎錫이라고도 한다. 신통 묘용한 작용을 비유한다. 『永嘉證
道歌』(T48, 396a22), "용에게 항복받은 발우, 호랑이 싸움 그치게 한 석장.(降龍鉢解虎
錫.)"; 『續高僧傳』 권16 「僧稠」(T50, 553c29), "후에 회주 서쪽의 왕옥산으로 가서 이
전에 받은 법을 닦던 중에 두 마리 호랑이가 다투며 온 산을 뒤흔들 정도로 울부짖는
소리를 듣고는 석장으로 떼어 놓아 각기 돌아가게 하였다.(後詣懷州西王屋山, 修習前
法, 聞兩虎交鬪咆響振巖. 乃以錫杖中解, 各散而去.)"
[283] 석존이 한때 사화외도事火外道인 나제가섭那提迦葉이 있는 곳에 가 머문 적이 있는
데 나제가섭은 석존을 큰 용이 사는 석굴에 묵게 하였다. 밤중에 화룡火龍이 불을 토
해 석존을 해치려 했지만, 석존은 자비심을 일으켜 삼매화三昧火를 드러내었고 화룡
은 이를 피하려다 석존의 발우가 청량하고 광대하므로 그 속에 몸을 던졌다. 이것을
본 나제가섭이 그의 제자 500명을 이끌고 석존에게 귀의하였다는 고사에서 유래한
말이다. 또는 진晉나라 섭공涉公이 기우제를 위한 기도를 했을 때, 용이 항복하고 섭
공의 발우에 들어간 고사에서 유래한 말이라고도 한다.

때문에 독룡은 작은 몸으로 변신하여 발우 물속으로 들어가 살아날 수 있었고 부처님의 교화를 듣고서는 마침내 자비로운 용이 되었다.

> 佛在時, 有毒龍在窟, 多害人物. 佛欲化之, 放火光, 窟水皆湯. 龍出窟, 林岳河池, 皆成火色, 龍逃避無處. 惟佛鉢中水淸涼, 龍化小身, 入鉢水中得活故, 聞佛敎化, 遂爲慈龍.

타심통他心通

천축의 대이삼장大耳三藏[284]이 당나라에서 와서 스스로 '타심통을 터득하였다.'고 말하였다. 숙종이 혜충慧忠 국사를 시켜 그를 시험하게 하였다. 혜충 국사가 잠깐 침묵하다가 물었다. "내 마음은 지금 어디에 있는가?" 삼장은 "대단하신 국사여, 멱라강에 가서 경도선競渡船[285] 놀이를 보고 계시는군요."라고 하였는데, 생각한 대로였다. 혜충 국사가 잠깐 침묵하다가 다시 삼장에게 물었으나 삼장은 멍하니 물음의 뜻을 알아차리지 못했다.[286] 앞서

---

[284] 대이삼장大耳三藏 : 큰 귀를 가지고 있어서 '대이'라 불렀다고 한다. 장이삼장長耳三藏이라고도 한다.

[285] 경도선競渡船 : 배를 저어 빨리 건너기를 겨루는 놀이. 굴원屈原이 5월 5일에 멱라수汨羅水에 몸을 던져 죽자 사람들이 그의 죽음을 몹시 슬퍼하였고, 이에 그를 구제한다는 의미에서 이러한 행사를 시작하여 그의 죽음을 기리게 되었다고 한다. 『禪門拈頌說話』129칙「本則 說話」(H5, 136a12), "경도선 : 『형초세시기』에 '굴원은 5월 5일에 멱라에 몸을 던져 죽었다. 후대 사람들이 배를 타고 그의 혼을 건지는 추모 행사를 하였다.'라고 한다. 이로 인하여 경도선 놀이가 생기게 되었다.(競渡舡者, 荊楚歲時記云, '屈原, 五月五日, 投汨羅而死. 後人以舟楫求之.' 因此有競渡舡戲.)"

[286] 『禪門拈頌說話』129칙「本則」(H5, 135b7), "서경의 남양 혜충南陽慧忠 국사의 인연이다. 인도의 대이삼장이 서경에 도착하여 '나는 타심통을 얻었다.'라고 말하자 숙종 황제가 국사에게 그를 시험해 보도록 부탁했다. 국사가 대이삼장에게 물었다. '당신은 타심통을 얻었소?' '그렇습니다.' '한번 맞혀 보시오. 노승은 지금 어디에 있습니까?' '한 나라의 국사이신 화상께서 어찌 서천西川에 가서 경도선競渡船 행사를 보고 계십니까?' 국사가 잠깐 침묵하다가 다시 물었다. '한번 맞혀 보시오. 노승이 지금은 어디에 있습니까?' '한 나라의 국사이신 화상께서 어찌 천진교天津橋 위에서 원숭이 재주 부리기를 보고 계십니까?' 국사가 똑같은 질문을 세 번째 했을 때 삼장은 국사의 마

두 차례[287]에는 구체적인 경계에 들어가 있는 마음이기 때문에 삼장이 알아차렸지만, 세 번째에는 선정에 든 마음이었기 때문에 알지 못했던 것이다(질문에 답하지 못한 것이다).[288] '대단하신 국사여'라고 한 말은 '적잖이'라는 뜻이다. 경도선은 초나라 사람들이 단옷날에 (멱라강에 투신한) 굴원을 극진히 기리는 마음에서 용 모양의 배를 만들어 경주하는 뱃놀이 풍습이다. 동파 소식의 시에 "남긴 기풍은 경도선 놀이 풍속 이루고, 슬피 탄식하는 소리는 초산楚山을 가르네."[289]라는 구절이 있다.

天竺大耳三藏, 來唐自言, '得他心通.' 肅宗令忠國師驗之. 國師良久云, "我心今在何處?" 三藏曰, "大小國師, 徍汩灑江上, 看競渡舡戲." 果然也. 國師良久, 又向三藏, 茫然不知. 前二度涉境之心, 故三藏知之, 後則入㝎之心, 故不知也. 言大小國師者, 猶不小也. 競渡船者, 楚人以端午日, 極屈原作龍舟, 競渡之戲. 東坡於,[1] "遺風聲[2]競渡, 哀號楚山裂."

1) ㉠ '於'는 '詩'의 오자인 듯하다. 2) ㉠ '聲'은 '成'의 오자이다.

음이 가 있는 곳을 알아맞히지 못했다. 국사가 '이 여우귀신아! 타심통은 어디에 있느냐?'라고 질책하자 삼장은 아무 대답도 하지 못했다.(西京慧忠國師, 因西天大耳三藏, 到京云, '得他心通.' 肅宗帝, 請國師試驗. 師問, '汝得他心通耶?' 曰, '不敢.' 師云, '汝道. 老僧卽今在甚麼處?' 曰, '和尙是一國之師, 何得却去西川, 看競渡船?' 師良久, 又問, '汝道. 老僧卽今在甚麼處?' 曰, '和尙是一國之師, 何得向天津橋上, 看弄猢猻?' 師第三問, 三藏罔知去處, 師叱云, '者野狐精! 他心通, 在什麼處?' 三藏無對.)";『景德傳燈錄』 권5 「慧忠國師傳」(T51, 244a12).
287 모두 세 차례 물었는데, 이곳에는 한 차례 문답이 생략되어 있다. 이에 대해서는 주 286 참조.
288 『禪門拈頌說話』 129칙 「本則 說話」(H5, 136a10), "이 화두의 뜻은 다음과 같다. 앞의 두 차례 질문은 구체적인 경계에 들어가 있는 마음이기 때문에 각각 어디로 가 있는지 알아맞혔고, 마지막에는 자수용삼매自受用三昧에 들어갔기 때문에 대답하지 못한 것이다.(此話義, 前兩度, 是涉境心故, 各知去處, 後入自受用三昧故, 無對.)"
289 〈屈原塔〉, "楚人悲屈原, 千載意未歇. 精魂飄何處, 父老空哽咽. 至今滄江上, 投飯救飢渴. 遺風成競渡, 哀叫楚山裂. 屈原古壯士, 就死意甚烈. 世俗安得知, 眷眷不忍決. 南賓舊屬楚, 山上有遺塔. 應是奉佛人, 恐子就淪滅. 此事雖無憑, 此意固已切. 古人誰不死, 何必較考折. 名聲實無窮, 富貴亦暫熱. 大夫知此理, 所以持死節."

지옥천당 地獄天堂

오대五代 때 태위 이단원李端愿[290]이 달관 담영達觀曇穎[291] 선사에게 물었다. "지옥과 천당은 필경 있는 것입니까?" "모든 부처님께서는 무無에서 유有를 설하셨으니 헛꽃을 보는 격이요, 태위께서는 유에서 무를 찾으려 하시니 물속의 달을 잡으려는 것과 같아 우습습니다. 눈앞에서 감옥을 보고도 피하지 못하면서 마음 밖에서 천당을 보고 그곳에 태어나고자 하시니, 기뻐하거나 두려워함이 마음(心)에 맺혀 있으면 선한 경계(境)와 악한 경계가 이루어진다는 이치를 전혀 모르시는 것입니까! 태위께서 다만 자심自心을 깨달으시면 분별심으로 인해 동요하는 일이 자연 없게 되리다." 나아가 물었다. "마음을 어떻게 깨닫습니까?" "선하다거니 악하다거니 전혀 분별하지 마십시오." 또 물었다. "그처럼 분별하지 않은 후에 마음은 어디로 돌아갑니까?" "태위께서는 관아로 돌아가시기 바랍니다."[292] 선사의 뜻은, 천당과 지옥이 마음속에 있으니 선하다거니 악하다거니 하는 분별이 빚어지는 것이요, 선하다거니 악하다거니 하는 분별심이 없으면 이것이 곧 천당이니 지옥이니 하고 가리킬 방소가 전혀 없게 된다는 것이다. 옛사람이 "천당이 없다면 그만이거니와 있다면 군자가 그에 올라갔을 것이요, 지옥이 없다면 그만이거니와 있다면 소인이 그리로 들어갔으리라."[293]라고 하였다. 또 옛 선사의 시에 "참되고 깨끗한 법계에는 다른 마

---

290 이단원李端愿(?~1091) : 자는 공근公謹. 천성天聖 연간(1023~1032)에 『廣燈錄』을 펴낸 이준욱李遵勗(?~1038)의 차자次子이다.

291 달관 담영達觀曇穎(989~1060) : 송나라 때 임제종 선사. 항주杭州(浙江省) 전당錢塘 출신으로 속성은 구丘이다. 13세 때 출가하여 대양 경현大陽警玄 문하에서 조동종曹洞宗의 선풍을 공부하다가 뒤에 임제종 계열의 곡은 온총谷隱蘊聰 문하에서 공부하여 그 법을 이었다.

292 이상의 문답에 대해서는 『續傳燈錄』 권9 「節使李端愿居士」(T51, 521c26) ; 『聯燈會要』 권13(X79, 115b21) 등 참조.

293 당나라 때 관원이자 시인인 이주李舟의 말로 알려져 있다. 자는 공도公度 또는 공수公受라고 하며 건주 자사虔州刺史를 지냈다. 그가 누이에게 보낸 편지 중에 나오는

음이 없고, 뜬 번뇌 쌓인 속세에는 다른 방도들이 있네. 발꿈치가 진실의 터(지금의 그 자리)에 자리 잡고 있는 영웅이라면 지옥이든 천당이든 어디에도 구애되지 않으리라."²⁹⁴라고 하였다.

> 五代¹⁾時, 李太尉端愿, 問達觀禪師曰, "地獄天堂, 畢竟是有是無?" 師曰, "諸佛向無中說有, 眼見空花；太尉就有中覓無, 手捉水月, 堪笑. 眼前見牢獄不避, 心外見天堂欲生, 殊不知欣怖在心, 善惡成就!²⁾ 太尉但了自心, 自然無惑." 進曰, "心如何了?" 答曰, "善惡都莫思量." 又問, "不思量後, 心歸何所?" 師曰, "且請太尉歸衙." 此意天堂地獄, 在方寸中, 善惡之所致, 若善惡都莫思量, 則所謂天堂地獄, 了沒方所也. 故古人云, "天堂無則已, 有則君子升之；地獄無則已, 有則小人入之." 又古師詩云, "眞淨界中無異念, 浮塵堆裡有殊途. 脚跟點地英雄漢, 地獄天堂揔不拘."

---

1) ㉅ '五代'가 아닌 '송나라' 때로 보아야 할 듯하다.   2) ㉅ '就'는 '境'의 오자인 듯하다.

조계수 曹¹⁾溪水

조숙량曹叔良이 자신이 거주하는 곳의 시냇물을 6조 혜능에게 바쳤다 하여 조계라 한다.²⁹⁵ 그 물이 한 바퀴 돌아 발원지로 돌아가기 때문에 한

말이다. 『名公法喜志』권2(X88, 334c19), "이주가 일찍이 누이에게 보낸 편지에 '석가가 중국에서 태어났다면 주공周公과 공자처럼 가르침을 펼쳤을 것이며, 주공과 공자가 인도에서 태어났다면 석가와 같은 가르침을 펼쳤을 것이다. 천당이 없다면 그만이거니와 있다면 군자가 그곳에 올라가 있을 것이요, 지옥이 없다면 그만이거니와 있다면 소인이 그곳에 들어가 있을 것이다.'라고 하였다. 학식을 갖춘 이들이 이를 명언이라 여겼다.(舟嘗與妹書曰, '釋迦生中國, 設敎如周孔；周孔生西方, 設敎如釋迦. 天堂無則已, 有則君子登；地獄無則已, 有則小人入.' 識者以爲名言.)"

294 임천 종륜林泉從倫의 평창評唱 가운데 나오는 구절. 『虛堂集』권4(X67, 353a8).
295 『祖庭事苑』권1「曹溪」(X64, 314c3), "「보림전」에 다음과 같이 전한다. 당나라 의봉 연간에 그곳에 살던 조숙량이 육조 대사에게 땅을 희사하였다. 그 땅에는 쌍봉과 큰 시내(溪)가 있었는데 조후曹侯의 성을 따라서 조계라 하였다. 세상에서 조사의 도를 참구하는 자들이 여러 갈래로 나뉘었지만 모두 그 후예들이다.(寶林傳, 唐儀鳳中, 居人

바퀴 돌아오는 물을 모두 조계수라 부르게 되었다. 물이 동구에 이르면 향기가 났다. 동파 소식의 시에 "물의 향기로 조계 입구임을 알겠네."²⁹⁶라는 구절이 있다.

曺叔良以所居之溪, 獻于六祖, 故云曺溪. 其水繞一匝, 還向所出之處故, 今繞一匝之水, 皆云曺溪水也. 水至洞口, 猶有香氣. 坡詩所謂, "水香知是曺溪口"者也.

---
1) ㉮ '曺'는 '曹'가 맞다. 이하 동일.

장륙신丈六身²⁹⁷

동파 소식의 시에 "부처가 헛되이 남긴 장륙신에 공양 베풀었네."²⁹⁸라는 구절이 있다. 장륙이란 부처의 신장이 1장 6척임을 말한 것이다. 6장이 척팔尺八²⁹⁹이나 단검短劍(匕首)과 같다거나 또는 1척 8촌이라는 말은 옳지 않다.

曺叔良, 施地六祖大師. 居之地有雙峯大溪, 因曺侯之姓, 曰曺溪. 天下參祖道者, 枝分派列, 皆其流裔.)"

296 〈昔在九江, 與蘇伯固唱和, 其略曰, '我夢扁舟浮震澤, 雪浪橫江【一作空】千頃白. 覺來滿眼是廬山, 倚天無數開靑壁.' 蓋實夢也. 昨日又夢伯固, 手持乳香嬰兒示予, 覺而思之, 蓋南華賜物也. 豈復與伯固相見於此耶. 今得來書, 知已在南華, 相待數日矣. 感歎不已, 故先寄此詩.〉"扁舟震澤定何時, 滿眼廬山覺又非. 春草池塘惠連夢, 上林鴻雁子卿歸. 水香知是曺溪口, 眼淨同看古佛衣. 不向南華結香火, 此生何處是眞依."

297 장륙신丈六身 : 장륙금신丈六金身이라고도 한다. 석가세존의 신장이 1장 6척이고 몸에서는 금빛이 발하였다는 데서 석가세존이나 석가의 상을 가리켜 장륙금신이라 한다.

298 〈贈淸凉寺和長老〉, "代北初辭沒馬塵, 江南來見臥雲人. 問禪不契前三語, 施佛空留丈六身. 老去山林徒夢想, 雨餘鐘鼓更淸新. 會須一洗黃茅瘴, 未用深藏白氎巾."

299 척팔尺八 : 고대 관악기로 대나무로 만들며 구멍은 여섯 개이다. 그 길이가 1척 8촌이라고 한다.

坡詩云, "施佛空留丈六身." 丈六者, 佛身長一丈六尺. 非謂六丈如尺八匕首之言, 亦一尺八寸也.

미여작랍味如嚼蠟

『능엄경』에 '천상인은 여인과 교회交會할 때 밀초를 씹는 것과 같다.'[300]라고 하였으니 아무런 맛이 없음을 말한다. 방옹 육유의 시에 "세상의 맛 다 쓸려 없어져 밀랍과 같고, 세간살이 영락하여 송곳마저 없구나."[301]라고 하였다. 이는 참으로 밀초조차 없다는 뜻이고, 두 번째 구절은 다름 아닌 선어에서 뽑아낸 말이다. 향엄 지한香嚴智閑(?~898) 선사가 "지난해에는 송곳 꽂을 땅이 없더니, 금년에는 송곳조차 없구나."[302]라 읊은 그 구절이다.

楞嚴經云, '天上人與女人交會時, 味如嚼蠟.' 言其味薄也. 放翁詩, "世味消除和蠟盡, 生涯零落併錐空." 此亦無蠟也. 下句亦出禪語. 香嚴師云, "去年無立錐之地, 今年錐也亦無."

---

[300] 『首楞嚴經』 권8(T19, 145c26), "나는 욕심이 없으니 그대가 행하는 대로 응할 뿐이다. 대상경계가 멋대로 다가올 때에 마치 밀랍을 씹었을 때와 같은 맛으로만 느끼는 사람은, 수명이 다한 후에 태어나자마자 화지化地에 오르니, 이와 같은 무리가 사는 천을 낙변화천樂變化天이라고 한다.(我無欲心, 應汝行事, 於橫陳時, 味如嚼蠟, 命終之後, 生越化地, 如是一類, 名樂變化天.)"; 『首楞嚴義疏注經』 권8(T39, 942a3), "경계에 마음을 두지 않으면 경계가 제멋대로 다가오더라도 경계에 먹은 마음이 있을 뿐 자신에게야 어떤 맛이 느껴지겠는가? 그러므로 '밀랍을 씹었을 때와 같다.'라고 한다. 오욕의 경계를 기꺼이 변화시켜 마음껏 활용할 수 있기 때문이다.(無心於境, 境自橫來, 境自有心, 己何所味? 故云味如嚼蠟等. 以樂變化五欲之境而受用故.)"
[301] 〈感秋〉, "南山射虎漫豪雄, 投老還鄉一禿翁. 世味掃除和蠟盡, 生涯零落竝錐空. 秋驚蠹葉凋殘綠, 病著衰顏失舊紅. 笠澤松陵家世事, 一竿惟是待西風."
[302] 『景德傳燈錄』 「仰山慧寂傳」 권11(T51, 283b3), "지난해의 가난은 가난이 아니요, 올해의 가난이 진실로 가난이라네. 지난해에는 송곳 꽂을 땅이 없었건만, 올해는 송곳조차 없구나.(去年貧未是貧, 今年貧始是貧. 去年無卓錐之地, 今年錐也無.)"

마전작경磨塼作鏡[303]

마조 도일馬祖道一(709~788) 선사의 성이 마이기 때문에 배우는 이들이 마조라고 존칭한다. 이전에 고행 좌선에 힘썼다. 그 스승 남악 회양南嶽懷讓(677~744) 화상이 (마조의 그런 수행을 보고는) 벽돌 하나를 잡고 그것을 갈기 시작하였다. 이에 마조가 물었다. "벽돌을 갈아 무엇 하려 하십니까?" "거울을 만들려고 한다." "벽돌을 갈아서 어떻게 거울을 만든다는 말씀이십니까!" "좌선을 해서 어찌 성불하겠는가!" "그렇다면 어떻게 해야 합니까?" "수레를 끄는 소에 비유하건대, 수레가 가지 않으면 수레를 치는 것이 옳은가, 소를 치는 것이 옳은가?" 마조는 무슨 말을 해야 할지 몰랐다. 대개 수레는 몸을, 소는 마음을 비유할진대, 수레가 가지 않는다면 응당 소를 채찍질하여 가게 해야 하듯이 성불하고자 한다면 그 마음을 닦아야지 그저 몸으로 좌선을 한다고 한들 무슨 이익이 있겠는가![304]

馬祖禪師, 姓馬故, 學者尊稱馬祖. 嘗苦行坐禪. 其師讓和尙, 把一片甎磨

---

303 이하의 문답과 일화에 대해서는 『景德傳燈錄』 권5 「南嶽懷讓傳」(T51, 240c18) ; 『馬祖廣錄』(X69, 2a11) ; 『禪門拈頌說話』 121칙(H5, 129a24) 참조.
304 위 공안을 놓고 마음을 깨닫기만 하면 된다고 생각하는 무리에게 경계의 일침을 가한 선사들도 있다. 『大慧語錄』 권14(T47, 870c22), "요즘 선수행을 한다는 자들은 분별하여 말하기를 '소는 마음을, 수레는 법을 비유한다. 마음을 밝히기만 한다면 법은 저절로 밝혀질 것이니, 소를 때리기만 한다면 수레가 저절로 움직이는 이치와 같으리라.'고들 한다. 우습다, 본질과 전혀 상관없는 말이다. 만일 이렇게 이해한다면 마조의 진실은 영원히 깨달을 수 없을 것이다.(今禪和家, 理會道, '牛喩心, 車喩法. 但只明心, 法自明矣, 但只打牛, 車自行矣.' 且喜沒交涉. 若恁麽, 馬祖驢年也不能得悟去.)" ; 『松源崇嶽語錄』 권2(X70, 101c5), "도리어 이리저리 분별하여 말하기를 '수레는 몸을, 소는 마음을 비유한다.'고들 하지만 무슨 상관이 있다는 말인가. 다만 불조께서 단도직입으로 일러 준 가르침을 한꺼번에 잘못 이해한 것이다. 이와 같은 견해로 자신도 그르치고 남도 잘못되게 하는 경우가 헤아릴 수 없다. 형제들이여, 행각할 때 유심히 살펴야만 하리라. 남이 뱉은 침을 아무렇게나 먹어서는 안 된다.(却商量道, '車喩身, 牛喩心', 有甚交涉. 但是佛祖直截爲人處, 一時錯會. 如此見解, 自誤誤佗, 不可勝數. 兄弟行脚, 也須帶眼始得. 不可胡亂食人涎唾.)"

之. 馬祖問曰, "磨甎何爲?" 讓曰, "欲作鏡." 馬祖曰, "磨甎焉能作鏡!" 讓曰, "坐禪焉能成佛!" 馬祖曰, "然則如何?" 讓曰, "比牛駕車, 車若不行, 打車卽是, 打牛?¹⁾" 馬祖言不知歸. 盖車比身, 牛比心, 車若不行, 當策牛可行, 若欲成佛, 當修其心, 徒身坐禪, 何益之有!

---

1) ㉠ '打牛' 다음에 '卽是'가 누락된 듯하다.

백조함화百鳥含花

우두 법융牛頭法融(594~657) 선사는 계행이 맑고 고결하여 온갖 새들이 항상 꽃을 물어다가 공양하였다. 4조 도신道信을 만난 후에는 견해가 더욱 밝아졌는데 새들이 오지 않았다. 어떤 학인이 고덕에게 물었다. "우두가 4조를 만나기 전에는 어째서 새들이 꽃을 물어다 공양하였습니까?" "도적은 가난한 집을 털지 않는다."³⁰⁵ 또 물었다. "4조를 만난 후에는 어째서 새들이 꽃을 물어다 바치지 않았습니까?" "도적은 가난한 집을 털지 않는다."³⁰⁶

대개 우두가 4조를 만나기 전에는 스스로에게 성인聖人이라 헤아리는 (聖量) 마음이 있었기 때문에 새들이 성인으로 우대하여 꽃을 물어다 공양한 것이고, 4조를 만난 후에는 마음속에 절로 의지하는 바가 없게 되고 또한 스스로 성인이라는 마음도 없게 되었기 때문에 새들이 찾으려 해

---

305 '도적은 딸 많은 집에 들어가지 않는다.(強盜不入五女之門 : 盜不過五女門)'는 속담을 활용한 말. 『後漢書』 「陳蕃傳」, "속된 말에 '도적은 딸 많은 집의 문은 넘지 않는다.'고 하는데 딸을 시집보내느라 집이 가난해지기 때문입니다. 지금 후궁의 여자들이 어찌 나라를 빈궁하게 만들지 않겠습니까!(鄙諺言'盜不過五女門', 以女貧家也. 今後宮之女, 豈不貧國乎!)"

306 『禪門拈頌說話』 223칙(H5, 223c11), "남전에게 어떤 학인이 물었다. '우두가 4조를 만나기 이전에는 어째서 새들이 꽃을 물어다 바쳤습니까?' '걸음마다 부처님의 계단을 밟고 다녔기 때문이다.' '만난 다음에는 어째서 꽃을 물어다 바치지 않았습니까?' '설령 물어 오지 않는다고 하더라도 내(王老師)가 제시한 한 가닥의 길에는 여전히 조금 미치지 못한다.'(南泉因僧問, '牛頭未見四祖時, 爲甚麼百鳥銜花獻?' 師云, '步步蹋佛堦梯.' 僧云, '見後爲甚麼不銜花獻.' 師云, '直饒不來, 猶較王老師一線道.')"

도 찾을 수가 없어서 날아오지 못했던 것이다. (고덕이) 앞뒤로 모두 똑같이 '도적은 가난한 집을 털지 않는다.'라고 답하였으나, 그 안에 담긴 뜻인즉슨 현격하게 다르다. 앞에 한 말은, (우두에게) 스스로 성인이라 헤아리는 마음이 있었기 때문에 새들이 날아와 공양한 것이 마치 도적이 부잣집을 턴 것과 같다는 뜻이니, 여기서 '가난한 집을 털지 않는다.'라고 한 말은 곧 '부잣집을 턴다.'는 말과 같다. 뒤에 한 말은, 스스로 성인이라는 마음이 없게 되었기 때문에 새들이 찾아오지 않았다는 뜻이니, '가난한 집이기 때문에 도적이 털러 오지 않는다.'는 말과 같다. 앞뒤의 표면적 말은 같지만, 앞에서 '가난한 집을 털지 않는다.'라고 한 말의 속뜻은 '부잣집을 턴다.'는 뜻을 따른 것이고, 뒤에서 '가난한 집을 털지 않는다.'라고 한 말은 단지 '가난한 집을 털지 않는다.'는 뜻을 따른 것이다. 선사들의 말에는 이러한 유가 많아서 교묘하여 알기 어렵다.

牛頭山法融禪師, 戒行淸高, 百鳥常含花來供. 見四祖後, 見解增明, 百鳥不來. 有僧向古德云, "牛頭來[1]見四祖時, 何以百鳥含花供養?" 答曰, "賊不打貧人家." 又問, "旣見四祖後, 何以百鳥不含花來?" 答曰, "不[2]打貧人家." 盖牛頭來[3]見四祖之時, 自有聖量之心, 故百鳥亦以聖人待之含花來供；旣見四祖之後, 胸中自有無寄, 亦無自聖之心, 故百鳥亦不敢窺覷, 故不來也. 前後皆答賊不打貧人家, 而意則懸殊. 前則有自聖之心, 故百鳥來供, 如賊打富家也, 旣云不打貧家, 則卽打富家之義也；後則無自聖之心, 故百鳥不來, 如貧家故賊不來打也. 前後言同, 而前之不打貧家者, 意取打富家之義也；後之不打貧家者, 但取不打貧家之義. 禪者之言, 多有此類, 故巧妙難知也.

1) ㉠ '來'는 '末'의 오자이다. 2) ㉠ '不' 자 앞에 '賊' 자가 누락된 듯하다. 『景德傳燈錄』 권4 「法融」(T51, 227b8), "又一尊宿答前兩問皆云, 賊不打貧兒家." 3) ㉠ '來'는 '末'의 오자이다.

제악막작諸惡莫作[307]

향산香山[308] 백거이白居易(772~846)가 일찍이 조과 도림鳥窠道林(741~824) 선사에게 물었다. "불법의 근본적인 뜻은 어떤 것입니까?" "어떤 악업도 짓지 말고 온갖 선업을 받들어 실천하라."[309] "이런 말은 세간의 세 살짜리 아이도 할 수 있는 말입니다." "세 살 먹은 아이도 할 수 있는 말이지만 팔순 노인도 행하기는 어렵소." 백거이가 탄복하여 "이제 비로소 불법을 알겠습니다."라고 하였다. 별도의 훌륭한 말이 있다. 대개 불법의 귀함은 실천하며 잘 보호하여 지키는 데에 있으니, "1장丈으로 내뱉는 말이 1척尺이라도 행함만 못하고, 1척으로 내뱉는 말이 1촌寸이라도 행함만 못하다."[310]라는 말이다. 단지 입으로만 변별하여 말에 능할 뿐이라면 앵무새와 무엇이 다르겠는가!

白香山, 嘗問鳥窠禪師云, "佛法大義如何?" 師云, "諸惡莫作, 衆善奉行." 白云, "此言世間中, 三歲孩兒, 亦能道得." 師云 "三歲孩兒雖道得, 八十老人行不得." 白歎服曰, "始知佛法." 別有長處. 盖佛法貴在行持, "說得一丈, 不如行得一尺 ; 說得一尺, 不如行得一寸." 若但取口頭辦, 與能言之, 嬰武何異哉!

---

307 이하 백거이와 조과 도림의 문답은 『景德傳燈錄』 권4 「鳥窠道林」(T51, 230b24) ; 『宗鑑法林』 권7(X66, 319a18) 참조.
308 향산香山 : 백거이의 자호. 향산에서 여만如滿과 함께 향화사香火社를 결성하였다. 『佛祖統紀』 권42(T49, 386c17), "백거이는 거처를 보시하여 향산사라 하였고, 스스로 향산거사라 칭하였다.(施所居爲香山寺, 自稱香山居士.)"
309 제악막작諸惡莫作 중선봉행衆善奉行 : 칠불七佛이 공통적으로 다음과 같은 게송을 설하였는데, 이를 칠불통계게七佛通戒偈라 한다. 『法華玄義』 권2(T33, 695c26), "어떤 악도 저지르지 말며, 갖가지 선을 받들어 실행할지니, 스스로 자신의 마음을 깨끗이 하는, 바로 그것이 모든 부처님의 가르침이라네.(諸惡莫作, 衆善奉行, 自淨其意, 是諸佛教.)"
310 백장 회해百丈懷海의 법을 이은 대자 환중大慈寰中(780~862)의 말. 『禪門拈頌說話』 401칙(H5, 328a5) 참조.

십무十無 외[311]

층층이 이은 흔적이 한 점도 없는 탑,[312] 그림자 없는 나무,[313] 줄 없는 거문고,[314] 구멍 없는 피리,[315] 밑바닥이 없는 배,[316] 수염 없는 자물쇠,[317] 문자나 문양이 없는 도장,[318] 쌀이 없는 밥,[319] 물기 없는 국,[320] 바늘귀가

---

311 역 이 소제목은 역자가 단 것이다. 『人天眼目』 권6 「十無問答」에서는 '무無'가 붙은 열 가지 선어禪語를 제시하고 각각에 착어著語를 붙여 그 뜻을 보이고 있는데, 그 열 가지는 다음과 같다. 무위국無爲國, 무성칭無星秤, 무근수無根樹, 무저발無底鉢, 무현금無絃琴, 무저선無底船, 무생곡無生曲, 무공적無孔笛, 무수쇄無鬚鎖, 무저람無底籃. 『人天眼目』 권6 「十無問答」(T48, 331c21) 참조.

312 무봉탑無縫塔 : 한 덩어리의 돌로 이루어진 탑. 묘석墓石으로 많이 사용하며, 난탑卵塔이라고도 한다. 『禪門拈頌說話』 146칙, 1458칙 등에 무봉탑과 관련된 문답, 공안이 전한다. 『禪門拈頌說話』 146칙(H5, 147a4), "무봉탑 : 이理·사事와 성性·상相이 한 덩어리로 어울려 서로 이은 틈새가 전혀 없다는 뜻이니, 구멍 없는 피리·줄 없는 거문고·밑 빠진 그릇 등과 같은 종류이다.(無縫塔者, 理事性相團圞, 沒縫罅之義, 無孔笛·沒絃琴·穿心椀之類也.)"

313 무영수無影樹 : 존재하지 않는 것, 실체實體가 없는 것을 비유한다.

314 무현금無絃琴 : 몰현금沒絃琴과 같은 말. 언외言外의 묘지妙旨를 비유적으로 표현한 말. 도연명陶淵明이 줄도 없고 안족雁足도 없는 거문고 타기를 즐기며 "다만 거문고의 정취를 알면 그만이지 어찌 줄의 소리를 힘들여 낼 것인가.(但識琴中趣, 何勞絃上聲.)"라고 한 데서 유래한 말이다. 선문禪門에서는 불립문자不立文字·교외별전敎外別傳의 종풍을 표현하는 말로 쓰인다.

315 무공적無孔笛 : 본분의 소식은 언어나 문자로 전달하기 어려움을 표현한 말. 소리를 내지 못한다는 점에서 역설적으로 오히려 무한한 음색을 숨기고 있다는 뜻을 나타내기도 하고, 언어라는 수단을 초월한 법을 비유하기도 한다.

316 무저선無底船 : 몰저선沒底船과 같은 말. 일체의 집착에서 벗어난 경지를 비유한다. 『從容錄』 63칙(T48, 266b10), "눈금 없는 저울대는 양 끝이 평평하고, 밑 없는 배를 타고 함께 건너간다.(無星秤上兩頭平, 沒底船中一處渡.)"

317 무수쇄無鬚鎖 : 자물쇠 양 끝에 늘어져 있는 열쇠의 모양이 마치 수염 같다고 해서 붙여진 말. 열 수 있는 실마리가 전혀 없다는 뜻이다.

318 무문인無文印 : 무자인無字印과 같은 말. 언어문자의 형식으로 나타낼 수 없는 심인心印을 뜻한다.

319 무미반無米飯 : 쌀이 없는 밥. 불습갱不濕羹과 같은 의미의 말. 『大慧語錄』 권2(T47, 819c25), "나, 경산徑山은 그렇게 하지 않으리니, 금일부터 90일간 여러 납자들과 함께 쌀 없는 밥을 먹고 우담화의 뿌리를 씹고 물기 없는 물을 마시며 잠꼬대를 설하리라. 말해 보라! 이러한 수행이 제방의 결제結制와 비교하여 어떠한가?(徑山又且不然, 從今日去九十日內, 與諸衲子共喫無米飯, 咬優曇根, 飲不濕水, 說睡夢語. 且道! 恁麼

없는 바늘,³²¹ 글자가 새겨지지 않은 비석,³²² 밑 빠진 그릇,³²³ 얼굴이 없는 사람,³²⁴ 혀가 없는 사람의 말,³²⁵ 불빛이 없는 등.³²⁶

【위의 선어들은 모두 선가에서 활용하는 말들로 확고부동한 이치는 없다.】

無縫塔, 無影樹, 無絃琴, 無孔笛, 無底船, 無鬚鎖, 無文印, 無米飯, 不濕羹, 無孔針, 沒字碑, 穿心椀, 無面漢, 無舌語, 無焰燈.

【上皆禪家所用之無主理也.】

修行, 與諸方結制, 相去多少?)"
320 불습갱不濕羹 : 『禪要』(X70, 703a18), "쌀 없는 밥을 씹고 물기 없는 국을 마신다.(咬無米飯, 飮不濕羹.)"
321 무공침無孔針 : 바늘귀가 없어 바늘로서의 구실을 상실했다고도 볼 수 있지만 역설적으로 바늘귀라는 정해진 격에서 벗어나 무한한 방도로 그 쓸모가 열려 있다고도 볼 수 있다.
322 몰자비沒字碑 : 무자비無字碑와 같은 말. 무문인無文印과 같은 의미의 말. 문자로 물들기 이전의 소식을 비유한다.
323 천심완穿心椀 : 완탈구椀脫丘(盌脫丘)·무저발無底鉢·무저람無底籃 등과 같은 말. 쓸모없는 것을 가리키기도 하지만, 만사와 만물에 개입하지 않고 무심無心하게 그대로 두어 집착이 없는 상태 또는 무엇에도 걸림이 없는 자유자재한 경지, 분별로 측량할 수 없는 경계를 비유하기도 한다. 『禪林類聚』 권7(X67, 46c12), "밑 뚫린 바구니에 밝은 달을 담고, 밑 빠진 그릇에 맑은 바람을 담다.(沒底藍兒盛白月, 無心盌子貯淸風.)"; 『宏智廣錄』 권1(T48, 13a13), "밑 빠진 대야는 아무리 담아도 다하지 않으니, 밑 빠진 그릇에 가득 채우려 하는구나.(無底合盤盛不盡, 穿心椀子釘將來.)"
324 무면한無面漢 : 보통 본래의 자기 또는 본래면목을 상실한 사람을 뜻하기도 하지만, 위에 열거된 일련의 말들에 비추어 보면 얼굴이 없다는 것은 어떤 이름자로도 그 무엇으로도 규정할 수 없는 본래의 진실한 사람을 역설적으로 가리킨다.
325 무설어無舌語 : 말에 구애받지 않고 자유자재하거나 언설이 끊어진 경지를 비유한다. 궁극적 도리는 언어의 길로 모색할 수 없음을 나타낸다. 『禪門拈頌說話』 421칙 (H5, 352c4) 숭승공崇勝珙의 송頌에, "눈동자 있는 사람은 보지 못하는데, 혀도 없는 사람이 말할 줄 아는구나.(有眼睛漢不明, 無舌頭人解語.)"라는 구절이 있다.
326 무염등無焰燈 : 빛이 없어 기능이 사라진 등처럼 어떤 분별에도 치우치지 않고 활발하게 드러나는 기용機用을 말한다. 무공적無孔笛·천심완穿心椀·무설어無舌語 등과 맥이 닿아 있는 선어이다.

4. 불경을 이르는 말[327]

엽서葉書[328]

패다라수貝多羅樹 잎에 쓴 글. 혹은 엽자라고도 한다.

書于貝葉. 或云葉字.

금문金文[329]

부처님의 말씀과 이를 기록한 문자는 금처럼 변하지 않는다는 뜻이다.

佛言文字, 不變如金.

옥축玉軸

옥으로 만든 권축卷軸.[330]

以玉作軸.

---

327 ㉭ 이 소제목은 역자가 단 것이다.
328 '패엽貝葉' 참조.
329 경문經文을 가리킨다.
330 반드시 옥으로 만들었다기보다 권축을 미칭美稱한 말로 봄이 타당할 듯하다.

축분竺墳

천축의 문자. 분은 삼분三墳[331]과 같다.

天竺之文也. 墳如三墳也.

보전寶詮

언어 표현이 마치 보배와 같이 아름답다는 뜻이다.

言詮如寶也.

교해敎海[332]

(부처의 교법敎法이) 대단히 깊고 광활함이 바다와 같다는 뜻이다.

深廣如海.

법해法海

앞의 '교해敎海'와 같다.

上同.

용장龍藏[333]

불경을 용궁에 안장하였다는 고사에서 나온 말이다.

---

331 삼분三墳 : 중국 최고의 책을 가리키는 말로, 복희伏羲·신농神農·황제皇帝가 지었다고 전한다.
332 교해敎海 : 『禪門寶藏錄』「序」(X64, 807a8), "선의 등불은 가섭의 마음에 밝혔고, 교의 바다는 아난의 입에 쏟아부었다.(禪燈點迦葉之心, 敎海瀉阿難之口.)"

佛經藏于龍宮也.

낭함琅函
옥으로 만든, 경전을 보관하는 함이다.

以玉爲經函也.

비장秘藏
대장경은 비밀하고 은밀하다는 뜻이다.

藏經秘密.

밀장密藏
앞의 '비장秘藏'과 같다.

上同.

【위의 용어들은 모두 불경을 가리키는 명칭이다. 교가에서 쓴다.】
【上皆佛經之稱號也. 敎家所用也.】

---

333 용장龍藏 : 일반적으로 대승경전을 용장이라 한다. 용궁해장龍宮海藏이라고도 한다. 『天聖廣燈錄』권21(X78, 530b7), "'보검을 칼집에서 꺼내기 전에는 어떠합니까?' '바 닷속에 있는 용장이다.' '칼집에서 꺼낸 후에는 어떠합니까?' '바다를 마음껏 돌아다닌 다.'(問, '寶劍未出匣時如何?' 答云, '龍藏海底.' 進云, '出匣後如何?' 師云, '海上橫行.')"

5. 선가禪家 상용어[334]

선등禪燈

선법이 대대로 전해짐이 마치 하나의 등에서 다른 등으로 불이 전해짐과 같다.

禪法相傳, 如燈傳燈.

심등心燈[335]

앞의 '선등禪燈'과 같다.

上同.

전등傳燈[336]

앞의 '심등心燈'과 같다.

---

334 ㉠ 이 소제목은 역자가 단 것이다.
335 심등心燈 : 마음의 등불이라는 말은 이심전심以心傳心으로 전하였다는 의미이다.
336 전등傳燈 : 전법傳法과 같은 말. 법등法燈을 전한다는 뜻이다. 『禪苑淸規』 권7(X63, 542c14), "스승에게서 제자에게로 법을 전함에 근거가 있으므로 이를 전등이라 한다.(師承有據, 乃号傳燈.)"; 『圓覺經大疏釋義鈔』 권3(X9, 531b1), "대대로 법을 전함이 마치 하나의 등불이 수많은 등불에 이어 붙여져 비춤과 같다. 어둠이 모두 밝아지고 밝은 빛은 끝내 꺼지지 않으므로 전등을 비유로 삼은 것이다.(相承傳法, 如一燈照百千燈. 冥者皆明, 明終無盡, 傳燈之喩.)"

上同.

참선參禪[337]

선지를 참구한다는 뜻이다.

叅究禪旨.

공안公案[338]

선가에서 말이나 글귀로 상대를 살피고 검증하는 방법. 공안을 참구하는 이는 실정을 살피기를 마치 속세의 관리가 공문서에 근거하여 죄를 묻는 것처럼 해야 한다. 죄의 조목을 낱낱이 보고서 조목에 의거하여 판결을 내리기[339] 때문에 공안이라 한다. 또한 선어禪語는 불조가 공적으로 열

---

[337] 참선參禪 : 스승을 찾아가 묻고 참된 이치를 궁구하는 일, 좌선 수행하는 것, 또는 공안 공부公案工夫 등을 뜻한다. 『證道歌』(T48, 396a9), "강과 바다로 떠돌고 산천을 돌아다니며 스승을 찾아 도를 묻는 것이 참선이다.(遊江海涉山川, 尋師訪道爲參禪.)"; 『無門關』(T48, 292c25), "참선을 하려면 반드시 조사의 관문을 꿰뚫어야 하고, 진실한 깨달음을 위해서는 마음의 길이 끊어진 경계를 궁구해야 한다.(參禪須透祖師關, 妙悟要窮心路絶.)"

[338] 공안公案 : 『天目中峰廣錄』 권11 「山房夜話上」(B25, 798a2), "혹자가 물었다. '불조의 기연을 세칭 공안이라 하는 것은 어째서입니까?' 내(幻住)가 답했다. '공안公案은 공부公府의 안독案牘에 비유하여 만든 말이다. 법령의 소재所在와 왕도의 치란治亂이 진실로 이와 관계되기 때문이다. 공公이란 성현이 한결같이 걸어가신 궤적을 좇아 천하 사람들이 그 길의 지극한 이치를 함께한다는 뜻이며, 안案이란 성현이 이치로 삼으신 것을 기록한 정문正文이라는 뜻이다.'(或問, '佛祖機緣, 世稱公案者, 何耶?' 幻曰, '公案乃喩乎公府之案牘也. 法之所在, 而王道之治亂, 實係焉. 公者, 乃聖賢一其轍, 天下同其途之至理也 ; 案者, 乃記聖賢爲理之正文也.')"

[339] 의관결안依欵結案은 거관결안據款結案과 같은 말. '관欵'은 죄의 조목(條款) 또는 죄인의 자백을 뜻한다. '결안結案'은 그에 따라 판결을 내리는 것이다. 상대의 말이나 행위에 의거하여 수행의 경지를 간파하는 것을 뜻한다. 『碧巖錄』 1칙 「頌 評唱」(T48, 141a15), "대체로 송고頌古는 에돌아 선을 설하는 것이라면 염고拈古는 기본적으로 죄인의 자백에 근거하여 판결을 내리는 것이다.(大凡頌古只是繞路說禪, 拈古大綱據欵結案而已.)"

어 놓은 이야기이기에 그 누가 되었건 모두 참여할 수 있으며, 한 사람의 사사로운 말이 아니기에 공안이라 한다.[340]고 한다.

禪家言句看驗. 學者要見情狀, 如世官吏據獄讞罪. 悉見欵, 依欵結案, 故公案. 又禪語佛祖公談, 人皆可參, 非一人之私言故云.

화두話頭[341]
선가의 말로서, '뜰 앞의 잣나무', '개에게도 불성이 있는가'와 같은 유를

---

340 그 누가~공안이라 한다 : 공안은 누구에게나 공개된 말로서 비판을 거듭할 수 있게 열려 있다. 이런 이유로 어떤 공안이나 한 사람의 사사로운 견해에 폐쇄되어 결정지은 견해나 확고부동한 이치란 있을 수 없다.
341 화두話頭 : 화제話題. 이야기의 실마리. 문젯거리. '화두가 어디에 있는가?(話頭何在)'라며 식설적으로 문제를 제기하기도 한다. 고칙공안古則公案과 같은 의미로도 쓰이고 그 가운데 핵심이 되는 한 구절을 가리키기도 하는데, 대체로 공안과 구별할 필요가 있을 경우 이 개념에 한정한다. 아래 인용문에서 『碧巖錄』 76칙이 그 예이다. 『碧巖錄』 39칙 「本則 着語」(T48, 175c15), "잘한 말이다. 하지만 속임수인 것을 어찌하랴.(好箇話頭. 爭奈誑訛.)"; 『禪家龜鑑』(H7, 636b19), "화두에는 구절(句)과 뜻(意)이라는 두 가지 문이 있다. 구절을 궁구하는 것(參句)은 경절문徑截門의 활구活句를 가리키니, 마음으로 헤아릴 길도 전혀 없고 말을 따라 쫓아갈 길도 없어서 모색할 도리가 없기 때문이다. 뜻을 궁구하는 것(參意)은 원돈문圓頓門의 사구死句를 가리키니, 이치로 통할 길도 있고 말을 따라 쫓아갈 길도 있어서 듣고 이해하고 생각할 여지가 있기 때문이다.(話頭有句意二門. 參句者, 徑截門活句也, 沒心路沒語路無摸揍故也 ; 參意者, 圓頓門死句也, 有理路有語路有理解思相故也.)"; 『紫柏尊者全集』 권3(X73, 166a2), "마음을 단련하는 자라면 반드시 화두를 그 첫 수단으로 삼아야 한다. 화두에는 유심화두有心話頭와 무심화두無心話頭가 있는데, 유심화두는 초학자가 정진하는 데에 적합하고 무심화두는 어떤 공도 들이지 않고 움직이는 대로 맡겨 두는 자에게 맞는.(凡煉心者, 必以話頭爲椎輪. 然而有有心話頭, 有無心話頭. 有心話頭, 則初機精進者 ; 有無心話頭, 則無功任運者)"; 『博山禪警語』(X63, 757c12), "공부하는 사람이 걸으면서도 걷고 있는 줄 모르고 앉아 있으면서도 앉아 있는 줄 모르는 것을 화두가 현전現前했다고 한다. 의정疑情을 타파하기 이전에는 심신이 있는 줄도 모르거늘 하물며 가거나 앉았거나 하는 일임에랴.(做工夫人, 行不知行, 坐不知坐, 謂話頭現前. 疑情不破, 尙不知有身心, 何況行坐耶.)"; 『憨山老人夢遊集』 권6(X73, 499a11), "대혜 선사에 이르러 내내 극력 주장하여 학인들에게 한 칙의 고인의 공안을 근본 수단으로 삼아 참구하게 하였으니 이를 화두라고 한다. 학인들이 절실하게 궁구하기를 바랐으니

가리킨다. '두頭'는 허자虛字이다. 접두사(詞頭)·결국(到頭)·밀려오는 기세
(來頭) 등으로 쓰인 예가 있다.

> 禪家之話, 如'庭前栢樹子', '狗子無佛性'之類也. 頭者語詞, 如云詞頭·到
> 頭·來頭之例.

염송拈頌
염拈은 중요한 요점을 뽑아내는 것이고, 송頌은 그 뜻을 널리 펼치는
것이다.[342]

> 拈振其綱, 頌宣其義.

단전單傳[343]
다만 마음을 마음에 전할 뿐이며, 별달리 전할 다른 도리란 없다는 뜻

어째서인가. 학인들의 팔식八識이라는 밭에 한량없는 겁 이래로 악습 종자가 매 순간마다 내훈되어 상속하고 끊임없이 흘러 망상이 단절되지 않는 것을 어찌할 도리가 없다. 그러므로 한 칙의 무의미無義味한 화두를 가지고 그들이 이를 악물듯이 단단히 견지하게 한 것이다. 우선 안팎의 모든 마음과 경계의 망상을 일제히 내려놓아야 하는데 내려놓지 못하기 때문에 이 화두를 들어 어지럽게 얽힌 실뭉치를 잘라 내듯 하게 하는 것이다.(直到大慧禪師, 方纔極力主張, 敎學人參一則古人公案, 以爲巴鼻, 謂之話頭. 要人切切提撕, 此何以故. 只爲學人八識田中, 無量劫來惡習種子, 念念內熏, 相續流注, 妄想不斷, 無可柰何. 故將一則無義味話, 與你咬定. 先將一切內外心境妄想, 一齊放下, 因放不下, 故敎提此話頭, 如斬亂絲.);『碧巖錄』76칙「本則 評唱」(T48, 204a4), "공안 전체를 다 들어 물을 필요는 없으니 대체로 이 말을 빌려 화두로 삼고 그가 진실로 알아맞힌 요소가 있는지 시험해 보려 한 것이다.(不必盡問公案中事, 大綱借此語作話頭, 要驗他諦當處.)";『請益錄』71칙(X67, 493b12), "이 칙 공안에서 죽은 고양이를 화두로 삼고서 학인들이 '이 가장 더럽고 쓸모없는 흉물을 어째서 가장 귀하다고 한 것일까?'라는 의심을 많이 붙인다.(這則公案, 以死猫兒爲話頭, 人多疑著, 此最穢污無用凶物, 何爲最貴.)"

342 「禪門拈頌說話」「禪門拈頌集序」(H5, 1b21).
343 단전單傳 : 직지단전直指單傳·단전정인單傳正印이라고도 한다. 불조로부터 불조에

이다.

但以心傳心, 無別所傳.

직지直指³⁴⁴
곧바로 사람의 마음을 가리켜 자기의 본성을 보고 성불하게 하다.

直指人心, 見性成佛.

밀전密傳³⁴⁵
마음을 마음에 전하기 때문에 다른 사람들은 알지 못하므로 밀전이라 한다.

게로 전한 바른 표지標識라는 뜻에서 정인正印이라 하며, 불심인佛心印이라고도 한다. 『祖庭事苑』 권5(X64, 379a1), "단전 : 법을 전한 여러 조사들이 처음에는 삼장三藏의 교승敎乘을 아울러 행하였고 후에 달마 조사가 심인心印을 단독으로 전하여 집착을 깨뜨리고 종의宗義를 드러내었으니 이것이 바로 교외별전敎外別傳·불립문자不立文字·직지인심直指人心·견성성불見性成佛이다. 그러나 불립문자에 대해서는 그 뜻을 오인하는 자들이 많아서 종종 '문자를 내버리고 묵묵히 앉아 있는 것이 선禪'이라고들 하니, 이들은 실로 우리 선문禪門에서 지극히 어리석은 자들일 뿐이다. 만법이 갖가지로 다양하게 드러나 있는데, 어찌 문자만 드러내지 못한단 말인가! 도道가 모든 것에 통한다는 뜻을 전혀 모르는 말이다. 어찌 한쪽 구석에 구애된 것이겠는가! 문자에 의지하여 따르면서도 문자에 집착하지 않는 것이다. 문자가 이미 이러한 이상 그 나머지 법들도 그러하다. 그런 까닭에 견성성불이라 하니, 어찌 모조리 버리고 나서야 마친단 말인가!(單傳 : 傳法諸祖, 初以三藏敎乘兼行, 後達摩祖師, 單傳心印, 破執顯宗, 所謂敎外別傳, 不立文字, 直指人心, 見性成佛. 然不立文字, 失意者多, 往往謂屛去文字, 以默坐爲禪, 斯實吾門之啞羊爾. 且萬法紛然, 何止文字不立者哉! 殊不知道猶通也, 豈拘執於一隅! 故卽文字而文字不可得. 文字旣爾, 餘法亦然. 所以爲見性成佛也, 豈待遺而後已!)";『祖庭事苑』 권8(X64, 424c19).

344 직지直指 : 여타의 방편을 쓰지 않고 그때마다 그 현장에 작용하는 마음을 단적으로 지시하여 드러낸다는 뜻이다.
345 밀전密傳 : 밀密은 은밀·친밀의 뜻이다. 마음을 주고받는 당사자만이 그 핵심을 알아차릴 수 있다는 의미이다. 밀전밀부密傳密付라고도 한다.

以心傳心, 餘人不知, 故云密傳.

활구活句

선가의 언구가 활발발活潑潑346하다는 뜻에서 이렇게 일컫는다.

禪家言句活潑潑.

격외선格外禪347

불경에는 격칙格則이 있지만 선어에는 격칙이 없으므로 격외格外라 한다.

佛經有格則, 而禪語無格則, 故云格外.

조사선祖師禪348

조사들의 말이나 글귀에는 일정한 준칙이 없어 상량할 수 없다는 뜻에

---

346 활발발活潑潑 : '발발潑潑'은 물고기가 꼬리를 흔들며 펄떡펄떡 뛰어오르는 소리나 모습을 나타낸다. '발潑'은 '발醱'과 혼용한다. 선사들의 활발한 기용機用을 이에 빗대어 표현한 말이다. 『碧巖錄』 20칙(T48, 161a18), "응당 활구를 참구해야지 사구를 참구해서는 안 된다. 활구에서 알아차리면 영겁토록 잊히지 않는 사람이 되겠지만, 사구에서 알아차리면 스스로도 구제하지 못할 것이다.(須參活句, 莫參死句. 活句下薦得, 永劫不忘 ; 死句下薦得, 自救不了.)"

347 격외선格外禪 : 격격은 법식·표준·규격·제도를 뜻하고, 이를 넘어선 것이 격외이다. 『碧巖錄』 22칙(T48, 163a29), "옛사람이 말하였다. '말을 들었으면 그 본래의 뜻을 알아차려야지, 스스로 법도를 세우지 말라.'(『참동계』에 나오는 구절) 모든 말에는 틀림없이 격외의 뜻이 들어 있으니 어떤 구절에서나 조사의 관문을 뚫어야 한다.(所以古人道, '承言須會宗, 勿自立規矩.' 言須有格外, 句須要透關.)"

348 조사선祖師禪 : 『禪門拈頌說話』 「禪門拈頌集序」(H5, 1b12), "여래선과 조사선의 같은 점과 다른 점은 무엇인가? 여래선이란 산은 산 그대로 좋고 물은 물 그대로 좋으니 법 하나하나가 모두 그대로 진실하다는 견해이고, 조사선은 뿌리까지 통째로 뽑아버려 (실마리를) 잡아서 분별할 수단을 전혀 남기지 않는다. 가령 『금강경』에서 '모든 상相을 상이 아니라고 보면 부처님의 뜻을 알게 될 것이다.'라고 운운한 말은 여래선의 입장을 나타내고, 법안法眼이 '만약 모든 상을 상이 아니라고 보면 부처님의 뜻을

서 조사선이라 한다. 앞의 '격외선格外禪'과 같은 의미이다.

> 祖師言句, 沒義理, 不可商量者, 謂之祖師禪. 與上格外禪同.

여래선如來禪[349]

조사들의 말이나 글귀에는 일정한 준칙을 가지고 중생을 대하는 경우가 있으니 격칙이 있기도 함을 알 수 있다. 격칙이 있다는 점에서 여래의 경문과 같기 때문에 여래선이라 한다.

> 祖師言句, 或對衆生有義理, 可知有格則. 有格則, 與如來之經同, 故謂之如來禪.

노파선老婆禪

학인을 대하여 선을 설함에 알기 쉽도록 이끎이 마치 노파가 손주를 생각하는 마음과 같기 때문에 노파선이라 한다. 앞의 '여래선如來禪'과 같다.

알지 못할 것이다.'라고 경전과 다르게 한 말은 조사선의 입장을 나타낸다. 또한 불법에 드러낼 측면이 있는 것을 여래선이라 하고, 불법에 드러낼 측면이 조금도 없는 것을 조사선이라 한다.(且如來禪, 祖師禪, 同別如何是? 如來禪者, 山山水水, 法法全眞也 ; 祖師禪者, 和根拔去, 了沒巴鼻也. 如經云, '若見諸相非相, 卽見如來'云云者, 是如來禪也 ; 如法眼云, '若見諸相非相, 卽不見如來'云云者, 是祖師也. 又佛法有頭角邊, 謂之如來禪 ; 佛法無頭角邊, 謂之祖師禪也.)"

[349] 여래선如來禪 : 『金剛三昧經』「入實際品」(T9, 370a24), "대력보살大力菩薩이 물었다. '세 가지를 보존하고 일심一心을 지켜 여래선으로 들어간다는 말은 무슨 뜻입니까?' 부처님이 말씀하셨다. '세 가지를 보존한다는 것은 세 가지 해탈을 보존한다는 뜻이고, 일심을 지킨다는 것은 일심 그대로의 여여함을 지킨다는 뜻이다. 여래선에 들어간다는 것은 이치로 마음의 고요함을 관찰하는 것이다. 이와 같은 마음에 들어가는 것이 곧 실제實際에 들어가는 것이다.'(大力菩薩言, '何謂存三守一入如來禪?' 佛言, '存三者, 存三解脫, 守一者, 守一心如. 入如來禪者, 理觀心淨如, 入如是心地, 卽入實際.)"

對人說禪, 令其易知, 如老婆念其孫子, 故云老婆禪. 與上如來禪同.

방할가풍棒喝家風

선가에서 각각의 근기를 대하여³⁵⁰ 방을 휘두르거나 할을 내질러³⁵¹ 사량분별을 끊고 곧바로 심성을 깨닫도록 하는 방법이다.

禪家對機, 或棒或喝, 令其絶商量, 直悟心性也.

【위의 용어는 모두 선가에서 쓰는 문자이다.】

【上皆禪家之所用文字也.】

---

350 대기對機는 근기에 따라서 적절한 대응을 하는 것. '대對'는 '답쯉'과 같다.
351 '임제할덕산방臨濟喝德山棒'은 분양 무덕汾陽無德(善昭, 947~1024)이 덕산 선감德山宣鑑(780~865)과 임제 의현臨濟義玄(?~867)의 종풍宗風을 평가한 말이다. 『汾陽語錄』 권3 「廣智歌一十五家門風」(T47, 621b21), "덕산은 방棒으로 임제는 할喝로, 천지간에 우뚝 빼어나 종횡으로 모두 아우를 줄 알았으니, 다시 새롭게 누가 감히 함부로 구분하랴! 말 많은 자들이라도 무어라 말할 수 없다. 상황에 맞게 놓아주고 상황에 맞게 빼앗으니, 신속한 기봉機鋒은 번갯불과 같고, 건곤을 손안에 움켜쥐고서, 초목에 붙어 기생하는 귀신·도깨비와 같이 속박된 존재를 부수어 버린다. 혹은 사빈주四賓主로 혹은 사요간四料揀으로, 선종의 종지를 크게 펼치며 무엇이 바른 안목인지 가려낸다.(德山棒臨際喝, 獨出乾坤解橫抹, 從頭誰敢亂區分! 多口阿師不能說. 臨機縱擒奪, 迅速鋒鋩如電掣; 乾坤祇在掌中持, 竹木精靈腦劈裂. 或賓主或料揀, 大展禪宗辨正眼.)"

6. 절을 이르는 말[352]

임궁琳宮[353]

주옥으로 장엄하였다 하여 임궁이라 한다.

以珠玉莊嚴, 故曰琳宮.

범우梵宇

범梵(Ⓢbrahman)은 청정하다는 뜻이다.

梵, 淸淨也.

범왕가梵王家[354]

범왕이 세상에 와서 보호하고 지켜 주므로 범왕가 혹은 범왕불梵王佛이라고도 한다.

梵王天下來擁護, 故云梵王家, 或梵王佛也.

---

352 ㉭ 이 소제목은 역자가 단 것이다.
353 임궁琳宮 : 궁궐·전당殿堂 등을 아름답게 부르는 이름. 도가에서는 신선이 사는 선궁仙宮을 일컬으며, 광범위하게 쓰여 사찰을 지칭하기도 한다.
354 범왕가梵王家 : 범왕은 부처님을 가리킨다. 범왕가는 불가佛家와 같은 말이다.

감원紺園[355]

감색紺色으로 칠하였다고 하여 이렇게 이른다.

以紺色塗之故.

기원祇園[356]

기타태자祇陀太子가 나무를 심어 사원을 만들었다 하여 이렇게 이른다.

祇陁太子, 施樹作園故.

기수祇樹[357]

앞의 '기원祇園'과 같다.

上同.

금사金沙[358]

장자가 땅에 금을 깔고 동산을 사서 절을 지었다 하여 금사라 한다.

---

[355] 감원紺園 : 절을 달리 부르는 이름. 감전紺殿·감우紺宇라고도 한다. 감紺은 푸른색에 붉은색이 포함된 색이다. 절이 일체의 사람들을 모두 포용하고 공덕을 함장하고 있다는 뜻에서 이렇게 일컫는다. 『祖庭事苑』 권4(X64, 373b10), "감원 : 범어는 승가람마僧伽藍摩이며 한역어는 중원衆園이다. 서역에 급고독원給孤獨園·기원祇園·금원金園·계원雞園 등의 이름이 있는데, 여기서 원園은 모든 중생이 복덕과 지혜를 심는 곳이라는 뜻으로 불교의 사당을 통칭한다. 감원은 감우와 같다. 『석명』에 '감紺은 포함한다는 뜻이다. 청색이면서 적색을 포함하는 것을 말한다.'라고 하였다.(紺園 : 梵語, 僧伽藍摩, 此云衆園. 西域有給孤獨園, 祇園, 金園, 雞園之名, 園以群生種植福慧爲義, 皆佛祠之通稱. 紺園, 卽紺宇也. 釋名曰, '紺, 含也. 謂靑而含赤色也.')"
[356] 기원祇園 : 앞의 '금사金沙', '기원祇園' 조목 참조.
[357] 기수祇樹 : 앞의 '금사金沙', '기원祇園' 조목 참조.
[358] 금사金沙 : 앞의 '금사金沙', '기원祇園' 조목 참조.

長者布金于地, 買園作寺, 故云金沙.

녹원鹿園[359]
부처님께서 일찍이 여러 사슴들과 노니시던 인연이 있던 곳에 절을 지었다 하여 이렇게 이른다.

佛曾在群鹿所遊之處, 因建寺.

용궁龍宮[360]
일찍이 용궁에 절을 지었다 하여 절을 이렇게도 이른다.

曾作寺於龍宮故云.

영취靈鷲[361]
산 이름. 부처님께서 이 산에 머무셨다.

山名. 佛在此山.

---

[359] 녹원鹿園 : 녹림鹿林·녹야鹿野·녹원鹿苑·녹야원鹿野苑이라고도 한다. 중천축中天竺 바라나국波羅奈國에 있다. 부처님이 처음 성도한 후에 사제四諦의 법을 설하시어 교진여憍陳如 등 다섯 비구를 제도한 곳이기도 하다.

[360] 용궁龍宮 : 부처가 설한 법장法藏이 부처 입멸 후에 용궁에 비장祕藏되었다는 이야기가 전한다.

[361] 영취靈鷲 : 마가다국摩竭陀國 왕사성王舍城 동북쪽에 위치한 산. ⓢ Gṛdhrakūṭa를 음사한 그대로 기사굴산耆闍崛山이라고도 하고, 한역하여 영취산靈鷲山·영산靈山·영봉靈峰이라고도 한다. 석존 설법처 중 한 곳이며, 염화미소拈花微笑 이야기도 이곳을 배경으로 한다.

사굴闍崛

앞의 '영취靈鷲'의 범어 음사어이다.

上靈鷲之梵語.

왕사王舍

성 이름. 옛날에 천 명의 왕이 이 하나의 성에 함께 거하였다 하여 왕사라 한다. 부처님도 이 성에 머무르셨다.[362]

城名. 古者千王, 同居一城, 故王舍. 佛亦在此城.

화성化城

변화로 성을 만들고 그곳에 머물렀다.[363]

變化作城而居之也.

총림叢林[364]

풀이 처음 돋아나는 것을 '총叢'이라 하고, 자라서 숲을 이룬 것을 '림林'이라 한다. 인재를 데려와 어려서부터 성장에 이르기까지 기르고 가르치는 일이 마치 풀이 돋아나기 시작하여 숲을 이루는 과정과 같아 이처럼 이른다.

草初生曰叢, 長養曰林. 率養人才, 自幼時長, 如草之自叢成林.

---

362 이로부터 불사佛寺를 가리키기도 한다.
363 『法華經』 권3 「化城喩品」(T9, 26a10)에 나오는 비유 참조.
364 총림叢林 : 승가가 한곳에 모여 수행하는 고요한 도량. 선림禪林·전단림旃檀林이라고도 한다.

도량道場[365]

불도를 성취한 곳.

成道之場.

인사仁祠[366]

인仁은 부처를 가리킨다. 인사는 부처의 사당이라는 뜻이다.

仁指佛也. 仁者之祠也.

가람伽藍 · 난야蘭若 · 초제招提

이 세 용어는 앞에서 이미 그 뜻을 풀었다.

上三前已釋之.

소사蕭寺[367]

양 무제가 절을 짓고 소자운蕭子雲[368]에게 비백飛白[369]으로 '소蕭' 자를

---

365 도량道場 : 석존이 성도成道한, 마가다국摩竭陀國 니련선하尼連禪河 부근 보리수 아래의 금강좌. 이로부터 불도를 수행하는 곳 또는 사원을 일컫기도 한다. 『維摩詰所說經』 「菩薩品」(T14, 542c14), "'도량이란 어떤 곳입니까?' 곧은 마음이 도량이니, 헛되거나 거짓이 없기 때문이다.'(道場者何所是?' 答曰, '直心是道場, 無虛假故.')"

366 인사仁祠 : 『釋門正統』 권3(X75, 298c18), "수행자가 거처하는 정사精舍를 인사라고 한다.(精舍所踞, 號曰仁祠.)"

367 소사蕭寺 : 양 무제(464~549)의 성姓이 '소蕭'이고 이름은 '연衍'이다. 자신의 성을 쓰게 한 것이다. 『釋氏要覽』 권1(T54, 263c7), "소사 : 요즘 승려들이 거처하는 곳을 보통 소사라고들 부르는 까닭은 양 무제가 절을 짓고 자신의 성을 절 이름에 붙인 데서 연유한 것이다.(蕭寺 : 今多稱僧居爲蕭寺者, 必因梁武造寺以姓爲題也.)"

368 소자운蕭子雲(487~549) : 자는 경교景喬. 양나라 때 남난릉南蘭陵 출신. 서법가書法家이자 문학가. 초서·예서·소전小篆에 능했다고 한다. 후경侯景의 난 때(548) 진릉晉陵

크게 쓰게 하였는데 이후로 이를 본따서 사원을 소사라 칭하게 되었다.

梁武造寺, 令蕭子雲以飛白, 大書蕭子故, 諸寺冒襲稱之也.

보찰寶刹[370]
찰刹은 당기幢旗를 뜻한다. 옛날 절에서는 기를 많이 세웠다.

刹者, 幢也. 古寺多立幢.

쌍림雙林[371]
부처님께서 입멸하신 곳이다.

佛入滅之處.

으로 도망하였다가 현령사顯寧寺에서 굶어 죽었다고 전한다. 『晉書』 110권을 지었다.

369 비백飛白 : 후한 때 채옹蔡邕이 만든 서체. 당나라 때 장회관張懷瓘이 서법書法을 고문古文·대전大篆·주문籀文·소전小篆·팔분八分·예서隸書·장초章草·행서行書·비백飛白·초서草書 열 가지로 나눈 것 중의 한 서체이다. 먹을 적게 해서 붓 자국에 하얀 잔줄이 생기게 쓰는 것이 특징이며 필세가 날아갈 듯하다 하여 붙여진 이름이다.

370 보찰寶刹 : 찰刹은 국토·찰토刹土를 뜻하기도 하고, 찰간刹竿·찰주刹柱의 뜻도 있다. 탑의 심주心柱 또는 탑 위의 산개傘蓋를 받치고 있는 장대를 가리킨다. 그 장대 위에 보배 구슬로 불길 모양을 만들어 불당 앞에 세우는데 이를 찰간이라 한다. 이로부터 사원寺院을 지칭하기도 한다.

371 쌍림雙林 : 부처님이 입멸하신 사라쌍수娑羅雙樹가 있는 숲을 가리키기도 하고, 이로부터 총림叢林을 지칭하기도 한다. Ⓢ sāla의 음사어가 사라娑羅(沙羅)이고 한역어는 견고수堅固樹이다. 부처님이 입멸할 때 누워 있던 상牀의 네 방위에 있던 나무이다. 이 나무는 한 뿌리에서 두 줄기가 생겨 모두 여덟 수인데 이를 총칭하여 사라수림娑羅樹林 또는 사라쌍림娑羅雙林이라고 한다. 부처님이 입멸할 때 이 나무들이 백색白色으로 변하였다는 고사가 전하며, 그 모습이 학이 모여든 것과 같다 하여 학림鶴林이라고도 부르게 되었다. 동쪽의 쌍수雙樹는 상常·무상無常을, 서쪽의 쌍수는 아我·무아無我를, 남쪽의 쌍수는 낙樂·무락無樂을, 북쪽의 쌍수는 정淨·부정不淨을 상징한다고 한다.

학림鶴林[372]

앞의 '쌍림雙林'과 같다.

上同.

【위는 모두 절을 가리키는 말들이다.】

【上皆寺之稱號也.】

---

[372] 학림鶴林 : 『止觀輔行傳弘決』 권1(T46, 145a10), "학림은 구시나가라성 아이라발제 강 부근에 있다. 나무가 네 쌍이 있어 쌍수라고도 한다. 사방에 각각 한 쌍이 있으므로 '쌍雙'이라 한 것이다.(鶴林者, 在拘尸城阿夷羅跋提河邊. 樹有四雙, 復云雙樹. 四方各雙, 故名爲雙.)"

7. 선사들의 일화 외[373]

법안 문익의 게

　법안 문익法眼文益(885~958) 화상의 게[374]에 "지극한 이치에 분별도 말도(情謂)[375] 잊었으니, 무엇에도 비유할 것이 없네! 가을 끄트머리 서리 내린 밤에 달은, 흘러가는 대로 눈앞 개울에 떨어지누나. 과일도 익고 원숭이도 살찌는데, 산길은 멀어 길 잃은 듯하네. 고개 들어 보니 석양이 지려 하는데, 바로 본래 살던 서방정토일세."[376]라 하였는데, 이는 총림에서 절창으로 일컬어진다. 산곡山谷 황정견黃庭堅(1045~1105)의 〈제각해사題覺海寺〉[377]라는 시에, "향로 속의 향기 한껏 퍼지고 수침水沈【향의 이름】 향도 그윽한데, 물은 선상을 감아 돌고 대나무는 시내를 에워쌌네. 어느새 버드

373　㊂ 이 소제목은 역자가 단 것이다. 이하 단락별 제목도 마찬가지이다.
374　일명 '원성실성송圓成實性頌'이라 한다. 『碧巖錄』 34칙(T48, 173b14), 90칙(T48, 215b1) 참조.
375　정위情謂:『從容錄』 23칙 '魯祖面壁'(T48, 242c5), "물의 성질은 본래 담담하지만 차나 꿀을 가미하면 달거나 쓴맛이 생기듯이 성품 또한 고요하나 미혹과 깨달음으로 갈리면 범부와 성인이라는 견해가 서게 되는 것이다. 담담한 가운데 맛이 있다고는 하나 이는 바로 맛없는 맛(無味之味)이니 그 맛은 늘 정위情謂를 미묘하게 넘어선다. 정情 자는 마음 심의 뜻을 따른 것이고 위謂 자는 말씀 언의 뜻을 따른 것이다. 그러나 여기에 이르러서는 말로 표현할 길이 끊기고 마음이 향해 갈 곳이 없다. 법안은 '지극한 이치에 분별도 말도 잊었으니, 무엇에도 비유할 것이 없네!'라고 하였다.(水性本淡, 加之以茶蜜, 甘苦生焉;性亦恬憺, 派之以迷悟, 則凡聖立焉. 雖曰淡中有味, 斯乃無味之味, 其味恒然, 妙超情謂. 情字從心, 謂字從言. 到此言語道斷, 心行處滅. 法眼道, '理極忘情謂, 如何有喻齊.')"
376　『淸涼文益語錄』(T47, 591a8);『碧巖錄』 34칙(T48, 173b14), 90칙(T48, 215b1).
377　제목 원주에 원풍元豐 계해년(1083)에 지었다고 되어 있다.

나무에 가을 매미 소리 그리운데, 석양은 대나무 숲 그늘 서쪽으로 지누나."라고 하였다. 산곡의 마지막 구절은 법안의 마지막 두 구절의 뜻을 활용한 것이다. 또 우리나라의 문곡文谷 김수항金壽恒(1629~1689) 선생이 도갑사道岬寺 남암南庵에 붙인 시에 "옛 절 깊은 숲속에 들어앉았고, 높다란 다리는 작은 시내에 걸쳤네. 객은 흐르는 물 따라 가고, 스님은 흰 구름과 더불어 사네. 확 트인 골짜기에 산이 문이요, 높은 누각에 오르는 길 돌이 계단일세. 늘 그러하듯 한 줄기 경쇠 소리 들리고, 대나무 숲 서쪽으로 석양은 지네."378라고 하였다. 이 시의 마지막 구절은 법안과 산곡 시의 마지막 구절을 합해 활용하였다. 즉 '석양(殘照)'은 법안의 시어이고, '대나무 숲(竹林)'은 산곡의 시어이다. '제齊' 자 운은 원래 법안의 운자韻字이다.

法眼和尙偈云, "理極忘情謂, 如何話[1]喩齊! 到頭霜夜月, 任運落前溪. 果熟兼猿重, 山長似訴迷.[2] 擧頭殘照在, 元是住居西." 爲叢林絶唱. 山谷題浮[3]海詩云, "爐香滔滔水沉【香名】肥, 水[4]遶禪床竹遶溪. 一段秋蟬思高柳, 夕陽元在竹陰西." 山谷末句用法眼之末句意. 吾東文谷先生題道岬南庵詩云, "古寺藏深樹, 危橋跨小溪. 客隨流水到, 僧與白雲棲. 洞豁山當戶, 樓高石作梯. 依然一聲磬, 殘照竹林西." 此末句, 雙用法眼山谷之末句也. 殘照法眼之言也, 竹林山谷之言也. 西[5]字, 元是法眼之韻也.

1) ㉲ '話'가 『淸凉文益語錄』과 『碧巖錄』 34칙에는 '有'로, 『碧巖錄』 90칙에는 '得'으로 되어 있다. 2) ㉲ '訴迷'는 『淸凉文益語錄』과 『碧巖錄』에 모두 '路迷'로 되어 있다. 3) ㉲ '浮'은 '覺'의 오자이다. 4) ㉲ 『山谷別集』에는 '爐香滔滔水浸肥, 水'가 '鑪烟鬱鬱水況肥, 木'으로 되어 있다. 5) ㉲ '西'는 '齊'의 오기이다. '齊'로 번역하였다.

대용 보복수의 문답

학인이 대용大溶 보복수保福殊 선사에게 물었다. "선禪이란 어떤 것입니

---

378 『文谷集』 권4 〈南菴〉.

까?" "가을바람 옛 나루에 다다르니, 지는 석양은 차마 듣지 못하겠구나."
"그 선蟬을 여쭌 것이 아닙니다." "그대는 어떤 선蟬을 물은 것이냐?" "조사선祖師禪입니다." "남화탑 주위 소나무 그늘 아래에서, 이슬 마시고 달을 노래하니 더욱 운치 있어라."[379] 이 또한 선蟬을 가리킨 것이다. 남화탑은 조사의 탑이다. 이미 조사선을 물었건만 조사탑 주위의 선蟬을 가지고 고의로 답한 것이다. 선禪을 물었건만 선蟬으로 답하였으니 법문에 자유로운 사람이 아니면 이와 같이 할 수 없다. 내게도 시 한 구절이 있다. "세상 사람들 모두 박朴을 박璞이라 칭하지만, 누가 선蟬을 선禪으로 응수할 수 있으리오!" 옛날에 정나라 사람들이 소금에 절여 말리지 않은 건서乾鼠를 박朴이라 하여 주나라 사람에게 팔았다. 주나라 사람들이 (박朴을) 박옥璞玉의 박璞으로 생각하여 그것을 사려고 보니 건서였다고 한다.[380] 박朴과 박璞, 선蟬과 선禪은 정말 교묘하게 짝을 이룬다.[381] 박朴을 박璞으로 여기는 것은 망심妄心을 진심眞心이라 오인하는 것과 같다. 선禪을 물었는데 선蟬으로 응수한 변재가 자유자재하였으니, 골계滑稽의 부류이다.

---

[379] 이상의 문답에 대해서는 『虛堂集』 권4(X67, 356a6) ; 『續傳燈錄』 권20(T51, 604c23) 참조. 의도적으로 '가을바람(秋風)'과 '석양(落日)'을 뒤바꾸어 표현한 데에 선禪에 대한 질문을 선蟬으로 답한 뜻이 드러나 있다. 보통의 경우라면 '석양이 옛 나루에 다다르니, 가을바람 소리 차마 듣지 못하겠구나.'라는 것이 일반적이다. 이를 뒤바꿈으로써 선禪에 대한 고정관념이나 집착을 허물고 있다.

[380] 문헌에 따라서는 명칭의 발음이 같은 것이 아니라, 지시하는 대상이 다른데 같은 음으로 일컫는 것으로 되어 있기도 하다. 『戰國策』 「秦策」, "정나라 사람들은 아직 다듬지 않은 옥을 박璞이라 하고, 주나라 사람들은 아직 포로 만들지 않은 쥐를 박璞이라 한다. 주나라 사람이 박을 가지고 길을 가다가 정나라 장사꾼을 만나 말하기를 '박을 사겠는가?' 하니, 정나라 상인은 '사겠다.'고 하였다. 주나라 사람이 박을 꺼냈는데, 보니 그것이 쥐였으므로 마다하고 사지 않았다.(鄭人謂玉未理者璞, 周人謂鼠未腊者璞. 周人懷璞, 過鄭賈曰, '欲買璞乎?' 鄭賈曰, '欲之.' 出其朴, 視之, 乃鼠, 因謝不取.)" ; 『後漢書』 「應劭傳」 참조.

[381] 앞의 문답과 뒤의 이야기는 각각 선蟬과 선禪이 chán으로, 박朴과 박璞이 pǔ로 발음이 같은 점에 착안한 것이다.

僧問大容¹⁾禪師, "如何是禪?" 答曰 "秋風臨古渡, 落日不堪聞." 僧云, "不問這箇蟬." 師曰, "你問那蟬?" 曰, "祖師蟬.²⁾" 曰, "南華塔畔松陰裡, 飲露吟月又更多." 此亦指蟬也. 南華塔祖師之塔也. 旣問祖師禪, 故答以祖師塔邊之蟬也. 同³⁾禪答蟬, 非法門自由之人, 不能爾也. 余曾有詩云, "擧世皆稱朴爲璞, 何人能以蟬酬禪!" 鄭人以乾鼠爲朴, 鬻之於周. 周人以爲璞玉之璞, 買之則乃乾鼠也. 朴與璞, 蟬與禪, 政妙對也. 以朴爲璞, 認妄爲眞也. 問禪酬蟬, 辯才自由, 亦滑稽之類.

1) ㉠ '容'은 '溶'의 오기인 듯하다. 2) ㉠ 여기서의 '蟬'은 '禪' 자를 씀이 옳을 듯하다.
3) ㉠ '同'은 '問'의 오기인 듯하다.

장졸 수재와 석상 경저의 문답

송나라 초에 장졸張拙[382] 수재秀才가 석상 경저石霜慶諸(807~888)를 찾아가 뵈었다. 석상이 물었다. "수재의 성명은 무엇인가?" "성은 장張이고 이름은 졸拙입니다." "뛰어난 면모 찾다가 결국 찾지 못하더니 그 졸렬한 꼬락서니는 어디서 왔는가?"[383] 장졸이 홀연 깨침이 있어 게송을 지어 올렸다. "광명이 온 세계를 고요히 두루 비추니, 범부와 성인을 비롯한 모든 중생이 함께 우리 가족이로다. 한 생각도 일어나지 않으면 전체 드러날 것이지만, 육근이 움직이자마자 구름에 가려지리라. 번뇌 끊어 버리려 하면 더욱 병이 늘어나고, 진여로 나아가려 하면 이 또한 잘못이로다. 세상의 인연 그대로 따라도 걸림 없으면, 열반도 생사도 허공중에 핀 꽃과 같으리."[384] 그가 깨달은 선지는 총림 노숙들에게 전해졌다. 산곡 황정견의

---

382 장졸張拙 : 오대五代 송나라 초의 거사居士. 선월 대사禪月大師 덕은 관휴德隱貫休 (832~912)의 지시를 받고 석상 경저를 찾아가 깨달음을 얻었다고 한다.
383 '졸拙'이라는 이름을 소재로 삼아 거량한 문답이다.
384 『禪門拈頌說話』1068칙 「本則 說話」(H5, 751b17)에 이 일화에 대해 자세히 실려 있다. 『聯燈會要』권22 「秀才張公拙章」(X79, 190b14), 『五燈會元』권6 「張拙秀才」(X80, 127c10) 참조.

〈호연당〉 시에 "부침하는 만물 그 무엇이나 우리 가족이요, 청명한 마음이라는 물이 무수한 세계에 두루 퍼져 있네."385라 하였으니, 이것이 바로 본래의 면목이다.

宋初張拙秀才叅石霜, 霜問, "秀才姓名誰也?" 對曰, "姓張名拙." 師曰, "覓巧不可得, 拙自何來?" 拙忽有省, 呈偈曰, "光明寂照徧河沙, 凡聖含靈共我家. 一念不生全體現, 六根才動被雲遮. 斷除煩惱重憎[1])病, 趣向眞如亦是邪. 隨順世緣無罣碍, 涅槃生死是空花." 其所悟禪旨, 下於叢林老宿也. 山谷浩然堂詩, "萬物浮沉共我家, 清明心水徧河沙." 蓋本色也.

1) ㉠ '憎'은 '增'의 오자인 듯하다.

문수와 망명의 일화

산곡 황정견의 시에 "반야는 일상의 예사로운 일이요,386 여래는 눕고 일어나기를 함께한다네."387라 하였다. 화엄정華嚴靜 선사388는 "사람마다 지닌 자성반야自性般若란 별도로 있지 않고, 다만 옷 입고 밥 먹는 그곳과 차 마시고 담소하는 그 자리와 일상의 모든 언행(云爲) 중에 있을 뿐

---

385 〈何造誠作浩然堂陳義甚高然頗喜度世飛昇之說築屋飯方士願乘六氣遊天地間故作浩然詞二章贈之〉其二, "萬物浮沈共我家, 清明心水徧河沙. 無鉤狂象聽人語, 露地白牛看月斜. 小雨呼兒薪桃李, 疏簾幃客轉琵琶. 塵塵三昧開門戶, 不用丹田養素霞."
386 '반야심상사般若尋常事'는 특별히 애쓰거나 더할 일이 없는 상태가 바로 반야의 지혜가 발현된 때라는 말. 『五家宗旨纂要』 권2 「浮山遠錄公十六題」(X65, 276a5), "평상: 평상이란 날마다 평소의 일을 행할 뿐, 특별히 기특하고 고원한 것을 일삼지 않는 것이다. 평소처럼 서늘한 바람 불어오는 것과 흡사하니, 바람은 사람을 서늘하게 할 의도가 없지만 사람은 절로 서늘한 것과 같다.(平常: 平常者, 就日用尋常中垂手, 不事奇特高遠. 如常恰似秋風至, 無意涼人人自涼.)"
387 〈明叔惠示二頌〉, "山川圍宴坐, 日月轉庭隅. 般若尋常事, 如來臥起俱. 多聞成外道, 隻是守凡夫. 欲聽虛空敎, 須彌作鼓桴."
388 화엄정華嚴靜 선사: 당나라 때 스님으로 동산 양개洞山良价의 법을 이은 화엄 휴정華嚴休靜인 듯하나 그 말의 전거는 찾지 못했다.

이다."라고 하였다. 이것이 바로 '반야도 일상의 예사로운 일'이라는 뜻이다. 부대사의 송에 "밤마다 부처를 안고 자고, 아침마다 다시 함께 일어난다."[389]라고 하였으니, 함께한다는 의미이다. 중국의 사대부들이 불교의 말을 인용한 것이 이와 같이 딱 들어맞는다. 또 간재簡齋 진여의陳與義[390]의 절구絶句에 "머무는 이 없는 암자에 늙은 거사, 봄 맞아 선정에 들어 한 잔도 머금지 않네. 문수와 망명 모두 속수무책인데, 오늘 꽃가지 부르면 돌아오리라."[391]라고 하였는데 이 또한 잘 지었다. 세존이 설법할 때 한 여자가 선정에 들어 문수가 그 여자를 선정에서 깨어나게 하고자 하여 그 자리를 움직여 범왕천에까지 이르렀으나 깨울 수 없었는데, 망명보살罔明菩薩[392]이 지하에서 솟아 나와 여자 곁에 이르러 살짝 손가락을 튕겼더니 여자가 선정에서 깨어났다는 이야기가 있다.[393] 이 이야기는 '문수는 여자를 선정에서 나오게 하지 못하였고 망명은 선정에서 나오게 할 수 있었다.'는 점이 핵심이다.[394] 앞의 시(신여의의 절구)에서는, 문수와 망명 모

---

389 하루 어느 시각에나 함께 걷고 같이 길을 가면서도 알아보지 못한다는 뜻이다. 『善慧大士語錄』 권3(X69, 115c17), "밤마다 부처를 안고 자며, 아침마다 다시 함께 일어난다. 가거나 머물거나 늘 서로 따르고, 앉으나 누우나 움직임을 같이하네. 터럭만큼도 서로 떨어지지 않으니, 몸과 그림자가 닮은 것과 같도다. 부처가 간 곳을 알고자 하는가? 이 말소리가 바로 그것이다.(夜夜抱佛眠, 朝朝還共起. 行住鎭相隨, 坐臥同居止. 分毫不相離, 如身影相似. 欲知佛何在? 只這語聲是.)";『禪門拈頌說話』 1431칙(H5, 908b24).

390 간재簡齋 진여의陳與義(1090~1139) : 남송 때의 관리. 처음에는 황정견黃庭堅과 진사도陳師道의 시를 배우다가 나중에는 두보杜甫를 배웠다고 한다. 저서에 『簡齋集』, 『無住詞』가 있다.

391 『簡齋詩集』 권30 〈葉楠惠花〉, "無住庵中老居士, 逢春入定不銜杯. 文殊罔明俱拱手, 今日花枝喚得回."

392 망명보살罔明菩薩 : 보살 십지十地 중 초지初地인 환희지歡喜地의 보살. 망상분별을 버린 보살이다. 밀교에서는 현겁賢劫 16존에 속하는 존자로 밀호는 방편금강方便金剛 또는 보원금강普願金剛이다.

393 『禪門拈頌說話』 32칙(H5, 42c13);『景德傳燈錄』 권27(T51, 436a20) 참조.

394 『禪門拈頌說話』 32칙(H5, 45a12), "문수는 여인을 선정에서 불러낼 수 없었는데, 망명이 불러낸 이유는 무엇인가? 문수는 이 여인으로 인하여 깨달음을 이루겠다는 마

두 선정에서 나오게 하지 못하였다고 보았기에 '모두 속수무책'이라 한 것이니 도리어 하나의 꽃가지만도 못하다고 읊은 것이다. 문수와 망명의 이 일화와 관련해서 그 주석에서 언급되지 않았기에 알지 못하는 이가 있을까 염려되어 여기에 기록하여 저들이 써먹도록 함이 참으로 적당하다고 생각한다.

> 山谷詩, "般若尋常事, 如來臥起俱." 華嚴靜禪師云, "人人自性般若不在, 只在着衣喫飯處, 飮茶談笑處, 日用云爲中." 此是般若尋常事也. 傅大士頌云, "夜夜抱佛眠, 朝朝還共起." 俱也. 中國士大夫, 引用佛語, 如此雅當. 又齋絶句云 "無住庵中老居士, 逢春入定不含盃. 文殊罔明俱拱手, 今是¹⁾花枝喚得廻." 亦好矣. 世尊說法時, 有女子入定, 文殊欲出定, 動其座, 至梵王天而不覺; 罔明菩薩, 自地下湧出, 至女子邊, 輕輕彈指, 女子出定. 彼則文殊不能出定, 罔明能令出定; 今則文殊罔明, 俱不出定, 故云, '俱拱手', 返不如一片花枝也. 文殊罔明之事, 彼註中不言, 恐有不知之人, 故錄此而其取用, 甚爲的當.
>
> ――――
> 1) ㉮ '是'는 '日'의 오자인 듯하다.

삼연 김창흡의 〈유점사〉에서

내가 또 우리나라 문집을 읽다가 불교의 말을 인용한 것을 보았는데

――――

음을 일으켰고 여인은 망명으로 인하여 깨달음을 이루겠다는 마음을 일으켰으니, 스승은 제자를 움직일 수 있지만 제자는 스승을 움직일 수 없기 때문이다. 이것은 교설의 자취에 들어 있는 원인과 결과의 관계이며, 그것을 끌어와 공안으로 삼은 것이다. (文殊出女子定不得, 罔明出定, 何也? 文殊, 因此女子, 發菩提心 ; 此女, 因罔明, 發菩提心, 則師能動資, 資不能動師. 此則敎迹因果, 引以爲話.)" ; 『無門關』 42칙 「女子出定」(T48, 298b8), "말해 보라! 문수는 과거칠불의 스승이었는데 어찌하여 여인을 선정에서 불러내지 못했으며, 망명은 초지보살이거늘 어째서 도리어 불러낼 수 있었는가?(且道! 文殊, 是七佛之師, 因甚出女人定不得 ; 罔明, 初地菩薩, 爲甚却出得?)"

잘못 쓴 예가 많았다. 그런데 삼연 김창흡 선생은 불교의 말을 많이 인용하였는데도 어그러진 곳이 없었다. 다만 〈유점사〉[395]라는 시에 "뭉실뭉실 뭉게구름 온 산에 장관인데, 오십진여五十眞如가 앉아 있다."라는 구절에서 오십진여는 오십삼불五十三佛을 가리키는 듯하나 불교의 말 중에 진여眞如를 불佛이라 한 예는 있지 않다. 진여는 성리性理이지 불佛이 아니다. 오십여래라고 할 것 같으면 그것은 적합할 듯하다. 함련에서 "단봉檀峰에 갖가지로 아로새기느라 신이한 재주 다 부렸다."라 한 구절을 푼다. 전단향목梅檀香木을 산봉우리처럼 깎아 그 산봉우리에 불상을 안치했기 때문에 '단봉'이라 한 것이다. 경련에서 "고래 울음소리(범종 소리) 맑은 하늘에 울려 퍼지고 온 골짜기에 바람 불어오네."라 한 구절을 푼다. 산속에 어찌 고래가 있으랴! 종을 치는 공이(枒)에 고래를 새긴 것을 가리킨다. 옛 시에 "죽 먹으라 재촉하는 화경華鯨 소리 밤중에 요란하네."[396]라는 구절이 있다. 바닷가 기슭에 포뢰蒲牢라는 짐승이 사는데 울음소리는 종소리처럼 크지만 고래를 두려워하여, 고래가 뛰어오르면 울었다. 그런 까닭에 종에는 포뢰의 형상을 새겨 주조하고 그 종을 치는 공이는 고래 형상으로 한 것이다.

愚或見吾東文集, 亦引佛語, 而錯用者多. 三淵先生, 多用佛語, 亦無乖違處. 但楡岾寺詩, "雲[1])積翠四山雄, 五十眞如坐在也." 五十眞如, 盖指五十三佛, 而然佛語中, 未嘗有眞如爲佛也. 眞如者, 性理也, 非佛也. 若云五十如來者, 如中爲的當矣. 其頷聯, "檀峰刻鏤費神工"者, 以梅檀香木, 刻如山峯, 峯上安佛像, 故云檀峯也. 其頸聯, "鯨吼霜空萬壑風"者, 山中

---

[395] 『三淵集』 권10 〈訪楡岾〉, "屯雲積翠四山雄, 五十眞如坐在中. 金地莊嚴驚衆目, 檀峰刻鏤費神工. 烏窺苔院千年井, 鯨吼霜空萬壑風. 却坐溪樓看色界, 白毫光裏盡丹楓."
[396] 蘇軾, 〈題淨因院〉, "門外黃塵不見山, 個中草木亦常閒, 履聲如渡薄冰過, 催粥華鯨吼夜闌."

豈有鯨也! 盖指鍾枹也. 古詩所謂, "催粥華鯨吼夜闌"者也. 海岸有獸, 名蒲牢, 聲²⁾如鍾而畏鯨, 鯨躍卽鳴, 故鑄鍾形如蒲牢, 枹如鯨形.

1) ㉠ '雲' 앞에 '屯'이 누락되었다. 2) ㉠ '聲' 앞에 '鳴'이 누락된 듯하다.

당나라 선종과 향엄 지한의 일화

당 선종宣宗³⁹⁷은 나이 13세에 총기가 있고 영리하였으며, 늘 가부좌하기를 좋아하였다. 목종穆宗³⁹⁸ 재위 시에 일찍 조회가 파하자 선종이 용상에 올라서는 여러 신하들에게 읍하는 자세를 취했다. 대신들이 보고는 마음의 병이 있다고 여겨 이를 목종에게 아뢰었다. 목종이 보고서 찬탄하며 "내 아우야말로 우리 가문에서 영특한 자손이다."라고 하였다. 목종의 아들 무종武宗³⁹⁹이 왕위에 오르자 선종을 똥싸개(痢奴)라 불렀다. 하루는 무종이 예전에 선종이 장난삼아 부왕의 용상에 올라갔던 일을 마음에 새겨 두었다가 마침내 흠씬 때려서는 후원에 내다 버리고 오물을 끼얹어 죽게 놓아두었지만 살아났다. 마침내 (선종은) 향암사 향엄 지한香嚴智閑(?~898) 화상의 회중으로 도망하였다. 머리를 깎고 사미가 되었으나 구족계는 아직 받지 못하였는데, 어느 날 향엄과 유력遊歷하다 여산廬山에 이르렀을 때의 일이다. 향엄이 〈폭포〉라는 시를 지어 "구름 뚫고 바위 관통하면서도 수고로움 마다하지 않으니, 멀리 떨어져서야 높은 곳에서 나온 줄 알겠노라."라고 읊조리고는 생각에 잠시 잠겼다가 선종이 그 뜻을 어떻게 이해했는지 떠보았다. 선종은 바로 이어서 "계곡물을 어찌 멈춰 둘

---

397 당 선종宣宗(810~859, 재위 846~859) : 선종 때의 연호는 대중大中. 대중천자大中天子로도 불린다. 목종의 이복동생이다. 문종과 무종이 독살당한 후에 왕위에 올랐다.
398 목종穆宗(795~824, 재위 820~824) : 당나라의 제12대 황제. 연호는 장경長慶.
399 무종武宗(814~846, 재위 840~846) : 목종의 다섯째 아들이며 문종의 동생. 문종이 죽은 후 왕위에 올랐다. 도교를 믿고 불교를 탄압하였다. 중국 역사상 대규모의 폐불廢佛을 단행하였다. 회창會昌 연간에 이루어진 이 폐불을 회창법난 또는 회창폐불이라 한다.

수 있으리오! 마침내는 큰 바다로 돌아가 파도 되리라."라고 하였으니 끝내 숨어 살지 않고 높이 날아오르리라는 뜻을 알 수 있다. 향엄은 비로소 그가 보통 인물이 아님을 알았다.[400] 무종은 불법佛法 사태沙汰[401]를 저지른 후에 얼마 지나지 않아 붕어하였고, 선종이 머리를 기르고 왕위를 이어 불법을 중흥하였다. 이 이야기는 사기史記에는 없으므로 기록해 둔다.

唐宣宗, 年十三, 敏點, 常愛跏趺坐. 穆宗在位時, 因早朝罷, 宣宗登龍床, 作揖羣臣勢. 大臣見而謂之心病, 以奏穆宗. 穆宗見而歎曰, "我弟乃吾家英冑也." 及穆宗之子武宗立, 喚宣宗作痾奴. 一日武宗, 恨宣宗之昔日戲登父床, 遂打殺, 置後苑中, 以不潔灌之而甦. 遂遁在香岩寺閑和尙會中. 遂剃髮爲阿彌, 未受具戒. 一日與閑遊, 方到廬山, 閑題瀑布云, "穿雲透石不辭勞, 地遠方知出處高." 遂沉吟佇思, 欲鈞他語脉之如何. 宣宗卽續云, "溪澗豈能留得住! 終歸大海作波濤." 句, 可知終不居蟄, 可以飛騰也. 閑始知非常人. 武宗沙汰佛法, 武宗崩, 宣宗長髮繼位, 中興佛法. 此語史記中無, 故錄之.

조청헌공 열도의 게

조청헌공趙淸獻公 열도閱道[402]는 공무를 보는 한가한 사이에 매번 화두를 들었다. 하루는 관저官邸에 있던 중에 천둥소리를 듣고 깨달은 바가 있

---

400 『碧巖錄』 11칙(T48, 152b17~c4) 참조.
401 불법佛法 사태沙汰 : 사태沙汰는 쌀 속에 섞인 모래나 돌을 골라내는 것을 뜻하던 데서 선악·시비를 판별하는 것, 또는 조정이나 관부官府의 명령을 뜻하는 말로도 쓰인다. 중국에서 일어난 대표적인 법난法難으로 삼무일종三武一宗의 법난을 꼽는다. 북위 태무제太武帝 때의 '위무魏武법난', 북주 무제武帝 때의 '주무周武법난', 당나라 무종武宗 때의 '회창법난', 후주 세종世宗 때의 '후주後周법난'이 그것이다.
402 조청헌공趙淸獻公 열도閱道 : 조변趙抃(1008~1084). 송나라 때 구주衢州 서안西安 사람. 열도는 자이고 청헌은 시호이다. 호는 지비자知非子이다. 『宋史』 권315 「趙抃列傳」 참조.

어게 한 수를 지어 읊었다. "묵묵히 공청公廳에 앉아 그저 의자에 기대 있으니,⁴⁰³ 마음 작용은 그쳐 물처럼 고요하구나. 벼락 치는 소리에 참된 눈(頂門眼) 열리니, 본래 가지고 있던 내 보배를 불러일으킨 것이로세."⁴⁰⁴ 진실로 불 속에서 연꽃이 핀 격이로다(火中蓮).⁴⁰⁵ 불 속에 핀 연꽃이란 희유한 일을 뜻한다.

趙清獻公, 閱道, 公事之暇, 每會話頭. 一日在相府, 聞雷聲有悟, 卽吟一偈云, "默坐公堂虛隱几, 心源不動湛如水. 一聲霹靂頂門開, 喚起從前自家底." 眞可謂火中蓮也. 火中蓮者, 希有之稱也.

주문공의 시

주문공朱文公⁴⁰⁶은 석씨의 도에 대해 찬탄하기도 하고 헐뜯기도 하며 억양抑揚의 방법을 함께 썼다. 찬탄한 까닭은 세속의 번뇌를 씻어 주기 때문이고, 헐뜯은 까닭은 인륜의 기강을 수립하기 위해서였다. 그 자신 도학의 우두머리였기에 사람들을 가르치는 말이 부득불 이와 같았던 것이다. 주문공이 만년에 서재에 기거하며 경을 읊던 중에 시를 지었다. "평소 억지로 하는 일 없이 지내며, 잠시 석씨의 책을 펴 볼 뿐이라네. 세속

---

403 『莊子』「齊物論」에 이와 비슷한 구절이 나온다. 남곽자기南郭子綦가 의자에 기대어 앉아(隱机而坐) 하늘을 바라보며 길게 한숨을 쉬는 모습이 마치 짝을 잃어버린 듯하자 안성자유顏成子游가 곁에서 모시고 있다가 어떻게 말라 죽은 고목과 같고 꺼져 버린 재와 같으냐고 묻자 남곽자기는 자기를 잃어버렸다(喪我)라고 답한다.

404 『續傳燈錄』권12(T51, 545b15). 불혜 법천佛慧法泉은 조열도趙閱道의 이 게송을 듣고 다음과 같이 말하였다. 『續傳燈錄』권12(T51, 545b20), "조열도가 좋은 운을 만났구나.(趙悅道撞彩耳)"

405 화중련火中蓮 : 『維摩詰所說經』권2「佛道品」(T14, 550b4), "불 속에서 연꽃이 피어나는 일, 참으로 희유한 일이라네. 탐욕의 불 속에서 선을 수행함도, 또한 희유함이 이와 같아라.(火中生蓮華, 是可謂希有. 在欲而行禪, 希有亦如是.)"

406 주문공朱文公 : 주희朱熹(1130~1200). 자는 원회元晦·중회仲晦. 호는 회암晦庵·회옹晦翁 등.

의 번뇌에 끌려다니다 잠깐 쉬는 틈에, 초연히 도와 하나가 되누나. 문 닫아걸어 빽빽이 들어찬 대나무 숲, 산 비 내린 끝에 새 울음소리. 이 무위법을 깨닫고 나니, 몸과 마음 다 평온하구나."[407] 이로써 보건대 불경에서 얻은 바가 일천하지 않으니, 단지 갈망할 뿐만이 아닌 것이다.[408]

朱文公於釋氏之道, 或贊或呵, 抑揚幷用. 其揚之者, 所以洗世俗之累; 抑之者, 所以植人倫之紀. 身爲道學主盟, 故誨人之語, 不得不如此也. 公晚年有齋居誦經, 詩云, "端居獨無事, 聊披釋氏書. 暫息塵累牽, 超然與道俱. 門掩竹林密,[1)] 禽鳴山雨餘. 了此無爲法, 身心同晏如." 觀此則, 其有得於經者不淺, 非特私心向往而已.

---
1) 엮 '密'이 '幽'로 된 곳도 있다.

내복 견심의 시화詩禍

명나라 홍무 연간(1368~1398)에 승려 내복 견심來復見心[409]은 원나라 한림학사였는데 승려가 되어 호를 포암蒲庵이라 하였다. 일찍이 임금이 잔치를 베풀어 초대하는 자리에 부름을 받았는데 이를 사양하며 시를 지었다. "기원淇園[410]에 꽃비 내려 새벽에 향기 풍기며, 임금 수라상 가까이로 가사 끌어당기네. 궐하의 상서로운 구름은 치미선雉尾扇 일게 하고, 좌중의 붉은 수레 차양은 임금의 은총 발하네. 황금쟁반의 소합향蘇合香[411]

---
407 시 제목은 〈久雨齋居誦經〉이다. 주희가 진자앙陣子昻의 〈感遇詩〉를 본떠 지은 〈齋居感興〉 20수 중의 하나는 아니다.
408 마지막 구절은 연담 유일의 평이 아니라 영각 원현永覺元賢의 말이다. 이 글은 『永覺元賢廣錄』 권19 「朱文公熹傳贊」(X72, 494b3) 이하의 글과 동일하다. 『宗統編年』 권4(X86, 98a5) 참조.
409 내복 견심來復見心(1319~1391) : 저서에 『蒲庵集』이 있다.
410 기원淇園 : 중국 고대 위나라의 원림園林. 대나무 숲으로 유명했던 곳으로 전한다.
411 소합향蘇合香 : 조록나무 수지樹脂에서 추출한 향.

은 멀리 이역에서 온 것이요, 옥쟁반의 제호醍醐는 상방尚方에서 나온 것이라. 외람되게도 성은을 거듭거듭 입으니, 스스로 덕이 없음을 부끄러워하며 요임금(陶唐)과 같은 치세를 송축합니다." (왕은) '짐이 덕이 없어 비록 도당의 치세로 송축하고자 해도 나는 그럴 수 없다.'는 뜻이라고 여기고 마침내 내복을 죽여 버렸으니, 시화詩禍라 할 만하다.[412] 그 시에 '수殊' 자를 쓴 것은 우연이지 특별한 의도가 있었던 것은 아니다. '무덕송도당無德頌陶唐'이라는 구절은, 태백泰伯이 세 번이나 천하를 사양함에 백성들이 그 덕을 칭송할 도리가 없었다[413]는 예에 해당한다. 그 덕이 지극히 커서 칭송할 도리가 없음을 말한다. 내복이 읊은 '무덕송도당'의 뜻 또한 그러하니 칭송할 만하지 않다는 뜻이 아니다. 내복이 비록 옛 원나라의 대신이기는 하였으나 태조가 자주 불러 기문記文을 지은 일이 많았다. 그 문장이 모두 새 왕조를 찬양한 것인데, 어찌 유독 이 시에서만 남몰래 책망하는 마음을 담았겠는가! 태조가 제대로 성찰하지 못하고 죽이는 지경에까지 이르렀으니, 애석함을 누를 수 있겠는가!

洪武中, 僧來復, 以元翰林學士爲僧, 號蒲庵. 嘗承召賜食, 有謝詩云, "淇園花雨曉吹香, 手挽袈裟近御床. 闕下彩雲生雉尾, 座中紅芾動龍光. 金盤蘇合來殊域, 玉盌醍醐出尙方. 稠疊濫承天上賜, 自慚無德頌陶唐." 是謂 '朕無德, 雖欲以陶唐頌我而不能也.' 遂誅之. 可謂詩禍矣. 詩用殊字, 偶然也, 非有意也. '無德頌陶唐'者, 如太[1)]伯三以天下讓, 民無德以稱之之例也. 言其德至大, 故不能以稱也. 今'無德頌陶唐'之意亦然, 非謂無可稱也.

---

412 이상의 이야기는 이수광李睟光(1563~1628)의 『芝峯類說』에 실려 있다. 『芝峯類說』 권14 文章部 7 「詩禍」.
413 『論語』 「泰伯」, "공자께서 말씀하셨다. '태백은 그 덕이 지극했다고 할 만하구나. 세 번이나 천하를 사양하여 백성들이 그를 칭송할 도리가 없게 하였으니.'(子曰, '泰伯, 其可謂至德也已矣. 三以天下讓, 民無得而稱焉.')"

來復雖古元臣, 太祖屢召, 作記文者多矣. 其文皆贊揚新朝, 豈獨於此詩, 有所暗斥之心耶! 太祖不加省察, 以至於殺死, 可勝惜哉!

1) ㉠ '太'는 '泰'의 오기인 듯하다.

동파 소식의 다비

승려의 죽음을 열반涅槃, 원적圓寂, 귀진歸眞, 무성삼매無聲三昧, 서귀西歸라고 하며, 승려의 장사를 화욕火浴, 사유闍維, 다비茶毘라고 한다. 마지막의 두 용어는 범어이며 화장火葬을 뜻한다. 동파 소식이 책을 보던 중에 등불 심지를 자르다가 심지 끝에 남은 불꽃이 책에 떨어져 '승僧' 자를 태움에 즉흥적으로 시를 지었다. "모르는 결에 심지 불꽃 떨어져, 한 스님의 다비 치렀네."⁴¹⁴ 훌륭하다.

僧之死, 謂之涅槃, 亦謂圓寂, 亦謂歸眞, 亦云無聲三昧, 亦云西歸. 僧之葬, 謂之火浴, 亦謂闍維, 亦云茶毘. 後二語, 皆梵語, 此云火葬也. 東坡亦觀書, 剪燈花落册, 燒僧字, 作句云, "不覺燈花落, 茶毘一介僧." 妙矣.

돌들을 끄덕이게 한 축도생

'불경을 강설함에 돌들이 고개를 끄덕이다.'⁴¹⁵라는 말. 남조 진송晉宋 연간에 축도생竺道生 선사는 견해가 고매하여 대중에게 부합하지 못했다. 마침내 포기하고 홀로 호구산虎丘山에 들어가 소나무 가지를 불자拂子로 삼고 돌들을 자리에 배열하여 경론을 설하자 돌들이 모두 고개를 끄덕였

---

414 〈曹溪夜觀傳燈錄燈花落僧字上 口占〉, "山堂夜岑寂, 燈下看傳燈. 不覺燈花落, 茶毘一箇僧."

415 완석점두頑石點頭라고도 하며 완석후성頑石吼聲이라고도 한다. 일천제一闡提도 성불한다는 도생의 말을 아무도 알아듣지 못했지만 돌들만은 알아듣고 고개를 끄덕였다는 고사에서 나온 말이다.

다고 한다. 그 시에 "듣는 무리는 천 개의 돌이요, 불자(談柄)는 소나무 한 가지로다."⁴¹⁶라고 하였다.

談經石點頭者. 南朝晋宋之間, 道生禪師, 見解高邁, 不合於衆. 遂爲擯棄, 獨入虎丘山, 以松枝爲拂子, 列石于座以說經, 石皆點頭. 其詩云, "聽徒千介石, 談柄一枝松."

도안 법사와 습착치

동진의 도안道安 법사와 습착치習鑿齒는 방외方外의 사귐을 맺어 승려와 속인이라는 신분은 잊고 서로 농담을 나누는 사이였다. 하루는 동행하는데 도안이 앞서가고 습착치는 뒤에 가게 되었다. 습착치가 "키질하여 까불어 날리면 겨와 쭉정이가 앞으로 가기 마련이지."라고 하자, 도안이 즉대하였다. "쌀을 일면 모래와 자갈이 뒤에 남기 마련이지."⁴¹⁷ 하루는 습착치가 "사해의 습착치(四海習鑿齒)"라 하니 도안은 "미천의 석도안(彌天釋道安)"이라 하였다.⁴¹⁸ 삼연 김창흡 선생의 〈증흡사贈翕師〉라는 시에 "작은 섬이 두 사람 합하는 데 무슨 방해 되리오! 미천과 사해는 담소하는 사이였네."⁴¹⁹라고 하였는데 습착치와 도안의 말을 인용하였다. '두 사람 합한다'는 구절에 선생의 이름자인 '翕' 자를 쓴 점이 진실로 훌륭하다.

東晋道安法師, 與習鑿齒, 爲方外交, 忘其形骸, 相與戱謔. 一日同行, 僧前

---

416 『華嚴懸談會玄記』 권8(X8, 144c7) ; 『法華經指掌疏事義』(X33, 705a3) 참조.
417 이상의 대화는 『世說新語』 「排調」에는 왕문도王文度(王坦之)와 범영기范榮期(范啓)의 일화로 실려 있다.
418 『祖庭事苑』 권4(X64, 366a17).
419 『三淵集』 권7 〈次仲氏韻 贈翕師〉, "小島何妨兩翕公, 彌天四海笑談中. 白雲兄弟逢前後, 黃蘗襟期迹異同. 津筏捨時無此岸, 浪花空處更何風. 禪悤一拓西方豁, 掌內山河搃是東.【伯仲氏二十年前, 遇師於白雲山房, 而纔又邂逅于此故云.】"

儒後. 習曰, "簸而揚之, 糠稗先去." 安卽對曰, "汰而淘之, 沙石後來." 一日 習云, "四海習鑿齒." 安卽云, "彌天釋道安." 三淵先生, 贈翁師詩, "小島何 妨兩翁公! 彌天四海笑談中." 用習安之言. 而兩翁公者, 先生之名亦翁字, 誠好矣.

유가와 불가에서 망상을 대하는 방법

(신라) 남대 수안南臺守安[420] 화상의 게송에 "남대에서 향로에 향 사르고 고요히 앉아, 종일토록 평온히 온갖 생각은 잊었노라. 마음 작용을 멈추고 망상을 제거한 것이 아니라, 이미 사량할 일이 전연 없기 때문이라네."[421]라고 하였다. 근세近世의 노촌老村 임상덕林象德[422] 선생이 화답하였다. '한 부의 마음이라는 경전과 반 개지 향, 조장해서도 안 되고 잊어서도 안 된다네. 망상이 닥칠 때는 망상을 제거하고, 사량해야 할 때는 사량할 뿐.'[423] 두 시를 보건대, 유불儒佛의 대의를 알 만하다. 불가에서는 온갖 대상경계와 인연을 잊는 것은 사량할 일이 없기 때문에 멈출 마음 작용도 없고 제거할 망념도 없다. 영가 현각永嘉玄覺(675~713)이 "그대는 알지 못

---

[420] 남대 수안南臺守安 : 자세한 이력은 알지 못하겠다. 『禪家龜鑑』(H7, 644c1)에 법안종의 선사로 올라 있다. "법안종 : 설봉 의존이 방계로 전하여 현사 사비, 지장 계침, 법안 문익, 천태 덕소, 영명 연수, 용제 소수, 남대 수안 등의 선사로 이어졌다.(法眼宗 : 雪峯傍傳, 曰玄沙師備, 曰地藏桂琛, 曰法眼文益, 曰天台德韶, 曰永明延壽, 曰龍濟紹修, 曰南臺守安禪師等.)"

[421] '고요하여 의존함이 없을 때는 어떠합니까?(寂寂無依時如何)'라는 학인의 질문에 답하여 지어 준 송이다. '적적무의寂寂無依'라는 견해에도 속박되어서는 안 되고 털끝만큼이라도 이에 대한 집착을 남겨서는 안 된다는 의미이다. 『景德傳燈錄』 권24(T51, 401b12) ; 『禪門拈頌說話』 1315칙(H5, 863c2) ; 『佛祖直指心體要節』 권하(H6, 621c1).

[422] 노촌老村 임상덕林象德(1683~1719) : 조선 후기 문신. 자는 윤보潤甫·이호彝好, 노촌은 호이다. 저서에 역사서 『東史會綱』, 문집 『老村集』이 있다.

[423] 첫 구절 '一部心經半炷香'은 『老村集』 권1 〈雨餘書衙軒〉 二首 가운데 두 번째 수 경련에 보이나, 이하의 세 구절은 『老村集』에서 찾지 못하였다. 혼재되어 들어간 듯하다.

하는가, 공부를 다 마쳐 할 일이 없는 한가한 도인은, 망상을 제거하지도 않고 진심을 구하지도 않는다."⁴²⁴라 한 말이 바로 이 뜻이다. 유가에서는 조장해서도 안 되고 잊어서도 안 된다. 망상이 다가오면 제거하여 없게 만들고 사량할 만한 일이 있으면 사량한다. 불가에서의 '본래 망상도 없고 본래 사량할 일도 없다.'는 뜻과 비교하여 그 자체가 서로 반대된다. 불가에서는 세속을 벗어나 세속을 잊으니 망상도 없고 사량할 일도 없는 것이요, 유가에서는 세속에 들어가 세속을 보존하므로 격물치지格物致知한 후에 마음을 바루고 뜻을 성실히 하여 나라를 다스리고 천하를 태평하게 하는 도에 이르니⁴²⁵ 사량하지 않는 일이란 없다. 그런데 사람의 마음이 위태로운⁴²⁶ 까닭에 망상이 때로 일어나면 억눌러 제거한다. 맹자가 말한 '욕심을 막는다(遏人欲)'⁴²⁷는 바로 그 뜻이다.

新羅¹⁾南臺和尙, 偈云, "南臺靜坐一爐香, 終日凝然萬慮忘. 不是息心除妄想, 都緣無事可思量." 近世林老邨先生和之云, "一部心經半炷香, 莫須助長莫須忘. 來妄想時除妄想, 合思量處更思量." 觀二詩, 可以知儒佛大意也. 佛氏萬緣都忘, 無事可思量, 故無心可息, 無妄可除. 永嘉所謂, "君不見, 絕學無爲閑道人, 不除妄想不求眞"者, 亦是此意也. 儒氏則勿助長也, 亦勿忘也. 妄想來則除之, 令無有;可思量之事, 則思量焉. 與佛之本無妄想, 本無思量之意, 敵體相反也. 盖佛則出世忘世, 故無妄想也, 無思量也;儒則入世存世, 故格物致知, 以至正誠, 治平之道, 無非思量底事. 而人心愈危故, 妄想時起, 抑而除之. 亦孟子'遏人欲'之意也.

424『永嘉證道歌』(T48, 395c9).
425『中庸』참조.
426『書經』「虞書」〈大禹謨〉, "인심은 위태롭고 도심은 정묘하니 오직 정일精一해야만 진실로 그 중심을 잡을 수 있다.(人心愈危, 道心愈微, 惟精惟一, 允執厥中.)"
427『孟子』「梁惠王章句」下, "인욕을 막고 천리를 둔다.(遏人欲存天理)"

1) ㉠ '新羅'는 잘못 삽입된 듯하다. '衡嶽'이 맞을 듯하다.

목주 도명의 담판한

목주 도명睦州道明[428] 선사는 일찍이 학인들을 꾸짖어 '담판한擔板漢'이라 하였다.[429] 담판이란 단지 한쪽 면만을 본다는 말로서 견해가 반신불수처럼 불균형하다는 뜻이다. '면장面墻'[430]이라는 말과 거의 같다. 면장이 그 앞을 보지 못하는 것이라면 담판은 그 뒤를 보지 못하는 것이니, 모두 한쪽 면만을 보는 것이다.

睦州禪師, 嘗責人擔板漢. 盖擔板者, 只見一邊, 言其見解偏枯也. 與面墻之言畧同. 面墻者, 不見其前 ; 擔板者, 不見其後, 皆不見一邊也.

주장자와 죽부인

선가에서는 주장자를 목상좌木上座[431]로 삼으니, 마치 여염집에서 쓰는

---

428 목주 도명睦州道明 : 당나라 때 인물로 황벽 희운黃檗希運의 법을 이었다. 도종道蹤이라고도 하며, 진존숙陳尊宿·진포혜陳蒲鞋라고도 불린다. 처음에 절강성 목주 용흥사龍興寺에 머무르며 대중 100명을 불러 모아 문풍門風을 진작하여 진존숙이라 불리게 되었다. 후에는 종적을 감추고 방에서 포혜蒲鞋를 만들며 어머니를 봉양하였는데 사람들이 이를 알고 '진포혜'라 불렀다.

429 『景德傳燈錄』권12 「陳尊宿」(T51, 291b3), "목주는 납승衲僧이 오는 것을 보면 문을 닫았고 강승講僧이 오는 것을 보면 '좌주座主.' 하고 불러 그가 '예.' 하고 답하면 '담판한이로군.'이라 하였다.(師尋常或見衲僧來卽閉門, 或見講僧乃召云座主, 其僧應諾, 師云, '擔板漢.')" ; 『禪門拈頌說話』639칙(H5, 494b12) 참조.

430 면장面墻 : 『論語』「陽貨」, "공자께서 백어伯魚에게 말씀하셨다. '너는 〈주남〉과 〈소남〉을 배웠느냐? 사람으로서 〈주남〉과 〈소남〉을 배우지 않으면 담벼락을 정면으로 마주하고 서 있는 것과 같지 않겠느냐.'(子謂伯魚曰, '女爲周南召南矣乎? 人而不爲周南召南, 其猶正牆面而立也與.')"

431 목상좌木上座 : 항상 지니고 다니는 주장자를 상좌에 빗대어 표현한 말. 불일 본공佛日本空(오대 때 선사)과 협산 선회夾山善會(805~881)의 문답 가운데 나온다. 『景德傳燈錄』권20 「佛日本空傳」(T51, 361c21), "협산이 또 불일에게 물었다. '그대는 누구와 동행하였는가?' '목상좌와 동행했습니다.' '그는 어째서 나를 만나러 오지 않은 것인

죽부인竹夫人의 예와 같다. 시에서 이 두 물건을 짝지은 것[432]은 참으로 적절한 대구이다.

禪家以拄杖爲木上座, 如家竹夫人之例也. 若詩中以此二物爲對, 則政的對也.

중봉 명본의 분수分數

중봉 명본中峰明本(1263~1323)이 말하였다. "상자가 작으면 큰 것을 담을 수 없고 두레박줄이 짧으면 깊은 물을 길을 수 없다.[433] 대개 유한한 재량으로 말하자면 지나치게 쓸 수 없다. 또한 내가 3척尺 크기의 상자를 가지고 있으면 3척 되는 물건을 담을 수 있고, 내가 2장丈 길이의 두레박줄을 가지고 있을 뿐이면 3장 깊이의 물은 길을 수 없다. 딱 알맞아 가하다면 편안하고 한가하니 자재하여 어렵지 않지만, 알맞지 않아 불가하다면 놀라 허둥지둥하고 두려워하며 군색하여 감당하지 못한다. 그러므로 사람의 재량을 어찌 억지로 어떻게 할 수 있는 것이겠는가! 그런 까닭에 도인은 재량에 관대하고 사정을 서술함에는 간략하니, 그래야 옳다 하겠다."

가?' '화상께서 그를 직접 만나 보실 생각이 있으십니까?' '그는 어디에 있는가?' '승당에 있습니다.' 협산이 불일과 함께 내려가 승당에 이르자 불일이 바로 주장자를 잡아들고는 협산의 면전을 향해 던졌다.(夾山又問, '闍梨與什麽人爲同行?' 師曰, '木上座.' 曰, '他何不來相看?' 師曰, '和尙看他有分?' 曰, '在什麽處?' 師曰, '在堂中.' 夾山便共師, 下到堂中, 師遂去取得柱杖, 擲于夾山面前.)」;『祖庭事苑』권2(X64, 333a15).

432 蘇軾, 〈送竹幾與謝秀才〉, "平生長物擾天眞, 老去歸田只此身. 留我同行木上座, 贈君無語竹夫人. 但隨秋扇年年在, 莫鬪瓊枝夜夜新. 堪笑荒唐玉川子, 暮年家口若爲親."

433 『莊子』「至樂」, "옛날에 관자가 했던 말을 나, 구丘(공자)는 대단히 훌륭하다고 생각한다. '상자가 작으면 큰 것을 담을 수 없고 두레박줄이 짧으면 깊은 물을 길을 수 없다.'라고 하였으니, 대저 이와 같이 말한 까닭은 운명에는 정해진 것이 있고 형태에는 적합한 면모가 따로 있기에 덜거나 더할 수 없는 이치 때문이다.(昔者, 管子有言, 丘甚善之, 曰'褚小者, 不可以懷大; 綆短者, 不可以汲深.' 夫若是者, 以爲命有所成, 而形有所適也, 夫不可損益.)"

中峰和尙云, "'楮¹⁾小不可懷大, 綆短不可汲深.' 盖言其有限之才量, 不可過用也. 且吾有三尺之楮, 使懷三尺之物也, 吾有二丈之綆, 使汲三丈之深不可也. 適當其可, 則優游自在而不難也 ; 當其不可, 則驚畏窘逼而不堪也. 然則人之才量, 豈可强爲之使也! 故道人才量宜寬, 涉事宜簡, 庶幾其可也."²⁾

1) ㉄『莊子』에는 '楮'가 '褚'(주머니)로 되어 있다. '楮'에 '楮皮'라는 뜻 외에 '나무로 만든 상자'라는 뜻도 있으므로 원문을 따라 '상자'로 번역하였다. 2) ㉄ 정확한 출전 전거를 찾지 못하여 여기까지를 모두 중봉 명본의 말로 처리하였다.

각범 혜홍의 통찰

각범 혜홍覺範慧洪(1071~1128) 선사가 범엽范曄(398~445)이 지은『후한서』의 말을 인용하여, "상황이 곤란하면 불쌍히 여겨 보전해 주려는 정이 야박해지고, 생활이 넉넉하면 편안히 잘 지내려는 생각이 깊어진다. 높은 곳을 오르면서도 두려워하지 않는 사람은 서미胥靡⁴³⁴이고, 위험하게 마루 끝에 앉지 않는 사람은 귀한 집 자손이다."⁴³⁵라고 하였다. 참으로 실정에 딱 들어맞는 말이다. 지금 가난한 백성들이 매양 고통스러운 부역으로 핍박받으면서도 필시 말하기를 '차라리 죽으면 모를 텐데.'라고 하니 '불쌍히 여겨 보전해 주려는 정이 야박하고', '그 죽음을 두려워하지 않는다.'는 바로 그 경우이다.

覺範禪師, 引漢范曄之言曰, "事苦則矜全之情薄, 生厚故安存之慮深. 登

---

434 서미胥靡 : 이에 대해서는 이견이 많으나 노역에 복무하는 노예나 죄수, 미천한 신분의 사람을 지칭하는 것으로 보인다.『莊子』「庚桑楚」, "서미가 높은 곳을 오르면서도 두려워하지 않는 것은 생사에 대한 두려움을 버렸기 때문이다.(胥靡登高而不懼, 遺死生也.)" 성현영成玄英은 "서미는 부역에 징발된 사람이다.(胥靡, 徒役之人也.)"라고 하였다.
435 『後漢書』「馬融傳論」.

高不懼者, 胥靡之人也 ; 坐不垂堂者, 千金之子也." 眞實際語也. 今貧民,
每爲苦役所逼, 則必曰, 寧死而無知也, 所謂矜全之情薄而不懼其死也.

동산 청품의 고요한 경계

『능엄경』에 "지극히 고요한 광명이 막힘없이 통하리라."[436]라고 하였다. 옛날 선자禪者들은 심신을 전일하게 집중하여 지극한 고요함에 이르러 멀리서도 산 밖의 일을 꿰뚫어 보았으니, 크게는 천 리의 일을 멀리 내다보고 개미 싸우는 소리까지 세세하게 들을 수 있었다. 이는 모두 마음의 광명이 막힘없이 통하기 때문에 멀거나 가깝거나 모두 보고 세밀하거나 크거나 간에 모두 들을 수 있는 것이다. 동산 청품洞山淸禀[437] 선사는 오로지 좌선을 하였는데 하루는 시자를 불러 "법당에 내려가 보라. 나무를 끄는 자에게 섬돌을 상하게 하지 말라고 일러라."라고 하였다. 시자가 나가 보았으나 아무도 없었다. 돌아와 고하기를 "고요하니 인적은 전혀 없습니다."라고 하였다. 동산 청품이 다시 가서 살펴보라 함에 시자가 섬돌에 다가가 고개를 숙이고 내려다보니 여러 마리의 개미가 잠자리 날개를 끌고 섬돌 계단을 따라 올라가고 있었다. 이 어찌 고요함이 지극한 경지에 이른 것이 아니겠는가! 그런 까닭에 개미가 잠자리 날개를 끌고 가는 소리가 마치 나무를 끌고 가는 소리만큼이나 컸던 것이다.[438]

---

436 『楞嚴經』 권6(T19, 131a23).
437 동산 청품洞山淸禀 : 강서성 서주瑞州 출신. 운문 문언의 법을 이었다. 『五燈會元』 권15 「洞山淸禀章」(X80, 313a21), "운문을 찾아가자 운문이 물었다. '금일 어디서 오는 길인가?' '혜림慧林입니다.' 운문이 주장자를 들고는 '혜림 대사는 어디로 갔느냐? 그대는 보았느냐?'라고 묻자 청품은 '이 물음의 뜻을 깊이 알겠습니다.'라고 하였고 운문은 주위를 돌아보며 미소할 뿐이었다. 청품은 이로부터 입실入室하여 깨달음을 인가받았다.(參雲門, 門問, '今日離甚處?' 曰, '慧林.' 門擧拄杖曰, '慧林大師恁麼去? 汝見麼?' 曰, '深領此問.' 門顧左右微笑而已. 師自此入室미悟.)"
438 『智證傳』(X63, 180c23), 「指月錄」 권21(X83, 637c8) 참조. 구여직瞿汝稷(1548~1610)은 이 일화에 대해 다음과 같이 덧붙였다. 『指月錄』 권21(X83, 637c12), "나(幻寄)는 이

楞嚴經云, "靜¹⁾極光通達." 古之禪者, 收斂身心, 以至於極靜, 則能遠見山外之事, 大則遠見千里之事, 細聽蟻鬪之聲. 此皆心光通達故, 遠近皆見, 細大皆聽. 洞山淸稟禪師, 惟宴坐, 一日呼侍者曰, "下法堂. 謂曳木者, 無損階砌." 侍者出視無有. 還白, "寂無人跡已而." 又使見之, 侍者臨階俯視, 乃羣蟻曳蜻蜓翼, 緣階而上也. 豈非靜極! 故聽蟻曳蜻蜓翼之聲, 如曳木之聲也耶.

---

1) ㉺『楞嚴經』에는 '靜'이 '淨'으로 되어 있다.

호랑이의 별칭

각범의 『지증전』에 "호랑이를 일명 이이李耳⁴³⁹라고 하는데 호랑이가 동물을 먹을 때 귀는 먹지 않기 때문에 그 이름을 휘諱하여 이렇게 부른 것이다. 그러나 호랑이가 사람을 먹을 때는 귀 한쪽을 늘 먹어 없앤다고 한다."⁴⁴⁰라고 하였는데, 호랑이를 이이라고 부르는 말이 어느 책에서 나왔는지 알지 못하겠다.

렇게 평가한다. 범부의 분별이나 성인의 헤아림이나 모두 전변한다. 비록 시방세계의 형상을 꿰뚫어 보고 삼계의 소리를 두루 듣는다 해도 성인의 헤아림에 속한 전변일 뿐이다. 청품 선사가 개미가 잠자리 날개를 끌고 가는 소리를 나무를 끌고 가는 소리처럼 들었던 일도 그 신통력이 흐릿하여 분명하지 못함이 마치 꿈속의 경계에 있었던 것과 같을 뿐이다. 반면에 각범은 (『智證傳』에서) 고요함이 지극히 묘한 경계에 이르렀다면서 그 경계를 인정하였지만, 이는 경전에서 '전변하지 않음이 정묘함이다.'라고 한 것과는 다르지 않은가! 어떤 것이 전변하지 않는 것인가? 잠자리 날개이다.(幻寄曰, 凡情聖量皆轉也. 雖洞見十方, 徧聞三界, 猶屬聖量之轉. 槀師以蟻曳蜻蜓翼爲曳木, 其靈通昧略, 若在夢境. 而覺範以靜妙許之, 異乎經之所謂不轉爲妙哉! 如何是不轉? 曰, 蜻蜓翼.)"

439 이이李耳 :『太平御覽』, "풍속통의風俗通義』에, 호랑이를 이이라고 부른다. 속설에 호랑이는 본래 남군 중려 이씨가 변화하여 된 것인데 '이이'라고 부르면 좋아하고 '반班'이라고 부르면 분노한다고 한다.(風俗通, 呼虎爲李耳. 俗說虎本南郡中廬, 李氏公所化爲, 呼'李耳'因喜, 呼'班'便怒.)"

440 『智證傳』(X63, 195a17).

覺範錄云,"虎一名李耳, 故虎食畜時, 不至耳, 諱其名也. 然虎每食一人, 耳輒一缺."虎名李耳之言, 未知出於何典也.

8. 삼연 김창흡 선생 시집에 쓰인 불교 용어 해설
【연담 유일 풀이】[441]

三淵先生詩集中用佛語解【有一註】

1) 제1권 第一卷

만덕사萬德寺

만덕사는 강진에서 남쪽으로 10리 거리에 있다. 수련首聯 첫 구의 "송호에서 석문교를 돌아 나온다."라는 구절은 영암 송호촌(백옥봉白玉峯[442]의 시골집이다.)에서 석주원 다리를 지나 만덕사를 향하고 있는 모습이다. 함련頷聯에서 '영취사靈鷲寺'라 한 것은 만덕사를 가리킨다.

在康津南十里. 初句"松湖回出石門橋"者, 盖自靈岩松湖村,【白玉峯村庄也.】出石柱院橋, 向萬德寺也. '靈鷲寺'指萬德寺也.

- 〈萬德寺〉

松湖廻出石門橋, 驅馬悠悠傍海遙.
暮雨上尋**靈鷲寺**, 高樓南受合肥潮.

---

441 이하에서 삼연 김창흡의 시는 살펴보기 편하도록 원문 아래에 제시한다.
442 백옥봉白玉峯 : 백광훈白光勳(1537~1582). 자는 창경彰卿, 옥봉은 호이다. 일명 백광선생白光先生이라고도 불리며, 최경창崔慶昌·이달李達과 함께 삼당시인三唐詩人이라 일컬어진다.

憁連梧竹浮蒼翠, 鐘合波濤撼聞寥.
今夜定應高處宿, 細看雲物漲晨朝.

석문 합장굴石門合掌窟[443]

만덕사 산봉우리에서 구불구불 내려와 10리 거리에 이르면 석문산 봉우리에 암자 굴이 있는데, 대단히 아름답다.

"石門合掌窟"者, 自萬德寺峯岳, 逶迤而下, 至十里, 有石門窟, 極爲妙好也.

- 〈石門合掌窟〉
  靑霞淑氣日南浮, 浴海歊天鬱未收.
  卓犖玉成千嶂峻, 瀰溁珠迸細泉流.
  石橋宛入天台度, 冬栢疑攀桂樹留.
  向夕步從雲際降, 回看半似夢中遊.

신흥사시新興寺詩

이 시 제5구에 금을 깐 정원, 즉 '포금원布金園'[444]이란 기원정사祇園精舍를 말한다. (기원정사에 대해서는) 앞서 유초類抄에서 보았다. 제6구의 '산화탑散花塔'은 『유마경』에 '천녀가 탑에 꽃을 뿌렸다.'[445]는 일화에서 나

---

443 합장굴合掌窟 : 전라남도 월출산月出山에 있는 암자.
444 포금원布金園 : 수달장자須達長者가 기원정사 땅에 금을 깔아 그것을 사서는 부처님께 바쳤다는 일화에서 나온 말.
445 『維摩詰所說經』 권중 「觀衆生品」(T14, 547c23), "이때 유마힐의 방에 한 천녀가 있었는데 여러 천인天人들의 설법을 듣고는 그 몸을 드러내 하늘의 꽃을 여러 보살과 대제자들에게 뿌렸다. 보살들에게 뿌려진 꽃은 즉시 모두 떨어졌지만 대제자들에게 뿌려진 꽃은 떨어지지 않았다. 제자들이 모두 신통력으로 꽃을 털어 내려 했지만 그러

온 말이다.

詩 '布金園'者, 卽祇園也, 見上類抄. '散花塔'者, 維摩經云, 天女散花於塔上也.

- 〈新興寺〉
雄構宜崇基, 人天著屼□.
窈窕地靈謐, 交互峰勢迭.
布金園已廣, **散花塔**欲列.
峻樓敞南向, 誠以延明月.
三五矧伊夜, 我興斯超忽.
興言遡微白, 桂華逗幽樾.
餘淸赴懸鐘, 極明抵數髮.
亭亭羣寂內, 素瀨鳴不歇.
高詠返冥默, 單坐逾如兀.

원유시遠游詩

제8구에 나오는 '중향산衆香山'[446]은 금강산의 다른 이름이다. 제12구에 나오는 '황정黃精'【약명藥名】은 선가仙家에서 이것으로 밥을 짓는다는 것이다. 대개 이것을 아홉 번 찌고 아홉 번 말려 가루로 만들어 물에 타서 장기간 음용하면 기를 보하고 몸에 살이 오른다고 한다.

지 못하였다.(時維摩詰室有一天女, 見諸天人聞所說法, 便現其身, 卽以天華, 散諸菩薩, 大弟子上. 華至諸菩薩, 卽皆墮落, 至大弟子, 便著不墮. 一切弟子神力去華, 不能令去.)"

[446] 삼연 김창흡의 시에는 '중향성衆香城'으로 되어 있다. 강원도 금강산 내금강 지역 백운대 북쪽에 위치해 있다. 바위들이 수없이 층층으로 쌓여 있고 향불에서 피어나는 연기가 성벽을 둘러친 것 같다 하여 비롯된 지명이라고 한다.

'衆香山', 金剛山之異名也. '黃精'者【藥名】, 仙家以此作飯. 盖黃精, 九蒸九乾, 作末和水, 長飮則補氣而身肥也.

- 〈遠遊〉
  明月照千里, 白鶴東向鳴.
  淸聲順風至, 引我遠遊情.
  遠遊欲安之, 登擧出九紘.
  朝馳太華山, 夕息**衆香城**.
  東皇與四儸, 夙昔勸長生.
  忘言存谷神, 服食兼**黃精**.
  受訣逾十載, 歲暮未合幷.
  玄氷結玉樹, 素雪漂瓊英.
  天津路窮絶, 雲漢何逕庭.
  訾黃苟不下, 岱宗安可征.
  恐懼失所欲, 延首淚沾纓.

2) 제2권 第二卷

월야시 月夜詩

제16구 "좌선한 지 오래되 종소리·범패 소리도 들리지 않네."에서 패唄는 범패梵唄를 말한다. 이 시에서는 중생을 이끌어 불도로 들어가게 하는 소리[447]를 뜻한다.

---

[447] 『法華經』 권6 「法師功德品」(T9, 49c7), "깊고 청정한 최상의 소리로 대중에게 설법하시며, 갖가지 인연을 비유로 중생의 마음을 제도하시니, 듣는 이들 모두 환희하여 최상의 공양 올리네.(以深淨妙聲, 於大衆說法, 以諸因緣喻, 引導衆生心, 聞者皆歡喜, 設

"坐久鍾唄稀." 唄, 梵唄也. 今所謂引導聲也.

- 〈月夜〉
神霞啓明月, 月出松風吹.
微星澹在西, 行陰無停機.
羣品受冲素, 餘者混翠微.
采菊起彷徨, 金波露沾滋.
苔竇耿瀰濴, 雲崿含淸霏.
容光獨奚宜, 蓮宇半掩扉.
灝氣不盈掬, 猶自潤我衣.
神超象緯近, **坐久鐘唄稀**.
誰爲不寐僧, 吾與分淸輝.

병야도회시病夜悼懷詩

제8구의 "정신이 몸 떠나고 나면 오온五蘊도 텅 비리라."라는 구절에서 오온은 색온·수온·상온·행온·식온을 가리킨다. 첫 번째 색온은 색신色身을, 뒤의 네 가지는 각각 감수 작용·심상心像·심리 작용·심의식心意識 등 네 가지 마음을 의미한다.

"神去五蘊虛"者, 色蘊受蘊想蘊行蘊識蘊也. 一色身也, 後四心也.

- 〈病夜悼懷〉
玄夜閉脩廊, 遙遙二更餘.
淸燈獨在左, 人迹久已疎.

諸上供養.)"

輾轉枕上叫, 肝腸默相於.
慟甚一身疲, **神去五蘊虛**.
忽忽却不省, 謂伊在平居.
不知爲誰故, 零淚屢沾裾.
沾裾心始驚, 痛毒實難除.
斯心亦須臾, 嗒焉復如初.
夢覺特未定, 天淵渺鳥魚.
爲問逝者心, 于今定何如.

석천사야우시 石泉寺夜雨詩
기구起句의 "온 골짜기의 냇물 소리 난야蘭若에 요란하다."라는 구절에서 난야에 대해서는 앞서 유초에서 살펴보았다.

"衆壑喧蘭若." 蘭若, 見上類抄.

- 〈石泉寺夜雨〉其二
  衆壑喧蘭若, 千花奮翠微.
  疲人深一臥, 靜失春風機.

춘야 기이시 春夜其二詩
승구承句의 "방장실에 등불이 무에 필요 있을까."라는 구절에서 장실丈室에 대해서는 앞서 유초에서 살펴보았다.

"何須丈室燈." 丈室, 見上類抄.

■ 〈春夜〉其二

濯濯淸溪月, **何須丈室燈**.
春衣滿襟白, 持以詑高僧.

마하연摩訶衍

금강산에 마하연 봉우리가 있다. 마하연(Ⓢmahāyāna)은 범어이고 '대승大乘'이라 한역한다. 불가에는 대승·소승이 있는데, '승乘'이란 배를 타고 바다를 건너는 것과 같이 일체중생을 제도한다는 뜻이다. 중생을 죽음이라는 바다에서 구제하는 이들이 보살대승이다. 단지 스스로 제 한 몸을 제도하는 부류는 성문소승聲聞小乘이라 한다. 시의 제1구에 나오는 '담무갈曇無竭'은 보살의 이름이다. 『화엄경』에 '바다에 금강산이 있는데 담무갈 보살이 일만 이천 보살과 함께 머무르고 있다.'[448]라는 등의 내용이 보인다. 담무갈의 한역 이름은 '법기法起'이다. '금강산 일만 이천 봉'이라는 말은 이 경에서 비롯하였다. 개개 봉우리마다가 보살의 온몸 자체이다. 금강산은 바다 밖 후미진 곳에 있으나 경전에 그 이름이 실려 있으니 가히 명산이라 하겠다. 중국인들이 한 번이라도 보기를 소원했으니 참으로 당연한 일이로다. 당나라 시에 '삼한국三韓國에 태어나 한 번이라도 금강산 보았으면'[449]이라는 구절이 있기도 하다. 제12구의 "잠시 갓(벼슬자리)을 벗고 쉬고 싶구나."라는 것은 잠시라도 승려가 되고 싶다는 표현이다. 제14구의 "제유諸有[450]를 멸하여 없애다."라는 것은 세간의 갖가지 일들에

---

448 80권본 『華嚴經』 권45(T10, 241b23) 참조.
449 누구의 시 구절인지에 대해서는 의견이 분분하나 모두 확실한 전거는 없다. 『東師列傳』 권6 「湖隱講師傳」(H10, 1067c3) 등에는 당나라 때의 명장 위국공衛國公 이적李勣(李靖)이 지었다고 되어 있다. 동파 소식이 한 말이라는 설도 있다. '三韓國'이 '高麗國' 또는 '高麗夷國'으로 되어 있는 곳도 있다.
450 제유諸有 : 삼계三界에서 윤회하는 모든 중생 또는 그 세계. 이십오유二十五有 등의 일체의 미계迷界를 가리킨다. 40권본 『涅槃經』 권4(T12, 387b23), "제유에서 벗어나

대한 집착을 소멸해 떨어내 버렸다는 뜻이다.

金剛山中有摩訶衍峯. 摩訶衍者梵語, 此云, 大乘也. 佛家有大乘小乘, 乘者, 如乘船渡海, 濟一切衆生. 渡生死海者, 菩薩大乘也. 但自度一身者, 聲聞小乘也. 詩初句'曇無竭'者, 菩薩之名也. 華嚴經云, '海有金剛山, 曇無竭菩薩, 與一萬二千菩薩同住云云.' 曇無竭, 此云, 法起也. 金剛山一萬二千峯者, 出於此經. 盖峯峯菩薩全身也. 且金剛山, 僻在海外, 而名載經中, 可謂名山. 宜乎華人之願一見聞. 唐人詩, '願生三韓國, 一見金剛山.' "欲暫息纓辯"者, 欲暫爲僧也. "滅沒諸有遣"者, 世間諸有之事, 滅沒而遣之也.

- 〈摩訶衍〉

　言觀**曇無竭**, 行息摩訶衍.
　林開有靜柯, 溪平少驚濺.
　窈窕境自別, 眞興不可選.
　蒼蠅對我蹲, 靑鴿晝稀囀.
　已有冥樓僧, 客至湛相見.
　無言能感余, **暫欲忽纓弁**.
　蕭條害馬去, **滅沒諸有遣**.
　山䬃風以開, 衆香若披面.
　信宿度晴雨, 心依悵身轉.
　將去捫老木, 此桂誠可戀.

야 비로소 열반이라 한다. 이 열반에 제유는 없다.(離諸有者, 乃名涅槃. 是涅槃中, 無有諸有.)"; 『宗鏡錄』 권31(T48, 597c21), "제유를 버린 경지가 진실한 해탈이며, 진실한 해탈 그대로가 여래이다.(捨諸有者, 卽眞解脫, 眞解脫者, 卽是如來.)"

구룡연가 九龍淵歌

제5구에 "쉰셋 부처님"이라 한 것은 상고에 오십삼불이 있었는데 인도의 석선石船에 오십삼불을 주조한 불상을 싣고 이 산 아래에 이르러 정박하고는 유점사楡岾寺에 봉안하였다고 한다.

"五十有三佛"者, 上古有五十三佛, 聞自天竺石舡, 載五十三佛鑄像, 來泊此山之下, 奉安于楡岾[1]寺.

---
1) ㉠ 원문의 '店'을 '岾'으로 고쳤다. 이하 동일.

- 〈九龍淵歌〉
  水落毘盧峰, 鏗鏗萬仞壑.
  東兼九井峰下溪, 流向海門石壁隘.
  西來**五十有三佛**, 夜半驅龍以金策.
  龍失宅叫其子, 雲亦片片與龍徙.
  淪洞百丈龍實都, 環以揷天雲錦壁.
  九淵上下白石素, 明鏡爲底水銀滴.
  鼓鼙磨鼞石痕古, 龍之爲變見佛力.
  初淵觀者慄未逼, 及至終淵髮皆肅.
  髮森森步躑躅, 松林倚身足底瀑.
  冥游諸僧歌霽日, 爾忘風雷閃不測.
  滄瀛苦闊嚴竇小, 淵雲爲雨沛東國.
  誰知淵龍非海龍, 誰知九淵非一宅.

백탑동시 百塔洞詩

제29구·제30구의 "세 수레가 하나로 귀결되니, 물고기를 잡기 위해 통발은 속임수일 뿐."에서 '세 수레(三車)'란 양·사슴·소가 끄는 수레로서 각각 성문·연각·보살 삼승三乘을 비유한다. '하나로 귀결된다.'는 말은 『법화경』의 '삼승을 회집하여 일승一乘의 진실한 가르침으로 귀의하도록 한다.'[451]는 취지로서 『중용』의 '만 가지를 모아 하나의 이치로 돌아간다.'[452]는 뜻과도 통한다. '물고기를 잡으면 통발을 잊는다.'[453]는 말은, 통발로 물고기를 유인하여 물고기를 잡고 난 뒤에는 통발을 버린다는 말이며, 문자에서 의리義理를 구하지만 의리를 얻고 나면 문자를 버린다는 뜻을 함의한다. 시에서 이 말을 인용한 것은 경물로 인해 정감을 얻고 정감이 일면 경물은 잊는다는 뜻을 표현하기 위해서이다. 그렇기 때문에 마지막 두 구절에서 "흥에 이끌려 흥이 이미 막힘없으니, 번뇌 물리치는 따위를 다시 논할 일이 무엇이랴."라고 한 것은 바로 이런 까닭에서이다. 경물이 흥을 유발하였고 흥이 이미 시원하고 후련하게 일었으니 다시 번뇌의

---

451 『法華經』을 특징짓는 사상으로 구원성불久遠成佛과 회삼귀일會三歸一을 꼽을 수 있다. 역사적인 석가모니 부처님은 중생을 제도하기 위해 방편으로 인간의 모습으로 세상에 출현하신 것이며 부처님은 아득히 먼 과거로부터 이미 성불하여 지금도 두루 진리를 드러내 보이고 계신다는 것이 구원성불 사상이고, 성문·연각·보살이라는 세 가지의 차별이 없어져서 삼승三乘이 다 함께 하나의 일불승一佛乘으로 돌아가 성불하게 된다는 것이 회삼귀일 사상이다. 먼저 세 가지 수레를 주어 방편으로써 아들들을 불길에서 나오게 한 뒤 큰 소가 끄는 수레인 대승을 타고 벗어나도록 한다는 비유를 들어 이를 설명한다. 『法華經』 권1 「方便品」(T9, 8a17), "시방의 수많은 불국토 중에 오로지 일승법만 있을 뿐, 이승도 삼승도 모두 없다.(十方佛土中, 唯有一乘法, 無二亦無三.)" 부처님의 말씀은 다양한 방편에 따라 여러 가지로 제시되는 것일 뿐 그 진실이란 오직 하나뿐이라는 뜻이다.

452 『中庸章句』 30장의 "만물이 함께 길러지나 서로 해치지 않고, 도가 함께 행해지나 서로 어그러지지 않는다. 작은 덕은 냇물의 흐름과 같고 큰 덕은 교화를 두터이 하니, 이것이 바로 천지가 위대한 까닭이다.(萬物竝育而不相害, 道竝行而不相悖. 小德川流, 大德敦化, 此天地之所以爲大也.)"의 대의를 요약한 것으로 보인다. 소덕小德은 일본一本이 만수萬殊로 흩어진 것이고, 대덕大德은 만수가 일본에서 근원하는 것을 의미한다.

453 득어망전得魚忘筌: 토끼를 잡으면 올무는 잊는다는 득토망제得兎忘蹄와 같은 말. 『莊子』「外物」, "통발은 물고기를 잡기 위한 도구이니 물고기를 잡고 나면 그 통발은 잊고, 올무는 토끼를 잡기 위한 도구이니 토끼를 잡고 나서는 그 올무를 잊는다. 말이란 뜻을 통하는 데 목적이 있으니 뜻을 통하고 나면 그 말을 잊는다.(筌者, 所以在魚, 得魚而忘筌 ; 蹄者, 所以在兎, 得兎而忘蹄. 言者, 所以在意, 得意而忘言.)"

경물을 물리치는 일은 논할 필요가 없다는 뜻이다.

"三車數歸一, 得魚筌可諼." 三車者, 羊車鹿車牛車, 以喩聲聞緣覺菩薩三乘也. 數歸一者, 法華經中, 會三乘歸一乘之意, 如中庸會萬殊歸一理也. 得魚忘筌者, 以筌取魚, 得魚則捨筌也, 以文字求義理, 得義則捨文字也. 今引此者, 盖因景得情, 情生則忘其景也. 故末句"誘興[1]已暢, 遣有復奚論"者, 以此也. 謂境能誘興, 興已暢快, 還遣有景, 不必論也.

---
1) ㉮ '興' 자 다음에 '興' 자가 누락되었다.

- 〈百塔洞〉

經險九龍淵, 樂餘神猶奔.
遣想在百塔, 往踐高僧言.
飄颻金策先, 颯纚蘿衣翻.
氤氳登一路, 屈折訪渾元.
翠壁多瑩秀, 丹嶂互飛騫.
寺遠棧梯斷, 莓莓怪石□.
厲澗隨飲鹿, 攬蔓擬騰猿.
屟滑柔林黃, 帶掣老樹根.
屢坐非息疲, 多愛玉溜喧.
披煙摘潛穎, 順風馥幽蓀.
采藥心無限, 高視白雲屯.
曜靈將半規, 每懷未窮源.
山霾雨將結, 嶺極雪猶繁.
終然諸景萃, 惡睹列塔存.
三車數歸一, 得魚筌可諼.
誘興興已暢, 遣有復奚論.

가섭굴자伽葉窟者

가섭迦葉[454]은 부처님의 제자이다. 부처님의 의발衣鉢을 받고 나서 계족산鷄足山 굴에 들어가 미륵불彌勒佛이 세상에 나오시면 석가모니의 의발을 바치고자 기다리며 지금에까지 선정禪定에 들어 있으면서 입멸하지 않고 있다고 한다. 그런 까닭에 우리 해동의 여러 산에 깊은 굴들이 많은데 가섭의 굴을 모방하여 '가섭굴'이라 이름 붙인 것일 뿐, 어찌 서역의 가섭이 이 굴에 와서 선정에 들어서이겠는가!

伽葉, 佛之弟子也. 受佛衣鉢, 入鷄足山窟中, 以待彌勒佛出世, 獻其釋迦之衣鉢也, 現今人[1]定不死也. 故我海東諸山有深窟, 則冒稱迦葉窟, 豈西域之迦葉, 來此窟入定也.

1) ㉠ '人'은 '入'의 오자인 듯하다.

- 〈伽葉窟〉

携僧將索祕, 逾往涉幽昧.
捫蘿拂厭浥, 降壑貫靉靆.
神恬忘積疲, 境遞生新愛.
空靑散輕綺, 淸涓續鳴珮.
磴轉絳氣拆, 風蘿儞肺肺.
靈窟棲淡泊, 幽龕寂相對.
邃然麋鹿寡, 守玆誰能每.

---

454 가섭迦葉 : 부처님의 십대제자 중 한 사람. 엄격한 두타행頭陀行을 수행하여 두타제일頭陀第一이라 일컬어진다. '가섭'은 바라문 계급의 성姓으로서 이 성을 가진 사람 중에 출가하여 불제자가 된 이가 많으므로 그들과 구별하여 대가섭大迦葉·마하가섭摩訶迦葉(S Mahākāśyapa)이라 부른다. 한역하여서는 대음광大飮光·음광존자飮光尊者 등으로 불린다.

僧夏蘿壁頓, 佛影葯房晦.
環簷山影厚, 瓊峰皓以戴.
瓌奇竦物象, 淸鬆秀天態.
晨登豈不峻, 半入高雲內.
振衣恐非余, 怡悅使心噯.
一身有升降, 妙物趁身在.
鳶高暢不閡, 魚淪悅無礙.
竟皆人外樂, 畢命吾無悔.

수미대須彌臺와 봉래가蓬萊歌

이들 시에서 언급된 절은 모두 금강산을 가리킨다. 예전에도 여러 시에서 한결같이 금강산을 읊었으나 금강산을 직접 유력하는 데까지는 겨를이 미치지 못한 까닭에 시에서 누대 이름이나 지칭하고 있는 곳을 잘 이해하지 못하는 경우가 많다.

須彌坮蓬萊歌, 寺皆指金剛山也. 向來諸詩, 皆吟金剛, 而金剛未及游歷, 故詩中坮[1]名及所指, 多有未會者.

1) ㉯ '坮'는 '坮' 또는 '臺'의 오자인 듯하다.

- 〈須彌臺〉

摘花須窮百尺枝, 探珠須沒九重淵.
登山不深入, 妙境胡得焉.
我從圓通問邪徑, 云從若士與列僊.
朝登船菴北, 皓若重帷褰.
戌削崢嶸復卓犖, 聞名千峰皆積玉.
望望秀色去忘足, 捫斷幽蘿玄雪落.

蘭林婀娜開自扇, 白日氤氳漫山栢.
淸泠之水來一抱, 白塔自起非人造.
毘盧西轉永郞岾, 異氣盤紆積來早.
寥聞怳惚天地戶, 寂寞恬愉采眞道.
徘徊欲起復不起, 更望瑤臺奇絶倒.
東皇膏澤靑瑤流, 永郞氣息金光草.
吾將命此爲瑤圃, 吾將與君稱三老,
淡泊神明永相保.
遂令白雲騰, 往求三靑鳥.
雲亦不復來, 鳥入寥天渺.
羲和倚崚嶒, 告余以忽忽.
玄熊食草走洮洮, 將欲歸來恫怳惚.

- 〈蓬萊歌〉

蓬萊羣峰羅碧天, 世人强名萬二千.
往昔傳在渤澥中, 何時移來渤澥邊.
赤縣羣主輕五嶽, 願登此山爲神僊.
鯨翻鼇作經幾載, 出門西來山崒然.
是何山高氣太淸, 使我起疑鴻濛前.
長安谷口列栢森, 香爐峰前萬瀑深.
氤氳古道走瓊窟, 合沓穹林邃碧岑.
此是松喬出入門, 餐霞茹芝道不煩.
行掃白雲捫石髮, 九淵蕩碧三花春.
嘈嘈天籟矯游龍, 翳翳菌桂醉幽人.
別有高明天逸臺, 歸來倚策重徘徊.
徘徊東望山滿眼, 一一乃見眞蓬萊.

蓬萊復蓬萊, 刻削以崢嶸.

物類之所象, 竦跱或若驚.

隱隱煙雪, 的的羅星.

青靄倏忽永郎岾, 白玉錯落衆香城.

香城灝氣結繁霞, 一鶴高厲雲路賒.

因憶蓬萊落海時, 銀臺金闕坐來疑.

扶桑日紅波雪山, 衆岫復似驚波馳.

山高海闊變化通, 太一下顧增嗟咨.

人間何地擬此山, 天上何儒不往還.

我奈蓬萊三入何, 空花飄眼玄鬢斑.

留亦不可久, 興亦不可闌.

臨當下黃塵, 更奈毘盧何.

天台四萬八千丈, 輿公獨不負嵯峨.

登高能賦後人多, 我姑采藥於香城之陽阿.

백마편白馬篇

마지막 구의 '만호영曼胡纓'에서 만호曼胡는 칠보 가운데 마류瑪瑠라는 구슬이 있는데 만호와 음이 비슷하므로 마류를 만호라 한 것이다. '단후의短後衣'는 무사들이 입는 옷이다.[455]

白馬篇, 末句'曼胡纓'者, 七寶中有瑪瑠珠, 與曼胡音相似, 應以瑪瑠爲曼胡也. '短後衣', 武士衣也.

---

[455] 만호영曼胡纓은 문양도 없고 굵고 투박한 투구 끈을, 단후의短後衣는 뒤의 폭이 짧은 상의上衣를 가리킨다. 모두 활동에 편리하도록 만든 것으로 무사들이 입는 옷이다. 『莊子』「說劍」 참조.

- 〈白馬篇〉

  白馬龍爲友, 上有邯鄲兒.
  邯鄲重意氣, 善射且能騎.
  騎來將北征, 愈覺馬權奇.
  纏星寶校鞍, 照日連環羈.
  前見絡黃金, 後見曳青絲.
  馳上代雲中, 瀏瀏度如飛.
  邊沙行且靜, 胡騎匿已稀.
  飛狐生北風, 白雪下霏霏.
  軍中無夜警, 行獵示輕肥.
  鳴弓磨笴山, 據鞍鴈門陲.
  雙雕驚且墜, 左顧殪豹螭.
  凌厲萬餘里, 復渡漳河歸.
  歸拜武靈王, 獻以赤虎皮.
  朝賜**曼胡纓**, 暮賜**短後衣**.

3) 제3권 第三卷

이서경에 대한 만시挽詩

그 두 번째 수 제4구에 "파초와 같이 정해진 것이 없는 몸"이라는 것은 『정명경』에서 '이 몸은 파초와 같아 알맹이가 없다.'[456]라 한 말과 같은 의미이다.

---

[456] 『說無垢稱經』 권1(T14, 560c22) 참조. 육신을 취말聚沫·부포浮泡·양염陽焰·파초芭蕉·허깨비(幻)·꿈(夢)·그림자(影)·메아리(響)·구름(雲)·번개(電) 등에 비유하는 구절 가운데 나온다. 파초 열매는 바나나와 비슷하지만 결실을 잘 맺지 못하고 맺더라도 작고 먹을 수 없다고 한다. 이로써 텅 빈 것을 비유한 것이다. 주 122 참조.

李瑞卿挽, 其二詩, "未定芭蕉身"者, 淨名經中云, '是身如芭蕉, 無其實也' 云云.

- 〈李瑞卿挽〉其二
  天道浩且渺, 人生每自勤.
  長懷黃鵠志, **未定芭蕉身**.
  羲和莫弭節, 半途或黃曛.
  褰裳若不及, 日盡五車文.
  業崇故晚成, 命舛遂無聞.
  驚君雪夜歎, 赤松在浮雲.
  惜哉衆妙軒, 果非無窮門.

반계감흥 盤溪感興

그 열네 번째 수 제4구의 "천하의 태평을 회복하지 못하다."라는 구절에서 태계泰階[457]란 곧 태계台階를 말한다. 삼태성三台星이 쌍쌍으로 서로 맺어져 실제는 모두 여섯 개의 별이다. 삼태성이 안정되면 천하가 평안하고 그것이 기울면 천하가 혼란스러워진다. 그렇기 때문에 천하가 평안한 것을 '태평泰平'이라 한다. 태계는 여섯 개의 별이 안정되어 있다는 뜻이다. 이 말은 『법화경주』[458]에 실려 있다.

---

[457] 태계泰階 : 옛날 성좌星座의 이름으로 상태上台·중태中台·하태下台 모두 삼태성三台星을 이른다. 그 각각이 둘씩 맺어져 위로 갈수록 비스듬한 모습이 마치 계단과 같아서 이렇게 이름 붙인 것이다. 상태는 천자와 여주女主에, 중태는 제후諸侯와 공경대부公卿大夫에, 하태는 사士와 서인庶人에 해당한다. 그 별의 색을 보아 길흉을 안다 하여 부험符驗이라고도 한다. 삼태의 간격이 균평하면 음양이 조화를 이루고 비바람이 제때 내려 온 나라의 백성들이 평온하므로 이러한 때를 태평 시대라고 한다.

[458] 『法華經三大部補注』 권11(X28, 341b18).

其十四, "無復泰階平"者, 泰階卽台階也. 三台星兩兩相聯, 其寔六星也. 三台星平則天下安, 斜則天下亂. 故天下安, 謂之泰平. 言泰階, 六星平也. 此言在法華經注.

- 〈盤溪感興〉其十四
  漢高溲儒冠, 蒼然大人情.
  自從挾書來, **無復泰階平**.
  崇文敎滅質, 尙賢勸爭名.
  腐儒滿季世, 是非以資生.
  春風東海上, 啾啾蟋蛄聲.

망릉시望陵詩

두 번째 수 제1구에서 "항사의 겁劫을 외호한다."라 하였는데 겁이라는 이 말은 절이라고 해야 마땅하다. 이는 소위 유가에서 불가의 문자를 잘못 쓴 경우에 해당한다. 겁劫은 시時요 세世이다. 경에서 쓰인 본래 뜻은 세대의 수가 마치 항하의 모래알처럼 참으로 많다는 뜻이지, 절을 가리키는 말이 아닌데 유가에서 이를 절을 지시하는 말로 쓰는 경우가 많다.

其二, "外護恒沙劫", 此應謂寺也. 此所謂儒家錯用佛家文字也. 劫者, 時也, 世也. 經之本意, 世之數, 如恒河中沙數極多也. 非指寺, 而儒氏多以寺用之.

- 〈望陵〉其二
  外護恒沙劫, 連岡百濟城.
  方中儼拱抱, 象設妥峥嶸.
  好鳥依林宿, 歸人下馬行.

滄波山外轉, 頗似鼎湖淸.

현성잡영玄城雜詠

세 번째 수 제4구에 "여름철 구름이 천지 사방을 감아 싸다."에서 육막六幕이란 육합六合을 가리킨다. 산곡 황정견의 시에 "짙은 구름이 천지 사방을 가득 채운다."⁴⁵⁹라는 시구가 있다.

其三, "火雲卷六幕", 六幕六合也. 山谷詩, "屯雲塞¹⁾六幕."
---
1) 옝 '塞'이 황정견의 시에는 '搴'으로 되어 있다.

- 〈玄城雜詠〉其三
  昨日水滅木, 今朝水歸澤.
  暗風紛消散, **火雲卷六幕**.
  萬有皆住常, 天地將恐拆.
  人生且隨緣, 秋衣未可薄.

만영시漫詠詩

첫 번째 수 제3구와 제4구에 "어찌 바람이 봉은사에만 불겠는가. 강 한복판으로 불어 가니 금산사에 필적하누나."라 하였다. 옛사람[이름은 잊었다.]의 〈금산사〉라는 시에 "절 그림자 강 한복판에 비치고, 종소리 양 언덕에 들리네."⁴⁶⁰라 하였다. 그런 면에서 〈만영〉 시에서는 '바람이 절 그림자 불어 날리니, 강 한복판으로 옮겨 갔더라.'라는 뜻을 읊은 것인즉 곧 금산

---
459 〈次韻奉送公定〉, "……屯雲搴六幕, 新月吐半規……"
460 張祜, 〈題潤州金山寺〉【一本無上三字】, "一宿金山寺【一作頂】, 超然離世群【一作微茫水國分】. 僧歸夜船月, 龍出曉堂雲. 樹色【一作影】中流見, 鍾聲兩岸聞. 翻思【一作因悲】在朝【一作城】市, 終日醉醺醺."

사에 필적할 만하다는 것이다. 참으로 아름답다.

"安得風吹奉恩寺, 中流移去敵金山." 古人,【忘其名.】 金山寺詩, "寺[1]影中流見, 鍾聲兩岸聞." 故此詩云, "風吹寺影, 移去中流." 則可敵金山. 誠妙矣.

1) ㉠ '寺'가 장호張祜의 시에는 '樹'로 되어 있다.

- 〈漫詠〉 其一

漢之廣矣水回環, 岸綠沙明楮島閒.
安得風吹奉恩寺, 中流移去敵金山.

기허설봉시寄許雪峰詩

첫 번째 수 제3구에 "요사이 물 차니 고기가 낚이랴."라는 구절은 선송禪頌의 "밤 고요하고 물 차니 고기는 미끼 물지 않고, 빈 배 가득 덧없이 달빛만 싣고 돌아오네."461라는 구절을 활용한 것이다.

"近日水[1]魚得否", 用禪頌, "夜靜水寒魚不食, 滿船空載月明歸"也.

1) ㉠ '水' 자 다음에 '寒' 자가 누락되었다.

- 〈寄許雪峰〉 其一

江湖誰與靜相尋, 許老無心也會心.
近日水寒魚得否, 魚如不得且彈琴.

---

461 선자 덕성船子德誠의 게송. 『禪門拈頌說話』 533칙(H5, 417c20), "천 척 낚싯줄 곧게 드리우니, 한 물결 일자마자 모든 물결 따라 이누나. 밤 고요하고 강물 차가워 고기 물지 않으니, 빈 배 가득 덧없이 달빛만 싣고 돌아오노라.(千尺絲綸直下垂, 一波纔動萬波隨. 夜靜水寒魚不食, 滿船空載月明歸.)"

추흥잡영秋興雜咏

다섯 번째 수 제6구에 "법고 소리 옛 절 누각에 천둥처럼 □"에서 결락된 글자는 '명鳴' 자가 아닌가 생각된다. 선문에 '법고 소리 천둥 치는 듯하다.'[462]라는 어구가 있기 때문이다.

其五詩, "法鼓雷□古寺樓", 恐缺鳴字也. 禪文有法鼓雷鳴之言故也.

■ 〈秋興雜詠〉 其五
今人不見昔人游, 撑著虛舟倚渡頭.
潮到廣陵隨月退, 村臨舞島捕魚留.
連山龍翥先王葬, **法鼓雷□古寺樓**.
行閱秋冬搖落際, 興來無幾輒生愁.

최형경천 보은사시崔兄擎天報恩寺詩[463]

두 번째 수 제1구에 '쌍수雙樹'는 절을 가리킨다. 부처님께서 사라쌍수 사이에서 입멸하신 곳으로서 쌍림雙林이라고도 한다.

其二, '雙樹', 寺也. 佛入滅於雙樹之間, 亦云雙林也.

---

462 『憨山老人夢遊集』 권38 「送昧法師應講維揚」(X73, 741c14), "때마침 거룻배 타고 강 가로질러 지날 제에, 저 강 언덕에서 법고 소리 천둥 치는 듯하네. 무수한 중생들 깊은 꿈에서 깨우고, 돌아올 땐 터럭만큼의 상도 거두고 있지 마시게.(偶乘一葦截江流, 法鼓雷鳴彼岸頭. 無數羣生開大夢, 歸來毫相不曾收.)"

463 경천擎天은 최주악崔柱岳(1651~1735)의 자. 호는 계서溪西·만곡晚谷. 김창협(1651~1708)이 동생 김창흡을 한번 만나 보라 한 말을 듣고 보은사에서 만남을 가졌을 때의 일을 소재로 지은 시이다. 김창협, 〈崔擎天【柱岳】賣宅挈家往驪州賦贈〉, "저 주에 내 동생이 있으니, 한번 뱃길을 멈추고 만나 보게.(楮洲吾弟在, 一爲繫行舟.)"

- 〈崔兄擎天【柱岳】挈家溯驪江 遇於江岸 携至新亭少憩 仍往報恩寺聯枕〉其二

   雙樹夜風急, 千層楮島波.
   猶然挂帆否, 奈此解携何.
   漁浦黑雲擁, 虎溪黃葉多.
   石尤齊酒力, 欸乃莫離歌.

모연선방暮烟禪房

두 번째 수 제2구에 "거듭 멈춰 서서 한산을 바라본다."라는 구절. 옛날에 한산寒山이라는 이승異僧이 있었는데 문수보살의 후신이라 전한다. 그러나 여기서는 산을 말한 것이지 이 사람을 가리킨 것은 아니다.

其二, "屢住看寒山." 寒山古之異僧, 文殊菩薩後身也. 亦可山也, 非人也.

- 〈暮歸禪房〉其二

   孤行忽惆悵, **屢住看寒山**.
   恨不留吾客, 相歌此水灣.

선방월야禪房月夜

첫 번째 수 제3구의 "밤은 길고 길기만 하구나."라는 구절. 혜원慧遠 법사가 물시계를 만들었는데 그 모양이 연꽃과 비슷하게 생겼으며 그로써 시간 단위인 경更과 점點[464]을 나타내었다. 당시唐詩에 "원공遠公은 물시계(蓮花漏)[465]를 만들어, 산속에서도 육시六時[466]에 예배하였다네."[467]라는 시

---

[464] 경更과 점點 : 고대의 시간 단위. 물방울이 떨어지는 것으로 이름을 붙인 것이다. '경'은 일몰부터 일출까지의 밤 시간을 두 시간씩 5등분 한 것이다. '점'은 경의 5분의 1에 해당하는 시간 단위이다.

구가 있다. 제4구의 "양류관음楊柳觀音의 물병도 말랐다."라는 것은 관음보살이 유리병에 버드나무 가지를 꽂고 있는 모습을 가리킨다.[468] 제5구의 "사찰은 서리로 온통 덮였다."라는 말은 금으로 깐 땅(金地 : 사찰)이 서리로 도리어 뒤덮였다는 말이다. 선가에서는 밤마다 밤새도록 등불을 켜두므로 '등천燈天'(제6구)이라 한다. 제7구의 "용왕이 발우를 돌려보냈다."라는 것은[469] 석가모니가 성불하였을 때 항하수 용왕이 부처님의 발우를 띄워 보내 강가에 이르러 떠 있었는데 사천왕이 각자 그것을 가지고 가서 부처님께 올리고자 서로 다투자 발우가 네 쪽으로 변하였고, 이에 사천왕이 각자 한 쪽씩을 부처님께 올리니 부처님은 네 개의 발우를 포개어 눌러 하나의 발우로 삼았던 일[470]을 말한다. '발우를 돌려보냈다(返鉢)'고 한

---

465 연화루蓮花漏 : 연꽃 모양의 물시계.『佛祖統紀』권26(T49, 262c9),『釋氏稽古略』권2(T49, 788a26) 등에는 여산 혜원廬山慧遠의 제자인 혜요慧要가 만들었다고 되어 있다.
466 육시六時 : 이른 아침(晨朝), 정오(日中), 해 질 녘(日沒), 초저녁(初夜), 한밤중(中夜), 해 뜨기 전(後夜)의 여섯 때. 밤낮 모든 시각을 지칭하기도 한다.
467 張喬,〈寄淸越上人【一作寄山僧】〉, "大道【一作眞性】本來無所染, 白雲那得有心期. 遠公獨【一作猶】刻蓮花漏, 猶【一作獨】向空山【一作靑山, 一作山中】禮六時."
468 삼십이관음三十二觀音 중 한 관음보살인 양류관음楊柳觀音은 한 손에는 버드나무 가지를 들고 있고 다른 한 손으로는 시무외인施無畏印을 하고 있다. 또 버드나무 가지(楊枝)는 승려들이 갖추고 다녀야 할 필수 물품으로 입을 닦아 내는 도구이며, 몸을 정갈하게 하기 위해 수병水甁도 항상 가지고 다녀야 할 물품 중의 하나이다.『千光眼觀自在菩薩祕密法經』(T20, 122b27), "육신의 온갖 병을 치유하고자 한다면 양류지 약법을 닦아야 한다.(若欲消除身上衆病者, 當修楊柳枝藥法.)";『四分戒本如釋』권8(X40, 260b20), "양지楊枝란 양류 나뭇가지를 이르며, 독이 없는 모든 나뭇가지를 아울러 일컫기도 한다.(楊枝者, 謂是楊柳枝條, 幷諸非毒樹幹.)";『劍關子益禪師語錄』(X70, 363c17), "관음 : 양류 나뭇가지 끝, 유리병 속에는, 한 방울 물도 없지만, 온갖 파랑이 다투어 이네.(觀音 : 楊柳枝頭, 琉璃瓶裏, 一滴渾無, 千波競起.)"
469 이하 발우에 관한 일화는『太子瑞應本起經』권하(T3, 479b1);『大智度論』권26(T25, 253a5);『金剛經纂要刊定記』권3(T33, 189b28);『華嚴懸談會玄記』권18(X8, 225b20) 등 참조.
470 하나의 발우만 받으면 나머지 세 왕이 기뻐하지 않을 것이므로 네 발우를 모두 받되 하나로 포개어 평등하게 받았음을 보이는 동시에 네 개의 테두리를 드러내어 네 발우임을 동시에 보여 주셨다.『太子瑞應本起經』권하(T3, 479b5);『摩訶僧祇律』

것은, 과거 유위불維衛佛[471]이 입멸한 후에 용왕이 그 발우를 보존하여 용궁에 모셔 두었다가 이제 부처님이 세상에 출현하시자 돌려보내었기 때문에 '반발返鉢'이라 한 것이다. '반返' 자를 알맞게 잘 사용하였다. 두 번째 수 제4구의 '불이문不二門'은 정명淨名과 문수文殊 등의 보살이 불이법문不二法門을 논한 일화를 가리키는데, 만법이 모두 둘이 아니라는 말이다. 제7구의 '진제眞諦'라는 말은 『능엄경』에 보이는데,[472] 진심실제眞心實際라는 뜻이다.

"蓮花更漏永"者, 惠[1)]遠法師刻漏盃, 狀女[2)]蓮花以點更. 唐詩所謂, "遠公獨刻蓮花漏, 猶向山中禮六時"也. '楊柳水瓶乾'者, 觀音菩薩琉璃瓶上, 挿垂楊柳枝也. 布金之地霜返布也.[3)] 禪家夜夜長燈, 故云'燈天'也. '龍返鉢'者, 釋迦初成佛時, 恒河水龍王, 送過佛鉢, 浮至河上, 四天王各欲持去以獻佛, 相爭之, 鉢化爲四隻, 四王各持一隻獻佛, 佛疊四鉢以按之, 還爲一鉢. 言'返鉢'者, 過去維衛佛滅後, 龍王持其鉢, 奉安于龍宮, 今佛出世後還送, 故云返鉢. 返字, 善用也. 其二, '不二門'者, 淨名與文殊等菩薩, 論不二法門也, 言萬法皆不二也. '眞際', 出楞嚴經, 謂眞心實除[4)]也.

1) ㉠ '惠'는 '慧'의 오자인 듯하다. 2) ㉠ '女'는 '如'의 오자인 듯하다. 3) ㉠ '布金之地霜返布也' 앞에 〈禪房月夜〉의 시구 "金地霜全布"를 누락한 듯하다. 4) ㉠ '除'는 '際'의 오자인 듯하다.

■ 〈禪房月夜〉 其一

視夜僧風在, 披衣客睡難.

蓮花更漏永, 楊柳水瓶乾.

권29(T22, 461b25) 참조.
471 유위불維衛佛 : Ⓢ Vipaśyin. 비바시불毘婆尸佛. 과거칠불 중 첫 번째 부처님.
472 아난阿難이 부처님께 참회하는 말 가운데 나온다. 『楞嚴經』 권1(T19, 108b19).

金地霜全布, 燈天月復團.
湖龍應返鉢, 林外卽淸灘.

其二
諸天連有月, 月彩湛心源.
獨立無分慮, 超懷不二門.
塔陰欹玉井, 旛影曳金園.
聞爾爲眞際, 何須鐘鐸喧.

4) 제4권 第四卷

벽사甓寺

제9구의 "보제普濟의 기적"에서 보제는 나옹을 가리킨다. 나옹 혜근懶翁惠勤(1320~1376)의 법호가 보제존자普濟尊者[473]이다. 제10구에서 "한산韓山[474]의 뛰어난 문장"이란 목은牧隱 이색李穡(1328~1396)이 지은 나옹의 비문[475]을 가리킨다. 제29구의 "백겁토록 이루어진 재"에서 겁회劫灰에 대해서는 앞서 유초에서 살펴보았다. 제30구의 '삼계三界'도 앞서 살펴보았다.

---

[473] 고려 공민왕 20년(1371)에 '왕사 대조계종사 선교도총섭 근수본지중흥조풍복국우세보제존자王師大曹溪宗師禪敎都摠攝勤修本智重興祖風福國祐世普濟尊者'에 봉해졌다.
[474] 한산韓山 : 목은 이색이 한산군韓山君·한산부원군韓山府院君에 봉해진 적이 있으므로 이처럼 지칭한다.
[475] 『牧隱集』 권14 「普濟尊者諡禪覺塔銘 幷序」; 『懶翁和尙語錄』 「高麗國王師大曹溪宗師禪敎都摠攝勤修本智重興祖風福國祐世普濟尊者諡禪覺塔銘 幷序」(H6, 709b11) 참조.

"普濟奇蹟"者, 懶翁爲普濟尊者也. "韓山古¹⁾文"者, 牧隱作懶翁碑也. "百劫成灰"者, 劫灰見上類抄. 三界, 亦見上也.

1) ㉠ '古'는 '高'의 오자인 듯하다.

- 〈甓寺〉

清心樓上東北望, 鬱彼神勒之諸天.
浮舟將卽塔勢湧, 百丈晴波寫牛甄.
雙林鳩鳴雲日靜, 古岸委舟芳草鮮.
東臺之石可安禪, 龍潭漠漠雲根纏.
普濟奇蹟一葦遠, **韓山高文**筆如椽.
春衣試拭古碑讀, 土花蝕字松塵綿.
宇宙一彈指, 惆悵壑中船.
同船恨無翠軒翁, 與之酬歌枕月眠.
瓊藻璀璨盈我掬, 事往可徵維舟年.
古今相接不相待, 會之以神猶比肩.
前人不見後人來, 後人可和前人篇.
牧老不把翠軒觴, 懶翁豈聽吾談玄.
天花歷亂非我春, 逝水汩急不歸淵.
新波魚擲馬巖下, 遠煙鳥沒龍門邊.
百劫成灰灰易寒, **三界**如泡不可堅.
萬事只可充俄頃, 及時春賞催鳴舷.

도사시到寺詩

제8구의 "유무 분별에 떨어짐이 부끄럽기 짝이 없다."라는 구절. 유와 무에 대한 분별은 부처가 경계하신 바이다. 따라서 유에 떨어지거나 무에 떨어지는 것을 외도外道라 한다. 제7구에서 "언뜻 불법佛法(長生)**476**에 대한 생각을 일으켰다."라는 것 또한 무를 버리고 유에 떨어진 것이므로 부끄럽기 짝이 없다고 한 것이다.

"翻慙墮有無." 盖有與無者, 佛之所戒也. 故墮有墮無, 謂之外道也. 今"乍起長生念", 亦捨無而墮有, 故云翻慙也.

■ 〈到寺〉
層巖欹欲倒, 撑拄片雲紆.
雷雨經人久, 鴻濛出世孤.
泉肥白蝙蝠, 石老綠菖蒲.
乍起長生念, 翻慙墮有無.

초사일신기시初四日晨起詩
세 번째 수 제5구에서 "공空과 색色은 꽃이 피고 짐과 같다."라 한 것은, 꽃이 피면 그것이 색이요, 꽃이 지면 공이라는 뜻이다. 제6구에서 "기機와 연緣이라는 것은 새가 무심하게 날아갔다 돌아옴과 같다."라 한 것은, 새가 날아갔다 돌아오는 것 또한 기機와 연緣이 있어야 한다는 뜻이다. 공색空色과 기연機緣[477] 모두 선어이다.

其三, "空色花開落"者, 花開則色也, 花落則空也. 鳥之往還,[1)] 亦有機有緣

---

476 불법佛法(長生) : '장생長生'은 일반적으로는 장생불로長生不老의 의미로 쓰이지만 불법佛法을 가리키기도 한다. 『妙法蓮華經玄義』 권10(T33, 804a7), "장생부란 삼승법이 그것이다.(長生符者, 卽三乘法是.)"
477 공색空色과 기연機緣 : 공空은 무차별한 평등성을, 색色은 법계의 모든 차별상을 나타낸다. 기機는 근기根機라는 뜻으로 어떤 만남이나 가르침 등을 받아들일 수 있는 본바탕·능력 또는 그러한 기회 등을 의미한다. 연緣은 객관적 상황이나 대상으로서의 인연이 시의적절하게 마련된 조건을 의미한다.

• 205

也. 空色機緣, 皆禪語也.

1) ㉠ '鳥之往還' 앞에 〈初四日晨起〉의 시구 "機緣鳥往還"을 누락한 듯하다.

■ 〈初四日晨起〉其三

潭潒沿洄倦, 招提寄宿閒.
心中一如水, 身外莫非山.
空色花開落, 機緣鳥往還.
徒然詩滿袖, 騎馬下人間.

하산시 下山詩

제3구의 "하룻밤 숙박도 망설이다."라는 구절. 불가의 계율에, '뽕나무 아래에서 하룻밤 묵었어도 삼가 다시 머물 마음을 내지 말라.'[478] 하였다. 시의 의미는, 하룻밤 숙박도 외려 주저되는데 하물며 훗날 다시 들르겠는

---

[478] 양해襄楷의 상서上書에서 나온 말. 『後漢書』「襄楷傳」, "승려가 뽕나무 아래에서 사흘 밤을 묵지 않는 것은 오랜 시간이 지나 은애의 집착이 일어나지 않도록 하기 위해서이니 정진 수행이 이처럼 지극합니다.(浮屠不三宿桑下, 不欲久生恩愛, 精之至也.)"; 『歷朝釋氏資鑑』 권1(X76, 142c12). 『樵隱悟逸禪師語錄』 권하「源藏主請題宿桑卷首」(X70, 308b24), "우리 불가에, 출가자는 뽕나무 아래에서 사흘 밤을 묵지 말라는 계가 있다. 세상 사람들은 이를 기롱하며 인륜人倫의 뜻이 없다고들 하는데 이는 단멸견斷滅見을 취하여 스스로 뿌린 결과이다. 참된 수행은 흔적을 남기지 않고, 참된 공은 의지하는 상대가 없으며, 참된 비춤은 비춤의 대상을 따로 두지 않으며, 참된 꿈은 깨어 있을 때와 다름이 없다는 진실을 모르는가. 하늘과 땅이 집이요, 과거 현재 미래 삼세三世(三界)는 잠시 묵었다가 가는 여관과 같으며, 곤충과 초목이 모두 우리의 권속이다. 돌아가 머물지 못할 곳이 어디란 말인가. 만일 찰나에라도 멈추지 않으며 새롭고 새로워 머무는 곳이 없다면 떼는 발걸음마다 어딘들 뽕나무 아래가 아니겠는가.(吾佛, 有浮屠氏桑下不三宿之戒. 世或譏之, 謂無人倫之義, 而取斷滅自種也. 殊不知, 眞行無跡, 眞空無依, 眞照無所, 眞夢無寤. 乾坤蘧廬, 三界逆旅, 昆虫草木, 皆吾眷屬. 何地不可歸宿哉. 倘或念念不停, 新新不住, 則擧足下足, 何許非桑下也.)"; 『東師列傳』 권4「影山禪伯傳」(H10, 1042c1), "재차 머물며 숙박하지 않으며 뽕나무 아래에서 하룻밤만 머물라는 계를 지켰고, 때아닌 때 먹지 않으며 하루 일식一食의 계를 지켰다.(宿不再宿, 桑下一宿之戒, 食不非時, 日中一食之齋.)"

가라는 것이다.

"方疑一夜宿." 佛戒桑下一宿, 而愼勿再矣. 詩意謂一宿猶疑, 況後來再過耶!

- 〈下山〉
驅馬復登舸, 行身非薜蘿.
方疑一夜宿, 敢擬**後來過**.
上界人天樂, 中流欸乃歌.
層顚如答禮, 送出白雲多.

백련암白蓮庵

제8구의 "허공에서 음악 소리【樂의 음은 악】들리는 듯하다."라는 것은, 수행승이 선정에 들어 말을 잊고 난즉 허공에서 천인天人의 음악 소리가 들린다는 뜻이다.

"依俙空樂【音岳】音"者, 僧忘言入定, 則聞空中天樂聲也.

- 〈白蓮菴〉
於焉白日永, 應以白雲深.
山外無窮事, 林中獨見心.
猿歸依晚磬, 龍徒曳春陰.
得句忘言處, **依俙空樂音**.

두미시斗尾詩

제22구 "상잉불일배相仍佛日杯"에 대해서는 알지 못하겠다. 불일佛日은

• 207

중국 절의 이름인데 아마도 불일사에서 예전에 잇따라 잔을 돌렸던 고사를 말한 것이 아닌가 한다.

"相仍佛日盃"者, 未詳. 佛日中國寺名也, 疑佛日寺中, 古有相仍傳盃之事.

- 〈斗尾〉
  莫歎丹丘緬, 歸舟興浩哉.
  名懸青籙遍, 袖拂碧樓來.
  倚薄隣沙月, 乘凌駕峽雷.
  僧浮看甓寺, 僊墮挹琴臺.
  跌蕩齊橈樂, 低昂異代才.
  芳洲行有採, 篷屋卧成頽.
  路卷牛川豁, 山停斗浦開.
  雲霓酬酢倦, 花鳥送迎催.
  決眥遙村見, 隨身別岸廻.
  望家顏欲破, 撫節感難裁.
  未歇淸和草, 相仍佛日杯.
  江窮餘好事, 卜夜彼崔嵬.

5) 제5권 第五卷

산거감회시 山居感懷詩

열한 번째 수 제7구의 "풀죽은 현재의 몸"에서 '見'의 음은 현이다. 현재란 지금 세상, 이승을 말한다. 스물여섯 번째 수 제3구 "공과 색이 하나의 진실로 부합한다."에서 명冥은 일치한다는 뜻이다. 제4구 "인연이 임시 화합한 속에서 소멸한다."라는 것은 온갖 인연이 헛되이 임시 가설된 것이므로 하나의 진실에 이르러서는 모두 소멸된다는 뜻이다. 제5구에서 '팔지八池'란 서방에 아누지阿耨池가 있는데 팔공덕수八功德水[479]가 그 못에 충만하다고 한다. 제7구 "부모가 낳아 주신 이 몸을 씻는다."라는 구절에서 육아蓼莪[480]는 불경에 나오는 구절이 아니다. 그 취지는 『모시』〈육아장〉의 '부모님이 낳아 주신 몸'이라는 뜻을 가져온 것이다. 부모님이 낳아 주신 이 몸이 노고를 면치 못하니 이 팔지에서 씻는다면 청량하리라는 의미이다.

其十一, "黯黯見在身"者, 見音現. 現在者, 今世也. 其二十六, "空色冥一眞", 冥合也. "緣假中消亡"者, 萬緣虛假故, 到一眞中, 皆消亡也. '八池'者, 西方有阿耨池, 八功德水, 充滿其中也. "濯此蓼莪身"者, 蓼莪非佛經也. 意者, 取毛詩蓼莪章, 父母所生之身也. 盖此父母所生之身, 未免勞苦, 濯此八池中, 卽得淸凉也.

- 〈山居感懷〉其十一
  寒雨暗天象, 緦帷雲霧深.
  人寰誰不睡, 阡陌月方沈.
  繁辭無與訴, 沉嘯以幽吟.
  黯黯見在身, 忽忽過去心.
  雞鳴何所之, 擁恨惟雲林.

---

479 팔공덕수八功德水 : 여덟 가지 공덕, 즉 달고(甘), 차며(冷), 부드럽고(軟), 담백하며(輕), 깨끗하고(淸淨), 냄새가 나지 않으며(不臭), 마실 때 목구멍을 손상하지 않고(飮時不損喉), 마시고 난 후에는 장을 손상하지 않는(飮已不傷腸) 공덕을 갖춘 물.
480 육아蓼莪 : 『詩經』 「小雅」의 편명. 사랑으로 고이 길러 주신 부모의 은혜에 대한 정감을 담고 있다. 돌아가신 부모님에 대한 애도를 대변하는 말로도 쓰인다.

其二十六
西方有聖人, 其言乃西方.
空色冥一眞, **緣假中銷亡**.
八池湛琉璃, 玲瓏寶月光.
濯此蓼莪身, 片時獲淸凉.
非謂道無上, 知爾爲醫王.

벽계부설시檗溪賦雪詩

다섯 번째 수 제8구의 "한산 선자와 나와의 거리도 멀지 않다."라는 구절. 한산寒山은 시 100편을 남겼는데 제목도 없고 운율에도 구애되지 않았으나 모두 세상 사람을 놀라게 할 만하고, 구법句法은 천진하고 자연스러우나 소식이나 황정견과 같은 기세의 시는 아니다.

其五, "寒山禪子不吾疎" 盖寒山有詩百篇無題, 又不拘律, 而皆警世, 而句
法天眞自然, 不作蘇黃態也.

- 〈檗溪賦雪〉其五
作詩奚必漢唐如, 陶寫天眞是返初.
依樣胡蘆非活畵, 閉門輪輻會同車.
乾坤一雪堪醒世, 哀樂惟詩貴出虛.
此意蘇黃猶未透, **寒山禪子不吾疎**.

추만졸수편追挽拙修篇

아홉 번째 수 미련尾聯에 "문수가 일찍이 병문안하였는데, 정명은 번번이 침묵하며 고개를 끄덕였을 뿐이라네."라 하였다. 문수보살이 정명거사에게 병문안을 가서 불이법문不二法門에 대한 견해를 펼쳤지만 침묵으로 일관한 정명을 묘사한 시구였기 때문에 이렇게 읊은 것이다. 문수가 스스로를 정명에 견주었던 일을 가지고 졸수재拙修齋[481]와 견주어 표현한 것이다. 제6구 "외려 개자를 던져 바늘에 꽂히기를 기대하리라."라는 구절에서 개자가 바늘에 꽂힌다는 말은 불경에서는 스승과 제자가 서로 부합함이 절묘하다는 뜻으로 쓰인다. 즉 천상에서 개자를 던지면 지상의 바늘이 개자를 맞이하여 개자가 바늘 끝에 꽂힌다는 뜻이다. 이는 『열반경』에 나온다.[482]

其九, "文殊曾問疾, 屢點淨名頭"者. 文殊菩薩, 問疾於淨名居士, 論不二法門, 淨名詩句, 故云爾. 以文殊自比以淨名, 比拙修齋也. "猶期針芥投"者, 佛經中, 謂師資相契之切也. 自天上輥芥以降, 則地上立針以迎之, 芥子投於針鋒也. 出涅槃經.

- 〈追挽拙修齋趙公〉其九
舍瑟沂雩興, 觀魚濠濮游.
高情融物我, 餘子陋由求.
敢曰裳洋契, **猶期針芥投**.
文殊曾問疾, **屢點淨名頭**.

---

481 졸수재拙修齋 : 조선 후기 유학자 조성기趙聖期(1638~1689). 자는 성경成卿, 졸수재는 호. 저서에 『彰善感義錄』, 『拙修齋集』이 있다.
482 『涅槃經』「壽命品」(T12, 372c18), "개자가 바늘 끝에 꽂히는 일, 부처님이 세상에 출현하심은 이보다 더 어렵다네. 나는 이미 단바라밀檀波羅蜜을 구족하여, 인천의 생사윤회를 떠났다네.(芥子投針鋒, 佛出難於是. 我已具足檀, 度人天生死.)"

6) 제6권 第六卷

차운증해사次韻贈海師

두 번째 수 제3구의 "다만 혜원慧遠(遠公)으로 하여금 술잔 잡는 것을 허락게 하다."라는 구절. 혜원 법사가 도연명陶淵明(365~427)과 육수정陸修靜(406~477) 등 여러 유자들과 동림에서 결사를 맺기로 하였다. 도연명은 '모임에는 술이 있어야 하니 술을 마실 수 있게 해 준다면 응당 가서 참여하리라.'라고 하였고 혜원은 이를 받아들였는데 급기야 이르러 보니 술이 없자 도연명은 눈썹을 찡그리고 이 결사에 들어가지 않았다.[483] 후세 사람들이 그를 찬하였다. '눈썹 찡그리며 백련사白蓮社에 들어가려 하지 않았으니, 벼슬에 있을 때도 허리 굽히기 싫어했던 일[484]과 흡사하네.'

其二, "但使遠公客[1]把酒"者, 遠公與陶淵明陸修靜等諸儒, 約結社於東林. 淵明曰, '社中有酒, 使我飮之則, 當徃叅.' 遠公許之, 及來無酒, 攢眉不入. 後人贊之曰, '攢眉不肯投蓮社, 恰似當年懶折腰.'

1) ㉠ '客'은 '容'의 오자이다.

---

[483] 『佛祖統紀』 권26 「不入社諸賢傳」(T49, 269c28), "그때 혜원慧遠 법사가 여러 어진 이들과 백련사白蓮社를 결성하고서 도연명에게 편지를 부쳐 초청하자 연명은 '음주를 허용한다면 가겠소.'라고 응답했다. 허용하겠다고 하여 가기는 하였으나 보자마자 눈썹을 찌푸리고 떠났다.(時遠法師, 與諸賢結蓮社, 以書招淵明, 淵明曰, '若許飮則往.' 許之遂造焉, 忽攢眉而去.)"; 『祖庭事苑』 권6(X64, 402a15). 『歷朝釋氏資鑑』 권3(X76, 157c24), "여산 혜원 법사가 백련사를 결성했으나 도연명과 사영운 두 사람은 이에 들어가지 않았다. 도연명은 술을 좋아하였고 사영운은 잡기에 심취했기 때문이다.(廬山遠法師結社, 陶淵明謝靈運二人, 不入社. 陶好飮, 謝心雜.)"

[484] 벼슬에 있을~싫어했던 일 : 『晉書』 「隱逸傳·陶潛」, "내가 다섯 말 쌀 때문에 허리를 굽히고 굽실굽실 한낱 향리의 소인배를 섬길 수야 없지 않겠는가!(吾不能爲五斗米折腰, 拳拳事鄕里小人耶!)"; 『樂邦文類』 권5(T47, 226a20).

- ■ 〈次韻贈海師〉其二
  鳶魚空色豈通融, 且置儒禪有異同.
  但使遠公容把酒, 願隨瓶錫住雲峰.

임창계만 林滄溪挽

두 번째 수 제5구의 "금비金篦[485]로도 여러 맹인들의 백태를 긁어내지 못하다."라는 구절. 『열반경』에 '여러 맹인들이 의사를 찾아가 치료를 구하는 것과 같다. 훌륭한 의사는 금비로 그 눈의 각막을 긁어내 준다.'[486]는 비유가 실려 있다.

其二, "金篦未刮羣盲膜"者, 涅槃經云, '如羣盲, 就醫家求治. 良醫以金鎞, 刮其眼膜云.'

- ■ 〈林滄溪【泳】挽〉其二
  長安陌上竟招魂, 滿月臺前病有源.
  身遇淸時猶闊眼, 憂存聖學却忘言.
  金篦未刮羣盲膜, 桃李應嫌萬口喧.
  已識延平深氣味, 臘梅藏艶錦江村.

이자정만 李子正挽

세 번째 수 제4구의 '소금 수레 끌며 시달리다.'라는 구절. 불도징佛圖澄이 도안道安 사미를 보고 찬탄하기를 "기이하구나! 어린아이가 참으로 세

---

485 금비金篦 : 금비金鎞·금비金錍로도 쓴다. 눈의 질병을 치료하던 도구. 안막을 덮고 있는 백태를 조금씩 걷어 내어 눈이 보이게 하듯이 부처님이 펼치는 가르침의 방편도 이와 같다고 한다.
486 『涅槃經』 권8 「如來性品」(T12, 411c18) 참조.

상에 뛰어난 준마와 같음에도 밝은 눈을 가진 사람을 만나지 못해 수고롭게 소금 수레를 끌고 있구나."라고 하였다. 『조정사원』에 다음과 같은 글이 실려 있다.[487] "이백락李伯樂의 자는 손양孫陽[488]인데 말의 관상을 잘 보았다. 길을 가다가 우산虞山 남쪽에 이르니 소금 수레를 끄는 말이 있었는데 백락을 보고서 비통하게 울부짖었다. 백락이 가까이 가서 보니 참으로 준마였다. 그리하여 자신이 타고 있던 말과 바꾸었는데 하루에 천 리를 달렸다."

其三, '困鹽車'者, 佛啚澄見道安沙彌歎曰, "異犹! 小童, 眞世良驥, 不遇靑眼, 困駕鹽車." 祖庭錄云, "李伯樂, 字孫陽, 善相馬. 行至虞山之陽, 有鹽車之馬, 見伯樂悲鳴. 伯樂近見之, 眞駿馬也. 以其所乘之馬易之, 日行千里也."

- 〈李子正【成朝】挽〉其三
華陽亭下閱淸駒, 調得千蹄洗御溝.
天廐飛龍身自跨, 壯心終是**困鹽車**.

신광사수희시神光寺隨喜詩

마지막의 "그 옛날의 풍간豐干[489] 같은 이 없음을 한하노라."라는 구절. 풍간은 천태산에 거하던 승려이다. 태수 여구윤閭丘胤이 그와 공空에 대한

---

[487] 『祖庭事苑』 권6(X64, 395a2) 참조.
[488] 손양孫陽 : 춘추시대 진 목공秦穆公 때의 인물. 일반적으로는 성이 손이고 이름이 양이며, 백락은 그의 자로 알려져 있다. '이백락李伯樂'으로 쓰인 문헌은 많지 않다.
[489] 풍간豐干 : 『佛祖綱目』 권32(X85, 633c7), "풍간이 어디 출신인지는 알려져 있지 않다. 당나라 정원 연간 초에 천태산 국청사에 거하였는데, 머리털은 눈썹과 나란하게 깎고 베옷이나 갖옷 따위를 입었다. 사람들이 불도의 이치를 물으면 단지 '수시隨時'라는 두 글자로만 답하였다고 한다.(豐干, 不知何許人. 唐貞元初, 居天台國淸寺, 剪髮齊眉, 衣布裘. 人或問佛理, 止答隨時二字.)"

이야기를 나누다가 신이한 스님이 있느냐고 물었다. 풍간은 '국청사에 한산寒山과 습득拾得이라는 두 스님이 있는데 이들이 바로 성승聖僧[490]'이라고 하였다. 여구윤이 그들을 찾아가자 한산은 "필시 풍간이 요설饒舌을 떨었구나."[491]라 하고는 마침내 홀연 자취를 감췄다.

"恨無古豊干." 豊干天台山僧也. 太守閭丘胤, 與之談空, 因問異僧. 豊干云, '國淸寺寒山拾得二僧, 乃聖僧也.' 丘胤徃尋之, 寒山曰, '是必豊干饒舌.' 遂忽不見.

- 〈神光寺隨喜〉

天下豈無寺, 神光最可觀.

可惜鬱攸後, 梵宇多未完.

---

490 성승聖僧 : 승당僧堂 중앙에 받들어 모신 불상佛像을 가리키는데, 여기서는 풍간이 한산을 문수보살에, 습득을 보현보살에 비겨 한 말이다.
491 풍간요설豊干饒舌 : 태주台州의 태수 여구윤閭丘胤과 풍간 그리고 한산寒山·습득拾得이 주고받은 문답에서 비롯된 말. 풍간이 자신의 본신本身이 아미타여래라는 것을 숨기고 한산과 습득의 본신이 문수와 보현이라는 것만 밝힌 인연에서 나온 말이다. '풍간요설'이란 풍간 자신이 아미타불의 응신 또는 화신이라는 뜻이다. 『從容錄』 3칙 「東印請祖」(T48, 229a19), 『景德傳燈綠』 권27(T51, 433c6) 등에 이와 관련된 일화가 전한다. 『禪苑蒙求』 권하 「豊干饒舌」(X87, 83c12), "여구윤이 풍간에게 주지가 되어 줄 것을 간청하였으나 풍간이 따르지 않았다. 여구윤이 말했다. '그렇다면 그곳에 예를 갖춰 찾아뵐 스님으로 어떤 분이 있습니까?' '그곳에는 한산과 습득이 있는데 문수와 보현의 화신이니 그들에게 예배하시오.' 여구윤이 천태 흥성사에 가서 한산과 습득에게 예배하니 한산과 습득이 말했다. '무슨 까닭에 우리에게 예배하는 것입니까?' '풍간 화상께서 한산과 습득은 문수와 보현의 화신이니 가서 예배하라 하셨기에 이렇게 찾아와 예배를 드리는 것입니다.' 한산과 습득이 웃으며 말했다. '풍간이 요설을 떨었구나, 풍간이 요설을 떨었어! 그대는 어찌하여 풍간에게 예배하지 않은 것인가? 어찌하여 아미타여래를 알아보지 못했단 말인가!'(閭丘, 徹請豊干欲住持, 干不從. 丘云, '若然, 彼處可拜誰師乎?' 干曰, '彼有寒拾者則文殊普賢化身也, 可拜彼.' 丘行天台興聖寺, 拜寒拾. 寒拾曰, '因何拜我?' 丘云, '豊干和尙曰, 寒拾者文殊普賢化身也, 行可拜彼, 故來拜.' 寒拾笑曰, '豊干饒舌, 豊干饒舌! 汝何不拜豊干? 豈不知阿彌陀如來!')"; 『釋氏稽古略』 권3(T49, 815b18).

猶有滿壁畫, 聳動觀者顏.
金樓儼像容, 寶幢飄堂壇.
香雲捧佛日, 悅可聞栴檀.
隨喜跟闍梨, 曲折度雕欄.
回廊達幽殿, 換面各彩丹.
逃爐有數佛, 古色結眉端.
幽峭羅漢寂, 窈窕觀音安.
衣波風乍動, 握蓮露不乾.
種種妙莊嚴, 人游兜率間.
胡元於此勞, 塔刻至正殘.
頹院忽惆悵, 不見天台山.
石梁半月淪, 瓊臺死灰寒.
由來幻中幻, 今已有所還.
空理因可討, **恨無古豐干**.

7) 제7권 第七卷

서루망월시 西樓望月詩

제3구의 "광채 띤 향수해香水海[492] 마니주로 빛나네."라는 구절. 향수해에서 피는 큰 연꽃을 '일체향마니왕장엄一切香摩尼王莊嚴'이라 한다. 그 연꽃에 세계를 안립하므로 그다음 구절에서 "청련화가 색계에 떠 있다."라고 한 것이다. 『화엄경』에 나온다.[493]

---

[492] 향수해香水海 : 수미산 주변을 둘러싸고 있는 바다.
[493] 『華嚴經』 권8 「華藏世界品」(T10, 42b25), "가장 중앙에 있는 향수해의 이름은 '무변묘화광無邊妙華光'으로서 모든 보살의 형상을 드러내는 마니왕당摩尼王幢이 바다을 이

"光含香海摩尼焰"者, 香水海中, 出大蓮花, 名一切香摩尼王莊嚴. 其蓮花上, 世界安立故, 次句云, '靑蓮色界浮'云云. 出華嚴經.

- 〈西樓望月〉

  餞了虞淵悵若愁, 下山明月在西樓.
  光含香海磨尼焖, 露濯靑蓮色界浮.
  花雨滿庭春自霽, 鯨鐘吼閣夜還幽.
  三更散步疑眞夢, 莫辨前遊與後遊.

사서대관일락시 寺西坮觀日落詩

첫 번째 수 마지막 구의 "희끗하게 머리는 세었고, 엄자崦嵫[494]산으로 해도 희미하게 기우네."라는 구절. 『화엄경』 서문에 '해가 엄자산으로 진다.'라고 하였다. 엄자는 해가 진다는 뜻에서 붙인 산 이름이다.

"華髮映崦嵫." 華嚴序云, '日迫崦嵫.' 崦嵫, 日落之山名也.

- 〈寺西臺觀日落〉 其一

  披雲上嶺亦云疲, 寅餞虞淵敢自遲.
  勢迫懸車羣晦急, 光搖列島萬紅滋.

루고 있다. 큰 연꽃이 피어나는데 그 이름은 '일체향마니왕장엄'이다. 세계종世界種이 그 위에 있는데 그 이름은 '보조시방치연보광명普照十方熾然寶光明'이다.(此最中央香水海, 名無邊妙華光, 以現一切菩薩形摩尼王幢爲底. 出大蓮華, 名一切香摩尼王莊嚴. 有世界種而住其上, 名普照十方熾然寶光明.)"

494 엄자崦嵫 : 『一切經音義』 권88(T54, 870c23), "엄자【앞 글자는 엄掩과 렴廉을 반절한 음이고 뒤의 글자는 음이 자이다. 『비창』에 '엄자는 산 이름이다.'라 하였고, 곽박郭璞은 『산해경』에 해가 져 들어가는 산이라고 하였다.'라고 주석하였다.】(崦嵫【上掩廉反, 下音玆. 埤蒼云, '崦嵫山名也.' 郭注, '山海經云, 日沒所入山也.'】)"

迢迢倚石將如失, 冉冉辭空欲戀誰.
明日豈無東旭煥, 感深華髮映崦嵫.

감구서 우부시感舊棲又賦詩

제27구의 "붉은 동이처럼 떠오는 태양에 박수 치지 마라."라는 구절. 양거원楊巨源[495]이 장효표章孝標[496]가 항주杭州로 돌아갈 때 전송하며 지은 시, "일찍이 영은 강변사를 찾아, 홀로 동쪽 누대에 머물며 해문海門을 바라보았네. 물빛 은하는 푸른 강에 비추고, 햇빛은 붉은 동이에서 금빛 기둥 솟는 듯하여라.[497]"[498]에서 용사用事하였다.

"紅盆金柱休拍手." 梁[1)]巨源送章孝標歸杭州詩, "曾過靈隱江邊寺, 獨宿東海[2)]看海門. 潮色銀河浦碧落, 日光金柱出紅盆." 盖用此也.

1) 옌 '梁'은 '楊'의 오자이다. 2) '海'는 '樓'의 오자이다.

- 〈又賦〉

少年十八讀書寺, 三十年久今又至.
入門何限慨前迹, 聞鐘不覺潛下淚.
天策長老亦亡矣, 今夜壇薦正爲爾.

---

495 양거원楊巨源(755?~?) : 당나라 때 시인. 자는 경산景山. 후에 거제巨濟로 개명하였다. 백거이白居易·원진元稹·유우석劉禹錫·왕건王建 등과 친분이 두터웠고 존중을 받았다.

496 장효표章孝標(791~873) : 당나라 때 시인. 자는 도정道正. 장팔원章八元의 아들이며 장갈章碣의 부친이다. 효행이 뛰어나 사람들이 효표선생孝標先生이라 불렀다.

497 해가 바다에서 떠오를 때 바닷물은 온통 붉게 물들고 햇빛은 마치 붉은 동이에서 금빛 기둥이 솟는 듯한 광경을 절묘하게 묘사한 구절로 평가받는다.

498 楊巨源, 〈送章孝標校書歸杭州因寄白舍人〉, "曾過靈隱江邊寺, 獨宿東樓看海門. 潮色銀河鋪碧落, 日光金柱出紅盆. 不妨公事資高臥, 無限詩情要細論. 若訪郡人徐孺子, 應須騎馬到沙村."

雨花飄空風入幡, 二更月照紺園裏.
梵樂轟轟睡不成, 萬感怳惚難爲情.
試喚殘僧到面前, 各怪容鬢兩蒼然.
話深轉成開口笑, 魂醒頓還負笈年.
北風孤燈兜率天, 南華一卷逍遙篇.
長廊齋罷或晨衾, 多向西樓倚柱吟.
庭前老栢幾枝摧, 檻外滄溟萬古深.
摩尼在南普門西, 此日登臨過去心.
隨來岳姪與春兒, 岳也年方如我時.
春遊澹蕩老少同, 射日臺高俯崦嵫.
紅盆金柱休拍手, 飛光欺人易白首.
人生一老各有時, 讀書無成我所悲.
兒曹兒曹其勉之.

하산시 下山詩

제5구의 "과거심은 공空이니 어찌 얻을 수 있겠는가."라는 구절. 『금강경』에 "수보리야, 이미 지나 버린 마음은 얻을 수 없고, 현재의 마음도 얻을 수 없으며, 아직 일어나지 않은 마음도 얻을 수 없다."[499]라 하였다. 삼세의 마음이 모두 공이어서 얻을 수 없다는 뜻이다.

"過去心空何可得." 金剛經云, "須菩提, 過去心不可得, 現在心不可得, 未

---

[499] 이를 통틀어 삼세심불가득三世心不可得이라고 한다. 마음은 무상無常이고 무아無我여서 그 어떤 실체로 붙들어 잡을 수 없다는 의미이다. 불가득不可得은 무자성無自性·공空의 뜻이다. 『金剛經』(T8, 751b26), "여래는 모든 마음이 모두 마음이 아니니, 이를 마음이라 한다고 설한다. 왜 그러한가? 수보리야, 과거심도 얻을 수 없고, 현재심도 얻을 수 없으며, 미래심도 얻을 수 없기 때문이니라.(如來說諸心皆爲非心, 是名爲心. 所以者何? 須菩提, 過去心不可得, 現在心不可得, 未來心不可得.)"

來心不可得." 謂三世心皆空, 故不可得也.

- 〈下山〉
僧至山腰始解携, 空門別意海雲迷.
鐘高樹杪猶吾耳, 草綠人間自馬蹄.
過去心空何可得, 重來期邈不勝悽.
烏奔兎走虞淵夕, 已悟浮生東復西.

갑진甲津[1)]
세 번째 수 제3구의 "뭇 용들을 항복시켜 모두 포섭하여 돌아갔다."라는 구절. 스님에게는 항룡발降龍鉢[500]이 있기 때문이다. 제4구의 '진공眞空에 의지하였다'라는 것은, 불법은 진공을 종지로 삼으므로 '불법에 의지하다'라는 말과 같다. 제6구의 "금고金鼓 소리 늘 부처님 꿈속에 들렸다."라는 것은 부처님이 꿈속에서 금고 소리를 듣고 열반에 드신 일을 말한다.[501] 다

---

500 항룡발降龍鉢 : 용을 항복시킨 발우. 『釋氏要覽』 권중(大54, 279a19), "항룡발 : 멀리로는 부처님께서 (불을 섬기던) 가섭迦葉 3형제의 화룡火龍을 발우 속에서 항복시킨 일을 가리키며, 가까이로는 진晉나라 때 고승 섭공涉公 곧 승섭僧涉이 부견符堅의 건원 11년(375) 장안에 큰 가뭄이 들자 부견이 승섭에게 청하여 용에게 주문을 걸어 달라고 함에 문득 용이 승섭의 발우 속으로 들어갔고 비가 마침내 충분히 내렸다고 고하였다. 건원 16년에 승섭이 천화遷化하였고, 17년 정월에서 6월까지 비가 내리지 않아 수없이 기원하였지만 효험이 없었다. 부견이 중서 주융朱肜에게 말했다. '섭공이 있었다면 짐이 어찌 하늘이 이와 같다고 한들 애를 태웠겠는가!'(降龍鉢 : 遠取佛降迦葉火龍於鉢中, 名之 ; 近取晉高僧涉公, 以符堅建元十一年, 長安大旱, 堅請涉呪龍, 俄爾龍在涉鉢中, 雨遂告足. 至十六年涉遷化, 十七年, 自正月止六月不雨, 多求不應. 堅謂中書朱肜曰, '涉公若在, 朕豈焦心, 於雲漢若是哉!')"
501 『金光明最勝王經』 권2 「夢見金鼓懺悔品」(T16, 411a28), "세존이시여, 저는 꿈에 바라문이 손에 북채를 잡고 현묘한 금고를 두드려 큰 소리를 내는데 그 소리에서 미묘한 게송을 연설하며 참회법을 밝히는 것을 보았습니다. 제가 이 모든 것을 기억하오니 세존께서 대자비를 베푸셔서 제 말씀을 들어 주십시오.(世尊, 我於夢中, 見婆羅門以手執桴, 擊妙金鼓, 出大音聲, 聲中演說微妙伽他明懺悔法. 我皆憶持, 惟願世尊降大慈悲, 聽我所說.)" ; 『金光明經』 「序」(T16, 359b7), "금광명경金光明經이라 이름 붙인 까

섯 번째 수 제3구의 '다패궐多敗闕'에서 패궐敗闕502은 선문에서 나온 말로서 과오를 저지르다, 즉 망치고 이지러뜨렸다는 뜻이다.

其三詩, "降伏羣龍歸摠攝"者, 僧有降龍鉢故也. '借眞空'者, 佛法以眞空爲宗, 猶言借佛法也. "金鼓尋常佛夢中"者, 佛夢金鼓入涅槃也. 其丘[2)]·夕[3)] 敗闕'者, 敗闕亦出禪門, 謂過咎也, 卽敗處闕處也.

1) ㉠ 원문의 '律'을 '津'으로 고쳤다. 2) ㉠ '丘'는 '五'의 오자인 듯하다. 3) ㉠ '夕'은 '多'의 오자이다.

- 〈甲津〉其三

沿津布設壯神功, 鎭海雲門勢更雄.
降伏羣龍歸摠攝, 維持百雉**借眞空**.
波濤密邇僧樓下, **金鼓尋常佛夢中**.
隔水文殊山似揖, 梵鐘飛越晚潮風.

其五

東山勳著薦兒曹, 坐遏秦鞭犯遠濤.
事或效頻**多敗闕**, 人惟樂勢素驕豪.
兩城一倂牽羊辱, 三窟何曾見兔逃.

닭을 푼다. 가르침에서는 만자교滿字敎(대승의 가르침)를 샅샅이 밝혀 금고金鼓가 꿈속에 울렸고, 이치에서는 진공眞空의 극치에 이르러 보탑寶塔이 지상으로 솟구쳤다. 삼신三身의 결과를 갖추어 과거의 보응報應을 이지러짐 없이 갚았고, 십지十地의 원인을 원만히 하여 예전에 수행을 구족하였음을 드러내었다. 그런 까닭에 경 중의 왕이라 하여 이와 같이 칭하는 것이다.(金光明經者, 敎窮滿字, 金鼓擊於夢中, 理極眞空, 寶塔踊於地上. 三身果備, 酬昔報之無虧, 十地因圓, 顯囊修之具足. 所以經王之號, 得稱於斯.)"

502 패궐敗闕 : 패결敗缺과 같다. 큰 잘못, 크게 실패하다라는 뜻이다. 일장패궐一場敗闕·납패궐納敗闕·중중납패궐重重納敗闕 등으로 쓰인다.

可恨吾東無水鑑, 白沙門下此公高.

차중씨운次仲氏韻

첫 번째 수 제4구의 "승가에서는 언덕에 오르는 것을 어렵게 여긴다."라는 구절. 언뜻 보건대 이 시에 나오는 절은 바다 한가운데 있기 때문에 바다를 건너 언덕에 오르는 일이 어렵다고 한 것으로 생각된다. 승가의 도리로써 말하자면, 승가에서는 구경처究竟處를 득도하는 것을 바라밀波羅蜜이라 여긴다는 뜻이다. 바라밀이란 저 언덕(彼岸)에 오른다는 뜻인데, 시에서 이 뜻을 차용한 것이다. 두 번째 수 제1구에 "하늘 저 끝 능가산은 아주 먼 이웃이다."라 한 구절은 서역에 능가산이 있는데 가기 어렵다는 뜻이다. 이 산은 바다 한가운데 있어서 신통력을 얻지 못한 자는 갈 수 없다는 말이며, 이는 최상의 신통을 가리킨 것이다. 굴窟 역시 바다 가운데 있다. 그렇기 때문에 다음 구절에서 "허공에서 사면으로 이는 파도 닥쳐오는 번뇌 티끌을 끊는다."라 한 것이다. 그다음 경련頸聯에 나오는 '대진帶鎭'과 '의류衣留'[503]의 뜻은 아울러 알 수 있다.

"僧家登岸以爲難." 乍看則此寺在海中, 故渡海登岸爲難. 而以僧家之道理言, 則僧家以得道究竟處, 爲波羅密. 波羅密者, 此云登彼岸, 詩意用此也. 其二, "天外楞伽逈作隣"者, 西域有楞伽山, 此云難可往. 謂此山在海中, 非得神通者, 莫可往也, 則此指上神通. 窟亦應在海中也. 故次句云, "空波四面斷來塵"也. 次聯, '帶鎭', '衣留', 幷可知也.

- 〈次仲氏韻〉其一
  午潮初進白漫漫, 稍向船來涌翠巒.

---

503 대진帶鎭과 의류衣留 : 앞의 '대진산문帶鎭山門' 조목 참조.

偓嶠逃塵應自古, **僧家登岸以爲難**.
松楠護窟幽光蘊, 蛟蜃當樓晚氣團.
坐覺靑丘非巨物, 等將殘殼一漚看.

其二

天外楞伽逈作隣, **空波四面斷來塵**.
高龕坐佛羣龍伏, 陰竇停泉一氣神.
帶鎭山門因韻釋, **衣留**海上亦情人.
蒲團劣得今宵借, 明日愁爲在筏身.

차중씨증흡사 次仲氏贈翕師

'미천사해'[504]에 대해서는 앞서 유초에서 살펴보았다.

詩, '彌天四海', 如上類抄.

■ 〈次仲氏韻 贈翕師〉

小島何妨兩翕公, **彌天四海**笑談中.
白雲兄弟逢前後, 黃檗襟期迹異同.
津筏捨時無此岸, 浪花空處更何風.
禪悤一拓西方豁, 掌內山河捴是東.
伯仲氏二十年前, 遇師於白雲山房.
而纔又邂逅于此故云.

---

[504] 습착지가 도안의 명성을 듣고 찾아와 본인을 가리켜 '사해의 습착치(四海習鑿齒)'라 소개하자 도안은 '미천의 석도안(彌天釋道安)'이라 하였다는 고사. '도안 법사와 습착치' 조목 참조.

소루小樓

첫 번째 수 제3구의 "한 병에 샘물 방울방울."이라 한 구절은 제2구에서 이미 "관세음보살의 옛 도량"이라 한 것으로 보아 보병寶甁 하나와 천 개의 눈으로 살피는 관세음보살의 이야기를 가져와 활용한 것이다. 관세음보살은 손에 유리병(보병) 하나를 들고 있고, 또한 천 개의 손과 천 개의 눈을 가지고 있다. 제4구의 '바다가 한없이 드넓다'는 것은 부처의 눈이 바다와 같다는 뜻이다. 그런 맥락에서 "맑고 깨끗한 감청색 눈동자 바다와 같다."[505]라는 게송의 구절도 있다. 제6구 "물결 속에 범패 소리 길이 보낸다."라는 구절에서 범梵은 범패 소리를 가리킨다.

"一瓶泉滴滴"者, 旣是觀音道場, 故用一瓶千眼之事. 以觀音手, 提一琉璃瓶, 又有千手千眼也. '海茫茫'者, 佛眼如海也. 故有偈云, "紺目澄淸四大海"也. "波心送梵長", 梵, 梵聲也.

- 〈小樓〉其一
  僧有相傳說, **觀音古道場**.
  一瓶泉滴滴, 千眼**海茫茫**.
  樹杪開樓小, **波心送梵長**.
  數峰如可買, 長願此徊翔.

---

[505] 『龍舒增廣淨土文』 권12 「讚佛偈」(T47, 288a2), "아미타불 또렷한 금빛에, 단엄한 상호는 비할 바 없네. 양미간의 백호는 완연宛然 다섯 수미산을 두르고, 맑고 깨끗한 감청색 눈동자 바다와 같네. 빛 가운데 화신불은 헤아릴 수 없고, 화신보살대중도 끝이 없어라. 사십팔대원으로 중생 제도하여, 구품의 그들이 모두 피안(西方淨土)에 오르게 하시네.(阿彌陀佛眞金色, 相好端嚴無等倫. 白毫宛[宛]轉五須彌, 紺目澄淸四大海. 光中化佛無數億, 化菩薩衆亦無邊. 四十八願度衆生, 九品咸令登彼岸.)"

우부又賦

제1구 "서호와 영축 늘 꿈에 아른거린다."라는 구절. 중원中原 항주杭州의 서호에 영축사靈竺寺와 영은사靈隱寺가 있는데 이곳을 가리킨다. 서호의 고산孤山은 임포林逋[506] 처사가 머물던 곳이다.

"西湖靈竺曾勞夢"者, 中原杭州西湖, 有靈竺寺, 又有靈隱寺, 卽指此也. 西湖孤山, 林通[1]處士之所居也.

1) 옉 '通'은 '逋'의 오자이다.

- 〈又賦〉

西湖靈竺曾勞夢, 南海觀音曰此停.
一碧圓峰長護佛, 數聲幽澗亦趨溟.
遙帆數盡雲橫洞, 小瀑看廻雨洒欞.
便欲淹留共僧夏, 環階老樹百年靑.

효경시曉景詩

마지막 구의 '해룡경海龍經'이라는 시구는 불경이 용궁에서 나왔다고 하여 불경을 이렇게 표현한 것이다. 또 제1구의 '석계명石鷄鳴'이란 선송禪頌 가운데 '목인이 밤에 석계 울음소리를 듣는다.'[507]라는 구절에 착안한 것

---

506 임포林逋(967~1028) : 절강浙江 대리大裏 황현촌黃賢村 사람. 자는 군복君複, 시호는 화정선생和靖先生. 북송 때의 이름난 은일隱逸 시인이다. 서호 고산에 은거하며 평생 벼슬을 하지 않았다. 매화와 학을 기르는 것을 좋아하여 매화를 처로 삼고 학을 아들로 삼고 산다 하여 사람들이 '매처학자梅妻鶴子'라 불렀다. 『佛祖統紀』 권10(T49, 204c12), "법사 지원智圓의 자는 무외無外, 자호는 중용자中庸子 혹은 잠부潛夫이며, 전당 서徐씨이다.……마침내 서호 고산으로 가서 은거하였는데 배우러 오는 이들이 저잣거리를 이룰 정도였으나 문을 닫아걸고 도를 즐겼으며 처사 임포와는 이웃의 벗이었다.(法師智圓, 字無外, 自號中庸子, 或名潛夫, 錢唐徐氏.……遂往居西湖孤山, 學者如市, 杜門樂道, 與處士林逋爲隣友.)"

인데, 이는 우언이다.' 어찌 참으로 석계가 우는 일이 있겠는가!⁵⁰⁸

'海龍經'者, 佛經自龍宮出來故也. 又初句'石雞鳴', 禪頌云, '木人夜聽石雞聲', 此寓語也. 豈眞有石雞鳴之事也!

- 〈曉景〉

晨潮來趁石雞鳴, 浪犯諸天白色平.
雲自窟中交澤氣, 僧從鼇脊汎鐘聲.
殘星三五非全濕, 列嶼西南便太淸.
世界根塵渾若此, 不須談了海龍經.

별흡사시 別翕師詩

제3구의 "달빛이 천 명의 돌을 비춘다."라는 말은 그 절에 응당 천 사람이 앉을 만한 돌이 있다는 것이다. 제4구의 "8세의 용녀龍女가 구슬을 바치다."라는 것은 『법화경』에 '8세 용녀가 석가불에게 구슬을 바친즉 남방의 무구세계無垢世界로 가서 성불하였다.'⁵⁰⁹는 이야기를 말한다. 흡사翕師가 바다 가운데 굴에 살므로 이 용녀의 이야기를 전고로 삼아 읊은 것이다.

---

507 본각 수일本覺守一(法眞守一)의 송에 비슷한 구절이 보인다. 『頌古聯珠通集』 권10(X65, 533b5), "열반 적멸하여 본래 붙일 이름 없으니, 여여하다 부르는 순간 벌써 변하고 만다네. 경에서 무엇이 궁극의 이치냐 묻는다면, 석인이 밤에 목계의 울음 듣는다 하리라.(涅槃寂滅本無名, 喚作如如早變生. 若問經中何極則, 石人夜聽木雞鳴.)"

508 이 시에서 '석계명石雞鳴'은 선적禪的의 의미를 담고 있는 시어라기보다 '해가 뜨는 것'을 표현한 말로 보인다. 『神異經』 「東荒經」, "부상산扶桑山에 옥계玉雞가 사는데 옥계가 울면 금계金雞가 울고, 금계가 울면 석계石雞가 울며, 석계가 울면 세상의 닭들이 모두 울고 조수潮水가 그에 따라 밀려들고 밀려 나간다.(蓋扶桑山有玉雞, 玉雞鳴則金雞鳴, 金雞鳴則石雞鳴, 石雞鳴則天下之雞悉鳴, 潮水應之矣.)"

509 『法華經』 권4 「提婆達多品」(T9, 35c12) ; 『景德傳燈錄』 권12 「譚空」(T51, 294c7) 참조.

"受月千人石"者, 彼寺應有可坐千人之石故也. "呈珠八歲龍"者, 法華經中, '八歲龍女, 獻珠於釋迦佛, 卽住南方無垢世界成佛.' 盖翕師在海中窟, 故用此龍女事.

- 〈別翕師〉
  高僧看海處, 巖窟翳雲松.
  受月千人石, 呈珠八歲龍.
  客來嘗古井, 山動發晨鐘.
  一宿將廻棹, 煙濤意萬重.

적성잡영赤城雜詠

열한 번째 수 제2구의 '후방後房'이란 선가에서 정방正房 옆에 물품을 보관하거나 요양療養하는 방으로서 판후방板後房이라고도 한다. 제6구의 '오원烏圓'은 고양이를 달리 부르는 말이다. 열세 번째 수 제1구에 "노파의 간절한 뜻"이라는 것은 선가에서 학인들에게 곡진한 가르침을 주는 것이 마치 노파가 자손을 염려하여 자세히 일러 주려는 마음과 같다는 뜻이며, 이를 가리켜 노파선老婆禪이라고 한다. 그렇다면 이 시에서는 부처를 가리킨 것인가? 아마도 선생 자신의 마음을 이 말을 인용하여 말한 것이 아닌가 한다.

其十一, '後房'者, 禪家正房之側, 有莊物養病之房, 謂之板後房也. '烏圓', 猫也. 其十三, "懇切老婆意"者, 禪家敎人委曲, 如老婆念子孫之意, 故謂之老婆禪. 則指佛耶? 亦恐先生自意, 而引用此言也.

- 〈赤城雜詠〉其十一
  已謂招提陋, 吾仍板**後房**.

蒲團堪展股, 紙戶劣容光.
皓釋晨同咳, **烏圓**夜逼床.
何由使禮佛, 客得嗅名香.

其十三
懇切老婆意, 羣頑要一醒.
天人非二致, 詳略當諸經.
不恨冥行久, 終期夕死寧.
喃喃微覺倦, 徐起步寒星.

곡승겸哭崇謙

일곱 번째 수 마지막 연聯에 "『금강경』에서 여섯 가지를 송한 것과 같다."라고 한 데서 여섯 가지란 『금강경』 말미에 "일체의 유위법은 꿈·허깨비·물거품·그림자·이슬·번개와 같다."라고 언급한 여섯 가지를 말한다. 사람의 삶이 꿈·허깨비·물거품·그림자 등과 같음을 안다면 죽음의 순간에 임해서도 여유롭고 자재할 것이다. 그러므로 그 다음 구절에서 "누가 내 가슴을 열리게 하였는가."라 한 것이다. 앞에 언급한 구절에서 송誦 자는 송頌의 오자인 듯싶다. 경전에서는 구절로 이루어진 말을 게송偈頌이라 하는데, 저 『금강경』의 문구는 다섯 자로 이루어진 송이기 때문이다.[510]

其七, 末句, "金剛六如誦"者, 金剛經末云, "一切有爲法, 如夢如幻, 如泡如影, 如露如電," 此六如也. 若知人生如夢幻泡影等, 則當死生之際, 可以寬

---

510 『金剛經』(T8, 752b28), "'일체의 유위법이 모두, 꿈·허깨비·포말·그림자 같으며, 이슬 같고 번개 같으니, 응당 이러할 뿐이라고 관찰하라.(一切有爲法, 如夢幻泡影, 如露亦如電, 應作如是觀.)"

抑. 故次句云, "誰遣豁我臆." 然誦字恐頌字之誤也. 經中句語, 謂之偈頌. 彼文是五字頌故也.

- 〈哭崇謙〉其七

天磨朴淵奇, 廬鴈落吾東.
汝以彩筆往, 欲與敵其雄.
詩成慘雲雷, 白日吼潭龍.
沈觴酹朴生, 虛籟石門風.
登高復遠目, 暝靄連鴻濛.
神交挹翠軒, 詩律步驟同.
不作小兒語, 何妨兩稱翁.
徜徉知足菴, 凌厲普賢峰.
下山便長逝, 其迹挂雲松.
<u>金剛六如誦, 誰遣豁我胸</u>.

8) 제8권 第八卷

증이수겸시贈李秀謙詩

제2구의 "십 리를 덜덜덜 추위 이기지 못하겠구나."라는 구절.『능엄경』에 '팔한지옥八寒地獄에서 덜덜덜 오싹오싹하다(波波吒吒).'[511]라는 내용이 실려 있다. 주석에 '파타波吒는 추위를 참는 소리'[512]라고 하였다. 제5구에서 '노신의 맛(勞薪味)'이란『세설신어』「술해術解」에 나오는 이야기이다. 순

---

511 『楞嚴經』권8(T19, 143c10) 참조.
512 『首楞嚴義疏注經』권8(T39, 936a6) 참조.

욱荀勖이 일찍이 진 무제晉武帝와 자리하여 죽순을 먹은 일이 있는데 사람들에게 '이는 노신勞薪[513]으로 불 땐 것'이라 하였다. 자리에 있던 사람들이 믿지 못함에 무제가 남몰래 사람을 보내 알아보니 실제로 수레바퀴(車脚) 나무를 이용해 불 땐 것이었다고 한다.

"十里波吒不耐寒." 楞嚴經, 有八寒地獄波波吒吒. 注云, 波吒忍寒聲也. '勞薪味'者, 世說荀勖嘗在晉武帝坐食荀, 謂人曰, '此是勞薪炊也.' 坐者未信, 帝密遣問之, 實用故車脚以炊.

- 〈贈李秀謙〉
  鵲川橋斷陷氷灘, **十里波吒不耐寒**.
  行旅間關誰得免, 主人溫厚最爲難.
  飯香不是**勞薪味**, 麵淡能令病胃安.
  歸洛敢忘經此夜, 竹溪霜月照心肝.

자견성암하영지自見性庵下影池

제3구와 제4구의 "가사(禪衣) 입은 중은 단청한 난간에 있는데, 하나하나 연못 속에 논둑 밭둑이 보이네."라는 구절. 선의禪衣는 가사袈裟이다. 조각조각 이어 바느질한 모양이 마치 논둑 밭둑처럼 생겼다. 선의가 연못에 비친 모습을 읊었다.

"禪衣只在朱欄上, 一一池心見稻畦." 禪衣, 袈裟也. 條條連縫, 狀如稻畦. 盖禪衣影於池中也

---

[513] 노신勞薪 : 수레바퀴는 힘을 가장 많이 받는 곳으로 수년을 사용한 후에는 이 나무바퀴를 쪼개어 땔나무로 썼다고 한다.

■ 〈自見性菴下至影池〉

見性菴前白雨低, 捫蘿百級下雲梯.

禪衣只在朱欄上, 一一池心見稻畦.

증천호상인贈天浩上人

이 시「서序」에 '서천의 흐르는 물을 보는 눈, 늙은 적이 없다.'라는 말은 『능엄경』에 '부처가 바사닉왕에게 말했다. 흐르는 강물을 보는 견해는 어렸을 때나 늙었을 때나 주름지지 않는데, 안색은 해가 변하고 달이 변함에 따라 머리털은 희어지고 얼굴에는 주름이 잡힌다. 주름은 변함을 좇아감이요, 변한다는 것은 곧 죽음이다. 주름지지 않는 것은 변하지 않음이요, 변하지 않는 것은 곧 죽지 않는다는 것이다.'[514]라는 내용의 글이 보인다. 이 시 제2구에 "불교(空門)에서도 죽음(薪火)은 또한 슬픈 일이로세."라고 하였는데, 『열반경』에서는 '인생 무상하여 사멸함이 마치 땔나무가 다하면 불길도 다함과 같다.'[515]라고 하였다.

'西川觀逝之眼, 不雛[1])'者, 楞嚴經, '佛告婆斯匿王云, 觀河之見, 童耄不雛, 而顔色年變月變, 以知髮白面雛. 雛者從變, 變者卽死. 不雛者不變, 不變者不死云云.' 詩, "空門薪火亦堪悲"者, 涅槃經云, '人之無常死滅, 如薪盡火滅.'

1) ㉠ '雛'는 '皺'의 오자이다. 이하 동일.

---

514 『楞嚴經』 권2(T19, 110b26) 참조.
515 『涅槃經』에서 이 구절이 쓰인 대목은 다음과 같다. 『涅槃經』 권6(T12, 402a18), "여래가 열반에 든 것이 마치 땔나무가 다하여 불길도 다함과 같다고 한다면 불요의이며, 여래가 법성에 들었다고 한다면 요의라 한다.(若言如來入於涅槃, 如薪盡火滅, 名不了義, 若言如來入法性者, 是名了義.)"; 같은 책, 권7(T12, 407a6), "여래가 이 괴로운 몸뚱이를 버리고 열반에 든 것이 마치 땔나무가 다하여 불길도 다함과 같다고 한다면 이는 괴로움이 아닌데도 괴로움이라는 상을 일으키는 것이므로 전도라고 한다.(若言如來捨此苦身, 入於涅槃, 如薪盡火滅, 是名非苦而生苦想, 是名顚倒.)"

- 〈贈天浩上人〉

  余於玆山遊, 凡三度矣. 雲峰松石, 一依舊態, **西川觀逝之眼**, 亦**未曾鐩**, 而顧循余髮已種種矣. 禪門存沒, 又有關心者, 昔之再度. 蓋與老宿靈祐師接軟話共蒲團, 而今已入寂矣. 沙彌天浩則又老白首, 相携叙故於西川影池之間, 婉變未已, 以一絶留別. 所以志幻迹之去來與舊好淵源云爾.

  三入淸平忽我衰, **空門薪火亦堪悲**.
  白蓮舊社沙彌在, 各把霜毛繞影池.

상원폭포 上院瀑布

제5구의 '봉래의 우열을 따지다'라는 말은, 봉래산 봉우리가 서로서로 첫째도 되고 둘째도 된다는 뜻이다. 봉래는 금강산이다. 제6구의 '예사로운 도솔'이라는 것은 이 상원사가 곧 도솔천이요 항상 평범한 발자취 이르는 곳이라는 말이다.

'甲乙蓬萊'者, 與蓬萊互爲甲乙也. 蓬萊, 金剛山也. '尋常兜率'者, 此上院便是兜率, 而尋常凡蹤到來也.

- 〈上院瀑布〉

  三道銀河一石春, 空濛素霭法王峰.
  巖開線路聞跑虎, 龕壓金湫有睡龍.
  甲乙蓬萊論勝槩, **尋常兜率**致凡蹤.
  攀援桂樹爲淸嘯, 亭午溪風送小鐘.
  跑虎一作靈獸.

등향로절정시登香爐絶頂詩

첫 번째 수 제4구의 "몸 가까이에 우뚝 솟은 비로봉을 끼고 있네."라는 구절. 곁에 최고의 봉우리가 있다는 말이다.

"身邊突兀挾昆[1]"者, 盖傍有昆峯也.

1) ㉾ '昆'이 김창흡의 시에는 '毗盧'로 되어 있다.

- ⟨登香爐絶頂⟩ 其一
  捫蘿寸寸仰香爐, 及到圓巓赤日晡.
  眼底微茫收樂浪, **身邊突兀挾毗盧**.
  東山小魯難爲聖, 南岳開雲庶亦吾.
  詩句驚人知最陋, 一元天地只須臾.

쌍계사 차이계상시雙溪寺 次李季祥詩

제5구의 '진승眞僧'은 진감국사 혜소慧昭(774~850)를, 제6구의 '학사學士'는 고운 최치원崔致遠(857~?)을 가리킨다. 고운이 진감국사 비문[516]을 지었는데 지금도 전한다.

'眞僧'指眞鑑國師也, '學士'指崔孤雲也. 孤雲作眞鑑碑, 至今存焉.

- ⟨雙溪寺 次李季祥韻⟩
  采眞千里訪雙溪, 冉冉雲霓逐步低.
  綠縟石門穿竹徑, 紅飛箔閣被花迷.
  眞僧百劫留碑在, **學士**何年伴鶴棲.

---

[516] 『孤雲集』 권2 「眞監和尙碑銘 竝序」.

未信竹符妨蠟屐, 道情要欲與君齊.

칠불사七佛寺[517]

첫 번째 수 제5구의 '옥보선인玉寶仙人이 부는 아름다운 피리 소리.'라는 구절. 옥보선인이 옥피리를 불었는데 왕궁까지 그 소리가 들렸다. 이때 신라 왕자 7인이 동시에 이 피리 소리를 듣고 소리가 들리는 곳을 찾아 이곳에 이르러 출가하여 성불하였다고 한다. 그래서 이곳을 칠불사라 부르게 되었다. 바로 다음 구절 '금륜선범金輪禪梵'이라 운운한 대목에서 금륜金輪은 왕을 가리킨다. 이 구절은 왕자들이 좌선하거나 경 읽는 소리를 표현한 것이다.

'玉寶仙徽'者, 玉寶仙人吹玉笛, 聲聞王城. 時新羅王子七人, 同時聞笛聲, 尋聲至此, 出家成佛, 故云七佛也. 故次云, '金輪禪梵'云云, 金輪者, 指王也. 以王子爲禪而唱梵音也.

- 〈七佛寺〉其一
七佛開山問是誰, 地靈僧寶蘊神奇.
高低地火千年埈, 隱現天光半畒池.
玉寶儒徽流響遠, **金輪禪梵**轉音遲.
祇園別有眞春在, 斧後松杉復翠枝.

우右[1)] 심진동[518]시尋眞洞詩

제7구의 "초지의 금승金繩[519]은 깨달음의 길이 아니다."라는 구절. 불

---

517 아래 내용으로 보아 경상남도 하동의 칠불사에 관한 이야기인 듯하다.
518 시 제목은 〈安陰三洞〉이다. 지금의 경상남도 함양군에 위치한 안음安陰의 원학동猿鶴洞·심진동尋眞洞·화림동花林洞 삼동三洞 가운데 심진동에 관한 시이다.

경에 초지初地·이지二地 내지 십지十地라는 말이 있는데 이는 수행의 계위와 차제를 뜻한다. 부처님이 수행하신 도를 금승으로 경계를 나눈 것이다.

"初地金繩覺²⁾露"者, 佛經有初地二地, 乃至十地之語, 修行之階位次第也. 佛之所行路上, 以金繩分界也.

1) ㉠ 제목으로서 보면 '右'는 삭제하는 편이 낫다. 2) ㉠ '覺' 앞에 '非' 자가 누락되었다.

■ 〈安陰三洞〉

尋眞數曲蘊幽奇, 鶴洞惟應弟視之.
百折騰蛇溪亂走, 半空翔鷺瀑高垂.
崖龕寂寂孤花笑, 雲碓嘈嘈怪鳥窺.
初地金繩非覺路, 據藜困石使人疲.【右尋眞洞】

도산서원陶山書院

〈도산서원〉 제하의 시를 또 짓다. 첫 번째 수 제26구의 "회옹晦翁의 기틀에 들어맞았다."라는 구절. 기틀에 들어맞다는 뜻의 '당기當機'라는 말은 불경에 나오는데 부처님이 경을 설하실 때 제자들 중에 상좌가 되

---

519 금승金繩 : 이구국離垢國에서 경계를 구분하는 데 사용하는, 금으로 만든 줄(繩索)이라고 한다. 『法華經』 권3 「授記品」(T9, 20c1), "그 국토는 청정하니, 땅은 유리로 되어 있으며, 갖가지 보배 나무가, 길가에 늘어서 있으며, 금승으로 경계를 나누어, 보는 이들은 환희하네.(其土淸淨, 琉璃爲地, 多諸寶樹, 行列道側, 金繩界道, 見者歡喜.)" : 『法華經句解』 권2(X30, 468b16), "나라 이름은 이구. 국토가 청정하여 먼지나 더러움과는 멀리 떨어져 있다.(國名離垢. 國土淸淨遠離塵垢.)" 사원寺院을 범칭하기도 한다. 이백李白의 〈春日歸山寄孟浩然〉이라는 시에 "금승은 깨달음의 길을 열고, 보배로운 뗏목은 미혹의 시내를 건네주네.(金繩開覺路, 寶筏度迷川.)"라는 구절이 있다.

는 제자와 문답을 주고받은 것을 당기라고 한다. 요즘은 대사들이 경전을 강설[520]할 때 문구에 따라 설명을 더하는 것을 당기라고 한다. 퇴계 이황李滉(1501~1570) 선생은 이런 면에서 회옹 주희朱熹(1130~1200)의 당기이다.

又賦詩, "晦翁得當機"者, 當機之言, 出於佛經中, 謂佛說經之時, 與弟子中爲上者, 問答往復, 謂之當機. 故今之大師講經時, 承聽重講者, 謂之當機. 則退溪先生, 亦爲晦翁之當機也.

- 〈又賦〉其一
風雨晩颼颼, 古道征人稀.
馬疲著鞭策, 匪我有渴饑.
陶山已在望, 何暇惜沾衣.
投簀石門塢, 整冠幽貞扉.
墻高無幾尺, 亦復仰巍巍.
嗟余讀書淺, 豈識道是非.
洋洋武夷派, 沿泳竊所希.
斯文有眞脉, 世儒忽淵微.
矜持或虛標, 棲遲豈眞肥.
慊慊君子終, 夫子其庶幾.
沈潛卽理窟, 篤實著德輝.
紆餘四七辨, 妙蘊勞發揮.

---

[520] 강경講經은 말 그대로 경전을 강설하는 것을 뜻한다. 『釋氏要覽』 권하(T54, 295b21), "강경은 조위曹魏의 주사행朱士行이 『도행반야경道行般若經』을 강설한 것이 그 시초이다.(講經, 卽曹魏時朱士行講道行般若爲始也.)" 선종에서는 단순히 경전을 강설하는 데 그치는 것이 아니라 진리를 강설하는 것에 강경의 방점을 둔다.

黃李且姑捨, **晦翁得當機**.

丘園聞若此, 悢悢吾焉歸.

청량산시 淸凉山詩

첫 번째 수 제7구의 "산에 오르기에는 현도玄度(許詢)만큼의 몸은 아닌 듯하구나."라는 구절. 허순許詢[521]은 산수를 좋아하였고 신체도 좋아 높은 산을 오르곤 하였다. 당시 사람들이 '허순은 단지 산에 오르기 좋아하는 마음뿐만 아니라 실제로 산에 오르기에 좋은 건장한 몸도 갖추었다.'고 하였다.[522]

"濟勝恐非玄度具"者, 許詢好山水, 而體便登陟. 時人云, '許椽非徒有勝情, 寔有濟勝之具.'

- 〈淸凉山〉其一

松壇伴鶴卽淸潯, 截瀨穿花境轉深.

山逕多歧頻駐馬, 樹陰無缺但聞禽.

僧留蓮院長看壁, 吏喚藍輿始出林.

濟勝恐非玄度具, 畫歸將奏少文琴.【洞口有伴鶴亭】

성류굴시 聖留窟詩

제44구의 "자금염부紫金閻浮의 서광이 선명하다."라는 구절. 『능엄경』에 '부처님의 몸은 적황색 빛이 나는 금과 같다.'[523]라는 구절이 있다. 그 주석에 '염부수閻浮樹의 과즙이 강에 흘러 들어가 모래와 돌이 모두 금이 되

---

521 허순許詢 : 동진 때 고양高陽 사람. 자는 현도玄度. 허연許椽(許掾) 등으로도 불린다.
522 허순許詢은 산수를~갖추었다고 하였다 : 『世說新語』「棲逸」참조.
523 『楞嚴經』권1(T19, 109b5) 참조.

는데, 여느 금보다 그 금빛이 대단히 훌륭하다.'⁵²⁴라고 하였다. 이 시에서 '자금염부'라 한 것은 곧 염부수에서 나는 금과 같다는 말이다. 제45구와 제46구의 "멀고 먼 태곳적부터 어찌 이런 준비 있었겠으며, 불교(象敎)가 어찌 영명년永明年 되기까지 기다렸으리오."라는 구절. '상교象敎'는 코끼리가 끄는 수레에 불경을 실어 왔다 하여 나온 말로서 불교를 상교라고도 한다. 불법이 이미 태곳적부터 있어 왔던 것인데, 하필 영명년이 되기까지를 기다려 이 동토에 이르렀겠는가라는 말이다. 영명의 '명明' 자는 '평平' 자의 오자가 아닌가 생각한다. 영평永平 12년(69)에 한나라 명제가 채음蔡愔⁵²⁵ 등을 천축에 보내 불법을 구해 오도록 하였다. 제48구의 '관묘觀妙', '관요觀徼'는 『도덕경』에 나오는 말이다. 요徼는 유有의 의미이고 묘妙는 무無의 의미이다. 제49구의 '대상륜對相輪'이란 부처님 손가락 하나하나마다 바퀴 모양의 문양이 있는 형상을 말한다. 제51구의 댕댕(噌吰), 둥둥(鐺鞳)은 종을 치는 소리이다. 원위元魏(北魏) 무제와 북주北周 우문씨宇文氏 경문제景文帝는 불도를 극히 숭상하였는데 이 곡은 전한 적이 없다(제51구의 '此何曲' 부분을 설명한 말). 제71구의 "청한열작삼일엄淸寒㐿作三日淹"이라는 구절. 매월당梅月堂 김시습金時習(1435~1493)의 호가 청한자淸寒子인데 그가 이곳에 이르러 사흘 머물렀다는 말인가, 아니면 청한한 경치여서 스스로 사흘 머물며 지었다는 말인가?

"紫金閻浮瑞光鈴.¹⁾" 楞嚴經云, '佛身如閻浮檀金.' 註云, '閻浮樹汁入河,

---

524 『楞嚴經要解』 권2(X11, 785b3) ; 『楞嚴經正脉疏』 권1(X12, 211b23) 참조.
525 채음蔡愔 : 후한 명제明帝의 명으로 인도에 가서 가섭마등迦葉摩騰·축법란竺法蘭을 만나고 그들과 함께 백마白馬에 경전을 싣고 돌아왔다고 한다. 『佛祖統紀』 권35(T49, 329b22), "명제 10년에 채음 등이 중천축 대월지에서 가섭마등과 축법란을 만나 부처 입상立像【의倚는 립이다.】과 범본 경전 60만 언을 얻어 백마에 싣고 왔다.(十年, 蔡愔等, 於中天竺大月氏, 遇迦葉摩騰竺法蘭, 得佛倚像梵本經六十萬言,【倚卽立也.】載以白馬.)"

則沙石皆成金, 而金色勝於他金.' 今云, '紫金閻浮'者, 謂金是閻浮也. "洪荒乃有此準備, 象敎奚待永明年." 象敎者, 佛經載象駕, 故云象敎也. 盖佛法已自洪荒之世有之, 何待永明年, 而來此東土耶. 永明, 明字, 恐平字之誤. 永明[2]十二年, 明帝遣蔡愔等徃天竺, 求佛法而來. '觀妙', '觀徼', 道德經言也. 徼者有也；妙者無也. '對相輪'者, 佛手指一一有輪相也. '噌吰', '鏜鎝', 栲鍾之聲也. 元魏武帝周宇文氏景文帝, 極崇佛道, 而此曲未曾傳也. "淸寒劣作三日淹." 梅月堂亦號淸寒子, 來此三日淹耶, 亦可淸寒之境, 自作三日淹耶?

1) ㉠ '鮊'은 원시에는 '鮮'으로 되어 있다. 2) ㉠ '明'은 '平'의 오기이다.

- 〈聖留窟〉

僊槎郡勢若大船, 雪沙銀濤浩無邊.
縮作嵆斜在別岸, 中藏萬古團團天.
道家三十六洞天, 此洞定與金華連.
南距平海數由旬, 窟中漂杵達海壖.
吾將趨入搜嵌空, 髣髴若有靈光然.
南公師古通神明, 應以隣近襲氣偏.
束炬百把團火伴, 袒去縫袚從輕便.
非過宋地且微服, 若趨陰平用裹氈.
將身窄轉幾百丈, 撞面巖嶙或磨肩.
摘埴冥行昧高低, 耳邊澎湃淙陰泉.
往往傍行學郭索, 接腋持頤費夤緣.
旁羅小竅若非字, 一入不出便玄埏.
導迷頻呼朱火擧, 積蒸玄顔古今煙.
忽然坦平步履妥, 小場旋來大場圓.
其高可建五丈旗, 下容十耦畇畇田.

靈芝煥發蝙蝠肥, 仰看鐘乳累累懸.
玉筍抽雲或上折, 氷雷垂地碎未全.
疊出層見捴傘幢, 夾路婀娜以翩躚.
紫蓋黃旗浙江巡, 金節羽衣瑤池筵.
照爛馮夷貝闕開, 絡繹波斯寶肆聯.
無何轉入靈鷲山, 恒沙諸佛坐金蓮.
窣屠三座極天巧, **紫金閣浮瑞光鮮**.
鴻荒乃有此準備, 象敎奚待永明年.
事有理無亦怳惚, **觀妙觀徼**竟玄玄.
嗒焉支頤**對相輪**, 往扣巖鐘小奴顚.
嚌呹鏜鎝此何曲, 魏獻周景所未傳.
興極不覺舞蹲蹲, 玉柱擎天更在前.
虹橋一斷可奈何, 欲進神慄瞰奔川.
稍稍步隨煙燼返, 促促恨未儳賞延.
靑泥滿面向海濯, 玉髓在握見日堅.
出洞堪疑柯已爛, 未造瑤壇豈福緣.
古坡老子綺皓徒, 與約秋來更搜穿.
擺去長物携一壺, 一杯一笛更後先.
彈棊定似橘翁坐, 弄笛應破洞龍眠.
此中冥昧失晝夜, 卷入元化邁古賢.
淸寒劣作三日淹, 未了三萬與六千.
十洲笙鶴太空闊, 馭風來往疲四僊.
玉壺藏身此可方, 汝南猶未超城廛.
人間未有不貸圃, 欲買靑山亦須錢.
爭奪安危所不到, 萬緣灰來衆妙專.
古坡古坡從我否, 吾將於此終老焉.

송내제나심원시 送內弟羅深源詩

제15구의 "들뜬 마음에 불안한 생각을 일으키다(掉擧)."라는 구절. 불경에 혼침昏沈·도거掉擧[526]라는 말이 있다. 도거는 산란한 상태를 뜻한다. 제16구의 "욕계의 미혹이 부른 허물(漏逗) 때문이리라."라는 구절. 누두漏逗는 과오라는 뜻이다. 제39구의 "틀림없이 삼자부三字符[527]를 부탁한다."라는 것은 병산屛山 유자휘劉子翬[528]가 말한 '머지않아 뉘우치고 회복하다(不遠復)'라는 뜻의 그 삼자부를 일컬은 것이다.

"浮念乍棹[1]擧"者, 佛經有昏沈棹擧之言. 棹擧, 散亂也. "慾界或[2]漏逗", 漏逗, 過尤也. "丁寧三字符"者, 屛山所謂, '不遠復'三字符耶.

---
1) ㉘ '棹'에 상앗대라는 뜻이 있기는 하지만 '도거掉擧'라 할 때는 일반적으로 '掉'를 쓴다. 2) ㉘ '或'은 '惑'과 혼용한다.

- 〈送內弟羅深源 浚〉
此別莫怊悵, 此會初邂逅.
千回洛下面, 含意豈曾剖.
聯翩名岳中, 同榻亦日富.
板閣皓月夕, 松軒亂霰晝.

---
526 혼침昏沈·도거掉擧 : 마음을 가라앉게 하여 비발사나毘鉢舍那(觀)를 방해하는 심소를 혼침, 마음을 들뜨고 불안정하게 하여 사마타奢摩他(止)를 방해하는 심소를 도거라고 한다.
527 삼자부三字符 : 주희가 동자童子로 병산屛山 유자휘劉子翬를 모시고 있을 때, 도道에 들어가는 차제를 묻자 병산은 "나는 『주역』에서 덕에 들어가는 문을 얻었으니 '머지않아 회복한다.'는 것이 나의 삼자부이다.(吾於易, 得入德之門焉, 所謂'不遠復'者, 乃吾之三字符也.)"라고 하였다. 『朱子大全』 권90 「屛山先生劉公墓表」, 『心經附註』 「不遠復章」 등 참조.
528 병산屛山 유자휘劉子翬(1101~1147) : 남송 건주建州 숭안崇安 사람. 자는 언충彦沖, 호는 병옹病翁·병산屛山, 시호는 문정文靖. 주희가 그 문하에서 배웠다고 한다. 문집 『屛山集』이 있다.

裒洋存俯仰, 鐘栫叶應扣.
觀爾意高廣, 周覽邁宇宙.
由無主一操, 往往以心鬪.
浮念乍掉擧, **慾界或漏逗**.
雲林豈不深, 誰復繫騰狖.
無幾人化物, 未信得其秀.
氣淸質或駁, 志大業豈究.
流涕時自悼, 要我發藥救.
方患我田蕪, 豈有可應副.
萬事有根本, 千聖明受授.
操約其在此, 勉哉禮法囿.
春壇捨瑟人, 風詠豈奔走.
百原整襟叟, 凝靜抵通透.
始令閒氣無, 終覺道襟茂.
待爾一刷洗, 林下作會又.
丁寧三字符, 臨別納歸袖.

9) 제9권 第九卷

낙가관일시 洛伽觀日詩

제5구와 제6구의 "낙빈왕駱賓王[529]이 취령鷲嶺으로 간 후에, 바다 바라보고 시 지은 사람 누구인가."라는 구절. 낙빈왕은 일이 실패[530]로 돌아

---

[529] 낙빈왕駱賓王(640?~684?) : 초당初唐 때의 시인. 일명 초당사걸初唐四傑로 불린다. 주요 저서에 『駱賓王文集』, 『駱臨海集』이 있다.
[530] 서경업徐敬業·서경유徐敬猷 형제가 측천무후則天武后를 폐하고자 양주揚州에서 반

간 뒤에 승려가 되어 취령산 영은사靈隱寺에 은거하였다. "누대에서 창해의 해를 바라보고, 문으로 절강의 물을 마주 대하네."[531]라는 시구가 있다.

"賓王鷲嶺後, 誰爲觀海詩." 駱賓王事敗, 後爲僧, 隱於鷲嶺山靈隱寺. 有 "樓觀海滄日, 門對浙江潮"之句.

- 〈峴山三十詠 和李使君子東〉

迢遙梨花臺, 咫尺珊瑚枝.

紅盆與金柱, 指點每於斯.

賓王鷲嶺後, 誰爲觀海詩.

若問天外事, 瞿曇亦不知.【右洛伽觀日】

의상이적자義相異迹者

'상相' 자는 '상湘'이 맞다. 의상義湘(625~702)은 신라 때 고승이다.

相當作湘. 新羅高僧也.

란을 일으켰을 때, 낙빈왕은 측천무후를 토벌하는 격문檄文을 썼다. 반란은 실패하였고 그 후 낙빈왕의 행방에 대해서는 잘 알려져 있지 않다.

531 宋之問, 〈靈隱寺〉, "鷲嶺鬱岧嶢, 龍宮鎖寂寥. 樓觀滄海日, 門對浙江潮. 桂子月中落, 天香雲外飄. 捫蘿登塔遠, 刳木取泉遙. 霜薄花更發, 氷輕葉未凋. 夙齡尚遐異, 搜對滌煩囂. 待入天臺路, 看余度石橋." 송지문이 이 시의 제1구와 제2구를 지은 뒤에 계속해서 그 흥취를 이어 가지 못하고 있던 중에 한 노승을 만났는데 노승이 이 시의 제3구와 제4구를 바로 이어 주었다. 송지문은 힘이 있으면서도 유려한 그 구절에 놀랐고, 다시 그 노승을 찾아갔으나 만나지 못했는데 그 절의 중이 그가 바로 낙빈왕이라고 말해 주었다는 기사가 전한다.

- 〈峴山三十詠 和李使君子東〉

捨爾幻化身, 求佛勝妙像.

靈珠落念頭, 慈竹生頂上.

浮屠事多幻, 舟壑迹已往.

靑鳥去無影, 極目雲濤廣.【右義相異蹟】

관음신상觀音神像

시 제1구에 "원융무애圓融無礙하신 천안불千眼佛"이라 한 구절. 관세음보살이 이근원통耳根圓通을 증득한 내용이 『능엄경』에 보인다.[532] 천 개의 손과 천 개의 눈을 가지고 있으며 버드나무 가지로 씻고 유리병 속의 감로수를 중생의 정수리에 부어 개오하게 하므로 함련(楊枝洒甘露, 衆生仰灌頂.)에서와 같이 읊은 것이다.

---

[532] 이근원통은 25원통 내지 육근원통六根圓通 중 하나로서 관세음보살이 증득한 경지의 특징인 동시에 다른 모든 원통을 아우르며 가장 탁월한 원통으로 간주된다. 넓게 보면, 문문·사思·수修 삼혜三慧 중 문혜와 연결된다.『楞嚴經』(T19, 129c26), "세존이시여, 저 불·여래께서는 제가 원통법문圓通法門을 훌륭하게 터득하였음을 찬탄하시고, 큰 법회에서 제게 관세음觀世音이라는 명호를 수기해 주셨습니다. 제가 들은 소리(世音)의 본질을 꿰뚫어 보아 시방에 원만하게 밝혀 놓았으므로 관음이라는 이름이 시방세계에 널리 퍼진 것입니다.(世尊, 彼佛如來, 歎我善得圓通法門, 於大會中, 授記我爲觀世音號. 由我觀聽十方圓明, 故觀音名, 遍十方界.)";『楞嚴經觀心定解大綱』(X15, 591c19), "만약 이 경은 이근의 방편으로 말미암아 깨닫는다고 하여 이근원통이라 주장한다면, 다른 어떤 경이라고 하여 이근을 따르지 않고 깨닫기라도 한단 말인가! 사리불(身子)과 목련目連이 인연의 설을 듣고 깨달았던 예도 이근원통에 속한다. 가섭迦葉과 진여陳如가 사제四諦의 설을 듣고 출가한 즉시(善來) 도를 깨달았던 예도 이근원통에 속한다.……향엄香嚴은 돌조각이 대나무에 부딪히는 소리를 듣고 깨달았고, 백장百丈은 마조가 내지른 외마디 할에서 그 계기를 얻었으며, 조계 혜능慧能은 '그 어디에도 머물지 말고 마음을 일으켜라.'라는 경문을 듣고 깨달았으니, 모두가 이근원통에 속한다. 이 모두가 원통의 방편을 터득했던 실례이다.(若執此經, 由耳根方便而入, 卽爲耳根圓通者, 何經不從耳根入哉! 身子目連, 由聞因緣悟入, 亦耳根圓通也. 迦葉陳如聞四諦, 善來悟道, 亦耳根圓通也.……香嚴擊竹, 百丈一喝, 曹溪聞應無所住而生其心, 皆耳根圓通也. 此皆得圓通之方便耳.)"

詩中, "圓通千眼佛." 觀音菩薩, 證耳根圓通, 見楞嚴經. 有千手千眼, 以楊枝洒, 琉璃甁中甘露水, 以灌衆生之頂, 使開悟, 故頷聯云云.

- 〈峴山三十詠 和李使君子東〉

圓通千眼佛, 住處香海廻.
楊枝洒甘露, **衆生仰灌頂**.
神像玉琢成, 中含寶月炯.
辛勤獻花徒, 靈迹與之竝.【右觀音神像】

냉천고거시冷泉故居詩

제2구 "가을빛에 짙은 인초忍草[533]"라는 구절에서 인초는 서역 설산에 자란다는 향초의 일종이다. 제7구의 "관음보살이 아마도 마등가摩登伽이리라."라는 구절. 『능엄경』 초반부에 '마등가는 음녀였다.'[534]라는 구절이 나온다. 제8구의 "구마라집鳩摩羅什이 도리어 원효元曉이리라."라는 구절. 구마라집은 요진姚秦의 고승인데 음란한 행위를 자주 범하였다. 그의 무리 여럿이 그를 본받자 구마라집이 그 무리를 향하여 한 발우의 침針을 마시고는 말하기를 '그대들이 침을 마실 수 있다면 음란한 행위를 범해도 좋다.'라고 하였다. 원효는 신라 때의 도승이다. 하루는 남산에 신령하고 영묘한 한 덩어리의 기운이 구름처럼 어린 현상을 보고, 그 기운을 손아귀에 쥐고서는 서울에서 노래하였다. '내게 하늘을 떠받칠 만한 기둥이 있으니, 누가 자루 빠진 도끼를 빌려주겠는가?' 당시 사람들이 그 의미를

---

533 인초忍草 : 인욕초忍辱草라고도 한다. 『涅槃經』「師子吼菩薩品」(T12, 539a12), "선남자야, 설산에 인욕忍辱이라는 풀이 있는데, 소가 먹으면 제호醍醐가 된다. 중생의 불성도 이와 같다.(善男子, 雪山有草, 名曰忍辱, 牛若食之, 則成醍醐. 衆生佛性, 亦復如是.)"
534 『楞嚴經』 권4(T19, 122a5) 참조.

알지 못하였는데 신라의 왕만이 알아채고서 원효를 불러들였다. 이때 왕의 딸 요석瑤石 공주가 과부였던 터라 그를 장가들게 하려 하였다. 원효는 그 기운을 모았으므로 마침내 허락하고 설총薛聰을 낳는데, 후에 홍유후弘儒侯에 봉해졌다. 원효는 마침내 머리털을 기르고 소성거사小性居士라 하였다. 이 시의 정취는 관음을 모티브로 삼았기 때문에 '여인의 몸을 나타내는 것(現女身)'으로 시험한 것이지, 어찌 (관음이) 마등가와 같은 음녀의 부류이겠는가. 구마라집이 음란한 행위를 범했기에 원효의 태도에 비유함으로써 함께 희화한 것이니, 기롱한 것이다.

"妖色老忍草." 西域雪山, 有忍草, 卽香艸也. "觀音豈摩登"者, 楞嚴經初, '摩登伽, 婬女也.' "羅什還元曉"者, 鳩摩羅什, 姚秦高僧, 而好犯婬. 其徒多有效之, 羅什對其徒, 飮一鉢針曰, '汝等能飮針, 可以犯婬也.' 元曉新羅道僧也. 一日見南山靈氣混沌如雲, 手握其氣, 唱於京都曰, '我有撐天柱, 誰許沒柯斧?' 時人莫知, 羅王獨知之召入. 時王妹瑤石公主寡居, 令娶之. 元曉爲鍾其氣, 遂許之, 生薛聰, 爲弘儒侯也. 元曉遂長髮, 號小性居士. 詩意以爲觀音故, '現女身'以試之, 豈是摩登婬女之類. 羅什犯婬, 故以喩元曉之相與戱之, 盖譏之也.

- 〈峴山三十詠 和李使君子東〉

祥光九峰下, **秋色老忍草**.

何緣酌冷泉, 有美刈紅稻.

須知色是空, 淨染不二道.

觀音豈摩登, 羅什還曉老.

古傳元曉遇一女刈稻于此地, 與之相戱, 蓋觀音**現女身**云.【右冷泉故居】

장심수미대시將尋須彌臺詩

제6구의 "샘을 만나면 녹낭漉囊[535]을 사용한다."라는 구절. 선가에는 녹낭이라는 것이 있는데 물을 받으면 반드시 그것으로 걸러서 마셔야 하니, 물속 벌레의 목숨을 해칠까 염려해서이다. 지금 사용한다고 말한 것은 벌레가 있는지를 살핀다는 뜻이다.

"逢泉試漉囊"者, 禪家有漉囊, 汲水必漉之, 恐水中有虫也. 今言試者, 謂試其有虫也.

- 〈將尋須彌臺 與智益 致雄二上人沿溪捫蘿 往往迷路 隨處卓錫而談玄〉
 短栢蟠如簀, 溪行踏翠長.
 微風韻崖谷, 晚露裛巾裳.
 憩石看拈頌, **逢泉試漉囊**.
 朋遊嫌太鬧, 支許喜相將.

수미대시須彌臺詩

제2구의 "그 가운데 수미산을 거두어들였다."라는 구절. '개자씨 안에 수미산을 거두어들인다.'[536]는 말처럼 크거나 작거나 장애가 되지 않음

---

[535] 녹낭漉囊 : 여수낭濾水囊이라고도 한다. 물을 받쳐 벌레 따위를 걸러 내기 위해 만든 베 주머니이다.
[536] 개자납수미芥子納須彌 또는 수미입개자須彌入芥子라고도 한다. 개자는 가장 작은 극소의 것을, 수미산은 세계의 중심에 있다고 여겨지는 산으로 극대를 상징한다. 극소의 것이 극대를 품고, 극대의 것이 극소로 들어간다는 것은 대소大小·고저高低·미오迷悟·생불生佛 등의 이견二見에서 벗어난 경계를 표현한다. 『大乘無生方便門』 (T85, 1277b12), "마음속에서 분별을 지어내지 않는다면 수미산과 개자를 놓고 크거니 작거니 하는 상相에 대한 분별을 하지 않을 것이요, 들어간다거니 들어가지 못한다거니 하는 분별도 하지 않을 것이다. 이와 같은 견해를 참다운 견해라 한다.(心不思, 則不見須彌芥子大小相, 亦不見有入, 不見有不入. 作如是見, 乃名眞見.)" 극미極微

을 뜻한다. 제6구의 "풍성한 옥돌은 페르시아 상인(보석상)이 뽑아 놓은 듯하다."라는 구절. 페르시아 상인은 진기한 보석을 잘 선별한다고 한다. 그런 까닭에 풍성한 옥돌이 마치 페르시아 상인의 안목으로 가려낸 듯하다는 의미이다.

"中自納須彌"者, 芥子納須彌, 大小無碍也. "瓌富閱波斯"者, 波斯國人, 善別珍寶故, 此瓌富之寶, 閱波斯之眼也.

- 〈須彌臺〉
  谽谺洞天小, **中自納須彌**.
  佛塔重瑤級, 僊杯累玉甤.
  淸眞挹姑射, **瓌富閱波斯**.
  半日穿蘿密, 忘疲始賭奇.

마하연 摩訶衍

제5구의 "계수나무를 벤 오질吳質[537]이 가증스럽구나."라는 구절은 다른 곳에 '오강吳剛이 달에 있는 계수나무를 베었다.'[538]라고 되어 있는데 이 뜻인가? 알지 못하겠다.

"斫桂憎吳質"者, 他處有云, '吳剛伐月中之桂', 卽此意耶? 未詳.

속에 삼천대천세계의 모든 존재를 함장하고 있다는 인허함대천법隣虛含大千法이라는 말과도 통한다.
537 오질吳質 : 달에 산다는 선인仙人. 오강吳剛이라고도 한다. 오강은 천제天帝의 징벌로 달의 계수나무를 베는 벌을 받았는데 도끼로 찍어도 곧 나무가 아물어서 아무리 찍어도 넘어지지 않았다고 한다.
538 『幼學瓊林』 권4 「花木」.

■ 〈摩訶衍〉

森聳峰如衛, 泓崢境若空.

水窮雲滿院, 僧定客依楓.

斫桂憎吳質, 開巖哂謝公.

深知永郞意, 未欲世人通.

중백운中白雲

제7구의 "능가楞伽 가지고 들어가고자 한다."라는 구절. 능가는 『능가경』을 가리킨다. 『능가경』에서는 팔식八識 전체가 공空임을 밝히고 있다.[539] 팔식이란 안이비설신의眼耳鼻舌身意 육식에 제7 말나식末那識과 제8 아뢰야식阿賴耶識을 더한 것이다.

"欲把楞伽入"者, 楞伽經也. 楞伽經中, 明八識空. 言八識者, 眼耳鼻舌身意六識上, 更加第七末那識, 第八阿賴耶識也.

■ 〈中白雲〉

白雲棲有處, 蘭若卽其中.

鐵鎖僧攀少, 花龕佛坐崇.

燈飄石壇月, 鐘落海松風.

欲把楞伽入, 長敎八識空.

---

[539] 『入楞伽經』 권8(T16, 559c1), "찰니가刹尼迦라 말한 것은 공空을 지칭한 것이고, 아리야식阿梨耶識을 여래장如來藏이라 명명한 것은 의식意識과 전식轉識을 함께 훈습함이 없기 때문에 공이라 하는 것이며 무루無漏의 훈습법을 갖추었기 때문에 불공不空이라 한다.(言刹尼迦者, 名之爲空, 阿梨耶識名如來藏, 無共意轉識熏習故名爲空, 具足無漏熏習法故, 名爲不空.)"

화강수시 花江守詩

제1구에 나오는 '담무갈'에 대해서는 이미 앞에서 해설하였다.

曇無竭, 已如上解.

- 〈花江守李一源追到卜夜于菴中 次農巖集韻〉
  浩劫**曇無竭**, 跏趺絶巘頭.
  蓮花開界別, 桂樹護龕幽.
  官燭來淸夜, 禪扉敞素秋.
  高哦憑萬瀑, 天籟與颼颼.

등비로절정시 登毘[1]盧絶頂詩

두 번째 수 제1구의 "강풍에도 힘차게 걷다."라는 구절. 『포박자』에 '올빼미는 날개를 펼친 그대로 날갯짓하지 않고 나니, 40리를 바람의 맹렬한 기세로 타기 때문이다.'[540]라 하였으니 가히 강풍의 세계를 알 수 있다. 목재 전겸익의 시에 "수레 급히 모니 산골짜기에 바람(穀風)[541] 일고, 강풍에 흙덩이 빙빙 날리는 듯하네."[542]라는 시구가 있다.

---

540 『抱朴子』內篇「雜應」, "솔개는 날수록 더욱 높이 나는데 다만 양 날개를 곧게 펼 뿐 더 이상 날개를 흔들어 댈 필요 없이 저절로 날아가니 점차로 기세를 타기 때문이다.(鳶飛轉高, 則但直舒兩翅, 了不復扇搖之而自進者, 漸乘氣故也.)"

541 바람(穀風) : 곡풍穀風은 곡풍谷風으로도 쓴다. 동풍東風이라고도 한다. 골짜기에 부는 바람의 의미로 번역하였다. 『爾雅注疏』「釋天」, "동풍을 곡풍이라 한다.……손염은 '곡곡은 곡곡으로, 곡곡은 생生의 뜻이다. 곡풍은 생장生長시키는 바람이다.'라고 하였다.(東風謂之谷風.……孫炎曰, '谷之言穀, 穀, 生也. 谷風者, 生長之風也.')" 여기서 '생장'은 사계 중 봄의 특징으로 간주된다.

542 『初學集』 권1 〈一大風發穀城山〉, "驅車穀城山, 剗風旋如塊. 厓端股崩雷, 石角噫衆籟. 合沓饑鴟號, 排蕩飛鶴退. 首塗失西東, 亭午轉冥晦. 天窄危徑裏, 日蕩浮埃外. 輿謑徒侶錯, 馬旋尾鬣對. 踢步蹴石根, 却行壓人背. 登頓鳥道外, 徑瓦蟻封內. 歇鞍方問塗, 息肩始一喟. 行看日車斜, 坐喜坤軸在. 行邁固有時, 冥升信多晦. 善哉

"剛風隨健步." 抱朴子云, '鴟鳶展翅不動去, 四十里風勢猛壯.' 可驗有剛風世界. 牧齋詩, "駈車穀風山, 剛風旋如塊"云云.

1) ㉠ 원문의 '毘'은 '毘'로 바로잡았다.

- 〈登毘盧絶頂〉 其二

剛風隨健步, 兩腋欲翩翩.
滅沒雲鳶失, 空濛野馬旋.
煙沈州九點, 萍漾界三千.
却怪滄溟逼, 鯨跳只膝邊.

하산 下山

제3구의 "몸이 가뿐하고 건장했던 허연許椽(許詢)에게 부끄럽구나."라는 구절. 허순[543]은 몸이 가벼워 산에 오르기에 좋은 체격이었다.

"輕便許椽愧"者, 許詢身輕, 便於登陟.

- 〈下山〉

夙抱煙霞癖, 沈淹到白頭.
輕便許椽愧, 老疾少文愁.
費夢惟斯境, 孤遊偶及秋.
毗盧第一賞, 其可再爲不.

前車戒, 斯言旅人昧."
543 주 521 참조.

유점사楡岾寺[544]

첫 번째 수 제2구의 "여러 부처님 동쪽으로 오신 일 괴이하네."라는 구절. 53불상이 석선에 실려 도달하여 이 절에 안치된 사연을 가리킨다. 그런 까닭에 그다음 구절에서 "사실인 듯 아닌 듯, 석선 타고 건너왔다니."라고 읊은 것이다. 이하에 나오는 '용이 옮겨 가고', '까마귀 떠나고', '민지閔漬', '노춘盧春'[545] 모두 그 절의 사적에 맞게 읊은 시어들일진대, 그 절에는 보이지 않아 알지 못하겠으니 탄식할 노릇이다.

"諸佛恠東來"者, 五十三佛像, 石船載到, 安于此寺. 故次句云, "怳惚石航度"也. '龍移', '烏去', '閔漬', '盧春', 皆應彼寺事蹟, 而不見其寺故不知, 可歎.

■ 〈楡岾寺〉其一

西方知樂土, **諸佛怪東來**.
怳惚石航度, 微茫楡岾開.
龍移淵涌塔, **烏去**井含苔.
閔漬何爲者, **盧春**果有哉.

---

544 유점사楡岾寺 : 삼국시대에 창건된 사찰로 소재는 강원도 고산군 서면 금강산이다. 이하에 나오듯이 53불상과 관련된 창건 설화가 전한다.
545 민지閔漬·노춘盧春 : 민지(1248~1326)는 고려 후기 문신이다. 자는 용연龍涎, 호는 묵헌默軒이며, 문집 『默軒集』이 있다. 「楡岾寺記」를 지었는데, 이 글에 53불상과 노춘에 관한 이야기가 실려 있다. 서역西域 월지국月支國에서 53불상이 신라 때 안창현安昌縣 포구浦口에 닿았고 현재縣宰 노춘이 절을 지어 봉안했다고 한다. 『擇里志』, "유점사 사적은 굉장히 많다. 스님이 말하기를 53불상이 인도에서 배를 타고 이르렀고 지주 노춘이 절을 짓고 안치했다고 하는데, 황당무계한 말이 많아 언급할 만하지 못하다.(楡岾寺跡最多. 僧言五十三佛像, 自天竺泛海而來, 地主盧春建寺以安置之. 語多荒誕而無謂.)"

10) 제10권 第十卷

춘흥잡영 春興雜咏

열 번째 수 제5구에 "붉은 글씨로 돌에 새겨[546] 아름다운 시문(金薤)[547] 남겼네."라는 구절. 퇴지退之 한유韓愈(768~824)의 〈조장적調張籍〉이라는 시에 "평생 지은 시편 수천만, 아름다운 시문 주옥(琳琅)[548]처럼 전하네."[549]라 하였다.

其十, "丹書著石留金薤." 退之贈[1]張籍, "詩平生千萬, 金薤垂琳琅."

1) ㉮ '贈'은 '調'의 오기인 듯하다.

---

546 단서착석丹書著石은 돌에 새겨진 붉은 글씨라는 말. 붉은 새가 물고 왔다는 상서로운 글이라는 전설도 있다. 『通鑑節要』, "이달에 전휘광前煇光 사람 사효謝囂가 아뢰었다. '무공현장武功縣長 맹통孟通이 우물을 파다가 위는 둥글고 아래는 네모난 흰 돌을 얻었는데 붉은 글씨로 돌에 「안한공安漢公 왕망王莽이 황제가 됨을 알린다.」라는 글이 새겨져 있습니다.'라고 하였다. 부명符命이 나온 것이 이로부터 시작되었다.(是月, 前煇光謝囂奏, 武功長孟通, 浚井得白石上圓下方, 有丹書著石, 文曰, 告安漢公莽爲皇帝. 符命之起, 自此始矣.)."
547 아름다운 시문(金薤) : 금해金薤는 도해서倒薤書(전서篆書 서체)의 미칭美稱. 아름다운 문자 혹은 시문을 비유하는 말로 쓰인다.
548 주옥(琳琅) : 임랑琳琅은 대단히 아름다운 시문이나 진귀한 서적을 뜻한다.
549 이 시에서는 이백과 두보 두 사람을 똑같이 찬탄하고 있다. 원진元稹이 두보를 이백보다 더 낫게 보았던 관점에 한유는 동의하지 않고 이 시를 지었다. 〈調張籍〉, "李杜文章在, 光焰萬丈長. 不知群兒愚, 那用故謗傷. 蚍蜉撼大樹, 可笑不自量. 伊我生其後, 擧頸遙相望. 夜夢多見之, 晝思反微茫. 徒觀斧鑿痕, 不矚治水航, 想當施手時, 巨刃磨天揚. 垠崖劃崩豁, 乾坤擺雷硠. 惟此兩夫子, 家居率荒凉. 帝欲長吟哦, 故遣起且僵. 剪翎送籠中, 使看百鳥翔. 平生千萬篇, 金薤垂琳琅. 仙官勑六丁, 雷電下取將. 流落人間者, 太山一毫芒. 我願生兩翅, 捕逐出八荒. 精誠忽交通, 百怪入我腸. 刺手拔鯨牙, 擧瓢酌天漿. 騰身跨汗漫, 不著織女襄. 顧語地上友, 經營無太忙. 乞君飛霞珮, 與我高頡頏."

- 〈春興雜詠〉其十

  華陰洞裏有知堂, 世父心期晩更長.
  要與斯人同軌躅, 將携小子此徜徉.
  丹書著石留金薤, 素髮臨淵過雪霜.
  桂樹巖阿添綠穗, 攀條淚落女蘿裳.

석선시 石船詩

제1구의 '기굴'은 『법화경』에 나오는 '기사굴耆闍崛'을 가리킨다.[550] 사闍는 지금의 '嗜' 음에 해당하고 '耆'라는 음사어의 한역어는 영취靈鷲이다. 제4구의 '오십여신五十餘身'이란 53불상을 가리킨다. 석선石船은 이 53불상을 천축에서 싣고 온 배이다.

'嗜崛'者, 法華經中, 者闍崛也. 闍今作嗜音, 者此云靈鷲也. '五十餘身'卽五十三佛也. 石船卽此五十三佛, 自天竺載來之舡也.

- 〈石船〉

  逖矣西方**嗜崛人**, 胡爲超越海東垠.
  三千大界仍沙界, **五十餘身**卽化身.
  幻力看他船是石, 慈心認爾筏于津.
  微茫捨棹**留**鐘迹, 欲詰其將問水濱.

삼일포 三日浦

두 번째 수 제2구에 '매향비埋香碑'란, 지금 남해 가에 침향沈香을 묻어

---

[550] 『法華經』 권1 「序品」(T9, 1c19), "한때 부처님께서는 왕사성 기사굴산에서 대비구 일만 이천 대중과 함께 머무셨다.(一時, 佛住王舍城耆闍崛山中, 與大比丘衆萬二千人俱.)"

두고 비碑를 세워 표시한 것이 많은데 이를 가리킨다.[551]

其二, '埋香碑'者, 今南海邊, 多埋沉香, 立碑以表之, 卽此也.

- 〈三日浦〉其二

  宛在中流或扣船, **埋香碑**下久洄沿.
  風恬浪靜逢今日, 亭老松蒼度幾年.
  倚石參差如喚鶴, 繞篷空翠亦非煙.
  爭留姓字圖難朽, 甚矣人情浪慕儇.

방유점시訪楡岾詩

'오십진여五十眞如' 및 '단봉檀峰', '경후鯨吼' 등에 대해서는 앞서 유초에서 살펴보았다.

'五十眞如'及'檀峯''鯨吼'等, 見上類抄.

- 〈訪楡岾〉

  屯雲積翠四山雄, **五十眞如**坐在中.
  金地莊嚴驚衆目, **檀峰**刻鏤費神工.
  鳥窺苔院千年井, **鯨吼**霜空萬壑風.
  却坐溪樓看色界, 白毫光裏盡丹楓.

---

551 『新增東國輿地勝覽』 권45 江原道 高城郡 古跡, "매향비는 삼일포 남쪽에 있다. 원나라 지대至大 2년 기유에 강릉도 존무사存撫使 김천호金天皓 등이 산승 지여志如와 함께 향나무를 바닷가 일대 각 고을에 묻고서 그 묻은 곳과 묻은 수량을 기록하여 단서丹書 옆에 세웠다.(埋香碑, 在三日浦之南. 元至大二年己酉, 江陵道存撫使金天皓等, 與山僧志如, 埋香木于沿海各官, 誌其地與條數竪於丹書之傍.)"

욕등미륵봉시欲登彌勒峯詩

제3구의 '산에 오를 체격이 되지 않는다.'는 구절은 앞서 '허연許椽은 산에 오르기에 좋은 몸을 가졌다.'[552]는 내용을 살피면서 본 그 뜻이다. 마지막 구에 나오는 '염부閻浮'는 수미산 남쪽에 있는 세계로서 이를 남염부제南閻浮提라 한다.

'勝無可濟'者, 如上許椽濟勝具之義也. '閻浮'者, 須彌山以南世界, 謂之南閻浮提也.

- 〈欲登彌勒峰未果〉
  彌勒爲峰望益高, 毘盧以外摠非曹.
  勝無可濟知衰甚, 志欲先登恃氣豪.
  竟因松蘿蜷作簀, 難分棧徑細緣毫.
  置身兜率違孤願, 徒爾**閻浮**走一遭.

11) 제11권 十一卷

송사경시送士敬詩
마지막 시구의 '고공苦空'에 대해서는 앞서 유초에서 살펴보았다.

末'苦空', 見上類抄.

---

[552] 주 521, 543 참조.

- 〈送士敬赴楊溝〉

  半歲身疲茶酒務, 出爲松桂領秋風.

  江源永矣鴻將下, 官舫飄然鶴在中.

  煙渚排廚餘項素, 露林礙蓋杜棠紅.

  鳴騶莫過淸平寺, 恐遂抛符守苦空.

춘주도중시春州道中詩

제3구의 '진락眞樂을 찾지 못했다.'라는 구절. 고려 때의 이자현李資玄[553]은 관직을 버리고 춘주 청평사에 은거하였다. 진락공眞樂公 혹은 희이자希夷子라 칭하며 암자(息庵)를 짓고 살았다. 종래로 흔히들 희이希夷라 하면 이자현을 가리킨다.

'未尋眞樂.' 高麗李資玄, 棄官, 隱春州淸平山. 稱眞樂公, 或稱希夷子, 搆息庵而居. 向來多云希夷者, 指此也.

- 〈春州道中〉

  此路回回白髮生, 始知衰疾少襟情.

  未尋眞樂淸高躅, 懶倚昭陽縹緲楹.

  急峽高江楊口隔, 淡煙沉日貊墟平.

  徐徐喚渡夷猶久, 未有長歌和櫓聲.

증치웅상인贈致雄上人

제18구의 '장자와 부처(莊曇)가 함께 자리에 앉다.'라는 구절에서 장담莊

---

[553] 이자현李資玄(1061~1125) : 자는 진정眞靖, 호는 식암息庵·청평거사淸平居士·희이자希夷子, 시호는 진락眞樂. 춘천 청평산淸平山에 들어가서 아버지가 세웠던 보현원普賢院을 문수원文殊院이라 고치고 암자를 짓고 이곳에서 지냈다고 한다.

曇은 장자와 부처를 가리킨다. 스스로를 이 스님에 견준 것이다.

'合席莊曇', 莊子瞿曇. 自比比¹⁾僧也.

1) ㉠ '比'는 '此'의 오기인 듯하다.

- 〈贈致雄上人〉
  有士凉凉, 寄迹于菴.
  有釋溫溫, 逢掖之心.
  分其丈室, 淡對默參.
  形迹旣泯, 圓月雙襟.
  釋則南華, 士也華嚴.
  互換功課, 晨夕喃喃.
  犁然意會, 遂至浸涵.
  鯤鵬之池, 龍象之林.
  何闊何狹, **合席莊曇**.
  相視而笑, 不在多談.

증재총상인贈載聰上人

'삼장三藏'과 '삼독三毒'에 대해서는 이미 유초에서 살펴보았다. '병病이 털 속에 있다.'는 것은 『선요』에 '모병毛病'[554]이라는 말이 나오는데 참선의

---

554 모병毛病 : 팔만사천 모공에 기생한다는 병. 치유하기 힘든 병. 나쁜 버릇이나 결점 또는 번뇌를 비유한다. 『禪要』「端陽示衆」(X70, 708a22), "30년 동안, 옆으로 누운 약초도 집어 들지 않고 더부룩 웃자란 약초도 밟지 않았다. 단지 한 번만 복용하면 병을 없애는 가루약(無憂散)을 조합하였으니 그 약이 미세하기는 하나 미치는 효험은 지극히 크다. 부처나 조사에 속박되는 병, 마음이나 선禪에 얽매이는 병, 범부니 성인이니 분별하는 병, 나고 죽음에 대한 병, 시비를 가리는 병들은 따질 것도 없고, 선수행자들의 일종의 모병은 제외하고, 듣거나 본 사람 중에 신이한 효험을 얻지 못한 이가 없

병을 가리킨다. '선지식을 참방한다.'는 것은 『화엄경』에 선재동자가 53선지식을 찾아다녔다는 이야기를 가리킨다.

'三莊'[1]'三毒', 巳[2] 如類抄. '病在毛裡'者, 禪要有毛病, 指叅禪之病也. '叅善知識'者, 華藏經, 善財童子, 五十三善知識.

1) ㉐ '莊'은 '藏'의 오자이다.　2) ㉐ '巳'는 '己'의 오자이다.

- 〈贈載聰上人〉

金剛於我, 有大因緣.
六度來游, 九旬留連.
爾自南至, 識面百淵.
萍合于此, 所驅者天.
蕭然漉囊, 槖無半錢.
同鐺而饔, 分榻而眠.
乃命掌更, 爇香佛前.
晨磬有心, 警余冥顚.
三藏宗趣, 雖未究硏.
論山評水, 以代談玄.
諧笑間作, 茶果頻宣.
時復振錫, 與共翩躚.
白雲上下, 迹躡四儴.
虛明嶺月, 洒落氷泉.
叫奇拍手, 萬瀑之邊.

다.(三十年來, 橫草不拈, 竪草不踏. 單單只合得一服快活無憂散, 其藥雖微, 奏功極大. 不問佛病祖病, 心病禪病, 凡病聖病, 生病死病, 是病非病, 除禪和子一種毛病之外, 聞者見者, 無不靈驗.)"

兩忘形骸, 孰儒孰禪.
支耶許耶, 亦可比肩.
晨昏荏苒, 一壑送年.
別袂將判, 爾欲挽牽.
要得一語, 以當箴鑴.
古有留衣, 寧惜言詮.
佛戒**三毒**, 惟嗔難捐.
儒勉懲忿, 所貴不遷.
觀爾應物, 其目衝然.
病在毛裏, 其亦捨旃.
莫怨飄瓦, 宜作虛船.
以此浮游, 焉往不便.
春鴻之還, 一衲將翩.
窮髮之北, 鵬翼攸旋.
活潑潑地, 無可礙纏.
參善知識, 萬山千川.
華嚴法界, 若是闊圓.
泯爾畦畛, 乃恢心田.
非昔載聰, 轉凡爲賢.
然後訪我, 雪山之巓.
永言同社, 妙觀白蓮.

12) 제12권 十二卷

조의 嘲醫

'정명淨名'은 앞서 유초에서 보았듯이 유마힐維摩詰을 가리킨다.

'淨名觀¹⁾'者, 見上類抄, 維摩詰.
1) ㊕ '觀'은 잘못 들어간 듯하다.

- 〈嘲醫〉

平生欲唾術人顔, 病裏逢醫亦冷看.
憂在藥房猶袖手, 交疎草野肯輸肝.
郡符爭珮專門少, 寶鑑忙披起死難.
已矣扁和今不在, 將身好作**淨名觀**.

13) 제13권 十三卷

증별치웅상인시 贈別致雄上人詩

첫 번째 수 제5구의 "남이 엿볼 수 없는 은밀한 종지를 통째로 내놓다."라는 구절은 앞서 졸수재拙修齋의 만시挽詩에서도 이미 나왔었다.⁵⁵⁵ 지금 거듭 연속하여 나왔는데, '터럭만큼도 남김없이 있는 대로 다 털어놓다(和盤托出)'라는 뜻이며, 이는 앞서 유초에서도 이미 해설하였다. 은밀한 뜻이

---

555 이 구절이 나오는 시는 〈追挽拙修齋趙公〉 여덟 번째 수이다. 앞에서 언급했던 시는 아홉 번째 수인데 연담 유일이 착각했거나, 오기誤記로 보인다. 그 여덟 번째 수는 다음과 같다. "間氣公爲是, 通儒世亦稀. 丁寧勉我語, 洒落見天機. 密意和盤託, 忠言到耳違. 惟應篋裏札, 三復永沾衣."

라는 '밀의密意'는 선문禪文에 나온다. 6조 혜능이 도명道明 상좌에게 "선이라고도 생각하지 말고 악이라고도 생각지 마라. 바로 이러할 때 어떤 것이 상좌의 본래면목인가?"라고 하니 도명이 말이 끝나자마자 돈오하고 눈물을 흘리며 물었다. "앞서 말씀해 주신 비밀한 말과 비밀한 뜻 외에 별도로 해 주실 다른 말씀이 있습니까?" 6조가 말했다. "밀의는 그대에게 있는 것이지, 내가 말해 버린다면 밀의가 아니다."[556]

"密意和盤出", 上拙修齋挽詩已出. 今又層出, 和盤托出之義, 上類抄中已解. 而密意亦出於禪文. 六祖謂道明上座曰, "不思善, 不思惡. 那箇是上座本來面目?" 道明於言下頓悟, 垂涙曰, "上來密語密意外, 更有他道否?" 六祖曰, "密在汝邊, 我若說之非密."

- 〈贈別致雄上人還白華菴〉其一
  月窟巖邊坐, 圖書捴在斯.
  不知吾作主, 焉識爾非師.
  密意和盤出, 隨緣一錫移.
  須知了此案, 別有五臺期.

황제총皇帝塚

휘종徽宗[557]과 흠종欽宗[558]이 오국성五國城에서 붕어하여 그 땅에 황제총

---

556 宗寶本『壇經』(T48, 349b24) 참조.
557 휘종徽宗(1082~1135, 재위 1100~1125) : 서화원書畫院을 설치해서 궁정 서화가를 양성하였고 문화사상 선화 시대宣和時代라 일컬어지는 융성기를 만들어 냈다. 시문詩文과 서화에 뛰어났으며 풍류천자라는 칭호를 얻을 정도였다. 그러나 정강靖康 연간(1126~1127)에 개봉開封이 금나라의 공격을 받아 함락되고 북송이 멸망하는(靖康의 變) 시기의 한 중심에 있었고, 북만주 오국성五國城(黑龍江省 依蘭縣)에 유배되어 있다가 그곳에서 병사하였다.

이 있다고 한다. 시 제1구에 "황량한 평원 변방에서 초장草葬하였는데 어찌 관이 있으랴."라 하였는데, 사서史書에 금나라 사람들이 두 황제의 관(梓宮)을 송나라로 돌려보냈다 하였으나, 이 땅에 황제총이 있으니 허장虛葬이 아닌가 생각된다는 의미이다. 제3구와 제4구의 "난정蘭亭보다 빼어나다지만 쇄골은 뿔뿔이 흩어지고, 사철 푸른 나무 아래서 한밤에 추위에 우네."라는 구절. 금나라에서 송나라로 두 개의 관을 보냈다면 송나라는 필시 후하게 예를 갖추어 장례를 치렀을 것이다. 그런 까닭에 원나라 때 총통 양련진가楊璉眞伽[559]가 그 빈궁殯宮의 보물을 탐하여 무덤을 파헤쳤다. 이때 회계會稽 사람 당각唐珏[560]이 홀로 원통하고 분한 마음을 품고는 악소배惡少輩를 은밀히 불러 밤에 가서 유해를 거두어들여 난정산蘭亭山에 묻었다. 후에 그곳에 사철 푸른 나무 동청冬靑을 심어 그것을 표식으로 삼았다. 당각의 친구 사고謝翶[561]가 〈동청수인冬靑樹引〉을 지었는데 읽어 보고는 눈물을 흘리지 않는 이가 없었다. 그 시에 '이 무덤을 누가 의심하리오, 송나라로 돌아간 것보다 오히려 낫지 않은가.'라고 하였다. 후한 장례로 사람들 마음을 발하게 하여 유골을 뿌리며 밤에 슬피 울었다고 한다. 그러나 일설에는 양련진가가 두 황제의 무덤을 파헤쳤을 때 휘종의 관에는 썩은 나무만 있고 흠종의 관에는 나무 등잔걸이만 있었을 뿐이며 원래 유골은 없었다고 한다. 당시 송나라 사람들이 그 진위를 헤아려도 알 수가 없었고 거짓으로 한때 사람들의 마음을 위로하려 해도 그러

---

558 흠종欽宗(1100~1161, 재위 1125~1127) : 부친 휘종과 함께 오국성에 유배되었다가 그곳에서 죽었다.
559 양련진가楊璉眞伽 : 원나라 때 당올唐兀 사람. 세조 지원至元 14년(1277)에 강남석교총통江南釋敎總統이 되어 남송 조趙씨들의 황릉과 대신들의 무덤을 101곳이나 도굴했다고 한다.
560 당각唐珏 : 자는 옥잠玉潛, 호는 국산菊山. 회계會稽 산음山陰 출신.
561 사고謝翶(1249~1295) : 자는 고우皐羽・고보皐父, 자호는 희발자晞髮子. 저서에 『晞髮集』, 『晞髮遺集』, 『遺集補』, 『浦陽先民傳』이 있으며, 『天地間集』을 편집했다.

지 못했다. 실제 두 황제의 유해가 사막에서 없어지고 돌아오지 못했다고 들 하니, 이는 양련진가가 무덤을 파헤치고 나서 당각이 유골을 거두어들여 난정산에 묻었다는 것도 의심스럽다는 말이다. 하지만 취지는 송나라 사람들이 그 당시 사람들의 마음을 위로하고자 한 데에 있다. 또한 두 황제의 관이 비록 송나라로 돌아왔다 해도 유골은 실제 돌아오지 못한 것인즉, 이 오국성에 있다는 황제총이 바로 진실일 것이다. 시에서 '어찌 관이 있으랴.'라고 한 것은 금나라 사람들이 장례를 맡겼다고는 하나 그 실제 몸은 혹 물이나 불에 던지고 송나라에서는 단지 허장을 했을 뿐이므로 시에서 이렇게 말한 것일 뿐이다.

盖徽欽, 崩於五國城, 故其地有皇帝塚. 而詩云, "荒原草葬豈其棺"者, 史記金人歸二帝梓宮於宋故, 此地有皇帝塚, 疑其虛葬也. "猶勝蘭亭零碎骨, 冬靑樹下夜啼寒." 盖金送二梓宮於宋, 則宋必厚禮以葬. 故元時摠統楊璉眞伽, 利其殯宮金玉, 發塚. 時會稽人唐珏, 獨懷痛憤, 陰召諸惡少, 夜徃收貯遺骸, 瘞于蘭亭山. 後其上種冬靑樹, 以識之. 珏友謝翔,[1] 作冬靑樹引, 讀者莫不流涕. 故詩云, '此塚誰可疑, 猶勝於歸宋.' 厚葬爲人所發, 而零骨夜啼也. 然一云, 楊璉發二帝塚, 徽棺但有一朽木, 欽棺但有木燈檠, 而元無遺骨. 盖當時宋人之料其眞僞不可知, 不欲遂詐以慰一時之人心也. 宋二帝遺骸, 浮沈沙漠, 而未還云云, 則此云楊璉發之後, 唐珏收餘骨, 瘞于蘭亭山者, 亦可疑也. 意者亦是宋人以慰一時人心之意也. 且二帝梓宮, 雖還宋國, 而遺骨竟不還, 則此五國城皇帝塚, 乃眞也. 而詩云, '豈其棺'者, 亦金人雖託葬, 而眞身或投水火, 而但虛葬, 故詩中云云也.
──────
1) ㉠ '翔'은 '翶'의 오자이다.

■ 〈皇帝塚〉
荒原草葬豈其棺, 玉匣珠襦定是難.

猶勝蘭亭零碎骨, 冬靑樹下夜啼寒.

선군재웅성 의두추흥팔수시 先君在雄城 擬杜秋興八首詩

다섯 번째 수 제2구에서 '채보砦堡'562의 채 자는 옛 채寨 자이다. 문인들이 혹 알지 못할까 기록한다.

其五, '砦堡'之砦字, 古寨字也. 文人或有不知, 故錄之.

- 〈先君在雄城 擬杜詩秋興八首 適來感時 謹次其韻〉其五

莽莽環州捻斷山, 煙臺**砦堡**錯其間.

原荒只是多胡塚, 春老何曾越鬼關.

土馬精强來肅愼, 版輿脩廣讓完顔.

破羌偉烈燕然筆, 漫憶東京大小班.

대승암 大乘庵

두 번째 수 제3구의 '오른쪽 어깨를 드러내다(偏袒右肩)'563라는 구절.

---

562 채보砦堡 : 적을 막기 위하여 쌓은 작은 성城.
563 『注大乘入楞伽經』 권1(T39, 438b18), "편단우견偏袒右肩과 우슬착지右膝著地는 서역의 의례로서 불법을 받아 떠맡겠다는 뜻을 표현한다.(言偏袒右肩, 右膝著地, 卽西域儀也, 表荷擔佛法.)"; 『金剛經註解』 권1(X24, 763a17), "승 약눌若訥이 말했다. 한쪽 어깨를 드러내는 것(偏袒)은 중국에서는 용서를 빌며 죄 줄 것을 청한다는 의미로 육단肉袒이라 하고, 인도에서는 공경심을 일으키는 예의의 의미이며 편단偏袒이라 하니, 두 곳의 풍속이 같지 않다. 오른쪽 어깨(右肩)는 제자가 스승을 모실 때 몸을 부축하는 의식으로서 작용의 편의를 드러낸다. 오른쪽 무릎을 땅에 꿇는 것(右膝著地)은 『문수문반야경』에 '오른쪽은 정도正道, 왼쪽은 사도邪道를 나타낸다. 정도로 사도를 제거하는 것이다.'라고 하였으니, 무상無相의 정도를 청하는 행위를 표현한다.(僧若訥曰, 言偏袒者, 此土謝過請罪, 故肉袒; 西土興敬禮儀, 故偏袒. 兩土風俗, 有所不同. 言右肩者, 弟子侍師, 示執捉之儀, 作用之便. 言右膝著地者, 文殊問般若經云, '右是正道, 左是邪道, 用正去邪.' 將請以無相之正行.)"; 『大般涅槃經疏』 권3(T38, 54c6), "무릎은 실천을, 땅은 이치를 나타낸다. 실천이 이치와 부합한다는 뜻에서 무릎을 땅에

『금강경』에 '수보리가 앉은 자리에서 일어나 오른 어깨를 드러내고 부처님께「희유하십니다, 세존이시여.」라고 하였다.'[564]는 내용이 실려 있다. 인도의 예법으로 스스로를 낮추며 윗사람에게 고할 때 반드시 오른 어깨를 드러내는 형식이다.

其二, '偏袒右肩'者, 金剛經, '須菩提卽從坐起, 偏右肩, 而佛言, 希有世尊云云.' 西域之禮, 自下告上之時, 必偏袒右肩.

- 〈大乘菴〉其二
千株森列海松靑, 映蔚雲壇晝欲冥.
偏袒右肩僧已去, 科頭箕踞客來停.

14) 제14권 十四卷

증붕척상인贈朋[1]陟上人
제5구의 "구자무불성화두狗子無佛性話頭를 어느 겨를에 들까."라는 구절. 선가에서는 '개에게도 불성이 있는가.'라는 화두를 든다. 옛날에 어떤 학인이 조주 종심趙州從諗에게 "개에게도 불성이 있습니까?"라 묻자

대는 것이니 곧 제일의第一義를 표현한다.(膝表於行, 地表於理. 以行契理故, 以膝著地卽第一義.)"

564 『金剛經』(T8, 748c24), "이때 장로 수보리가 대중 가운데 있다가 앉은 자리에서 일어나 오른 어깨를 드러내고 오른 무릎을 땅에 대고 합장하여 공경을 표하고 부처님께 아뢰었다. '희유하십니다, 세존이시여. 여래께서는 여러 보살들을 잘 지켜 주시고 여러 보살들에게 법을 잘 전해 주십니다.'라 하였다.(時長老須菩提, 在大衆中, 卽從座起, 偏袒右肩, 右膝著地, 合掌恭敬而白佛言, '希有, 世尊, 如來善護念諸菩薩, 善付囑諸菩薩.')"

조주는 "없다."라고 하였다.[565] 이 문답은 선자들에게 '준동함령蠢動含靈(일체중생)에게 모두 불성이 있는데, 어째서 개에게는 없는가?'라는 의문을 갖게 한다. 이와 같이 참구하여 단번에 의심이 끊어진다면 쉽게 견성한다는 것이다. 제6구의 "소 허리[566]에 시축詩軸이 가득 찼다."라는 구절. 원나라 대덕 정미년(1307)에 항주 사람이 두 마리 소의 신장(腎)을 사서 그 하나를 갈라 보니 높이 1촌 정도 되는 불상이 있었는데 금도 아니고 돌도 아닌 것이 결가부좌한 상태에 얼굴 모양도 볼만하여 나무 탑에 보관하고는 제방으로 다니며 소 허리에 실을 만큼 많은 불송佛頌을 구하여 시축詩軸을 이루었다고 한다. 천목 중봉天目中峰 선사도 시를 지었는데 이러하다. "무위진인無位眞人이 벌거벗은 몸뚱어리 안에 있고, 외양간의 소 허리 가득 시축을 실었다 하니 온통 서로를 속인 것이라네. 대지를 뒤흔드는 우레 같은 불법을 온몸으로 말하니, 직접 듣고자 한다면 눈을 착 붙이고 보라."[567]

"狗性看何暇"者, 禪家看狗子無佛性話頭. 昔有僧問趙州云, "狗子還有佛性耶?" 州云, "無." 令禪者疑云, '蠢動含靈, 皆有佛性, 何以狗子無耶?' 如是叅究頓斷, 易爲見性也. "牛腰軸已盈[2)]"者, 元大德, 丁未歲, 杭州人買二牛腎, 剖其一中, 有佛像高寸許, 非金非石, 結加夫坐, 眉目可觀, 樹塔藏之, 其人行諸方, 求牛腰佛頌以成軸. 中峯禪師, 亦題之云, "無位眞人赤肉團, 牯牛腰內緫相瞞. 法雷震地通身口, 若要親聞着眼觀."

---
1) ㉑ '朋'이 김창흡의 시에는 '鵬'으로 되어 있다. 2) ㉑ '盌'은 '盈'의 오자이다.

---

565 『趙州錄』古尊宿語錄 13(X68, 81a4); 『禪門拈頌說話』 417칙(H5, 347b7) 참조.
566 우요牛腰는 소의 허리 부분. 시문詩文의 수량이 방대함을 비유하는 말로 쓰인다.
567 『天目中峰廣錄』 권10(B25, 789b11).

- 〈贈鵬陟上人〉

今日虛泡界, 何人不好名.

儒多揮麈習, 僧亦以詩鳴.

狗性看何暇, 牛腰軸已盈.

須看衆竅上, 風止籟無聲.

수석정 화연대사시 水石亭 和演大師詩

제5구의 "마음과 물고기·새를 논하다."라는 구절. 이 시는 원元[568] 자 운을 취하였다. '뛰어오르는 것은 물고기가 하늘로부터 부여받은 본성이고, 날아가는 것은 새의 천부적인 능력'이라는 뜻이다. 무용당無用堂 수연秀演[569] 대사의 원元 자 운 시에 "시원하게 트인 수석정에 이르러, 높은 곳에 눕고 보니 신선이로세. 고갯마루 해는 처마 끝을 비추고, 시냇물 바람이 난간 사이로 불어오네. 뛰노는 것은 물고기의 본성이요, 날아가는 것은 새의 천부적 능력이라. 경물을 관찰하고 또 나를 보자니, 경물도 그러하고 나 또한 그러하구나."[570]라 하였다. 마지막 두 구절은 참으로 좋다. 그 문집 가운데 제일이지만 '시냇물 바람이 난간 사이로 불어오네.'라는 구절은 교묘한 듯하지만 아이 같은 면모에서 벗어나지 못했다.

"論之¹⁾與鴒²⁾羽." 取其元韵. '躍來魚率性, 飛去鳥能天'之意也. 演大師元韵云, "小³⁾亭臨水石, 高臥彼哉仙. 嶺日簷端射, 溪風檻孔穿. 躍來魚率性, 飛去鳥能天. 觀物還觀我, 物然我亦然." 其下二句, 誠好矣. 爲其集中第一, 而溪風檻孔穿, 似巧而亦未免兒也.

---

568 '원元'이 아니라 '선先'인 듯하다.
569 무용당無用堂 수연秀演(1651~1719) : 혜공慧空에게 구족계를 받고 성총性聰의 법을 이어받았다. 문집에 『無用堂遺稿』가 있다.
570 『無用堂遺稿』 권상 「題水石亭」(H9, 347b17).

1) ㉭ '之'는 '心'의 오자이다. 2) ㉭ '鮯'은 원시에는 '鱗'으로 되어 있다. 3) ㉭ '小'는 '快'의 오자이다.

- 〈水石亭 和亭主演大師韻〉

  寥寥觀水坐, 不復禮金儷.

  檻靜雲猶觸, 潭虛月豈穿.

  論心與鱗羽, 護境聽龍天.

  北客停塵軌, 如登兜率然.

차증달진상인시次贈達眞上人詩

제4구에 나오는 '천 개 바위가 고개를 끄덕이다.'라는 말의 의미에 대해서는 앞서 유초에서 살펴보았다. 제5구의 "구슬을 깊이 상자에 남몰래 감추었다."라는 구절에서 구슬은 목우자牧牛子 지눌知訥(1158~1210)의 사리를 가리킨다. 제7구에 "전단목 거친 껍질은 다하였다." 하였지만 (그 골간은) 지금도 남아 있다.

'千岩點頭', 見上類抄. "藏珠玄櫃秘"者, 珠收¹⁾牛子之舍利也. "檀木麁皮盡", 現今存焉.

1) ㉭ '收'는 '牧'의 오자이다.

- 〈次贈達眞上人〉

  前朝牧牛子, 卓錫卽斯丘.

  一水猶無垢, **千巖舊點頭**.

  藏珠玄甌秘, 護碣靏雲浮.

  檀木麁皮盡, 亭亭鐵幹留.

섭청각 차조정이[571] 躡淸閣 次趙定而

두 번째 수 제3구와 제4구에서 "바야흐로 친히 서석산瑞石山[572]을 접하고 보니, 제봉霽峰의 마음을 알겠구나."라 한 것은 제봉 고경명高敬命[573]이「서석유산록」을 지었던 것을 상기하고 한 말이다.

其二, "方親瑞石面, 亦會霽峰之[1)]"者, 霽峯作瑞石遊山錄故也.

1) ㉠ '之'는 '心'의 오자이다.

- 〈躡淸閣 次趙定而韻〉 其二
絶頂三峰卓, 初從箭筈尋.
方親瑞石面, 亦會霽峰心.
雲日看吞吐, 川溟閱淺深.
誰知朱鳥背, 皓首此登臨.

화음굴華陰窟

마지막 연의 "여러 승려들이 벽을 마주하고 수행하고 있으니, 마치 소림굴의 암자를 보는 듯하다."라는 것은 숭산 소림굴에서 달마 대사가 9년 동안 면벽했던 일을 떠올리고 읊은 것이다.

"數贈[1)]方面壁, 看似少林庵"者, 嵩山少林窟, 達摩面壁九年也.

---

571 조정이趙定而 : 조정만趙正萬(1656~1739). 정이는 자, 호는 오재寤齋. 조선 후기의 문신이자 학자로 김창협金昌協·김창흡金昌翕·이희조李喜朝 등과 친교가 깊었다고 한다. 문집『寤齋集』이 있다.
572 서석산瑞石山 : 광주光州 무등산無等山의 별칭.
573 제봉霽峰 고경명高敬命(1533~1592) : 자는 이순而順, 호는 제봉·태헌苔軒. 임진왜란 때 왜적과 싸우다가 아들 고인후高因厚와 더불어 순절했다. 시와 글씨, 그림 등에 능했으며 문집『霽峰集』이 있고, 무등산 기행문인『瑞石錄』이 있다.

1) ㉠ '贈'은 '僧'의 오자이다.

■ 〈華陰窟〉
紫石裁成广, 靈泉一味甘.
嵐霏靑滿院, 朝旭白生龕.
自是儘堪託, 寧惟佛可參.
數僧方面壁, **看似少林菴**.

송정이필경[574]운운시 松汀李弼卿云云詩

두 번째 수 제3구에 "이름난 정자 옆에 큰 파도 푸르구나."라 한 것은 송정松汀이 해남에 있는데 진도와도 잇닿아 있어서이다. '큰 파도 푸르구나.'라는 것은 진도의 벽파정碧波亭을 가리킨다. 그런 까닭에 그다음 구절에서 "이곳에서 몸을 어디에 두어야 할지 모르겠다."라고 한 것이다. 선상공先相公(이필경)이 귀양 갔던 곳이기 때문에 이런 표현을 한 것이다.

其二, "名亭側畔洪濤碧"者, 松汀在海南, 與珍島相連. '洪濤碧'者, 指碧波亭也. 故次句云, 未忍云云. 先相公謫所故也.

■ 〈松汀李弼卿【碩臣】聞我到月出 顚倒赴期于靜谷 襆被小菴 山月照枕 宿蘊纔攄 言別隨之 欣寫黯悢之幷 聊以八絶留贈〉 其二
劣馬玄黃駄病翁, 南爲路到月山窮.
名亭側畔洪濤碧, **未忍將身向此中**.

---

574 이필경李弼卿(1625~1691) : 조선 후기의 문신. 이름은 익상翊相. 필경은 자이고, 호는 매간梅磵, 시호는 문희文僖. 문집 『梅磵集』이 있다.

김병사만金兵使輓

두 번째 수 제1구에 '부래符來'라는 것은 염라대왕의 사자가 부서符書를 가지고 온다[575]는 뜻이다. 세속에서 하는 말을 따른 것인데, 이는 불서에도 나온다.

其二, '符來'者, 閻羅使者, 持符而來也. 盖隨俗而言也, 亦出佛書.

- 〈金兵使【錫命】挽〉其二

  符來乘化自知歸, 未肯將身襯蘇韋.
  好古崇儒平日意, 儼然泉下一深衣.

갈역잡영葛驛雜咏 **기칠**其七

제4구의 '그대만 한 기쁨이 없다.'라는 구절. 산중의 경치를 물은 양 무제에게 도홍경陶弘景[576]이 답한 시[577]에 "산속에 무엇이 있는가? 고갯마루에 흰 구름이 많습니다. 그저 혼자 즐길 뿐, 당신께 가져다드릴 수는 없습

---

[575] 사후에 상벌을 가르고자 생전에 지은 선악의 행위를 기록한 책자가 부서符書이다. '염라대왕이 밥값을 받으러 올 것이다.(閻羅老子, 索飯錢在.)', '짚신값을 받으러 올 것이다.(索取草鞋錢.)'라는 등의 말이 있다. 이는 철저한 수행을 하지 못하고 밥값이나 축내는 무리들을 경계하는 말이다. 『淨土或問』(T47, 300b13), "부서가 도착하면 적힌 대로 시행하고 한 치도 머뭇거리지 않는다. 염라대왕은 인정에 따르지 않으니 죽음을 관장하는 무상귀왕無常鬼王에게 무슨 (친소에 흔들리는) 낯짝이 있겠는가.(符到奉行, 不容住滯. 閻羅老子, 不順人情, 無常鬼王, 有何面目.)"; 『法界聖凡水陸勝會修齋儀軌』권1(X74, 788b4), "지극한 마음으로 받들어 청하오니, 신통은 자유자재하시고, 위덕은 커서 헤아릴 수 없을 정도이시며, 사천四天을 신속하게 오가시는, 부서를 지닌 사자와 모든 권속들이시여!(至心奉請, 神通自在, 威德難量, 四天捷疾, 持符使者, 幷諸眷屬!)"

[576] 도홍경陶弘景(456~536) : 남조 양나라 때 학자. 자는 통명通明, 호는 은거隱居. 유불도 삼교에 능통하였다. 문집에 『華陽陶隱居集』이 있고, 저서에 『眞誥』, 『登眞隱訣』, 『眞靈位業圖』, 『本草經集注』 등이 있다.

[577] 제목은 〈詔問山中何所有 賦詩以答〉이다.

니다."라 하였다. 선어로도 쓰인다.

'怡悅莫如君', 陶弘景答梁武帝問山中景詩, "山中何所有? 嶺上多白雲. 只可自怡悅, 不堪持贈君." 出禪語.

■ 〈葛驛雜詠〉其七
遣情偏自臥看雲, 雲在中峰絶世氛.
野處殊無泉石好, 面前**怡悅莫如君**.【看雲】

갈역잡영 기이십팔其二十八

제1구의 '제비 지저귀고 꾀꼬리 노래하네.'라는 구절. 선문에 '꾀꼬리 노래, 제비 지저귐이 모두 실상實相을 이야기하는 것이요,[578] 노란 꽃 푸른 대죽이 반야般若를 드러낸다.[579]'라는 말이 있다.

燕語云云, 禪文云, '鶯吟燕語, 皆是宗相. 黃花翠竹, 現露般若.'

■ 〈葛驛雜詠〉其二十八
燕語鶯歌皆實相, 禪家乃有此名言.
自從樂喪書多板, 故紙堆中未喚魂.

---

[578] 『玄沙廣錄』 권하(X73, 19b19), "법좌에 올라앉아 제비가 지저귀는 소리를 듣고 '실상을 깊이 이야기하고, 법의 요체를 잘 설하는구나.'라 한 뒤 법좌에서 내려왔다.(上堂, 聞燕子叫, 云, '深談實相, 善說法要.' 便下座.)"

[579] 『碧巖錄』 97칙 「評唱」(T48, 220c11), "파릇파릇한 쪽빛 대나무가 모두 진여요, 무성한 국화 낱낱이 반야 아닌 것이 없다.(靑靑翠竹盡是眞如, 欝欝黃花無非般若.)"; 『景德傳燈錄』 권6 「大珠慧海傳」(T51, 247c15); 『祖庭事苑』 권5(X64, 387b13).

갈역잡영 기구십일 其九十一

제2구의 '위령圍領'에서 위圍는 단團 자의 오자가 아닌가 한다.[580]

圍領之圍, 恐團字之誤.

- 〈葛驛雜詠〉其九十一

   青丘無復大心人, **圍領**圓冠楚楚身.
   如將用爾將何以, 誠正爲言也腐陳.

갈역잡영 기백삼 其百三

제4구의 "방에 들어가서는 오직 주인을 부를 뿐."이라는 구절. 서암 사언瑞巖師彦 화상이 방장실에 들어가 스스로 '주인공.' 하고 부르고 스스로 '예.' 하고 답하였다. 또 '또렷하게 깨어 있으라.' 하고 또 스스로 '예.' 하고 답하였다.[581] 주인공[582]은 마음을 가리킨다.

"入室惟堪喚主人." 瑞岩和尙, 入丈室自喚云, '主人公.' 自應云, '諾.' 又云, '惺惺着.' 又答云, '諾.' 主人公, 指心也.

---

580 옷깃을 둥글게 만든 공복公服을 '단령團領'이라 한다.
581 『無門關』 12칙 「巖喚主人」(T48, 294b18) ; 『禪門拈頌說話』 988칙(H5, 697b14).
582 『禪門拈頌說話』 988칙(H5, 698a5), "주인공 : 『능엄경』에 '비유하자면 어떤 사람이 여관에 기숙하다가 자고 먹는 일을 마치면 짐 꾸러미를 정리하여 갈 길을 떠나는 것과 같다. 머무는 자를 주인이라 하고 머물지 않는 자는 손님이라 한다.'라고 하였다. 옛사람이 말했다. '오온산 꼭대기에 펼쳐진 하나의 허공이여! 같은 문으로 늘 출입하면서도 마주치지 못하네. 헤아릴 수 없는 겁의 세월 동안 집을 빌려 살았으면서도, 처음부터 그 집 주인을 알아보지 못하더라.'(主人公者, 楞嚴云, '比如有人, 寄宿旅亭, 宿食事畢, 俶裝前途. 住名爲主, 不住名客也.' 古云, '五蘊山前一般空! 同門出入不相逢. 無量劫來賃屋住, 到頭不識主人公'也.)"

■ 〈葛驛雜詠〉 其百三

鉛汞工夫無鼎器, 雲雷事業少精神.

萬般作用皆抛閣, <u>入室惟堪喚主人</u>.

15) 제15권 十五卷

갈역잡영葛驛雜咏 **기칠십육**其七十六

제2구의 "노란 잎으로 아이의 울음을 그치게 하다."[583]라는 구절. 부처님이 세상에 출현해 법을 설하신 일은 아이가 울 때 노란 잎을 돈이라고 속여 울음을 그치게 하는 것과 같으니, (그 설법에) 실의實意가 담겨 있지 않다는 뜻이다. 그런 까닭에 옛 선사(太古普愚)가 게송으로, "산중에서 자기子期를 만났다면, 어찌 노란 잎을 가지고 산 아래로 내려왔겠는가."[584]라 읊었으니 지음知音을 만나지 못했기 때문에 이에 이르러 법을 설하였다는 말이다.

---

583 『涅槃經』권20 「嬰兒行品」(T12, 485c10), "아기가 마음을 쓰는 것은 이렇다. 어떤 아기가 울고 있을 때, 부모가 노란 버들잎으로 달래어 말하기를 '울지 마라. 울지 마라! 네게 돈을 줄게.'라고 하면 아기는 그것을 보고 진짜 돈이라고 생각하고, 곧바로 울음을 그치는 것과 같다. 하지만 이 버들잎은 실제 돈은 아닌 것이다.(嬰兒行者, 如彼嬰兒啼哭之時, 父母卽以楊樹黃葉, 而語之言, '莫啼, 莫啼! 我與汝金.' 嬰兒見已, 生眞金想, 便止不啼. 然此楊葉實非金也.)"

584 『太古語錄』권하「釋迦出山相」(H6, 692c5), "사람들은 석가라고도 하고, 실달타라고도 부르네. 하지 마라, 하지 마라, 하지 마. 꿈 이야기 하지 마라. 그는 눈 속에 핀 꽃 아니라네. 높디높고 맑디맑구나, 말끔하게 씻은 벌거숭이이다. 빽빽하고 드넓어라, 깨끗하게 벗은 맨몸이로다. 봄바람에 꽃 흐드러지게 피고 물은 유유히 흐르네. 홀로 천지를 걸으니 누가 나의 반려가 되어 줄까. 산중에서 자기子期를 만났더라면, 누런 잎 가지고 산 아래로 내려갔으리오. 돌!(人言是釋迦, 又道悉達陀. 莫莫休說夢, 渠非眼中花. 巍巍落落兮赤洒洒, 密密恢恢兮淨裸裸. 春風爛熳水悠悠, 獨步乾坤誰伴我. 若也山中逢子期, 豈將黃葉下山下. 咄!)"

"黃葉止兒啼." 佛出世說法, 如小兒啼, 則將黃葉, 稱錢欺之, 以止其啼, 言非宗意也. 故古師偈云, "若也山中逢子期, 豈將黃葉下山下." 謂不遇知音, 故致此說法.

- 〈葛驛雜詠【戊戌】〉其七十六
  六經皆我註, **黃葉止兒啼**.
  其言太凌厲, 亦足警沉迷.

갈역잡영 기구십칠其九十七

제3구의 "장부로서 일대사一大事를 마쳤어라."라는 구절. 이는 서산 대사西山大師(淸虛休靜, 1520~1604)의 오도송悟道頌 구절이다. 일찍이 남원을 지나다가 정오에 닭 울음소리를 듣고 홀연히 오도하여 게송을 지었다. "머리털은 백발이나 마음은 늙지 않았다고, 옛사람 일찍이 은밀한 뜻 누설하였네. 이제 닭 우는 소리 문득 듣고, 장부로서 일대사를 마쳤어라."[585]

"丈夫能事畢." 西山大師悟道頌句也. 曾過南原,[1] 聞午鷄聲, 忽然悟道, 作頌曰, "髮白非心白, 古人曾漏洩. 今聽一聲鷄, 丈夫能事畢."

1) ㉠ '南原'이『淸虛集』에는 '鳳城', '龍城'으로 되어 있다.

- 〈葛驛雜詠【戊戌】〉其九十七
  媿白抽黃體, 龍堲刻燭呈.
  丈夫能事畢, 九萬里鵬程.

---

[585]『淸虛集』권2「過鳳城聞午鷄」(H7, 685a16) ; 같은 책, 권7(H7, 720c16) 참조.

오대산五臺山

두 번째 수 제4구에 "여섯 원숭이를 가둘 수 있다."라고 한 구절에서 여섯 원숭이란 육근六根(六淺)[586]을 뜻하는데, 기실은 하나의 원숭이다. 가령 방 안에 원숭이 한 마리가 있고 그 방에 여섯 개의 창문이 있는데 여섯 개 창문에서 일시에 부르면 여섯 개 창에서 일시에 모두 응답한다[587]는 것으로써 한 의식의 근根을 비유한 것이다. 대상이 눈에 응하면 안근眼根이라 하고, 대상이 귀에 응하면 이근耳根이라 한다. 나머지 코, 혀, 몸 등의 식識이 모두 하나하나의 의식 작용이다. 그런 까닭에 육식六識이 기실 하나의 의식이다. 다섯 번째 수 제3구에 "앞산 봉우리에 세 정승이 관인官印을 걸어 두었다."라는 것은, 공민왕이 세 정승을 보내 이 산으로 나옹 혜근懶

---

[586] 육근六根(六淺) : 육근도 심천深淺의 차이가 있다. 육경六境의 번뇌 망상에 물든 육근은 천淺이라 하고, 육경에 물들지 않는 육근은 심深이라 한다. 『大乘本生心地觀經淺註』권6(X21, 68b23), "땅에서 자라는 만물과 같이 심천의 차이가 있으니, 초지인 환희지歡喜地에서 시작하여 십지인 법운지法雲地에서 마쳐 모두 십지가 된다. 육근이 청정하다는 말은 안·이·비·설·신·의가 각각 헛되게 보거나 헛되게 듣는 등의 작용에서 벗어나 헛되이 오염되지 않는다는 뜻이다.(如地生物, 亦有淺深, 始自歡喜, 終於法雲, 通爲十地. 六根淸淨者, 謂眼耳鼻舌身意, 各離妄見妄聞等, 不爲妄染所汚.)" ; 『楞嚴經』권6(T19, 131a29), "육근도 이와 같으니, 원래 하나의 미세하게 밝은 것에 의지하지만, 여섯 가지 화합으로 나뉜다.(六根亦如是, 元依一精明, 分成六和合.)" ; 『四十二章經疏鈔』권2(X37, 692a14), "심心은 의식意識을 가리킨다. 하나의 의식이 육근 가운데 응하여 작용한 것을 육식六識이라고 한다.(心, 指意識. 此一意識, 於六根中應用, 卽名六識.)"

[587] 가령 방~모두 응답한다 : 『禪門拈頌說話』279칙(H5, 254b16), "중읍 홍은中邑洪恩 선사에게 앙산 혜적仰山慧寂이 물었다. '불성이란 어떤 것입니까?' '내가 그대에게 하나의 비유를 들어 말해 주겠다. 마치 여섯 개의 창이 달린 방 안에 원숭이 한 마리를 넣어 두고 밖에서 어떤 사람이 「산산山山(성성狌狌과 같다. 원숭이의 별명)아!」하고 부르면 원숭이가 응답하고, 같은 방법으로 여섯 개의 창에서 각각 부르면 모두 응답하는 것과 같다.' '가령 원숭이가 자고 있다고 한다면 어떻게 합니까?' 중읍이 선상에서 내려와 앙산을 꼼짝 못 하도록 붙들고 말했다. '산산아! 나는 너와의 볼일을 벌써 마쳤느니라.'(中邑洪恩禪師, 因仰山問, '如何是佛性?' 師云, '我與你說个譬喩. 如一室有六窓, 中安一獼猴. 外有人喚云, 「山山!」獼猴卽應, 如是六窓俱喚俱應.' 仰云, '只如內獼猴睡時, 又作麽生?' 師乃下禪床把住云, '山山! 我與你相見了.')" ; 『景德傳燈錄』권6「中邑洪恩傳」(T51, 249b16) ; 『仰山語錄』(T47, 585b8).

翁惠勤(1320~1376) 선사를 방문했는데, 이들 세 정승이 관인을 이 봉우리에 걸어 두었다고 한다(관직을 그만두었다).

其二, "可以鎖六猿." 六猿, 六淺也. 其實一猿也. 如房中有一猿, 而此房有六窓, 自六窓一時俱喚, 則自六膓一時具應, 以喩一意淺. 應眼爲眼淺, 應耳爲耳淺. 餘鼻舌身等識, 皆一意識之作用也. 故六識, 其宗一意也. 其五, "前峰三印桂'香',[1] 恭愍王遣三相, 訪懶翁于此山時, 三相掛印于此峯云云.
1) ㉔ '香'은 '者'의 오자인 듯하다.

- 〈五臺山〉其二
西臺落葉積, 寥聞閉紺園.
何曾聞一鳥, **可以鎖六猿**.
筒泉湛然滿, 漢江斯發源.
吾將十年棲, 坐閱千里奔.

其五
北臺何縹緲, 高出六六天.
前峰三印挂, 遠勢太白連.
楓杉流絳氣, 注玆甘露泉.
獨立雲在下, 寥朗片月懸.

상원 上院
제1구의 '상원에 행궁하였다.'는 것은 광릉光陵(세조)이 이곳에 행차한 것을 말한다.

'上院卽行宮'者, 光陵幸此也.

- 〈上院〉

    上院卽行宮, 百官備廩倉.
    宸情輕黃屋, 於此禮空王.
    廣殿今無僧, 霜鐘挂回廊.
    微茫黃竹歌, 寂寞白毫光.

윤사문사청운운尹斯文士淸云云

　세 번째 수 제1구의 "주렴을 내리고 입을 닫다."라는 구절. 선가에서는 입을 닫고서 아무 말 하지 않는 것[588]을 색태塞兌[589]라고 한다. 눈·귀·코·입을 사방에 짝지으면 입은 서방이니 숙살肅殺의 뜻이고, 눈은 남방이니 눈에 화기火氣가 있어서요, 귀는 북방이니 귀에 수성水性이 있기 때문이고, 귀는 동방이니 들숨과 날숨의 바람이 출입하기 때문으로서 바람은 목木을 표현한다.

　其三, "垂簾仍塞兌"者, 禪家以杜口不言爲塞兌也. 以眼耳鼻口, 配四方, 則口是西方, 以肅殺故也；眼是南方, 眼有火故也；耳是北方, 耳有水聲[1] 故也；鼻是東方, 有出入息之風, 而風則木也.

---

[588] 두구杜口는 입을 다물고 아무 말을 하지 않는 것. 유마거사維摩居士가 문병을 온 부처님 제자들에게 침묵하며 불이법문不二法門의 뜻을 보여 준 고사에서 나온 말로 비야두구毘耶杜口라고도 한다. 부처님이 성도하신 후에 설법하지 않으셨던 일을 가리키는 마갈엄실摩竭掩室과 짝을 이루어 쓰인다.『肇論』(T45, 157c11), "말을 하는 자는 진실을 잃고, 아는 자는 어리석음으로 돌아가고, 가지려는 자는 그 자성을 어그러뜨리고, 없애려는 자는 그 몸을 상하게 한다. 그렇기 때문에 석가모니는 마가다국에서 문을 걸어 닫으셨고 정명은 비야리성에서 입을 다물었던 것이다.……어찌 변설이 없었다고 하겠는가! 말로 드러낼 수 없었던 것을 침묵으로 변설했기 때문이다.(言之者失其眞, 知之者反其愚, 有之者乖其性, 無之者傷其軀. 所以釋迦掩室於摩竭, 淨名杜口於毘耶.……豈曰無辯! 辯所不能言也.)"
[589] 색태塞兌 :『老子』, "구멍을 틀어막고 문을 닫아걸면 종신토록 수고롭지 않다.(塞其兌, 閉其門, 終身不勤.)"

1) ㉮ '聲'은 '性'의 오기인 듯하다.

- 〈尹斯文士淸【湜】惠投四律 屬意勤至 諷味之餘 步韻却寄〉其三
垂簾仍塞兌, 玄覽定淵淵.
已絶陰符利, 何須國語傳.
山寒聽松外, 人寂據梧前.
步屧將乘興, 論心到性天.

16) 제16권 十六卷

잡영雜咏

 첫 번째 수 제8구에 '급고원給孤園'은 기원정사祇園精舍를 가리킨다. 급고장자가 땅에 금을 깔아 기타태자祇陀太子의 정원을 사서 지은 절이다. 급고장자가 이미 그 땅을 사서 얻었기에 '급고원'이라 한 것이다. '기원'이라고도 부르는 까닭은 기타태자가 숲을 보시하여 절을 지었다 하여 기원 또는 기수祇樹라고 하는 것이다. 다섯 번째 수에 나오는 '중식中食'은 선가에서 정오 이전의 일식一食 외에는 잡식을 금하는 것을 가리키는 말이다. '불로不爐'[590]의 의미에 대해서는 알지 못하겠다. 선가에도 나오지 않는다.

---

590 불로不爐 : 소옹邵雍(邵康節, 1011~1077)이 겨울에는 화롯불을 피우지 않고 여름에는 부채질을 하지 않으며 밤에 잠자리에 들지 않은 것이 3년이었다는 일화가 있다. 『佛祖綱目』권37(X85, 728a10) 참조. 안빈낙도安貧樂道하며 공부에 매진하는 것을 동불로하불선冬不爐夏不扇이라는 말로 표현하기도 하는데, 평상심平常心의 도를 중시하는 선가에서는 이를 작위적인 수행의 양태로 보는 경향이 있다. 『博山參禪警語』 권2(X63, 763c1), "공부를 하면서 의정疑情을 일으키지 않고 억지로 공을 꾸미는 행위를 지어내어 해탈하고자 하거나 고행하려는 경우도 있으니, 겨울에 화롯불을 피우지 않고 여름에 부채질을 하지 않는 것과 같다.(做工夫, 疑情發不起, 便欲做有爲功行, 或做解脫, 或行苦行, 冬不爐, 夏不扇.)"

'給孤園'者, 卽祇園. 給孤長者, 布金買祇陁太子之園作寺也. 給孤旣買得則應唯云, 給孤園. 而又云祇園者, 祇陁太子, 施樹作寺, 故云祇園, 亦云祇樹也. 其五, '中食', 禪家日中一食外, 不許雜食也. 不爐, 未詳, 禪家所無也.

- 〈雜詠〉其一
  今曉看微雪, 寒居意味存.
  山荒煙借潤, 湍縮石留痕.
  每以身臨井, 那因病閉門.
  墻東橫一徑, 知入**給孤園**.

  其五
  吾貧更嚴處, 心力亦多疲.
  松雪樵柯鈍, 泉氷汲綆遲.
  不爐猶可學, **中食**或能爲.
  一事堪愁歎, 賓來闕酒巵.

우정일률 약우미침시 又呈一律 略寓微忱詩

제6구의 "꿩이 수레 아래 날아와 절로 온순히 있네."라는 구절. 다른 곳에는 '노공魯恭이 중모中牟의 영슈으로 있을 때 뽕나무 아래에서 꿩을 길들였다.'[591]라고 되어 있다. '수레 아래'라 한 것은 '뽕나무 아래'를 잘못 쓴

---

591 순치馴雉는 꿩을 길들이다 혹은 길들여진 꿩이라는 뜻이다. 이로써 위정자의 선정善政을 비유한다. 후한 때의 노공魯恭이 선정을 베풀었던 데서 유래한 말이다. 노공이 중모령中牟슈으로 있을 때 온 나라가 해충의 피해를 보았으나 중모中牟 지방만은 무사하였다. 이에 윤원안尹袁安이 한 관리를 그곳에 보내 실정을 알아보게 하였다. 그 관리가 중모에 내려가 노공과 함께 길을 가다 뽕나무 아래서 쉬고 있는데 꿩이 날아와 그들의 곁에 앉았다. 한 아이가 그곳에 있었는데 꿩을 잡을 생각을 내지 않으므로

것이 아닌가 한다. 아니면 다른 곳에 '뽕나무 아래'라 한 구절이 잘못인지도 모르겠다.

"雉來車下自能馴." 他處云, 曾[1]恭爲中年[2]令桑下用馴雉也. 樂[3]車下, 恐桑下之誤耶. 亦安知彼云桑下爲誤也.

1) ㉠ '曾'은 '魯'의 오자인 듯하다. 2) ㉠ '年'은 '牟'의 오자인 듯하다. 3) ㉠ '樂' 다음에 결락된 글자가 있는 듯하다.

- 〈又呈一律 略寓微忱〉

吏黜民頑在在云, 靑鳧一邑保眞淳.
知君已是便宜得, 卽事應須簡易循.
魚在淵中焉用察, <u>雉來車下自能馴</u>.
蒲鞭挂壁苔生印, 纘慶樓前別有春.

관리가 그 이유를 물으니 아이는 꿩이 새끼를 배고 있기 때문이라 하였다. 이에 관리는 노공의 선정에 감탄하며 세 가지 이적(三異)을 짚었다. 첫째는 해충도 범하지 않은 점, 둘째는 짐승에게까지도 교화가 미친 점, 셋째는 어린아이도 어진 마음(仁心)을 가지고 있는 점이라고 하였다. 『後漢書』 권25 「魯恭列傳」 참조.

부록 1 附錄一[592] : 상촌집象村集

1. 불가경의설

불가의 가르침은 우리 도에 적이고, 불교도들은 백성들에게 해를 끼치는 좀이다. 그 경서와 그것을 믿는 사람들에 대해서 유자儒者들은 글에 싣지도 않고 입에 올리지도 않는다. 그런데 그 범어가 허황하고 기괴하여 보아도 구두를 떼어 읽지 못하고 쓰려 해도 구두를 떼어 쓰지 못한즉 이를 똑똑히 밝혀 반박할 도리가 없다. 이에 불가에서 흔히 쓰는 언어문자를 시험 삼아 들어 해설을 약간 제시해 보탬으로써 후학들이 미혹되지 않도록 하고자 한다.

보리菩提(Ⓢbodhi)는 깨달음(覺)이라 한역한다. 살타薩埵(Ⓢsattva)는 유정有情(衆生)이라 한역한다. 열반涅槃은 자유무애하여(無爲) 죽지도 나지도 않는다는 뜻이다. 아뇩다라삼먁삼보리阿耨多羅三藐三菩提(Ⓢanuttara-samyak-saṁbodhi)는 최상의 바르고 평등한 깨달음이라는 뜻으로 무상정등정각無上正等正覺이라 한역한다. 바라밀다波羅蜜多(Ⓢpāramitā)는 생사윤회하는 차안此岸에서 해탈 열반한 피안此岸의 세계로 건너간다는 뜻에서 도피안到彼岸이라 한역한다. 비로자나毗盧遮那(ⓈVairocana)는 중중무진重重無盡한 갖가지 광명이 두루 비춘다는 뜻이다. 유마힐維摩詰(ⓈVimalakīrti)은 정명淨名을 가리키는데 장로의 이름이다. 계정혜戒定慧(三學)란 잘못을 막아 그치게

---

[592] ㉣ '附錄一' 세 글자는 『한국불교전서』 편자가 보입한 것이다.

하고 악함을 바로잡는 계戒, 마음이 대상경계와 접촉해도 그 인연을 따라 동요하지 않는 정定, 마음이 대상경계를 두루 비추는 작용을 하여도 어떠한 장애도 없는 혜慧 세 가지를 말한다.

오선五禪은 범부선·외도선·소승선·대승선·최상승선이다. 오분법신五分法身은 계신戒身·정신定身·혜신慧身·해탈신解脫身·해탈지견신解脫知見身이다. 육신통六神通은 천안통天眼通·천이통天耳通·타심통他心通·숙명통宿命通·신경통神境通(神足通)·누진통漏盡通이다. 오온五蘊은 색·수·상·행·식이다. 사대四大는 지·수·화·풍이다. 육진六塵은 성·색·향·미·촉·법이다. 육입六入은 안·이·비·설·신·의로 육근六根이라고도 한다. 십이처十二處는 육근과 육진을 합하여 이르는 말로서 근진根塵이라고도 한다. 팔풍八風은 이利·쇠衰·훼毁·예譽·칭稱·기譏·고苦·낙樂이다. 사제四諦는 고苦·집集·멸滅·도道이다. 십이류十二類는 난생卵生·습생濕生·태생胎生·화생化生·유색有色·무색無色·유상有想·무상無想·약비유상若非有想·약비무상若非無想·약비유색若非有色·약비무색若非無色이다. 오탁五濁[593]은 기근饑饉·병질病疾·도병刀兵 등의 재해가 일어나는 겁탁劫濁, 온갖 삿된 견해들이 일어나는 견탁見濁, 탐진치 등의 번뇌가 치성하게 일어

---

[593] 오탁五濁 : 말세의 다섯 가지 부정不淨한 상相. 오재五滓라고도 한다. 『悲華經』 권2(T3, 174c6), "'지금 우리 세존께서는 무슨 인연으로 이 더럽고 부정한 세계에서 명탁·겁탁·중생탁·견탁·번뇌탁이라는 다섯 가지 더럽고 혼탁한 세계에서 아뇩다라삼먁삼보리를 이루고, 사부대중 속에서 삼승법을三乘法을 설하십니까? 무슨 까닭으로 청정한 세계를 취하지 않으며 오탁이 가득한 악세를 멀리 벗어나지 않으십니까?' 부처님이 적의보살寂意菩薩에게 말씀하셨다. '선남자야, 보살마하살은 본원本願 때문에 청정하고 미묘한 국토를 취하지만, 또한 본원 때문에 청정하지 않은 국토를 취하기도 한다. 어째서이겠느냐? 선남자야, 보살마하살은 대비를 성취하였기에 이 폐악한 부정토不淨土를 취할 뿐이다. 이런 까닭에 나는 본원으로 이 부정하고 더러운 세계에서 아뇩다라삼먁삼보리를 이룬 것이다.'('今我世尊, 何因何緣處斯穢惡不淨世界, 命濁劫濁衆生濁見濁煩惱濁, 於是五濁惡世之中, 成阿耨多羅三藐三菩提, 在四衆中說三乘法? 以何緣故, 不取如是淸淨世界, 而不遠離五濁惡世?' 佛告寂意菩薩, '善男子, 菩薩摩訶薩, 以本願故取淨妙國, 亦以願故取不淨土. 何以故? 善男子, 菩薩摩訶薩成就大悲故, 取斯弊惡不淨土耳. 是故吾以本願, 處此不淨穢惡世界, 成阿耨多羅三藐三菩提.')"

나는 번뇌탁煩惱濁, 악업의 과보 따위를 두려워하지 않으며 고통은 많고 복덕은 적은 중생탁衆生濁, 수명이 점차로 줄어드는 명탁命濁이다. 오개五蓋(번뇌)는 탐욕貪慾, 진에嗔恚, 어리석고 마음이 가라앉은 상태의 치면癡眠, 마음이 들떠 불안정한 조희調戲, 인과의 도리를 의심하고 업신여기는 의모疑侮이다. 삼매三昧(Ⓢ samādhi)는 치일致一·정정正定·등지等持 등으로 한역한다.

십신十身은 자신·중생신·업보신·국토신·성문신·원각신·보살신·지신·법신·공허신이다.[594] 삼유三有는 욕유欲有·색유色有·무색유無色有이다. 삼장三藏은 경經·율律·논論이다. 칠지七支는 신업身業 셋(殺生·偸盜·邪淫)과 구업口業 넷(妄語·綺語·惡口·兩舌)을 합해 일곱 악업을 가리킨다. 삼의三衣는 승가리僧伽黎(僧伽梨, 僧伽胝)·울다라승鬱多羅僧·안타회安陀會이다.[595] 칠보신七寶身은 신信·정진精進·계戒·참괴慚愧·문사聞捨·인욕忍辱·정혜定慧이며, 칠재七財라고도 한다. 삼법문三法門은 체중현體中玄·구중현句中玄·현중현玄中玄이다.[596] 반야(Ⓢ prajñā)는 지혜라는 뜻이다. 삼마제三摩提(『능엄경주』에 "삼마제는 삼마지三摩地, 삼매라고도 하며 정정正定이라 한역한다."[597]라 하였다.)는 온전히 선정에 들어 본래 청정한 마음의 상태이다. 삼신三身은 법신法身·보신報身·화신化身이다. 아란야阿蘭若는 그윽하고 고

---

594 십신十身은 십불十佛이라고도 한다. 여러 가지 분류가 있는데 대체로는 『華嚴經』의 설을 따른다. 80권본 『華嚴經』 권38 「十地品」(T10, 200a19), "불자여, 이 보살은 일체의 몸에 대한 상을 분별하는 마음에서 완전히 벗어나 평등에 머무른다. 이 보살은 중생신, 국토신, 업보신, 성문신, 독각신, 보살신, 여래신, 지신, 법신, 허공신을 안다.(佛子, 此菩薩, 遠離一切身想分別, 住於平等. 此菩薩知衆生身, 國土身, 業報身, 聲聞身, 獨覺身, 菩薩身, 如來身, 智身, 法身, 虛空身.)"
595 승가리는 구조九條에서 이십오조까지로 만들어지는 대의大衣, 울다라승은 칠조로 이루어진 상의上衣, 안타회는 오조의五條衣이다.
596 임제 의현臨濟義玄이 학인을 이끌 목적으로 제시한 방법 중 하나. 삼현三玄이라고 한다. '현玄'은 진실한 이치, 도리의 의미이다. 체중현은 본체 중의 깊은 도리, 구중현은 구절 중의 깊은 도리, 현중현은 깊은 도리 중의 깊은 도리이다.
597 『楞嚴經要解』 권1(X11, 780b14).

요한 곳을 가리킨다.

사지四智는 대원경지大圓鏡智·평등성지平等性智·묘관찰지妙觀察智·성소작지成所作智이다.[598] 기수원祇樹園은 부처가 법을 설하신 곳이다. 총림叢林은 승려들이 모여 사는 곳이다. 보방寶坊은 절을 일컫는다. 나원奈苑은 나奈 땅의 어느 여인이 왕비가 되어 부처님께 땅을 희사한 일에서 말미암아 요즘에는 절을 나원이라 일컫게 되었다. 우바새優婆塞(Ⓢ upāsaka)는 청신사淸信士라 한역한다. 우바이優婆夷(Ⓢ upāsikā)는 여승이다. 필추苾芻는 향초이다. 사미沙彌는 삭발한 어린 승려이다. 비구比丘(Ⓢ bhikṣu)는 걸사乞士라 한역한다. 상인上人은 덕과 지혜를 갖춘 뛰어난 수행자를 뜻한다. 사리闍梨(Ⓢ ācārya)는 궤범軌範이라 한역한다. 녹원鹿苑(鹿野苑)은 전법처이다. 계원鷄園은 부처님이 머무시던 곳이다. 범찰梵刹(Ⓢ brahma-kṣetra)은 깃발을 매다는 대, 즉 번간幡竿을 가리키던 말이다. 용상龍象은 큰 법을 계승하는 자를 뜻한다. 가람伽藍(Ⓢ saṅghārāma)은 여러 불제자들이 모인 곳이다. 초제招提(Ⓢ caturdiśya)는 시방의 주지를 뜻한다. 부도浮圖는 취상聚相이라 한역한다.

우란분盂蘭盆(Ⓢ ullambana)은 거꾸로 매달린 지옥의 고통에서 구제한다는 뜻이다. 여래如來(Ⓢ tathāgata)라는 말에서 본래의 깨달음인 본각本覺을 여如라 하고, 지금 실현한 깨달음인 금각今覺은 래來라 한다. 사리舍利(Ⓢ śāri)는 새 이름이다. 아비담阿毗曇(Ⓢ abhidharma)은 경율론經律論을 뜻한다.[599] 수다라修多羅(Ⓢ sūtra)는 경經이라 한역한다. 단나檀那(Ⓢ dāna)·단월

---

[598] 제8 아뢰야식을 전변하여 얻은 지혜로서 마치 대원경大圓鏡이 만물을 비추는 것처럼 진실상을 비추는 지혜라는 의미에서 대원경지라 한다. 제7 말나식을 전변하여 얻은 지혜로서 자타가 평등함을 알며 대자비와 상응하므로 평등성지라 한다. 제6 의식을 전변하여 얻은 지혜로서 모든 대상을 어떤 장애 없이 관찰하고 모든 의심을 단절하여 자유자재하게 설법하는 지혜라 하여 묘관찰지라 한다. 전오식을 전변하여 얻은 지혜로서 다섯 감각기관의 대상에 자재하고 중생을 이롭게 하는 갖가지 행업을 하므로 성소작지라 한다.

[599] 아비담은 아비달마阿毘達磨라고도 음사하며 줄여서 비담毘曇이라고도 한다. 대법對法·대법大法·승법勝法 등이라 한역한다. 삼장三藏 가운데 논장論藏을 가리킨다. 위

檀越(Ⓢ dānapati)은 시주施主라 한역한다. 흘률다吃栗多는 천인賤人이라 한역한다.

가타伽佗(Ⓢ gāthā)는 풍송諷誦이라 한역한다. 비니毗尼(Ⓢ 毘奈耶, vinaya)는 율律이라 한역한다. 우담화優曇花는 3천 년마다 꽃을 피워 상서로움을 나타낸다. 각루殻漏는 세계를 뜻한다. 다비茶毗는 불사른다는 뜻이다. 나무南無(Ⓢ namas)는 귀추歸趍라 한역한다. 마하살摩訶薩(Ⓢ mahāsattva)은 대유정大有情이라 한역하는데 중생을 능히 구제하는 사람이라는 뜻이다. 니려야泥黎耶(Ⓢ niraya)는 희락喜樂이 없는 지옥이다. 니려가泥黎伽는 달아날 곳이 없다(無去處)는 뜻으로 지옥이다. 솔도파窣堵坡(Ⓢ stūpa)는 분분墳이라 한역한다. 바라제목차波羅提木叉(Ⓢ prātimokṣa)는 온갖 악행에서 벗어나 해탈을 얻는 데 도움을 준다는 의미에서 별해탈別解脫이라 한역한다. 부도浮屠・불타佛佗・부다部多・무타母馱・몰타沒佗는 모두 깨닫다라는 뜻의 각覺으로 한역한다. 식차마라式叉摩羅는 손톱과 머리털을 기르다라는 뜻이다. 라마羅摩는 원院이라 한역한다. 바연나波演那는 주위낭사周圍廊舍라 한역한다. 지율거底栗車는 축생이라 한역한다. 아라한阿羅漢(Ⓢ arhat)은 온갖 악에서 멀리 벗어나 삼생계를 도는 윤회를 받지 않는 사람이다.

석가釋伽(釋迦 : Ⓢ Śākya)는 능인能仁이라 한역하고, 모니牟尼(Ⓢ muni)는 적묵寂嘿(寂默)이라 한역한다. 미륵彌勒(Ⓢ Maitreya)은 자慈로 한역한다. 바라문波羅門(婆羅門 : Ⓢ brāhmaṇa)은 범지梵志라 한역한다. 벽지辟支(Ⓢ pratyeka)는 독각獨覺(緣覺)이라 한역한다. 선나禪那(Ⓢ dhyāna)는 정사靜思라는 뜻이다『능엄경주』에 "선나는 정려라 한역한다."[600]라고 하였다】. 갈마羯磨(Ⓢ karman)는 작법作法・변사辨事 등으로 한역한다. 만다라화曼陀羅花(Ⓢ mandārava)는 잡색화雜色花라 한역한다. 담복화簷蔔花(Ⓢ campaka)는 황색화黃色花라 한역한

에서 경률론이라 한 것은 오류이다. 교법敎法에 관한 연구 논서.
600 『楞嚴經述旨』 권1(X14, 626b12).

다. 우발라화優鉢羅花(Ⓢ utpala)는 황백화黃白花라 한역한다. 아승기阿僧祇(Ⓢ asaṅkhya)는 무수無數라 한역한다. 삼귀三歸는 불佛·법法·승僧 삼보三寶에 귀의한다는 뜻이다. 삼연三緣은 첫째 자기의 윤회생사를 마치는 것이고, 둘째 삼보에 초항招降하는 것이며, 셋째 육도사생六道四生을 위해 모두 해탈케 하는 것이다.

삼생三生은 전생·후생·현재생이다. 사은四恩은 부모·스승·임금·시주자에 대한 은혜이다. 오근五根은 신信·정진精進(勤)·염念·정定·혜慧이다. 육화六和는 같은 계를 지니고 함께 수행하는 계화戒和, 견해를 함께하며 앎을 같이하는 견화見和, 함께 생활하며 서로 신체적으로 마찰이 없는 신화身和, 이로움을 균등하게 함께하는 이화利和, 재화財貨를 두고 다툼이 없는 재화財和, 뜻이 화합하여 함께 기뻐하는 의화意和 등이다. 오운五運은 생生·노老·병病·사死·고苦이다. 사연四緣은 인연·차제연次第緣(等無間緣)·소연연所緣緣·증상연增上緣이다.[601] 사과四果는 수다원과須陀洹果(預流果)·사다함과斯陀含果(一來果)·아나함과阿那含果(不還果)·아라한과阿羅漢果(無學果)이다.[602] 오계五戒는 불음不淫(不邪婬戒)·불한不狠(不偸盜戒)·불살不殺(不殺生戒)·불망不妄(不妄語戒)·불음不飮(不飮酒戒)이다. 십계十戒는 불살생不殺生·불투도不偸盜·불사음不邪淫·불망어不妄語·불음주不飮酒·불

---

[601] 일체의 유위법有爲法이 생겨날 때 의지하는 여러 가지 조건을 네 가지로 분류한 것을 사연四緣이라고 한다. 인연은 결과를 초래하는 원인, 등무간연等無間緣은 과거와 현재의 마음(心)과 마음 작용(心所)이 끊임없이 일어나 이어지는 것으로 차제연次第緣이라고도 하며, 소연연所緣緣은 대상과의 관계에서 일어나는 마음과 마음 작용의 대상으로 연연緣緣이라고도 하며, 증상연增上緣은 앞의 세 가지 이외의 모든 원인이나 조건을 말한다.
[602] 성문聲聞이 수행하여 성취하는 네 가지 과보果報. 수다원과는 삼계三界의 견혹見惑을 끊고 무루無漏의 성도聖道에 들어간 것으로 초과初果라고 한다. 사다함과는 일래향一來向의 과보를 받는 것으로 일래과一來果라고도 한다. 아나함과는 다시는 욕계에 태어나지 않는 경지로 불환과不還果라고도 한다. 아라한과는 색계와 무색계의 모든 견혹·수혹 등을 영원히 끊어 다시는 윤회하지 않는 최고의 지위로 더 이상 배울 것이 없으므로 무학과無學果라고 한다.

식육不食肉·불탐진不貪嗔·불잡견不雜見·불훼방不毁謗·불기과不欺夸이다. 오각五覺은 중생각衆生覺·삼승각三乘覺·성문각聲聞覺·보살각菩薩覺·불각佛覺이다. 삼승三乘은 초근인인 소승, 중근인인 중승, 상근인인 대승을 가리킨다.

대도의 광명은 하늘의 해처럼 밝게 빛나는데도 이러한 교리가 세상에 횡행함은 어째서인가.

佛家經義說

佛之敎, 吾道之賊也, 佛之人, 生民之蠹也. 其書其人, 儒者所不載不稱也. 然其梵語恢詭, 見者不能句, 書亦不能句, 則無由闢之廓如. 試擧其恒用於言語文字者, 略加提釋, 俾後學不迷也.

菩提, 覺也. 薩埵, 有情也. 涅槃, 無爲不死不生之所也. 何[1]耨多羅三藐三菩提, 無上正等正覺也. 波羅密多, 到彼岸也. 毗盧遮那, 種種光明遍照也. 維摩詰, 淨名也, 長老之名也. 戒定慧, 防非定惡曰戒, 心不隨緣曰定, 心照無礙曰慧.

五禪, 一曰凡夫, 二曰外道, 三曰小乘, 四曰大乘, 五曰上乘. 五分法身, 戒定慧解脫知見也. 六通, 天眼天耳他心宿命神境漏盡也. 五蘊, 色受想行識也. 四大, 地水火風也. 六塵, 聲色香味觸法也. 六入, 眼耳鼻舌身意也, 又曰六根也. 十二處, 卽六根六塵合而言, 曰根塵也. 八風, 利衰毁譽稱譏苦樂也. 四諦, 苦集滅道也. 十二類, 卵生濕生胎生化生, 有色無色, 有想無想, 若非有想若非無想, 若非有色若非無色也. 五濁, 劫濁見濁煩惱濁衆生濁命濁也. 五蓋, 貪慾嗔恚癡眠調戲疑侮也. 三昧, 致一也, 一云定正[2]也, 等持也.

十身, 自身衆生身業報國土[3]聲聞圓覺菩薩知法空虛也. 三有, 欲有色有無色有也. 三藏, 經律論也. 七支, 身業三, 口業四, 合爲七也. 三衣, 僧伽黎黎[4]鬱多羅僧安佗會也. 七寶身, 一信, 二精進, 三戒, 四慚愧, 五聞捨, 六忍辱, 七定慧也, 又名七財也. 三法門, 體中玄, 句中玄, 玄中玄. 般若, 智慧也. 三摩提【楞嚴經註曰, 三摩提, 亦云三摩地, 亦云三昧, 此云正定.】一切攝定禪心也. 三身, 法報化也. 阿蘭若, 空靜處也.

四智, 大圓鏡智, 平等性智, 妙觀察智, 成所作智也. 祇樹園, 說法處也. 叢林, 僧聚處也. 寶坊, 寺名也. 奈苑, 奈中有女爲王妃, 以地捨佛, 故今稱寺社爲奈苑也. 優婆塞, 精[5]信士也. 優婆夷, 尼也. 苾芻, 香草也. 沙彌, 落髮小僧也. 比丘, 乞士也. 上人, 有德智勝行者也. 闍梨, 軌範也. 鹿苑, 轉法處也. 鷄園, 佛所居也. 梵刹, 幡竿也. 龍象, 負荷大法者也. 伽藍, 衆佛弟子居也. 招提, 十方住持也. 浮圖, 聚相也.

盂蘭盆, 救倒懸也. 如來, 本覺爲如, 今覺爲來也. 舍利, 鳥名. 阿毗曇, 經律論也. 修多羅, 經也. 檀羅[6]檀越, 施主也. 吃栗多, 賤人也.

伽佗, 諷誦也. 毗尼, 律也. 優曇花, 三千年現瑞也. 殼漏, 世界也. 茶毗, 焚也. 南無, 歸趍也. 摩訶薩, 大有情, 能救人也. 泥黎耶, 無喜樂地獄也. 泥黎伽, 無去處地獄也. 窣堵坡, 墳也. 波羅提木叉, 別解脫也. 浮屠, 佛佗, 部多, 母馱, 沒佗, 皆覺也. 式叉摩羅, 長爪髮也. 羅摩, 院也. 波演那, 周圍廊舍也. 底栗車, 畜生也. 阿羅漢, 遠離諸惡, 不受三生界也.

釋伽, 能仁也, 牟尼, 寂嘿也. 彌勒, 慈也. 波羅門, 梵志也. 辟支, 獨覺也. 禪那, 靜思也.【楞嚴註曰, 禪那, 靜慮也.】羯磨, 作法辨事也. 曼陀羅花, 雜色花也. 詹蔔花, 黃色花也. 優鉢羅花, 黃白花也. 阿僧祇, 無數也. 三歸, 歸佛也, 歸法也, 歸僧也. 三緣, 一了自己輪廻生死也, 二招降三寶也, 三爲六道四生皆令解脫也.

三生, 前生後生現在生也. 四恩, 父母, 師長, 國,[7] 施主也. 五根, 信也, 精進也, 念也, 定也, 慧也. 六和, 戒和同修, 見和同解, 身和同住, 利和同均, 財和無爭, 意和同俗[8]也. 五運, 生老病死苦也. 四緣, 因緣, 次第緣, 所緣緣, 增[9]上緣也. 四果, 頻來果, 一來果, 無生果也.[10] 五戒, 不淫, 不狼,[11] 不殺, 不妄, 不飮也. 十戒, 不殺生, 不偸盜, 不邪淫, 不妄語, 不飮酒, 不食肉, 不貪嗔, 不雜見, 不毁謗, 不欺夸也. 五覺, 衆生覺, 三乘覺, 聲聞覺, 菩薩覺, 佛覺也. 三乘, 初根人爲小乘, 中根人爲中乘, 上根人爲大乘也.

大道光明, 如日麗天, 而乃有此敎, 並行於天下, 何也.

1) ㉠ '何'는 '阿'의 오자인 듯하다. 2) ㉢ '定正'은 '正定'의 오기인 듯하다. 3) ㉢ '士'는 '土'의 오자이다. 4) ㉢ '黎' 자가 중첩된 오기인 듯하다. 5) ㉢ '精'은 '淸'의 오자인 듯하다. 6) ㉢ '羅'는 '那'의 오자인 듯하다. 7) ㉢ '國' 다음에 '王' 자가 누락된 듯하다. 8) ㉢ '俗'은 '悅'의 오자인 듯하다. 9) ㉢ '僧'은 '增'의 오자이다. 10) ㉢ '頻來果, 一來果, 無生果也.' 이 부분은 오기인 듯하다. 번역은 일반적 정의에 맞게 고쳐서 하였다. 11) ㉢ '不狠'은 '不偸盜戒'를 의미하는 것으로 보인다.

2. 도가경의설

수양가(도가)의 도는 기껏해야 이기적인 작은 도에 불과하니, 부처가 거칠 것 없이 제멋대로 방자하게 윤리와 기강을 멸절하였던 것과는 같지 않다. 그런데 그 글을 보면 대체로 은어가 많아 이를 보는 이들이 그 참뜻을 제대로 살피지 못하고 결국에는 경계 밖으로 마음을 내달려 황당한 지경으로 다투어 간다. 이에 그 진실한 뜻에 근거하여 살펴보고자 한다.

곤륜崑崙은 머리이다. 또는 배꼽이라고도 한다. 단전丹田에 세 가지가 있는데, 뇌가 상단전, 심장 아래는 중단전, 배꼽 아래는 하단전이다. 니환泥丸은 뇌이다. 천정天庭은 양미간이다. 창화蒼華·태원太元·화근華根·운의雲儀·옥화玉華는 모두 머리카락이다. 천대天坮·중악中岳·신려神廬·장곡長谷·옥롱玉朧·영견靈堅은 코이다. 은해銀海·명주明珠는 눈이다. 영현英玄·명상明上은 목신目神의 이름이다. 화개華蓋는 눈썹이다. 공한空閑·교녀矯女는 모두 이신耳神의 이름이다. 유전幽田도 이신이다. 자연紫煙·소운素雲은 모두 눈동자를 가리킨다. 대연大淵·금례金醴·옥영玉英·옥지玉池·예천醴泉은 침이다. 영근靈根·주조朱鳥는 혀의 이름이다. 통명通命은 설신

舌神의 이름이다. 정륜正綸도 설신이다. 현응玄膺은 혀 아래에 침이 고여 있는 부위이다. 악봉嶽峯·백석白石·나천羅千은 치아이다. 중지中池는 입이다. 옥루玉樓는 어깨이다.

영대靈坮·자방紫房·강궁絳宮·적성赤城·수령守靈·단원丹元은 심장이다. 용연龍烟·함명含明은 간장이다. 황야黃野·상재常在·혼정魂停·영원靈元은 비장이다. 허성虛成·호화皓華·혼강混康은 폐이다. 위명威明·용요龍曜는 쓸개이다. 태창太倉은 위이다. 현명玄冥·육영育嬰·현경玄卿은 신장이다. 유관幽關은 두 신장의 사이이다. 은룡隱龍은 간담이다. 장성長城은 소장이다. 중루重樓는 목구멍이다. 소경素瓊은 침이 고인 부위이다. 삼초三焦는 심장·간·폐의 기운이 순환하는 부위이다. 내지內芝는 맥이다. 신화神華는 비장과 폐의 사이이다. 도강桃康[603]은 정精이다. 황정黃庭[604]은 오장 가운데 사람의 기맥이 통하는 부위이다. 황동黃童은 황정의 기이다. 황파黃婆는 호흡법으로 배꼽 아래에 기운을 모으는 것이다.

사해四海란 혈액이 한데 모여드는 심장이라는 혈해血海, 기가 모여드는 신장이라는 기해氣海, 뇌수가 모여드는 뇌라는 수해髓海, 물과 음식이 모여드는 비장과 위라는 수곡해水穀海를 가리킨다. 오호五湖는 오장의 진액이다. 구강九江은 소장의 기운이다. 삼도三島는 이마·심장·정신을 가리킨다. 육지六池는 오장 및 입술과 치아 사이이다. 신수神水·금파金波는 타액이다. 경액瓊液·옥천玉泉·백설白雪·양수陽酥는 모두 정액淨液[605]을 이

---

603 도강桃康:『黃庭內景經』, "단전 하신의 이름이 도강으로 사람의 정태를 주관하여 회통하게 한다.(丹田下神名桃康, 主人之精胎能迴通.)"
604 황정黃庭:『黃庭內景經』무성자務成子 해제題解, "황은 중앙의 색을, 정은 사방의 가운데를 뜻한다. 밖으로는 천중天中·인중人中·지중地中을 가리키고, 안으로는 뇌 가운데, 심장 가운데, 비장 가운데를 가리키므로 황정이라 한다.(黃者, 中央之色也 ; 庭者, 四方之中也. 外指事即天中人中地中, 內指事即腦中心中脾中, 故曰黃庭.)"
605 여기서 정액淨液은 신선들이 마신다는 음료를 총칭한 말이다. 복용하면 장생한다고 한다.

른다. 삼지三池는 쓸개·혀·소장이다.[606] 삼방三房은 단전의 별명이다. 삼궁三宮[607]은 단전의 가운데이다. 구실九室은 머리이다. 오아五芽는 오행이다. 삼신三神은 세 단전의 신이다. 육정육갑六丁六甲은 정간丁干과 갑간甲干의 신이다. 삼기三奇는 태청太淸·단전丹田·부적符籍이다. 팔경八景은 팔괘이다. 육신六神[608]은 육갑六甲[609]·육정六丁[610]·육부六腑[611]이다. 삼청三淸은 태청太淸[612]·옥청玉淸·상청上淸이다.

삼원三元은 정精·기氣·신神이다. 옥신군玉宸君은 태청太淸의 존칭이다. 구신九神은 삼원三元·삼단三丹·삼방三房을 아울러 이르는 말이다. 자하전紫霞殿·예주전蕊珠殿은 우언이다.[613] 삼광三光은 일日·월月·성星이다. 오령五靈은 오성五星(金·木·水·火·土)이다. 도핵桃核은 태일군太一君[614]의 이

---

606 『黃庭內景經』「中池」梁丘子注, "도가에서는 쓸개를 중지, 혀 아래를 화지, 아랫배 자궁을 옥지라 하며 이를 아울러 삼지라 한다.(道家稱膽爲中池, 舌下爲華池, 小腹胞爲玉池, 合稱三池.)"
607 삼궁三宮 : 쌍목雙目을 강궁絳宮, 양이兩耳를 옥당궁玉堂宮, 비구鼻口를 명당궁明堂宮이라 하며 합하여 삼궁이라고 한다.
608 육신六神 : 심장, 폐, 간, 신장, 지라, 쓸개 각각의 부위를 주재하는 신이 있는데 이를 육신이라고 한다.
609 육갑六甲 : 도교의 신명神名. 천제天帝가 부린다는 양신陽神. 도사道士 부록符籙을 사용하여 이를 불러내 기도하여 귀신을 몰아낸다고 한다.
610 육정六丁 : 도교의 신명神名. 정묘丁卯·정사丁巳·정미丁未·정유丁酉·정해丁亥·정축丁丑 등의 음신陰神.
611 육부六腑 : 위, 쓸개, 삼초三焦(위胃의 상부, 위 부근, 배꼽 아래), 방광膀胱, 대장大腸, 소장小腸.
612 태청太淸 : 삼청三淸(玉淸·上淸·太淸)의 하나로 도덕천존道德天尊이 사는 곳을 일컫기도 하며 이로부터 범박하게 선경仙境을 의미하기도 한다. 또한 옥청경동玉淸境洞 진교주원시천존眞敎主元始天尊, 상청경동上淸境洞 현교주영보천존玄敎主靈寶天尊, 태청경동太淸境洞 신교주도덕천존神敎主道德天尊을 아울러 삼청이라고도 한다.
613 자하전은 신선이 자색 운하雲霞를 타고 간다는 이야기에서 나온 말이고, 예주전은 도교 경전에서 말하는 선궁仙宮을 가리키는 듯한데, 우언이라고 한 말뜻은 알지 못하겠다.
614 태일군太一君 : 『黃庭內景經』梁丘子注, "배꼽 가운데가 태일군이며 사람의 수명을 주관한다. 일명 중극, 태연, 곤륜, 특추라고도 한다.(臍中爲太一君, 主人之命也. 一名中極, 一名太淵, 一名崑崙, 一名特樞.)"

름이다. 울의鬱儀(鬱華)는 태양신이고, 결린結璘은 달의 신이다. 오선五仙은 천선天仙·지선地仙·인선人仙·귀선鬼仙·신선神仙이다. 팔선八仙[615]은 종리권鍾離權[616]과 여동빈呂洞賓[617] 등을 가리킨다. 삼관三關은 입(口)·손(手)·발(足)이다. 배꼽 아래 3촌 되는 지점을 관關이라고 한다. 삼로三老는 원로元老·현로玄老·노군老君이다. 삼혼三魂[618]은 혼의 연명衍名이다. 삼진三眞은 혼魂·심장·비장이다. 구미九微는 구신九神과 같다. 삼충三蟲은 삼시三尸이다.

사연四緣은 신身·심心·세世·사事이다. 이약二藥은 내內와 외外이다. 상약삼품上藥三品은 정精·기氣·신神이다. 삼가三家는 신身·심心·의意이다. 오기五氣는 정精·신神·혼魂·백魄·의意이다.[619] 연홍鉛汞은 신장과 심장의 기운을 돌게 하는 단약이다. 성태聖胎는 신신과 기氣를 응결한 금단金丹이다. 탈태脫胎는 단법을 완성한 상태이다. 현관玄關은 드러내기 전의 기운이다. 영아嬰兒는 성태聖胎와 같다. 현빈玄牝은 염려念慮가 기거하는 곳이다. 정로鼎爐는 신심身心을 이른다. 칠반七返은 칠화七火의 성수成數이고, 구환九還은 구금九金의 성수成數이다.[620] 몸속의 부부는 성性과 정情이다. 진종眞種(本性)의 자식은 심두心頭이다. 삼요三要는 눈·코·신장 또는 정精·기氣·신神이다. 현귀玄龜는 신장이다. 주작朱雀은 심장이다. 오장의 정

---

615 팔선八仙 : 종리권鍾離權·장과로張果老·여동빈呂洞賓·이철괴李鐵拐·한상자韓湘子·조국구曹國舅·남채화藍采和·하선고何仙姑 등.
616 종리권鍾離權 : 자는 운방雲房·적도寂道, 호는 정양자正陽子·화곡자和穀子. 한종리漢鍾離라고도 한다. 동한 때의 무장武將으로 도교 전진도全眞道의 조사祖師이다.
617 여동빈呂洞賓(798~?) : 이름은 암嵒(또는 岩), 동빈은 자이다. 종남산에서 수도하였고 후에 도교 전진북오조全眞北五祖의 한 사람이 되었다고 한다.
618 삼혼三魂 : 상령爽靈·태원胎元·유정幽精.
619 정精은 신장腎藏, 신神은 심장心藏, 혼魂은 간장肝藏, 백魄은 폐장肺藏, 의意는 비장脾藏과 관련된다. 각각을 차례대로 오행과 오상에 연결하면 수기水氣(智), 화기火氣(禮), 목기木氣(仁), 금기金氣(義), 토기土氣(信)이다.
620 칠반구환七返九還이라 한다. 불로 금을 제련提煉하여 선단仙丹을 만듦을 의미한다. 도교에서는 칠七은 불을, 구九는 금을 대표한다고 본다.

기精氣가 상생상극에서 조화롭게 된 오기조원五氣朝元[621]이란 정精·혼魂·백魄·의意 등이 부동한 상태이다. 목부금공木父金公[622]은 오장이 서로 어미와 자식 같은 관계를 가리킨다. 목욕은 마음과 생각을 씻어 내는 것이다. 양화養火는 염려를 끊은 것이다. 요당了當은 허극虛極이다. 용호龍虎는 심장과 신장이다.[623] 추첨抽添[624]은 음양을 밖으로 내리는 것이다. 삼검三劍은 번뇌煩惱·색욕色欲·탐진貪嗔을 베어 버리는 세 가지 검이다.

연단煉丹의 여덟 가지 재료(八瓊丹)는 단사丹砂·자황雌黃·공청空青·유황硫黃·운모雲母·융염戎鹽·은석隱石·웅황雄黃이다. 십이과十二科는 모두 수행하여 도를 이루는 절목이다. 구난九難은 의식衣食에 핍박받는 것, 존장이 격노하는 것, 명리에 얽매이는 것, 은애가 엉겨 붙는 것, 재화災禍가 뜻밖에 일어나는 것, 맹사盲師와 약속하는 것, 의론이 갈리는 것, 뜻이 나태한 것, 세월을 헛되이 보내는 것이다. 십마十魔는 부富·귀貴·정情·욕欲·은恩·애愛·환患·병病·성聲·색色이다.

도는 오기五氣와 오장五臟에 있는데, 금석초목金石草木 따위에서 그것을 구하니, 진시황이나 한 무제가 이런 무리였다. 진실로 신기神氣를 생하게 하여 청명함이 몸에 있게 할 수 있다면 타고난 원래의 수명을 지킬 수 있을 것이다. 이에 뜻을 둔 이가 황당무계한 말에 현혹되지만 않는다면 그럴 수 있으리라.

---

621 오기조원五氣朝元 : 도교의 수련법修煉法. 간의 목기木氣, 심장의 화기火氣, 비장의 토기土氣, 신장의 수기水氣, 폐의 금기金氣 등을 생극제화生尅制化하여 자유자재로 운용하는 것.
622 목부금공木父金公이라 쓰인 예는 찾지 못하였다. 목공금모木公金母라 하여 선인仙人 동왕공東王公과 서왕모西王母를 아울러 지칭하는 예는 있다. 또 도가에서는 납(鉛)을 금공金公이라 하고, 단약을 제련하는 데 쓰이는 금을 금모金母라 부른다.
623 여기서 용은 남방南方 이괘離卦의 용으로 화기火氣와 대응하므로 심장을, 호랑이는 북방 감괘坎卦의 호랑이로서 수기水氣와 대응하므로 신장을 나타낸 것이다.
624 추첨抽添은 더하거나 던다는 말로, 마치 불이 약하면 땔감을 더 넣고 반대로 불이 너무 세면 땔감을 덜어 내듯이 음양을 조절하는 것을 가리킨다.

道家經義說

修養家, 不過自私之小道, 非若佛之洸洋自恣, 滅絶倫紀也. 然其爲書, 率多隱語, 爲之者, 不能考究其眞, 遂馳心域外, 而爭趍於荒唐. 今據其實. 則昆侖, 頭也. 又爲臍也. 丹田有三, 腦爲上丹田, 心下爲中丹田, 臍下爲下丹田. 泥丸, 腦也. 天庭, 兩眉間也. 蒼華, 太元, 華根, 雲儀, 玉華, 皆髮名. 天坮, 中岳, 神廬, 長谷, 玉隴, 靈堅, 皆鼻名也. 銀海, 明珠, 皆目名也. 英玄, 明上, 皆目神名也. 華蓋, 眉也. 空間,[1] 嬌女, 皆耳神名也. 幽田亦耳神也. 紫煙, 素雲, 皆目精也. 大淵, 金醴, 玉英, 玉池, 醴泉, 皆口液也. 靈根, 朱鳥, 皆舌名也. 通命, 舌神名也. 正倫[2]亦舌神也. 玄膺, 舌下通津處也. 崿峯, 白石, 羅千, 皆齒也. 中池, 口名也. 玉樓, 肩名也.

靈坮, 紫房, 絳宮, 赤城, 守靈, 丹元, 皆心名也. 龍烟, 含明, 皆肝名也. 黃野, 常在, 魂停, 靈元, 皆脾名也. 虛成, 皓華, 混康, 皆肺名也. 威明, 龍曜, 皆膽名也. 太倉, 胃名也. 玄冥, 育嬰, 玄卿, 皆腎名也. 幽關, 兩腎[3]也. 隱龍, 肝膽也. 長城, 小腸也. 重樓, 喉嚨也. 素瓊, 口津也. 三焦, 心肝肺上氣也. 內芝, 脈也. 神華, 脾肺之間也. 桃康, 精也. 黃庭, 五臟之中, 通人氣脈之所也. 黃童, 黃庭之氣也. 黃婆, 胎息也.

四海, 心爲血海, 腎爲氣海, 腦爲髓海, 脾胃爲水穀海也. 五湖, 五臟之液也. 九江, 小腸之氣也. 三島, 頂心神也. 六池, 五臟及脣齒間也. 神水金波, 皆津液也. 瓊液, 玉泉, 白雪, 陽酥, 皆精也. 三池, 膽舌小腸也. 三房, 丹田之別名也. 三宮, 丹田中也. 九室, 頭也. 五芽, 五行也. 三神, 三丹田神也. 六丁六甲, 丁干甲干也. 三奇, 太淸, 丹田, 符籍也. 八景, 八卦也. 六神, 六甲, 六丁, 六腑也.[4] 三淸, 太淸, 玉淸, 上淸也.

三元, 精氣神也. 玉宸君, 太淸尊稱也. 九神, 合三元三丹三房也. 紫霞殿, 蕊珠殿, 皆寓言也. 三光, 日月星也. 五靈, 五星也. 桃核, 太一君名也. 鬱儀, 日仙也. 結璘, 月仙也. 五仙, 天仙, 地仙, 人仙, 鬼仙, 神仙也. 八仙, 鍾呂等八仙也. 三關, 口手足也. 又臍下三寸爲關也. 三老, 元老玄老老君也.

三魂, 魂之衍名也. 三眞, 魂心脾也. 九微, 猶九神也. 三蟲, 三尸也.
四緣, 身心世事也. 二藥, 內也外也. 上藥三品, 精氣神也. 三家, 身心意也.
五氣, 精神魂魄意也. 鉛汞, 鉛腎汞心也. 聖胎, 神凝氣結也. 脫胎, 丹成也.
玄關, 未發前氣也. 嬰兒, 猶聖胎也. 玄牝, 念慮所寄處也. 鼎爐, 身心也.
七返, 七火之成數也, 九還, 九金之成數也. 身中夫婦, 性情也. 眞種子, 心
頭也. 三要, 眼鼻腎, 或精氣神也. 玄龜, 腎也. 朱雀, 心也. 五氣朝元也, 精
魂[5]魄意不動也. 木父金公, 指五臟之相爲母子也. 沐浴, 洗心滌慮也. 養
火, 絶念慮也. 了當, 虛極也. 龍虎, 心腎也. 抽添, 陰陽外降也. 三劍, 斬煩
惱, 斬色欲, 斬貪嗔也.

八瓊丹, 丹砂, 雌黃, 空靑, 硫黃, 雲母, 戎鹽, 隱石, 雄黃也. 十二科, 皆修爲
成道節目也. 九難, 衣食逼迫, 尊丈激惱, 名利縈絆, 恩愛牽纏, 災禍橫生, 盲
師約束, 議論差別, 志意懈怠, 歲月蹉跎也. 十魔, 富貴情欲恩愛患病聲色也.
道在五氣五臟, 而求之於金石草木, 秦皇漢武之倫是已. 苟能生神生氣, 淸
明在躬, 則可以占人元之壽. 有志者, 不惑於妄誕, 則幾矣.

1) ㉠ '間'은 '閑'의 오자인 듯하다.『黃庭內景經』「至道」, "髮神蒼華字太元, 腦神精
根字泥丸, 眼神明上字英玄, 鼻神玉壟字靈堅, 耳神空閑字幽田, 舌神通命字正倫,
齒神崿鋒字羅千." 2) ㉠ '倫'은 '綸'의 오자인 듯하다.『黃庭內景經』「至道」참조. 3)
㉠ '腎' 다음에 '間' 자가 누락된 듯하다.『黃庭內景經』「黃庭」, "玄泉幽關高崔巍."
梁丘子注, "兩腎間爲幽關." 4) ㉠ '六神, 六甲, 六丁, 六腑也.' 이 부분은 잘못 들어
간 듯하다. 5) ㉠ '魂' 앞에 '神'이 누락된 듯하다.

3. 역대천문지설

천관天官(天文, 天象의 의미)은 헌원씨에게서 시작되었고, 칠정七政(日月과
五星)은 당우唐虞[625] 때에 정비되었다. 별의 이름과 빛발(光芒)과 색채에서

---

625 당우唐虞 : 당요唐堯와 우순虞舜을 아울러 이르는 말. 또는 요순시대를 일컫는다.

재앙과 상서를 구별하는 데에 이르기까지 후대로 내려오면서 천문술에 뛰어난 이들이 번갈아 등용되며 저술을 이루었는데, 관련된 말이나 글이 전기 여기저기에 나온다.

춘추시대의 경우 점성가의 말이 맞지 않는 것이 없었다. 옛 성신聖神이 논찬한 작품 중에서 주나라 쇠퇴기에도 여전히 전해져 내려온 일부가 있어서 그럴까? 한나라가 흥하고 나서 감공甘公과 석공石公[626]이 별자리 이름을 많이 지었는데 그 이름과 뜻은 대개 인사人事를 따르고 모방한 것이다. 예컨대 자미원紫微垣, 태미원太微垣, 천시원天市垣 및 다른 별자리 모두 본뜬 인사가 있으니 손가락으로 헤아릴 수 없을 정도이다.

후에 재화災禍의 기운을 관찰하는 자들이 그 분야의 빛을 진단하여 말하기를, '어떤 분야의 어떤 별에 어떤 기운이 있으므로 당연히 어떤 조짐이 있으리라.'라고 하면 반드시 그러한 조짐이 나타났다. 어떤 사람이 이름을 짓고서 재변災變의 징후가 나타나면(讁見) 하늘이 응했다고 하니, 하늘이 사람과 화합해서인지 사람이 하늘에 오묘하게 감응해서인지 나는 의심스럽다. 이 어찌 이상하지 않은가!

사마자장司馬子長(司馬遷, B.C. 145?~B.C. 86?)이 「천관서天官書」를 지었는데 대단히 상세하다. 상고시대에는 사관史官이 천관의 직무까지 겸하였고 한나라 때에도 그러하였다. 자장子長은 대대로 사관을 역임하였으니, 천체의 현상에 대해서도 잘 알았다. 그러므로 호수壺遂[627] 무리와 태초력太初曆[628]

---

626 감공甘公과 석공石公 : 제나라의 감공甘公과 위나라의 석신石申을 아울러 감석甘石이라고도 일컫는데 천문학에 밝았다고 한다.

627 호수壺遂 : 서한 때의 술사術士. 율령律令에 통달하였으며 한안국韓安國(자는 장유長孺)이 황제에게 호수를 천거하기도 하였다. 사마천과 함께 율력律曆을 제정한 것으로 알려져 있다. 『史記』「韓長孺列傳」太史公序, "내가 호수와 율력을 제정하면서 한장유韓長孺의 의로움과 호수의 마음속 깊이 청렴하고 진실 온후함을 보았다.(余與壺遂定律曆, 觀韓長孺之義, 壺遂之深中隱厚.)"

628 태초력太初曆 : 한나라 무제 때인 기원전 104년에 제정된 중국의 역법曆法. 태사령太史令 사마천, 화중대부和中大夫 손경孫卿, 역관曆官 등평鄧平과 낙하굉落下閎, 천문

을 세우면서 하력夏曆(夏正)[629]을 썼는데, 그 재주가 단지 문장에 그치지 않았다. 반고班固(32~92)가 『한서漢書』를 지으면서 「천문지天文志」를 저술하였는데 자장을 본받은 것이다. 그 후로 역대로 이러한 자들이 있지 않은 적이 없으나 진晉나라·수나라 대의 천문지가 가장 뛰어나다. 이 두 나라의 사기史記 모두 당나라 태종 때에 편찬되었는데, 그때 편차를 맡은 사람이 천문에 관한 내용은 원천강袁天綱[630]과 이순풍李淳風[631]에게 전담하게 하고 다른 사람은 참여하지 않았다. 그러므로 책이 이루어지고 법이 정비되고 나서는 천문을 관찰하는 이들이 이것을 근본으로 삼았다.

또 『주비산경周髀筭經』[632]이라는 책이 있는데 주공周公이 상고商高[633]에게서 받았다고 한다. 이는 비록 오류에 가까운 말이지만[634] 천문을 관찰하

학가인 당도唐都 등 20여 명이 역법의 개혁을 주장하여 무제가 조서를 내려 새로운 한력漢曆을 만들도록 하였다.

629 하력夏曆(夏正) : 하나라의 역법. 음력陰曆·농력農曆·구력舊曆이라고도 하는데 실제로는 음양 합력合曆이다. 인월寅月 즉 음력 정월을 세수歲首로 하였다.

630 원천강袁天綱 : 원천강袁天罡이라고도 쓴다. 수말 당초隋末唐初의 현학가玄學家, 천문학가, 도사道士이다. 수나라 때는 자관령資官令, 당나라 때는 화정령火井令을 지냈다. 관상·육임六壬·오행五行 등에 정통하였다고 한다. 이순풍과 함께 예언서인 『推背圖』를 지었다.

631 이순풍李淳風(602~670) : 당나라 때의 천문학가·역학가. 천문天文·역산曆算·음양·도가의 설 등에 정통하였다. 대표 저작에 『乙巳占』이 있고 원천강과 함께 지은 『推背圖』가 유명하다. 그의 사후 당 고종은 그를 다시 태사령으로 추복追復하였다.

632 『주비산경周髀筭經』: 산경算經 십서十書 중 하나. 중국에서 가장 오래된 천문학 및 수학 저서. 구고현정리句股弦定理에 기초하여 개천설蓋天說을 뒷받침하고 있다. 직각삼각형에서 짧은 변이 구句, 긴 변이 고股, 빗변이 현弦이다. 비髀는 여덟 자 정도의 막대이며 이로써 해의 움직임과 그림자 길이를 통해 천지를 측량한 데서 책의 이름이 지어졌다. 간편하고 실행 가능한 방법으로 천문역법을 확정하여 해와 달과 별의 운행 법칙을 밝히고, 사계절과 기후 변화를 포함하여 낮과 밤이 바뀌는 이치를 담고 있다.

633 상고商高 : 서주 초의 수학가. 피타고라스 정리보다 훨씬 앞서 구고정리句股定理를 발견한 것으로 알려져 있다. 그의 수학적 성취는 『周髀筭經』에 기록되어 있다.

634 『晉書』, 『隋書』 등의 「天文志」에 주공周公이 상고商高에게서 받았다는 내용이 보이는데 상촌 신흠이 이를 오류라고 한 이유에 대해서는 알지 못하겠다.

는 입문서의 지위에 해당한다. 주석을 한 사람은 조군경趙君卿,[635] 견란甄鸞,[636] 이순풍이다. 〈보천가步天歌〉는 단원자丹元子가 지었다고 하는데, 단원자가 어떤 사람인지는 알지 못하겠다.[637] 천상天象·역법曆法을 추산推算하는(推步)[638] 자들은 이 책이 가장 간결하면서도 핵심이 된다고 한다. 우리나라에도 이 책이 있는데 지금 일관日官에서 연구하고 익히는 것이 이것이다. 중국에서는 천문을 함부로 전하지 않는 술법術法으로 여기기 때문에 천문 관련 서적이 우리나라에까지 전해진 것이 대단히 적어 천문에 관한 기술이 다른 기술과 견주어 볼 때 뒤떨어져 단지 역산曆算(曆法)에 사용할 뿐이라고 세상에서 전한다.

고려 때는 역법을 별도로 만들지 않고 당나라의 선명력宣明曆[639]을 그대로 사용하였다. 당나라 목종(李恒, 재위 820~824) 장경長慶 임인년(822)으로부터 고려 개국(918) 때까지 100년이 지났으니 그 술법이 이미 차이가 난다. 그런데도 고려에서는 이 점을 생각지 않고 옛날의 역서를 좇아 쓰다가 충선왕(재위 1308~1313) 대에 이르러 원나라 때 허형許衡[640]이 제정한

---

635 조군경趙君卿 : 조상趙爽, 조영趙嬰이라고도 하며, 군경은 자이다. 3세기경 동한 말에서 삼국시대 오나라 사람으로서 수학자이자 천문학자이며 『周髀算經』을 주석하였다.

636 견란甄鸞 : 자는 숙준叔遵. 북주 때의 수학자이자 군사수학을 연구한 최초의 학자. 불교를 독실하게 믿었으며 북주 무제의 멸불에 반대하였다. 저서에 『五曹算經』, 『笑道論』, 『帝王世錄』, 『王道圭合撰』 등이 있다.

637 〈보천가步天歌〉는 단원자丹元子가~알지 못하겠다 : 단원자의 본명은 왕희명王希明이며 수나라 때의 은자隱者로만 알려져 있다. 『通略志』에 '수나라 때의 은자 단원자의 이름을 알지 못하겠다. 〈보천가〉를 지었다.'라고 되어 있다. 〈보천가〉는 별자리를 삼원三垣 이십팔수二十八宿로 나누고 이를 외우기 쉽도록 항성표恒星表를 칠언의 운문 형식으로 엮은 것이다. 송나라 왕응린王應麟의 『玉海』 「天文 天文書」에 그 전문이 실려 있다.

638 일월日月의 운행이 사람의 행보와 같아 추산할 수 있다는 뜻에서 추보推步라 한다.

639 선명력宣明曆 : 당나라 때 서앙徐昂이 만든 역법. 822년부터 시행하여 892년까지 사용되었으며 당나라에서 가장 오랫동안 사용한 역법이다. 대연력大衍曆 이후 가장 훌륭한 역법으로 평가받기도 하였다.

640 허형許衡(1209~1281) : 금말 원초金末元初의 저명한 사상가이자 교육가. 자는 중평

수시력授時曆641을 사용하였다.642 아, 대단히 엉성하구나. 허형의 역서도 만들어진 지 300년에 이르니 오래지 않아 차수差數가 있을 것임이 분명하다. 우리나라 천관은 방종하여 자세히 살피지 않고 있으니 장차 고려 말과 다를 것이 무엇이랴. 비웃음을 사리라. 하늘의 일은 항상 상象으로 나타나니 조짐이 있지 않은 적이 없다. 시기가 가깝고 먼 차이가 있을 뿐이다. 나라에서 먼저 힘써야 할 일인데 근래에 이 학문은 거의 끊어져 버렸다. 이 또한 세운이 변한 것과 관련이 있으리라.

강절康節 소옹邵雍(1011~1077)이 원회운세元會運世의 수643를 추산하면서 역법에서 그 방법을 취하였는데 다른 수는 이에 마땅하지 않았기 때문이다. 일日은 1로 취하고 월月은 12로 취하고 성星은 30으로 취하고 신辰은 12로 취하여 상호 곱하고 나누어서 천지의 시종을 만들었다. 역가曆家들은 그 수가 역曆을 배열하는 방법과는 조금 다르다고들 한다. 소씨가 지은 것은 천지의 대수大數이고 역가들이 논하는 것은 한 해의 소성小成이기 때문에 같지 않다는 것인가!

중국의 역서에는 하지와 동지의 주야 시각이 모두 60각으로 되어 있는데, 우리나라에서 1각을 더한 것은 어떤 이유에서인가? 중국 기사력己巳曆은 61각인데 지금은 그렇지 않다. 언제 고쳤는지 알지 못하겠다. 우리

仲平, 호는 노재魯齋. 세칭 노재선생이라고도 불린다. 유인劉因·오징吳澄과 함께 원나라 3대 이학가理學家로 일컬어진다. 곽수경郭守敬과 함께 『授時曆』을 지었으며, 저서에 『讀易私言』, 『魯齋遺書』 등이 있다.

641 수시력授時曆 : 1281년부터 시행한 역법. 허형·왕순王恂·곽수경郭守敬 등이 1276년부터 5년간 정밀한 천문 관측을 하는 한편 역대 역법을 참고하여 완성했다. 이후 명나라에서 이름만 대통력大統曆으로 바꾸고 그대로 시행하여 1644년까지 약 400년간 사용하였다.

642 고려 때는~수시력授時曆을 사용하였다 : 『高麗史』 권50 「曆」 참조.

643 원회운세元會運世의 수 : 약칭하여 원회元會라고도 한다. 세계가 생성하여 소멸하기까지의 1주기가 1원元이다. 30년이 1세世, 12세가 1운運, 30운이 1회會, 12회가 1원이다. 따라서 1운은 360년(30년×12세), 1회는 10,800년(360년×30운), 1원은 129,600년(10,800년×12회)이 된다.

나라는 그대로 두고서 고치지 않은 이유가 무엇인가? 악문숙岳文肅[644]이 일찍이 이 점을 이상하게 여겼다. 그 설에 따르면, '해가 황도黃道(中道)를 지날 때 동지에 극남을 지나 견우牽牛에 이르면 40각이 되고, 하지에는 극북을 지나 동정東井에 이르면 60각이 되는데, 이를 구분하여 해가 짧다고도 하고 해가 길다고도 한다. 춘추에는 동쪽으로는 각角에 이르고 서쪽으로는 누婁에 이르는데 춘분과 추분의 길이가 똑같다. 균均은 50각이다.'[645] 라고 하였다. 그의 설은 그러하지만, 나는 어떻게 하면 이 술법에 정통한 자를 만나 확론할 수 있을까!

歷代天文志說

天官, 昉於軒轅氏, 七政, 齊於唐虞之際. 而至於星之名號芒色災祥之別, 蓋後來精於術者, 代興而著之, 或以言或以書, 雜出於傳記.

若春秋之時, 占星者靡不中. 豈古初聖神所論撰, 周衰猶有所傳而然耶? 漢興, 甘公石公, 多作星名, 而名義率倣人事. 如紫垣太垣市垣, 及他列宿, 皆有所象, 不可殫指.

而後之察氣祲者, 輒其分野光曜曰, 某分某星有某氣, 當有某應則必應. 余怪夫人名之, 而謫見則天應, 天之叶於人歟, 人之妙於天歟? 玆可異哉!

司馬子長始爲天官書, 甚悉. 上世史官, 兼天官職, 漢世亦然. 子長世史也, 卽天象亦其所精也. 故與壺遂輩, 立太初曆用夏正, 其才不徒文詞爲也. 班固之著漢書, 亦述天文志, 祖子長而爲之者也. 其後歷代莫不有焉, 而唯晉隋天文志最精. 而兩朝史, 俱撰於唐太宗. 其時任編次者, 以天文一書, 專

---

644 악문숙岳文肅(1418~1472) : 악정岳正. 명나라 때 관원. 자는 계방季方, 호는 몽천蒙泉. 글씨에 뛰어났고 포도 그림은 비할 데 없다고 일컬어졌다. 저서에 『類博雜言』, 『類博稿』 등이 있다.
645 『類博稿』 권10 「明故琴樂先生墓誌銘」. 원래 『書經集傳』 권6 「周書」 〈洪範〉에 나오는 글을 인용한 것이다.

付袁天綱李淳風, 他人不得與. 故書成而法備, 觀天者取以爲宗.

又有周髀筭經, 稱周公受之商高云. 玆雖近於甕言, 而然爲觀天之入門. 註之者, 趙君卿甄鸞李淳風也. 步天歌者, 丹元子所撰也, 丹元子者, 不知爲何人也. 推步者, 最以此爲簡要. 我國亦有之, 今之日官所講肄者此也. 世傳中國以天文爲禁方, 故天文書之傳至東方者甚少, 天文之技, 視諸術頗劣, 只用之曆筭而已.

高麗不別治曆, 承用唐宣明曆. 自穆宗長慶壬寅, 下距麗祖開國, 逾百年, 其術已差. 而高麗不覺, 猶馴用舊曆. 至忠宣王朝, 始用元許衡所定授時曆. 吁, 亦大朴矣. 許衡[1]之曆, 迨三百年, 非久當有差數. 而我朝天官者, 漫不省, 將與麗季無異. 可哈也. 天事恒象, 靡或不應時. 有時之近遠爾. 國家所先務, 而近世此學幾絶. 其亦關於世運之變也.

康節邵氏, 推出元會運世之數, 取于曆法, 以他數無當于此. 日取一, 月取十二, 星取三十, 辰取十二, 互相乘除, 爲天地始終. 而曆家, 謂其數與其排曆之法小異云. 豈邵氏所著, 乃天地大數, 曆家所論, 只一歲小成, 故有不同耶!

天朝之曆, 兩至晝夜之刻, 皆六十, 而我朝添一刻者, 何耶? 天朝己巳曆, 爲六十一刻, 而今則不然. 不知何時改之. 我國則仍而不改, 何耶? 岳文肅嘗怪之矣. 其說曰, '日行中道, 冬至行極南, 至牽牛得四十刻, 夏至行極北, 至東井得六十刻, 分而爲日短日長. 春秋則東至角西至婁, 爲兩分平均. 均者五十刻也.' 其言然也, 吾安得精此法者而確論之耶!

---

1) ㉠ '所定授時曆. 吁, 亦大朴矣. 許衡'까지 『한국불교전서』에는 누락되어 있다. 한국문집총간 『象村稿』를 참조하여 삽입하여 번역하였다.

4. 풍수가설

상고시대에 『팔오경八五經』이 있었는데 황제皇帝가 지은 책이라고들 일컫지만 아마도 그 이름을 가탁한 것으로 보인다. 그 후 호수狐首, 청오青烏, 금낭錦囊[646] 등의 경이 나오게 되는데 혹자는 곽박郭璞[647]이 지었다고 한다. 또 동림洞林, 원회元會, 금쇄金鎖, 요금曜金, 신룡神龍, 귀사鬼砂, 용수龍首, 의룡疑龍,[648] 변룡辨龍, 용수龍髓, 조국祖局, 용조龍祖, 금성禽星 등의 글이 있는데, 혹자는 양균송楊筠松,[649] 증양을曾楊乙, 황선사黃仙師,[650] 좌선左仙, 주선도朱仙桃, 범월봉范越鳳, 유공뢰劉公賴, 장사고張師古, 왕길王吉 등이 지었다고 하지만 이 또한 진위를 알지 못하겠다. 그러나 이들 책은 모두 송·원대 이전의 글들이고 지금은 풍수가의 글들이 한우충동汗牛充棟을 이룰 정도이다.

우리나라는 지술地術에 대해서는 오로지 호순신胡舜申의 설에 의지하고

---

646 호수狐首, 청오青烏, 금낭錦囊 : 모두 상지법相地法을 다루고 있는 풍수 관련 전적들이다. 여우가 죽을 때 제가 살던 언덕 쪽으로 머리를 향한다(狐死首丘)는 이야기에서 착안하여 이름 지은 『狐首經』은 묘지의 길흉을 논하고 있다. 모두 10편이며 작자는 미상으로 알려져 있다. 『青烏經』은 고대 감여가堪輿家인 청오자가 지었다고 하는데 황제 때 사람이라는 설도 있고 진한 때 사람이라는 설도 있다. 이 경도 묘 터를 정하는 것과 관련이 있으며 당나라 때 양균송楊筠松의 주석이 있다. 『錦囊經』은 장서葬書이며 4세기경에 전해지는 풍수의 원형이라 평가받는다. 곽박郭璞이 지었다고 한다.
647 곽박郭璞(276~324) : 자는 경순景純. 동진 때의 저명한 학자이자 시인, 훈고학자이며 도학술수의 대가. 〈遊仙詩〉 14수, 〈江賦〉 등이 유명하다.
648 의룡疑龍 : 옛 제목은 '唐楊筠松撰'이다. 양균송이 지었다. 어떻게 산수 지세에 근거하여 용맥龍脈을 찾는지 등에 대해 소개하고 있다.
649 양균송楊筠松(834~906) : 당나라 때 풍수지리가. 속명은 양구빈楊救貧, 이름은 익益, 균송은 자이다. 당나라 희종 때 국사가 되었으며 벼슬은 금자광록대부에 이르렀다. 저서에 『疑龍經』, 『撼龍經』, 『一粒粟』, 『天玉經』, 『都天寶照經』, 『天元烏兔經』 등이 있다.
650 황선사黃仙師 : 본명은 황칠옹黃七翁. 주술에 능하였으며 두 아들을 데리고 깊은 산에 들어가 은신하여 바위에 몸을 숨겼다고 한다.

있다. 일찍이 조종조祖宗朝 실록實錄을 보면, 태종조 초년에 하륜河崙[651]이 집정하여 국국國局을 세우고 관교官校를 배치하고 풍수설을 정하였는데 하륜 자신이 이를 총괄하였다. 마침내 다른 술법은 모두 제거하고 다만 호순신의 술법만 높이 들어 써서 오래도록 법제로 확립되었고 지금에 이르기까지 바뀌지 않고 있다. 그런 까닭에 공적인 일로든 사적인 일로든 상지相地할 때나 생도들이 강습할 때 모두 이 책을 위주로 하였다. 이 외에 또 『옥수진경玉髓眞經』[652]이라는 책이 있는데 오행을 가지고 산의 형세에 배정排定하여 길흉을 점치는 내용이다. 세상에서는 채원정蔡元定[653]이 지었다고들 전하지만 실제로는 채원정이 지은 책이 아니다. 그 술법과 호순신의 술법은 조금 차이가 있는데, 워낙 방대하여 자세히 대조하여 살피기 어려운 까닭에 정밀히 살펴본 자가 적다.

요즈음 수십 년 이래로 사대부들 사이에서는 풍수설에 미혹하여 묘 터를 옮기는 일이 지극히 많아졌다. 묘 터를 옮기는 까닭은 복을 구해서일 것인데 옮긴 자들이 복을 얻지 못하고 심지어는 그로 인해 화를 초래하기까지 한다. 아, 세상이 비천해질수록 술법도 낮아져 가고 술법이 낮아질수록 믿는 자는 더욱 많아지고 있으니, 이는 어떤 이유에서인가? 사대부

---

651 하륜河崙(1347~1416) : 고려 말 조선 초의 문신. 자는 대림大臨, 호는 호정浩亭, 시호는 문충文忠. 태종을 도와 조선 건국의 기틀을 다졌다. 음양, 의술, 풍수지리에 밝았으며 계룡산 일대 풍수의 문제점을 지적하여 천도 계획을 무산시킨 적이 있다.

652 『옥수진경玉髓眞經』 : 30권. 송나라 때 장통현張洞玄이 짓고 유윤중劉允中이 주석하였다. 중국 전통 철학으로서의 풍수서는 대부분 역대 관서官署나 정부로부터 인정받아 간행되었다. 그중 『玉髓眞經』은 궁중에서 전해져 온 것으로 세상에 드물게 간행된 책이다. 명대 이전의 지리적 환경을 살피는 데 도움이 된다.

653 채원정蔡元定(1135~1198) : 자는 계통季通, 호는 서산西山, 시호는 문절文節. 일명 서산선생이라 불린다. 남송 때의 저명한 이학가理學家·율려학가律呂學家·감여학가堪輿學家이다. 주희를 스승으로 모시고 평생 학문 탐구에 힘쓰며 벼슬길에는 오르지 않았다. 주희 이학理學의 주요 창건자 중의 한 사람으로서 주문영수朱門領袖, 민학간성閩學干城으로 불린다. 천문·지리·악률樂律·역수曆數·병진兵陣의 설에 밝았다. 저서에 『律呂新書』, 『西山公集』 등이 있다.

들이 이 술법을 나라에 적용함으로 말미암아 삭발한 중과 도망친 병졸까지도 이 술법을 얻어 토목土木에 해를 끼치며 잡술雜術의 해악이 극렬해졌다. 그런 까닭에 성인이 하나로 크게 통일하신 것이다.

風水家說

上世有八五經者, 稱皇帝書, 盖托之也. 後有狐首靑烏錦囊等經, 或稱郭璞所作. 又有洞林, 元會, 金鎖, 曜金, 神龍, 鬼砂, 龍首, 疑龍, 辨龍, 龍髓, 祖局, 龍祖, 禽星等書, 或稱楊筠松, 曾楊乙, 黃仙師, 左仙, 朱[1]桃, 范越鳳, 劉公頼, 張師古, 王吉等所撰, 而亦未知眞僞也. 然以此, 皆宋元前書也, 今則風水家, 皆汗牛矣.

我國地術, 專用胡舜申. 曾見祖宗朝宗錄, 則太宗初年, 河崙執政, 建局設官校, 定風水, 而崙自總之. 遂盡去他方, 只崇用胡舜申, 永爲定制, 至于今不替. 故公私相地, 生徒講習, 皆主此書. 此外又有玉髓眞經書, 以五行, 排定山形, 占其休咎. 世傳蔡元定所述, 而宲不出於元定也. 其術與胡稍異, 而博而難核, 故精之者寡焉.

近數十年來, 士夫之間, 多惑於風水, 遷墓者極夥. 迁墓爲徼福, 而迁者未得福, 至有因以致禍者. 噫, 世愈卑則術愈下, 術愈下而信之者愈多, 玆曷故也? 由士夫而用之於國, 緇髠亡卒, 得以貽上[2]木之害, 雜術之害烈矣. 故聖人大一統.

1) ㉮ '朱' 다음에 '仙' 자가 누락된 듯하다. 2) ㉮ '上'은 '土'의 오자인 듯하다.

부록 2 附錄二[654]

불조역대통재[655]초【원나라 순제 때인 지정 원년(1341)에 가흥로(浙西 秀州) 대중상부선사 주지인 화정 염상念常[656]이 편집한 책】

佛祖歷代通載抄【元順帝, 至正元年, 嘉興路, 大中祥符禪寺住持, 華亭念常集.】

1. 칠불게七佛偈

비바시불【과거장엄겁 제998존】 게

毘婆尸佛【過去莊嚴劫, 第九百九十八尊.】偈曰,

| 아무 상도 없는 곳에서 생명 받아 태어난 몸 | 身從無相中受生 |
| 마치 마술로 온갖 형상 빚어내는 것 같네 | 猶如幻出諸形像 |

---

654 ㉤ '附錄二' 세 글자는 『한국불교전서』 편자가 보입하였다.
655 『불조역대통재佛祖歷代通載』: 22권. 원나라 매옥 염상梅屋念常이 편집. 1576년에 간행. 『불조통재佛祖通載』 또는 『통재通載』라고도 한다. 과거칠불過去七佛에서 원나라 원통元統 원년(1333)까지의 불교 사적과 고승의 전기를 편년체編年體로 기록하였다.
656 염상念常(1282~?): 강소성 화정華亭 사람. 성은 황黃, 호는 매옥梅屋. 지대至大 원년(1308)에 정자사淨慈寺 회기 원희晦機院熙에게서 득법得法하였다. 절강성 가흥부 嘉興府 대중상부사大中祥符寺에 주석하였다.

| 마술로 빚어진 사람의 심식 본래 없는 것이니 | 幻人心識本來無 |
| 죄나 복 모두 공이어서 머물 곳이 없다네 | 罪福皆空無所住 |

【사람의 수명이 8만 세일 때 이 부처께서 세상에 출현하셨다.】[657]【人壽八萬歲, 此時[1)]
佛出世.】

---

1) ㉻ '此時'는 '時此'이어야 맞을 듯하다. 이하 동일.

시기불【장엄겁 제999존】 게

尸棄佛【莊嚴劫, 第九百九十九尊.】偈曰,

온갖 선법 일으킴도 본래 헛것이고	起諸善法本是幻
온갖 악업 지음 또한 헛것이라	造諸惡業亦是幻
몸은 물거품과 같고 마음은 바람 같으니	身如聚沫心如風
헛것에서 나온 것이기에 근거도 실성도 없다네	幻出無根無實性

【사람의 수명이 7만 세일 때 이 부처께서 세상에 출현하셨다.】【人壽七萬歲, 此時佛出世.】

비사부불【장엄겁 제1000존】 게

毘舍浮佛【莊嚴劫, 第一千尊.】偈曰,

임시로 사대를 빌려 몸을 갖게 된 것이니	假借四大以爲身
마음은 본래 생멸 없으나 경계로 인해 있는 것일 뿐	心本無生因境有
앞의 경계 없다면 마음도 없는 것	前境若無心亦無
죄와 복도 헛것처럼 일어나기도 하고 사라지기도	罪福如幻起亦滅

---

657 이하 가섭불까지의 협주는 『長阿含經』 권1(T1, 2a4) 참조.

한다네

【사람의 수명이 6만 세일 때 이 부처께서 세상에 출현하셨다.】【人壽六萬歲, 此時佛出世.】

구류손불【현재현겁 제1존】 게

拘留孫佛【見在賢劫, 第一尊.】偈曰,

몸이 실재하지 않는다고 보면 그것이 불신佛身이고	見身無宰是佛身
마음이 헛것과 같다고 알면 부처도 헛것이리라	了心如幻是佛幻
신심의 본성이 공임을 안다면	了得身心本性空
이 사람과 부처가 무엇이 다르랴	斯人與佛何殊別

【사람의 수명이 4만 세일 때 이 부처께서 출현하셨다.】【人壽四萬歲, 此時佛出世.】

구나함모니불【현겁 제2존】 게

拘那含牟尼佛【賢劫, 第二尊.】偈曰,

부처는 몸 직접 보지 않고도 부처임을 알아보니	佛不見佛[1]知是佛
이러한 앎이 참으로 있다면 별달리 부처도 없다네	若實有知別無佛
지혜로운 이는 죄의 성품이 공임을 알기에	智者能知罪性空
맘이 평탄하여 생사 두려워하지 않으리라	坦然不怖於生死

【사람의 수명이 3만 세일 때 이 부처께서 출현하셨다.】【人壽三萬歲, 此時佛出世.】

---
1) 옌 '佛'이『景德傳燈錄』 권1(T51, 205a20) 등에는 '身'으로 되어 있다.

가섭불【현겁 제3존】게

迦葉佛【賢劫, 第三尊.】偈曰,

일체중생의 본성 청정하여	一切衆生性淸淨
본래 생이 없으니 멸할 거리도 없느니라	從本無生無可滅
이 몸과 마음 헛것에서 생겨났으니	卽此身心是幻生
온갖 헛것의 변화엔 죄도 복도 없다네	幻化之中無罪福

【사람의 수명이 2만 세일 때 이 부처께서 출현하셨다.】【人壽二萬歲, 此時佛出世.】

석가모니불【현겁 제4존. 정반왕의 태자】게

釋迦牟尼佛【賢劫, 第四尊. 淨飯王太子.】偈曰,

법이 본래 법인 것은 무법無法이기 때문이니	法本法無法
법이 없는 법이야말로 법이니라	無法法亦法
이제 무법의 이치 전하고 나니	今付無法時
일체 만법 어느 것인들 법이었던 적이 있나	法法何曾法

【마하가섭에게 전하여 이하로 끊어지지 않았다.】【傳摩訶迦葉, 以下不絕云.】

2. 제 조사 전발게 부諸祖師傳鉢偈付

제1조 마하가섭【석가모니에게 의발을 받아 아난에게 전하다.】게

第一祖 摩訶迦葉【受釋迦衣鉢, 傳之阿難而.】偈曰,

일체 만법이 본래 법이요	法法本來法
법 없음이 법 없음이 아니네	無法非無法
한 법 가운데 어찌하여	何於一法中
법과 법 아님이 있으리오	有法有不法

제2조 아난【곡반왕의 아들이자, 부처님의 사촌동생】 게

第二祖 阿難【斛飯王子, 佛之從弟.】偈曰,

본래 부촉할 때는 법 있었지만	本來付有法
부촉하고 나서는 법 없다 말하네	付了言無法
각자 스스로 깨달아야 할지니	各各須自悟
깨닫고 나면 법 없음도 없으리라	悟了無無法

제3조 상나화수 게

第三祖 商那和脩 偈曰,

법도 아니고 마음도 아니며	非法亦非心
마음도 없고 법도 없다네	無心亦無法
마음의 법이라 말하는 그때	說是心法時
이 법은 마음의 법 아니라네	是法非心法

제4조 우바국다 게

第四祖 優波毱多 偈曰,

마음 그대로가 본래 마음이요	心自本來心
본래 마음에는 법이란 있지 않다네	本心非有法
법이 있다면 본래 마음도 있는 것이요	有法有本心
본래 마음 아니라면 본래 법도 아니라네	非心非本法

제5조 제다가 게

第五祖 提多迦 偈曰,

본래의 법과 마음에 통달하면	通達本法心
법도 없고 법 아님도 없다네	無法無非法
깨닫고 나면 깨닫기 전이나 같으니	悟了同未悟
마음도 없고 법도 없다네	無心亦無法

제6조 미차가 게

第六祖 彌遮迦 偈曰,

마음이 없어 얻을 수 있는 것도 없으니	無心無可得
얻었다고 한다면 법이라 할 수 없다네	說得不名法
마음이 마음 아닌 줄 깨닫는다면	若了心非心
비로소 마음과 마음의 온갖 법 알리라	始解心心法

제7조 바수밀 게

第七祖 婆須密 偈曰,

마음은 허공계와 같으니	心同虛空界
허공과 같은 법을 일러 주리라	示等虛空法
허공의 도리 증득하는 순간	證得虛空時
옳은 법도 없고 그른 법도 없느니라	無是無非法

제8조 불타난제 게

第八祖 佛陀難提 偈曰,

허공에 안과 밖이 없듯이	虛空無內外
심법 또한 그러하다네	心法亦如此
허공과 같음을 깨달으면	若了虛空故
진여의 이치는 통달하리라	是達眞如理

제9조 복타밀다 게

第九祖 伏馱密多 偈曰,

진리는 본래 이름이 없으나	眞理本無名
이름으로 인해 진리 드러나네	因名顯有理
진실한 법 얻고 나면	受得眞宗法
진실도 아니고 거짓도 아니리라	非眞亦非僞

제10조 협존자 게

第十祖 脇尊者 偈曰,

진실한 본체는 천연 그대로 진실이니	眞躰自然眞
진실에 따라 이치가 있음을 설하네	因眞說有理
참으로 진실한 법 알아차리면	領得眞眞法
움직임도 없고 그침도 없으리라	無行亦無止

제11조 부나야사 게

十一祖 富那夜奢 偈曰,

미혹함과 어리석음 숨었다 나타났다 하듯이	迷悟如隱顯
밝음과 어두움도 서로 떠나지 않는다네	明暗不相離
이제 숨고 드러나는 은현법을 부촉하노니	今付隱顯法
하나도 아니고 둘도 아니라네	非一亦非二

제12조 마명대사 게

十二祖 馬鳴大士 偈曰,

숨고 나타남이 본래 법이니	隱顯卽本法
밝음과 어두움은 원래 둘이 아니라네	明暗元不二
이제 깨달은 법을 부촉하노니	今付悟了法
취할 것도 버릴 것도 아니라네	非取亦非離

제13조 가비마라 게

十三祖 迦毘摩羅 偈曰,

숨지도 나타나지도 않는 법	非隱非顯法
이를 진실한 경계라 한다네	說是眞宗際
이 은현법을 깨달으면	悟此隱顯法
어리석음도 지혜로움도 없으리라	非愚亦非知

제14조 용수존자 게

十四祖 龍樹尊者 偈曰,

숨거나 나타나는 법 밝히고자	爲明隱顯法
이제 해탈의 이치를 설하리라	方說解脫理
마음으로 법을 증득하려 들지 않는다면	於法心不證
성냄도 없고 기쁨도 없으리라	無瞋亦無喜

제15조 가나제바 게

十五祖 迦那提婆 偈曰,

본래 법을 전해 줄 이 마주하여	本對傳法人
해탈의 이치를 설하기는 하지만	爲說解脫理
실제로 증득할 법이란 없으니	於法實無證
끝(증득)도 없고 시작(수행)도 없느니라	無終亦無始

제16조 나후라다 게

十六祖 羅睺羅多 偈曰,

• 315

실제로 증득할 법이란 없으니	於法實無證
취할 법도 떠날 법도 없느니라	不取亦不離
법에는 유무의 상이 없거늘	法非有無相
내외라는 분별을 어디서 일으킬 것인가	內外云何起

제17조 승가난제 게

十七祖 僧迦難提 偈曰,

마음이라는 땅에서는 본래 생겨남이 없지만	心地本無生
원인이라는 토대에서 기연을 따라 일어날 뿐	因地從緣起
기연과 종자가 서로 방해하지 않음이	緣種不相妨
꽃과 열매가 그러함과 같다네	華果亦復尔

제18조 가야사다 게

十八祖 伽耶舍多 偈曰,

종자도 있고 마음이란 땅도 있으니	有種有心地
인연이 화합하여 싹을 틔우네	因緣能發萌
인연에 어떤 장애도 없으니	於緣不相礙
생겨나는 순간 그 생겨남은 생겨남이 아니라네[658]	當生生不生

---

658 생겨나는 순간~생겨남이 아니라네 : 이 구절에 대한 『註華嚴經題法界觀門頌』 권상 (T45, 697b22)의 해설에 따르면, "돌 소가 화악산을 삼키고, 여장승이 아이를 낳았다. 이 구절은 허깨비와 같은 색이 인연에 의지하여 발생함을 읊었다. 인연은 자성이 없어 발생해도 발생하는 상이 없으니 발생하더라도 발생하지 않는다는 뜻이다.(石牛吞

제19조 구마라다 게

十九祖 鳩摩羅多 偈曰,

본성은 본래 생겨남이 없지만	性上本無生
본성을 구하는 이를 위해 설하는 것일 뿐이라네	爲對求人說
이미 얻을 만한 법이 없거늘	於法旣無得
본성이 결정되었거니 결정되지 않았거니 하는 생각 어찌 품는가	何懷決不決

제20조 사야다 게

二十祖 闍夜多 偈曰,

말한 자리에서 무생의 이치와 하나 되면	言下合無生
법계의 성품과 같아지리라	同於法界性
이와 같이 안다면	若能如是解
이理와 사事의 경계에 모두 통달하리라	通達理事竟

제21조 바수반두 게

二十一祖 婆脩盤頭 偈曰,

물거품이든 허깨비이건 아무 장애됨 없건만	泡幻同無礙

華岳, 木女産嬰兒. 此頌幻色仗緣而生. 緣無自性, 生無生相, 雖生不生也.)"라고 한다.

어찌 깨닫지 못하는가	如何不了悟
바로 그중에 법이 있음을 통달하면	達法在其中
지금도 아니요 옛날도 아니리라	非今亦非古

제22조 마나라 게

二十二祖 摩拏羅 偈曰,

마음은 갖가지 경계 따라 움직이지만	心隨萬境轉
움직이는 곳마다 실로 은밀하다네	轉處宗能幽
흘러가는 그대로 본성을 알아차리면	隨流認得性
기쁨도 없고 근심도 없으리라	無喜復無憂

제23조 학륵나 게

二十三祖 鶴勒那 偈曰,

마음의 본성 알아차리고 나면	認得心性時
참으로 생각이나 말로 표현할 수 없다 하리라	可說不思議
얻을 만한 것 없음이 분명하여	了了無可得
마음의 본성 얻었더라도 알아차렸다 말하지 못하네	得時不說知

제24조 사자비구 게

二十四祖 師子比丘 偈曰,

지견을 이치에 맞게 설한다면	正說知見時
그 지견이 바로 이 마음이라네	知是俱是心
현재의 이 마음 그대로가 지견이니	當心卽知見
지견이란 지금 실제 드러나 있는 그것	知見卽于今

제25조 바사사다 게

二十五祖 婆舍斯多 偈曰,

성인(제24조)께서 지견을 설해 주신 까닭은	聖人說知見
대상경계에는 시비가 없다 여겼기 때문이라네	當境無是非
내가 이제 본성을 깨닫고 보니	我今悟本性
도도 없고 이치도 없구나	無道亦無理

제26조 불여밀다 게

二十六祖 不如蜜多 偈曰,

참 성품은 마음에 간직되어 있으니	眞性心地藏
머리도 없고 꼬리도 없다네	無頭亦無尾
인연에 응해 중생 교화하니	應緣而化物
방편상 지혜라 부를 뿐	方便呼爲智

제27조 반야다라 게

二十七祖 般若多羅 偈曰,

마음에서 갖가지 종자 싹트니	心地生諸種
사事로 인해 이理가 생겨나네	因事復生理
과보 만족하니 보리도 원만하고	果滿菩提圓
한 송이 꽃 피니 온 세계 봄빛이로세	華開世界起

다시 게송으로 읊다[659]

又偈曰,

길을 가고 물을 건너 이번엔 양을 만나니	路行跨水復逢羊
홀로 처량한 모습으로 몰래 강 건너네	獨自悽悽暗渡江
해 질 녘 코끼리와 말 가련하구나	日下可憐雙象馬
두 그루 어린 계수나무 오래도록 번성하리라	二株嫩桂久昌昌
【모두 달마에게 전한 게이다.】	【皆傳達磨之偈.】

---

[659] 『禪林寶訓筆說』 권하(X64, 696c4), "제1구 '길을 가고 물을 건너 이번엔 양을 만나니'에서 '길을 가고(行) 물(氵)을 건너다.'라는 것은 양 무제를 만난 것을 의미하니 양 무제의 이름이 '연衍'인데 이를 파자破字한 것이다. '이번엔 양을 만나다.(逢羊)'라는 것은 위 무제가 강족羌族이라는 점에 착안한 표현이다. 제2구 '홀로 처량한 모습으로 몰래 강 건너네.'라는 말은 달마 대사가 갈대를 타고 강을 건넌 일을 이른다. 제3구 '해 질 녘 코끼리와 말 가련하구나.'에서 해 질 녘이라 한 '일하日下'는 낙양洛陽의 이름에서 착안한 표현이고 '가련한 코끼리와 말'은 양 무제와 위 무제를 가리킨다. 제4구 '두 그루 어린 계수나무 오래도록 번성하리라.'에서 '두 그루 어린 계수나무'란 임제종과 조동종을 의미한다.('路行跨水復逢羊', 路行跨水者, 謂遇梁武名衍. 復逢羊者, 魏武帝是羌人. '獨自淒淒暗渡江', 謂摘蘆之事. '日下可憐雙象馬', 日下卽洛陽, 可憐雙象馬, 謂梁武魏武. '二株嫩桂久昌昌', 卽臨濟曹洞二宗.)"

3. 조사상전祖師相傳

【27조가 달마에게 법을 전하였고, 달마는 동쪽으로 중국(震朝)에 왔다. '朝'라 한 것은 휘諱한 것이니,[660] 중국을 가리킨다. 달마가 중국에 들어와 여러 조사들의 우두머리가 되었기에 승도들이 초조初祖라 불렀다.(二十七祖傳達摩, 東遊震朝. 諱國卽中國也. 入中國爲諸祖師之初, 故僧徒號爲初祖云.)】

초조 보리달마 대사 게

初祖 菩提達磨大師 偈曰,

내가 이 땅에 온 본래 뜻은	吾本來茲土
법을 전해 미혹한 중생 구하기 위해서라네	傳法救迷情
한 꽃에서 다섯 꽃잎[661] 피어나	一花開五葉
열매를 자연히 맺으리라	結果自成然[1)]

1) ㉔ '成然'은 '然成'의 오기인 듯하다.

2조 혜가 대사 게

二祖 惠可大師 偈曰,

본래 인연이 있던 땅	本來有緣地

---

660 '진단震旦'이라 해야 하는데, '旦' 자를 휘諱했다는 말이다.
661 오엽五葉에 대해서는 달마에서 5대를 지나 6조 혜능에 이르러 정법이 흥하게 된다는 의미에서 오대五代로 보는 견해도 있고, 이후 선종이 오가五家로 분파되는 것을 의미한다고 보는 견해도 있다.

땅에 종자 심어 꽃 피어났다네	因地種花生
본래 종자 있지 않았다면	本來無有種
꽃인들 어찌 피어날 수 있으랴	花亦不曾生

3조 승찬 대사 게

三祖 僧璨大師 偈曰,

비록 꽃의 종자는 땅에 뿌려져야	花種雖因地
땅으로부터 종자가 꽃을 피우지만	從地種花生
종자 뿌리는 사람이 없다면	若無人下種
꽃 피워 낼 비옥한 땅이라도 피울 수 없으리라	花地盡無生

4조 도신 대사 게

四祖 道信大師 偈曰,

꽃씨에는 꽃을 피울 본성이 있고	華種有生性
땅이라는 기연을 만나 무성하게 꽃 피우네	因地華生生
큰 인연과 믿음 화합하여	大緣與信合
생겨나는 순간 그 생겨남도 생겨남이 아니라네	當生生不生

5조 홍인 대사 게

五祖 弘忍大師 偈曰,

중생이 찾아와 씨앗 뿌리니	有情來下種
그 땅에서 꽃 피어났네	因地可還生
무정이라면 씨앗도 없고	無情旣無種
본성이 없다면 피어남도 없으리라	無性亦無生

신수【홍인 대사의 제자】계

神秀【忍師弟子也.】偈曰,

몸은 깨달음의 나무요	身是菩提樹
마음은 맑은 거울 받침대니라	心如明鏡臺
언제나 부지런히 털고 닦아	時時勤拂拭
먼지 앉게 하지 마라	莫遣惹塵埃

혜능【신수의 게 옆에 게를 짓다.】계

惠能【寫偈於秀偈側.】[1] 曰,

깨달음에는 본래 나무라곤 없고	菩提本無樹
맑은 거울에는 받침대가 없노라	明鏡亦非臺
본래 하나의 그 무엇도 없거늘	本來無一物
어디서 먼지가 일어날 것인가	何暇拂塵埃

1) ㉠ 역자가 '寫偈於秀偈側' 부분을 협주 처리한 것이다.

홍인 대사가 이 게를 보고 말없이 마음속으로 이는 혜능이 지은 것이 틀림없다고 생각하였다. 이날 저녁에 몰래 사람을 시켜 혜능을 불러 가사와 전법게를 전했다.

忍師見此, 默念必能之所爲. 是夕潛使人喚能, 傳袈裟及傳法偈.

33조 혜능 대사【일명 6조라고도 한다.】게

三十三祖 惠能大師【一曰, 六祖.】偈曰,

마음밭에 갖가지 종자 품고 있으니	心地含諸種
고르게 비 내리면 모두 싹 틔우리라	普雨悉皆萌
꽃 피는 이치 단번에 깨닫고 나면	頓悟花情已
보리라는 열매는 저절로 맺으리라	菩提界¹⁾自成

1) ㉠ '界'는 '果'의 오자이다.

신수는 점수漸修로 이름이 났고, 혜능 대사는 돈오頓悟로 이름이 났다. 그러나 홍인 대사는 의발을 혜능에게만 전했다. 신수는 북쪽에서 홍인 대사에게서 배운 교敎를 행하였고, 혜능은 남쪽에서 홍인 대사로부터 받은 법法을 전하였기에, 세상 사람들은 신수를 북종, 혜능을 남종이라 불렀다. ◆ 혜능은 게만 전하고 의발은 전하지 않았다.

神秀以漸修名, 能師以頓悟名. 然忍師以衣, 獨傳於能. 而秀在北, 行其教, 能在南, 傳其法, 故天下謂, 秀北宗, 能爲南宗. ◆ 能傳偈不傳衣.

청원 행사 선사【혜능의 제자. 혜능이 그릇이라 여겼다. ◆ 혜능 선사가 입적하고 난 후에 문인들이 모두 그를 존경했다.】제7조가 되었다.【이 이후로는 전법게가 없다.】

青原行思禪師【惠能弟子. 能深器之. ◆ 師旣歸寂, 門人咸尊.】爲七祖焉.【自此以後, 無傳法偈.】

『창소지론彰所知論』에서 발췌[662]

1. 기세계품器世界品[663]

기세계器世界[664]

기세계는 그것을 이루고 있는 체體는 지地·수水·화火·풍風 사대종四大種이며 이들 대종은 함께 발생한다. 땅의 견고함, 물의 습함, 불의 따듯함, 바람의 움직임이 그것이다.

器世界所成之體, 卽四大種, 種具生故, 地堅水濕火煖風動.

---

662 ㉠ 이 소제목은 역자가 단 것이다.
663 이하부터의 내용은 『彰所知論』에서 발췌 요약한 것이다. 『彰所知論』은 원나라 때 발합사파發合思巴(1235 또는 1239~1280)가 짓고 사라파沙羅巴가 한역하였다. 발합사파는 팔사파八思巴·팔합사파八合思巴·발사파發思巴 등으로도 음사하며 성자聖者라는 뜻이다. 대체로 『俱舍論』의 구성을 따랐다고 하며 상하 2권이다. 「器世界品」, 「情世界品」, 「道法品」, 「果法品」, 「無爲法品」 등 다섯 품으로 구성되어 있다. 이 다섯 품 가운데 이 책에서 인용한 내용은 「器世界品」, 「情世界品」 두 품에 해당하며 『彰所知論』 자체보다는 『佛祖歷代通載』에서 인용한 『彰所知論』과 더 일치한다.
664 기세계器世界 : 기器는 중생이 의지하는 곳, 즉 거처나 산하山河·대지大地·초목草木 등의 세계를 의미한다. 기세계(器世間)는 삼종세간三種世間의 하나로 국토세간이라고도 한다. 나머지 두 가지는 오중세간五衆世間(또는 五陰世間·五蘊世間)과 중생세간衆生世間이다. 오중세간은 유정과 국토를 형성하는 요소인 오온으로 이루어진 세간을 말하고 중생세간에 대해서는 경전마다 의미가 다양하다. 『大智度論』 권70 「佛母品」(T25, 546b29) 참조.

최극미세最極微細

가장 지극히 미세한 것을 '극미진極微塵'이라 하고 '인허진隣虛塵'[665]이라고도 한다. 7인허隣虛가 1극미極微이고, 7극미가 1미진微塵이며, 7미진이 1투금진透金塵이고, 7투금진이 1투수진透水塵이며, 7투수진이 1토모진兎毛塵이고, 7토모진이 1양모진羊毛塵이며, 7양모진이 1우모진牛毛塵이고, 7우모진이 1유극진遊隙塵이며, 7유극진이 1기량蟣量이고, 7기량이 1슬량蝨量이며, 7슬량이 1맥량麥量이고, 7맥량이 1지절指節이며, 3절이 1지指이고, 24지를 가로로 늘어놓은 길이가 1주肘이며, 4주가 1궁弓이고, 500궁의 길이가 1구로사俱盧舍를 이루며, 8구로사가 1유순由旬을 이루니, 이것이 도량度量이다. ◆ 소유순小由旬을 16리로 계산하여 8분의 1인 2과果가 구로사이다.

寂極微細者, 曰極微塵, 亦名隣虛塵. 七隣虛爲一極微, 七極微爲一微塵, 七微塵爲一透金塵, 七透金塵爲一透水塵, 七透水塵爲一兎毛塵, 七兎毛塵爲一羊毛塵, 七羊毛塵爲一牛毛塵, 七牛毛塵爲一遊隙塵, 七遊隙塵爲一蟣量, 七蟣量爲一蝨量, 七蝨量爲一麥量, 七麥量爲一指節, 三節爲一指, 二十四指橫布爲一肘, 四肘爲一弓, 五百弓量, 成一俱盧舍, 八俱盧舍, 成一由旬, 此是度量. ◆ 以小由旬十六里計之, 則八分一卽二果, 爲俱盧舍.

일륜日輪

일륜은 화주火珠로 이루어졌는데 지름 51유순, 둘레 153유순, 두께 6유순 0.18분이다. 위는 금테두리로 되어 있는데 그 위에 다시 금, 은, 유리, 파리玻

---

665 인허진隣虛塵 : 더 이상 나누거나 쪼갤 수 없는 지극히 미세한 원자. 『楞嚴經』 권3(T19, 117b28), "아난아, 물이 얼음이 되었다가 얼음이 다시 물이 되는 이치와도 같다. 너는 땅의 성질을 살펴보라. 크고 굵은 것은 대지를 이루고 작고 미세한 것은 미진이 되며 인허진은 저 극미인 색변제의 상을 쪼개어 일곱 등분하여 된 것이며 인허를 다시 쪼개면 그것이 참된 허공의 본성이다.(阿難, 如水成氷, 氷還成水. 汝觀地性. 麤爲大地, 細爲微塵, 至隣虛塵, 析彼極微, 色邊際相, 七分所成, 更析隣虛, 卽實空性.)"

璖, 마노瑪瑙 등이 있고, 사각으로 아름답게 이루어져 있다. 일천자日天子 등이 거처하는 궁전으로서 바람으로 운행하며 만 하루 동안 사대주를 운행한다. 해가 북쪽을 바라보고 돌 때는 날이 길어지고, 남쪽으로 갈 때는 짧아지며, 남북의 중간을 운행할 때는 낮밤의 길이가 같아진다. 지나가는 장소의 빛에 따라 춥기도 하고 덥기도 하며 겨울과 여름이 된다. 북쪽으로 6개월, 남쪽으로 6개월을 운행하는데, 운행이 중도中道(黃道)에 이른 것을 일월이 회전廻轉했다 하고, 성륜星輪이 차례차례 한 바퀴 돈 것을 일세一歲라고 한다.

日輪者, 火珠所成, 徑五十一由旬, 周圍百五十三由旬, 厚六由旬零十八分. 上有金緣, 其上復有金銀琉璃玻瓈珂等, 秀成四角. 日天子等所居宮殿, 由風運行, 一晝一夜, 行四大洲. 日行向北時日卽長, 南行時短, 行南北間晝夜停.[1] 由遊處光卽有寒暑, 爲冬夏際. 北行六月, 南行六月, 行至中道, 日,[2] 日月廻, 星輪歷徧, 謂之一歲.

1) ㉮ '停'은 같다, 동일하다의 뜻으로 쓰인 것으로 보았다. 2) ㉮ '日'은 '曰'의 오자이다. 『彰所知論』 권상(T32, 227c3) 참조.

월륜月輪

월륜은 수주水珠로 이루어졌는데 지름 50유순, 주위 150유순, 두께 6유순 0.18분이다. 그 위에 다시 금, 은, 유리, 파리, 마노 등이 있고 사각으로 아름답게 이루어져 있다. 월천자月天子가 거처하는 궁전으로 일월이 서로 오가는데 (일월의 사이가) 멀고 가까움에 따라 절로 그림자가 증감한다. 1분 늘어나면 상반월上半月(1일부터 보름까지)이 되고 15분이 되면 마치니 이것을 '원만圓滿'이라 한다. 1분씩 감소하면 하반월下半月이 되어 그림자가 그것을 덮어 15분이 되면 마치니 이것을 '불원만不圓滿'이라 한다. 증감한다는 점에서 숙공宿空이라 하고 하루 밤낮을 따른다는 점에서 숙지宿地라고 한다. 이와 같이 30일을 운행한 것을 1개월이라 한다.

月輪者, 水珠所成, 徑五¹⁾由旬, 周圍百五十由旬, 厚六由旬零十八分. 其
上復有金銀琉璃玻瓈珂等, 秀成四角. 月天子所居宮殿, 日月相去, 遠近自
影增減. 由增一分, 卽生上半, 十五分畢, 謂之圓滿. 由減一分, 卽生下半,
自影覆彼, 十五分畢, 曰不圓滿. 由增減故, 名曰宿空, 由一晝夜, 名曰宿
地. 如是三十, 名曰一月.

---

1) ㉠ '五' 다음에 '十' 자가 누락되었다. 『彰所知論』 권상 참조.

제성수諸星宿

제성수란 공거천궁空居天宮[666]으로서 온갖 보물로 이루어졌다. 그 모양은 모두 원형으로서 작은 것은 한 마리 소의 울음소리가 들릴 정도의 거리이고, 중간 것은 세 마리 소의 울음소리가 들릴 정도의 거리이며, 큰 것은 여섯 마리 소가 울부짖는 소리가 들릴 정도의 거리이다. 주위는 세 배이며 사왕중과 연계되어 있다.

諸星宿者, 空居天宮, 諸寶所成. 其形皆圓, 小一牛吼, 中三牛吼, 大六牛
吼. 周圍三倍, 係四王衆.

묘고산妙高山

묘고산에는 4층의 단계가 있는데 수면으로부터 거리가 만 유순이다. 그 정상은 사각인데 각각의 봉우리마다 빼어나다. 높이는 4유순 반이고 너비는 125유순, 주위는 500유순이다. 야차신藥叉神이 그 중앙에 머물고 있다.

---

[666] 공거천궁空居天宮 : 욕계欲界 육욕천六欲天 중 지거천地居天인 사왕천四王天과 도리천忉利天을 제외한 야마천夜摩天·도솔천兜率天·화락천化樂天·타화자재천他化自在天 등 4천과 색계의 모든 천은 공중에 있다 하여 '공거천空居天'이라 한다. 사왕천은 지국持國·광목廣目·증장增長·다문多聞이며 수미산 중턱에, 도리천은 수미산 정상에 있으므로 지거천이라 한다.

이 산 정상에 삼십삼천이 있는데 중앙의 성을 선견善見이라 한다. 순금으로 이루어져 있고 높이 1유순 반, 면적은 각각 2,500유순, 주위 만 유순이다. 그 성의 몸체는 금이며, 모두 101가지 온갖 보배로 장엄하게 장식되어 있다. 그 땅은 유연하여 마치 도라면兜羅錦 같다. 그 성 사면에는 1만 6천 가지의 보배 기둥, 보배 마룻대, 보배 서까래, 보배 처마가 있다. 사방에 네 문이 있는데 그 네 문 옆에는 500천자가 모두 갑옷을 입고 이 문을 지키고 있다. 성안에 제석전帝釋殿이 있는데 최승처最勝處 또는 수승전殊勝殿이라고도 한다. 동남동녀가 다채로운 음악을 연주하고 가무로 즐겁다. 선견성 동쪽에는 여러 탈것이 있어 중거원衆車苑이라 하고, 남쪽은 전장에 임해 있다 하여 추악원麤惡苑이라 하며, 서쪽은 도처에 미치는 곳이라 하여 상잡원相雜苑이라 하고, 북쪽은 즐겁게 노니는 곳이라 하여 환희원歡喜苑이라 한다. 선경성 동북쪽에는 여의수如意樹가 있는데 파리사다波利闍多라고도 하고 원생수圓生樹라고도 한다. 나무뿌리 깊이는 50유순, 높이는 100유순, 가지가 뻗은 것이 50유순이며 욕락欲樂을 베푼다. 그 아래 반석이 있는데 흰색이며 면적은 각각 50유순이고 주위는 200유순이다. (선견성 서남쪽으로) 여러 하늘이 모이는 곳을 선법당善法堂이라 하는데 둥근 모양에 당 중앙에 순금으로 이루어진 제석좌帝釋座가 있으며, 그 자리 주위에는 32보신輔臣의 자리가 있다. 모두 삼십삼천이 포진하여 위로 허공계에서 바람에 의지하여 머물며 여러 보소寶所를 이루고 있다.

妙高山者, 有四層級, 始從水際, 向上相去, 十千由旬.[1)] 其頂四角, 各秀一峯. 高四由旬半, 廣百二十五由旬, 周圍五百由旬. 有藥叉神, 於中止住. 是山頂上三十三天, 中央城曰善見, 純金所成, 高一由旬半, 面各二千五百由旬, 周萬由旬. 其城體金, 俱用百一襍寶嚴飾. 其地柔軟, 如兜羅錦. 是城四面, 有一萬六千寶柱寶栿寶椽寶簷. 四面四門,[2)] 其四門側, 五百天子, 皆服堅鎧, 守護是門. 城中有帝釋殿, 曰最勝處, 亦曰殊勝殿.[3)] 童男童女, 奏種種樂, 歌舞歡娛. 城[4]東有諸所乘,[5] 曰衆車苑,[6] 南臨戰處, 曰麁惡苑, 西諸行處, 曰相雜苑, 北遊戲處, 曰歡喜苑.[7] 城[8]東北有如意樹, 名波利闍多, 亦名圓生樹. 根深五十由旬, 高百由旬, 枝條旁[9]布五十由旬, 能施欲樂. 下有槃石,[10] 色白,[11] 面各五十由旬, 周二百由旬.[12] 諸天集處, 名善法堂,[13] 其狀圓,[14] 是堂中央, 有帝釋座, 純金所成, 其座周圍, 有三十二輔臣之座. 咸皆布列三十三天, 向上[15]於空界中, 依風而住, 諸寶所成.

1) 옌 이다음에 다음 글이 생략되어 있다. 『彰所知論』 권상 「器世界品」, "卽初層級, 從妙高山, 傍出十六千由旬, 向上相去, 一萬由旬; 卽二層級, 傍出八千由旬, 向上相去, 一萬由旬; 卽三層級, 傍出四千由旬, 向上相去, 一萬由旬; 卽四層級, 傍出二千由旬." 2) 옌 이다음에 다음 글이 생략되어 있다. 『彰所知論』 권상 「器世界品」, "又有千數闕一小門, 四大衢道有諸小衢." 3) 옌 이다음에 다음 글이 생략되어 있다. 『彰所知論』 권상 「器世界品」, "其狀四方, 高四百由旬半, 面各二百五十由旬, 周千由旬. 百一却敵, 一一却敵, 各有七樓. 一一寶樓, 各七小樓. 一一小樓, 各七池沼. 一一池沼, 各七蓮華. 一一華上, 各有七數." 4) '城' 앞에 '善見'이 생략되었다. 5) 옌『俱舍論』 등에는 이 구절이 다음과 같이 되어 있다. 『俱舍論』 권11 「分別世品」(T29, 60a1), "城外四面四苑莊嚴, 是彼諸天共遊戲處. 一衆車苑, 二麁惡苑, 三雜林苑, 四喜林苑. 此爲外飾莊嚴大城." 6) 옌 이다음에 다음 글이 생략되어 있다. 『彰所知論』 권상 「器世界品」, "高千由旬." 7) 옌 이다음에 다음 글이 생략되어 있다. 『彰所知論』 권상 「器世界品」, "縱廣同前, 其苑等外度二十由旬有善地, 曰衆車, 麁惡, 相雜, 歡喜. 量同四苑." 8) 옌 '城' 앞에 '善見'이 생략되었다. 9) 옌『彰所知論』 권상 「器世界品」에 '旁'은 '傍'으로 되어 있다. 10) 옌 이다음에 다음 글이 생략되어 있다. 『彰所知論』 권상 「器世界品」, "曰阿嘌摩麗歌." 11) 옌 '色' 다음에 다음 글이 생략되어 있다. 『彰所知論』 권상 「器世界品」, "如艶" 12) 옌 이다음에 다음 글이 생략되어 있다. 『彰所知論』 권상 「器世界品」, "善見西南." 13) 옌 이다음에 다음 글이 생략되어 있다. 『彰所知論』 권상 「器世界品」, "周九百由旬." 14) 옌 '圓' 다음에 『彰所知論』 권상 「器世界品」에 따르면 '相'이 누락되었다. 15) 옌 이다음에 다음 글이 생략되어 있다. 『彰所知論』 권상 「器世界品」, "度八萬由旬."

2. 정세계품情世界品

정세계情世界

정세계에는 모두 여섯 가지가 있으니 지옥, 아귀, 방생傍生, 인人, 비천

非天, 천天이다. 이 여섯 세계의 이름은 어떤 뜻에서 붙여진 것인가? 몸이 베어지고 파괴되므로 '지옥'이라 하고, 배고픔과 목마름에 고통받으므로 '아귀'라 하고, 옆으로 기어 다니므로 '방생'이라 하고, 생각에 분별이 많으므로 '인'이라 한다. 몸이나 받아 이용하는 기능이 비록 천天과 비슷하기는 하지만 정분情分이 미약하고 비열하거나 혹은 술이 없기 때문에 '비천'이라 한다. 범신梵身으로 태어나 오락을 즐기거나 혹은 마땅히 공양받을 만한 곳을 '천'이라 한다.

情世界, 總有六種, 一地獄, 二餓鬼, 三旁¹⁾生, 四人, 五非天, 六天. 此等六種, 名義云何? 謂斫壞肢體, 故曰地獄；飢渴所逼, 故曰餓鬼；旁覆而行, 故曰旁生；意多分別, 故曰人.²⁾ 身及受用, 雖與天同, 微分鄙劣, 或由無酒, 故曰非天.³⁾ 從梵身生, 游戲惧樂, 或應供養, 故曰天.

1) ㉠『彰所知論』권상「情世界品」에 '旁'은 '傍'으로 되어 있다. 이하 동일. 2) ㉠ 이 다음에 다음 글이 생략되어 있다. 『彰所知論』 권상 「情世界品」, "摩㷊沙義." 3) ㉠ 이다음에 다음 글이 생략되어 있다. 『彰所知論』 권상 「情世界品」, "阿修羅義."

팔열옥八熱獄

이 지옥은 순철로 이루어져 있는데 화염으로 활활 타오른다. 여덟 개의 열옥熱獄이 있는데, 갱활更活,⁶⁶⁷ 흑승黑繩,⁶⁶⁸ 중합衆合,⁶⁶⁹ 호규號

667 갱활更活 : 등활지옥等活地獄·상지옥想地獄이라고도 한다. 이곳에 태어난 유정은 앞서 지은 업에 감응하여 갖가지 병기를 집어 들고 원한과 증오를 일으켜 서로를 해치는데, 서늘한 바람이 불거나 혹은 공중에서 소리가 들리면 다시 살아난다고 한다. 곧 살아나기는 하지만 또다시 서로를 해치는 일을 반복한다. 그들의 수명은 사왕천에 한 번 태어나는 주기를 하루로 삼아 셈하는데 이와 같이 하여 오백세 동안 고초를 받는다.
668 흑승黑繩 : 그 지옥의 옥졸이 유정의 몸에 머리끝부터 발끝까지 흑승으로 결계를 붙이고 불로 달군 톱과 도끼로 몸을 찍어 갈라 죽인다. 선업력先業力으로 태어나지만 그 수명은 도리천에 한 번 태어나는 주기를 하루로 삼아 셈하는데 이와 같이 하여 천 세 동안 고초를 받는다.
669 중합衆合 : 이곳에 태어난 유정은 철 몽둥이로 맞거나 혹은 양 머리 모양처럼 생긴

叫,⁶⁷⁰ 대호규大號叫,⁶⁷¹ 염열炎熱,⁶⁷² 대염열大炎熱,⁶⁷³ 무간無間⁶⁷⁴이다.⁶⁷⁵

地獄, 純鐵所成, 火焰洞然. 有八熱獄, 一曰更活, 二曰黑繩, 三曰衆合, 四曰號叫, 五曰大號叫, 六曰炎熱, 七曰大炎熱, 八曰無間.

팔한옥八寒獄

수포水疱, 포열疱裂, 아타타阿吒吒,【눈 쌓인 추운 집에서 고통받는다는 말은 모두 이 뜻을 취한 것이다.】 아파파阿波波, 구후후嘔喉喉, 열여울발라화裂如欝鉢羅華, 열여연화裂如蓮華, 열여대연화裂如大蓮華이다.⁶⁷⁶

두 철산이 서로 맷돌처럼 갈아 부수는데 두 산이 서로 떨어질 때 다시 살아나지만 또 다시 갈려 부수어지는 고통을 받는다. 그 수명은 이쟁천離諍天(夜摩天)에 한 번 태어나는 주기를 하루로 삼아 셈하는데 이와 같이 하여 이천세 동안 고초를 받는다.

670 호규號叫 : 규환叫喚지옥이라고도 한다. 뜨겁게 끓는 쇳물에서 두려움에 떨며 빽빽한 숲속에서 치성하게 타오르는 불길 속에 태워지는 고통을 받는다. 그 수명은 도솔천에 한 번 태어나는 주기를 하루로 삼아 셈하는데 이와 같이 하여 사천세 동안 고초를 받는다.

671 대호규大號叫 : 바로 앞의 지옥에서보다 고통이 두 배인 곳이다. 그 수명은 화락천에 한 번 태어나는 주기를 하루로 삼아 셈하는데 이와 같이 하여 팔천세 동안 고초를 받는다.

672 염열炎熱 : 삼중으로 된 철성鐵城에 갇혀 화염에 몸이 태워지는 고통을 받는 지옥. 그 수명은 타화자재천에 한 번 태어나는 주기를 하루로 삼아 셈하는데 이와 같이 하여 일만 육천세 동안 고초를 받는다.

673 대염열大炎熱 : 바로 앞의 지옥에서보다 고통이 두 배인 곳이다. 중겁中劫의 반 동안 고초를 받는다.

674 무간無間 : 이상의 지옥에서보다도 더 극심한 고통을 받는 지옥. 고통을 받는 기간도 중겁이다.

675 이상의 내용은 『彰所知論』 권상 「情世界品」(T32, 228b17~c14) 참조.

676 극심한 추위로 수포가 생기고 이것이 터져 누런 고름이 나오는 모습, 추위에 이를 부닥치는 소리, 괴로워서 내는 신음 소리, 울부짖는 소리, 몸이 얼어서 푸르거나 붉게 변하고 피부가 마치 꽃잎처럼 터져 나간 모습 등을 형용하여 붙인 이름들이다. 이상의 내용은 『彰所知論』 권상 「情世界品」(T32, 229a9~22) 참조.

一曰水疱, 二曰疱裂, 三曰阿吒吒,【雪屋波吒, 皆取此義.】四曰阿波波, 五曰
嘔喉喉, 六曰裂如欝鉢羅華, 七曰裂如蓮華, 八曰裂如大蓮華.

아귀餓鬼

아귀는 왕사성 아래로 500유순 거리에 있는 아귀성에 있는데 황백黃白이라고도 하고 참담慘憺이라고도 한다. 그 귀왕을 염라법왕閻羅法王이라 하는데 36권속 등과 함께 머문다. 그 부류에 네 가지가 있는데 외장外障, 내장內障, 음식장飮食障, 장음식障飮食이다.[677]

餓鬼者, 王舍城下, 過五百由旬, 有餓鬼城, 名曰黃白, 亦名慘憺. 彼鬼王曰, 閻羅法王, 共三十六眷屬等居. 其類有四, 一者外障, 二者內障, 三者飮食障, 四者障飮食.

방생傍生

방생은 하해河海에 많이 사는데 마치 술지게미처럼 혼잡하게 뒤섞여 있다. 큰 것이 작은 것을 먹기도 하고 작은 것이 큰 것을 먹기도 하여 서로 두려워한다. 바다의 파도로 말미암아 거주하는 곳이 일정하지 않다.

---

[677] 외장外障은 음식 소리를 듣지 못하는 고통을 받는 부류이다. 내장內障은 아주 미세한 음식을 얻더라도 입이 바늘구멍 같아서 넣지 못하고 입에 넣더라도 목구멍이 마미馬尾(마미송馬尾松 침엽 또는 억새풀) 같아서 넘기지 못하며, 목구멍에 넘기더라도 배가 산처럼 커서 포만감을 느끼지 못하며, 배를 가득 채우더라도 정강이가 풀줄기 같아서 거동하지 못하는 고통을 받는 부류이다. 음식장飮食障은 음식을 보았으나 셀 수 없이 많은 옥졸들이 무기를 들고서 가져가 먹지 못하도록 막는 고통을 받는 부류이다. 장음식障飮食은 음식을 먹을 때에 업으로 말미암아 감응한 것에 따라서 철환鐵丸과 구리즙 등이 입속에 부어져 아래로 흘러나오는 고통을 받는 부류이다. 그들의 수명은 인간계의 한 달을 하루로 삼아 셈하는데 이와 같이 하여 오백세 동안 고초를 받으니, 인간계의 일만 오천세에 해당한다. 혹은 인간계에서 한림寒林(묘지, 시체를 버려둔 곳) 등지에 머문다. 이상의 내용은 『彰所知論』 권상 「情世界品」(T32, 229a28~b8) 참조.

혹은 인천人天에 거하기도 하는데 그 수명이 긴 경우에는 용왕의 수명처럼 반중겁半中劫(十劫)에 해당하고 짧은 경우에는 파리나 모기처럼 한 찰나로서 한정이 없다.

傍生者, 多居河海, 亦如酒糟混漫而住. 以大食小, 以小食大, 互相驚怖. 由海波濤, 住所不定. 或處人天, 彼壽量者, 長如龍王壽半中劫, 短如蚋等壽一刹那, 身量無定.

인人

인은 사대주四大洲와 팔중주八中洲 및 여러 소주小洲에 거처한다. 그 수명은 섬부주贍部洲의 인과 같다. 처음 성겁成劫 시에는 그 수명이 무량하였는데 그 후로 점차로 줄어서 이제는 60세이다. 그 후에 점차로 줄어 10세에 이르렀고, 그다음에 다시 점차로 증가하여 정량이 없게 되었다. 북구루인北鳩婁人은 수명이 천세이고, 동승신인東勝身人의 수명은 오백세, 서우화인西牛貨人의 수명은 250세이다. 북구루를 제외하고 나머지에서는 요절한다. 그들이 향유하는 바를 보면, 북구루주에서는 자연 쌀을 먹고 의복과 영락은 여의수에서 나온다. 나머지 세 주洲는 곡식과 고기 등을 먹고 자금資金과 보물을 누린다. 그들의 신체를 보면, 섬부주인의 신장은 4주肘, 동승신인의 신장은 8주, 서우화인의 신장은 16주, 북구루인의 신장은 32주이다. 사람들의 얼굴은 주洲의 모습과 같으며 소주의 사람도 대주의 사람과 같으나 신장이 각각 반감한다.

人者, 住四大洲, 八中洲等, 及諸小洲. 彼壽量者, 如贍部洲人. 初成劫時, 其壽無量, 次後漸減, 今六十歲. 次後漸減, 至十歲間, 次後[1]漸增, 無[2]定量. 北鳩婁人, 定壽千歲 ; 東勝身人, 壽五百歲 ; 西牛貨人, 壽二百五十歲. 除[3]鳩婁, 餘有夭橫.[4] 彼等受用, 北鳩婁中,[5] 食自然稻, 衣服瓔珞, 出如意樹. 餘三洲者, 食穀肉等, 資寶受用. 彼等身量, 贍部提人, 身量四肘, 東勝身人,⁶⁾ 身⁷⁾量八肘, 西牛貨人, 身量十六肘, 北鳩婁人, 身量三十二肘. 人等面相, 亦如洲狀, 小洲人亦如大洲, 身各減半.

1) ㉓『彰所知論』권상 「情世界品」에는 '次後'가 '復次'로 되어 있다. 2) ㉓『彰所知論』권상 「情世界品」에는 '無' 다음에 '有'가 있다. 3) ㉓『彰所知論』권상 「情世界品」에는 '除' 다음에 '北'이 있다. 4) '擴'은 '橫'의 오자이다. 5) ㉓『彰所知論』권상 「情世界品」에는 '中'이 '洲'로 되어 있다. 6) ㉓『彰所知論』권상 「情世界品」에는 '身量四肘, 東勝身人' 구절이 없고, 『佛祖歷代通載』권1(T49, 487b4)에는 '四肘, 東勝身人, 身量八肘, 西牛貨人, 身十'이 협주로 추가되어 있다. 7) ㉓『彰所知論』권상 「情世界品」에는 '身'이 '肘'로 되어 있다.

비천非天

비천은 묘고산(수미산) 수면 아래로 1만 1천 유순을 지나 있다. 산 사이로 드넓은 곳에 광명성光明城이 있는데 나후라라는 아수라왕이 대중 권속과 거처하고 있다. 또 성만성星鬘城, 견뢰성堅牢城, 심심성甚深城이 있는데 그 각각에도 왕의 권속이 있다. 전쟁에 임할 때 타는 코끼리는 무능적無能敵이라 하며 유희할 때 타는 코끼리는 누설曡雪이라 하고 말은 초발峭脖이라 한다. 이것이 비천으로서 삼십삼천과 함께한다.

非天者, 妙高水際下, 過一萬一千由旬, 山曠廓間, 光明城內, 阿脩羅王曰羅睺羅, 衆眷屬居. 又有星鬘城堅牢城甚深城, 各有王眷屬.¹⁾ 臨戰所乘象, 名無能敵, 遊戲所乘象名曡雪, 馬曰峭脖. 是等非天, 共三十三天.

1) ㉓ '有星鬘城'부터 이 부분까지는 『彰所知論』의 다음 부분을 축약한 것이다. 『彰所知論』 권상 「情世界品」(T32, 229b26), "過一萬一千由旬, 星鬘城內阿修羅王, 名曰項鬘, 衆眷屬居. 又過一萬一千由旬, 堅牢城內阿修羅王, 名曰妙鎮, 又曰大力, 衆眷屬居. 又過一萬一千由旬, 甚深城內阿修羅王, 名曰毘摩質多羅【此云絲種種, 亦云紋身】衆眷屬居. 常共帝釋比對鬪諍, 城曰具金, 殿名奏樂. 如意樹王名卽怛鉢栗, 聚集之處, 名曰賢財. 石名善賢, 苑名普喜妙喜最喜甚喜善, 地亦名普喜妙喜最喜甚喜."

천天

천에는 욕계欲界[678] 육천六天,[679] 색계色界[680] 십칠천,[681] 무색계無色界[682]

---

[678] 욕계欲界 : 오욕五欲 등이 치성한 세계. 아래로는 지옥으로부터 아귀·축생 등의 악취惡趣가 있고, 위로는 육욕천六欲天으로부터 인간계와 선취善趣가 있다. 지옥은 팔대지옥八大地獄·십육소지옥十六小地獄·팔한지옥八寒地獄 등으로 구분되고 인간계는 수미산을 중심으로 그 사방에 육지가 있는데 이를 사주四洲라고 한다.

[679] 육욕천六欲天 : 욕계에 있는 사왕천四王天, 삼십삼천三十三天, 야마천夜摩天, 도솔천兜率天, 화락천化樂天, 타화자재천他化自在天. 지상에 있는 사왕천과 삼십삼천을 지거천地居天, 공중에 있는 나머지 네 천을 공거천空居天이라고 한다. ① 사왕천은 육욕천 가운데 가장 아래에 위치한 천. 사천왕천四天王天이라고도 한다. 수미산 중턱을 넷으로 구획하고 그 각각의 한 곳을 사천왕이 수호한다. ② 삼십삼천은 수미산 정상에 있다. 도리천忉利天이라고도 한다. 중앙의 제석천帝釋天을 중심으로 사방에 각각 팔천八天이 있어 모두 삼십삼천이 된다. ③ 야마천은 수야마須夜摩라고도 하는데 한역어는 묘선妙善이다. 염마천焰摩天·이쟁천離諍天이라고도 하며, 시분천時分天이라고도 하는데 이 천계에는 해와 달의 천광이 저절로 번갈아 비춤이 없어 낮과 밤을 구분하지 못하지만 연꽃이 피고 지는 것으로 낮과 밤을 알기 때문에 시분時分이라 한다. 이 천계에서의 수명은 이천세이다. ④ 도솔천의 도솔은 지족知足·묘족妙足·희족喜足으로 한역된다. 즐거움과 기쁨이 가득하고 살림살이에 쓰이는 온갖 도구에 스스로 만족하고 팔정도八正道에 대해서는 만족함이 없이 닦으므로 도솔이라 한다. ⑤ 화락천은 낙변화천樂變化天·화자락천化自樂天·불교락천不憍樂天·무고공천無高貢天이라고도 한다. 오경五境의 욕망을 변화시켜 묘락妙樂의 경계로 삼아 스스로 이를 즐긴다. 이는 전생의 보시와 지계라는 선업에 따른 과보이다. ⑥ 타화자재천은 욕계의 최고위最高位이다. 타화락천他化樂天이라고도 하는데 이 천계의 유정은 다른 천계에서 변화시킨 경계를 자재하게 수용하고 스스로 기쁨과 즐거움을 받는다는 뜻이다.

[680] 색계色界 : 위에서의 색계는 삼계의 하나로서의 색계천色界天이다. 청정하고 미묘한 색(물질)으로 구성된 세계(器世間)와 그곳에 머물고 있는 중생을 가리킨다. 색계에 소속된 하늘의 수나 명칭은 경론마다 다르다. 색계를 사선四禪 또는 사정려四靜慮로 구분하고 다시 16, 17, 18가지 등으로 세분한다.

[681] 색계 십칠천色界十七天 : 『彰所知論』에서는 ① 초선삼천初禪三天에 범중梵衆·범보梵輔·대범大梵, ② 이선삼천二禪三天에 소광少光·무량광無量光·극광極光, ③ 삼선삼천三禪三天에 소선少善·무량선無量善·광선廣善이 있고, ④ 사선팔천四禪八天에 무운無雲·복생福生·광과廣果 세 가지의 범거凡居 그리고 무번無煩·무열無熱·선현善現·선견善見·색구경色究竟 등 다섯 가지의 성거聖居 또는 오정거五淨居가 있다고 하였다. 『俱舍論』에서는 ① 제일정려第一靜慮에 범중천·범보천·대범천, ② 제이정려第二靜慮에 소광천·무량광천·극광정천極光淨天, ③ 제삼정려第三靜慮에 소정천少淨天·무량정천無量淨天·변정천遍淨天, ④ 제사정려第四靜慮에 무운천·복생천·광과천·무번천·무열천·선현천·선견천善見天·색구경천이 있다고 하였다. 『順

사천⁶⁸³이 있다.

天者, 欲界六天, 色界十七, 無色界四.

正理論」에서는 대범·범중·범보·소광·무량광·극광정·소정·무량정·변정·무운·복생·광과·정거淨居·무번無繁 혹은 무구無求·무열·선견·색구경 등의 순서로 각각의 의미를 풀어내고 있다.

682 무색계無色界 : 색(물질)이 존재하지 않는 것으로 간주되는 세계. 오온五蘊 중에서는 색온 이외의 수受·상想·행行·식識으로만 구성되는 세계. 십팔계 중에서는 의계意界·법계法界·의식계意識界만으로 구성되는 세계. 과보의 차이에 따라 넷으로 나누고 공간을 뜻하는 '처處' 자를 붙인다. 공무변처空無邊處, 식무변처識無邊處, 무소유처無所有處, 비상비비상처非想非非想處가 그것이다.

683 사무색계四無色界 : ① 공무변처는 색계色界의 사선四禪을 넘어 허공은 무한하고 무변無邊하다고 관찰하여 태어나는 곳. 이 천계에 태어나기 위해 선정을 닦아 공무변처정空無邊處定에 들어간 것을 원인으로 얻는 과보이다. ② 식무변처는 공무변처를 넘어 식식의 무변無邊을 사유하여 태어나는 곳. 이곳에 태어나기 위한 선정을 식무변처정識無邊處定이라고 하며 이를 닦음으로써 얻는 과보이다. ③ 무소유처는 앞의 공공과 식식을 모두 넘어 일체의 대상이 존재하지 않는다고 관찰하여 태어나는 곳. 이곳에 태어나기 위한 선정을 무소유처정無所有處定이라고 하며 이를 닦음으로써 얻는 과보이다. ④ 비상비비상처는 삼계의 최고 정상이므로 유정천有頂天이라고도 한다. 상이 있는 것도 그렇지 않은 것도 아니라고 보는 선정처이다. 무념무상無念無想에 가까우며 지극히 고요하고 미묘하여 생각이 사라졌으므로 비상非想이라 하고 미세한 상은 남아 있으므로 비비상非非想이라고 한다.

찾아보기

가관假觀 / 36
가나제바迦那提婆 / 315
가람伽籃 / 78, 153, 286
가릉빈가迦陵頻伽 / 88
가불매조呵佛罵祖 / 119
가비마라迦毘摩羅 / 314
가사袈裟 / 76, 230, 323
가섭迦葉 / 93, 139, 190, 244
가섭굴迦葉窟 / 190
가섭마등迦葉摩騰 / 238
가섭불迦葉佛 / 310
가야사다伽耶舍多 / 316
가타伽佗 / 287
각무穀溝 / 287
각범覺範 / 177
각범혜홍覺範慧洪 / 175
각유정覺有情 / 56
각철자覺鐵觜 / 123, 124
간재簡齋 진여의陳與義 / 161
갈마羯磨 / 287
갈피화룡지장葛陂化龍之杖 / 110
감공甘公 / 298
감원紺園 / 150
감인堪忍 / 81
강경講經 / 236
강유綱維 / 79
강절康節 소옹邵雍 / 301
개납수미芥納須彌 / 101

개사箇事 / 29
개사開士 / 56, 80
개성芥城 / 113, 114
개자납수미芥子納須彌 / 247
개자씨 / 101, 247
갱활更活 / 332
거관결안據款結案 / 142
건봉乾峯 / 28
건추搥堅 / 31, 116
걸사乞士 / 65, 66, 286
겁석劫石 / 112, 113, 114
겁화劫火 / 91
겁회劫灰 / 91, 203
격외格外 / 146
격외선格外禪 / 146, 147
견란甄鸞 / 300
견성성불見性成佛 / 145
결정적인 전기가 되는 한마디(一轉語) / 90
경도선競渡船 / 126, 127
경산徑山 / 136
경절문徑截門 / 143
경천擎天 / 199
계원鷄園 / 286
계정혜학戒定慧學 / 33
계족산鷄足山 / 190
고苦 / 73
고공苦空 / 73, 256
고령 신찬古靈神贊 / 92
고봉 원묘高峰原妙 / 100
고불古佛 / 48

찾아보기 • 339

고운孤雲 최치원崔致遠 / 233-
고월 당공孤月當空 / 61
곡은 온총谷隱蘊聰 / 128
곤륜昆侖 / 291
곤오석昆吾石 / 111
골계滑稽 / 158
공거천空居天 / 329, 337
공空 / 36, 71, 73, 89, 205, 208, 214, 219, 249
공관空觀 / 36
공권황엽空拳黃葉 / 65
공무변처空無邊處 / 338
공색空色 / 205, 209
공안公案 / 123, 142, 143, 144
공자 문하의 십철(孔門十哲) / 54
공자孔子 129, 168, 323
공화空花 / 89
과거심過去心 / 219
곽박郭璞 / 304
곽수경郭守敬 / 301
관세음보살觀世音菩薩 / 60, 201, 224, 244, 245
관음원觀音院 / 67
광장설廣長舌 / 88
광장설상廣長舌相 / 88
괴색의壞色衣 / 76
교외별전敎外別傳 / 136, 145
교해敎海 / 139
구고현정리句股弦定理 / 299
구공俱空 / 34
구나함모니불拘那含牟尼佛 / 309
구난九難 / 295
구담瞿曇 / 57, 58
구로사俱廬舍 / 68, 327

구로사拘盧捨 / 84
구류손불拘留孫佛 / 309
구마라다鳩摩羅多 / 317
구마라집鳩摩羅什 / 71, 245, 246
구여직瞿汝稷 / 176
구원성불久遠成佛 / 188
구자무불성화두狗子無佛性話頭 / 266
구족계具足戒 / 77
구탄불조口吞佛祖 / 120
국청사國淸寺 / 214, 215
군자裙子 / 94
군지軍持 / 70
군치가軍穉迦 / 70
굴원屈原 / 126, 127
귀모龜毛 / 89
귀의歸依 / 35, 59
귀종 지상歸宗智常 / 101, 122
규봉 종밀圭峰宗密 / 31
극미진極微塵 / 327
근식勤息 / 77
근진根塵 / 284
금강반야金剛般若 / 86
금강산金剛山 / 181, 185, 191, 232
금광명경金光明經 / 220
금구金口 / 88
금낭錦囊 / 304
금문金文 / 138
금비金篦 / 213
금사金沙 / 72, 150
금산 요원金山了元 / 94
금승金繩 / 234
급고독원給孤獨園 / 72, 150
급고독장자給孤獨長者 / 72
급고원給孤園 / 280 /

기굴기嵋崛 / 254
기사굴산者闍崛山 / 151
기사굴者闍崛 / 254
기사력己巳曆 / 301
기세계器世界 / 326
기수급고독원祇樹給孤獨園 / 72
기수祇樹 / 72, 280
기수원祇樹園 / 286
기연機緣 / 205
기원祇園 / 72, 150, 280
기원정사祇園精舍 / 72, 180, 280
기타태자祇陀太子 / 72, 150, 280
김창협金昌協 / 199, 270
김창흡金昌翕 / 32, 199, 270

나계螺髻 / 87
나락가㮈落迦 / 51
나무南無 59, / 287
나옹 혜근懶翁惠勤 / 203, 277
나원奈苑 / 286
나제가섭那提迦葉 / 125
나한羅漢 / 68
나후라다羅睺羅多 / 315
나후라羅候羅 / 54
낙빈왕駱賓王 / 242
낙전거사樂全居士 / 96
난야蘭若 / 68, 153, 184
난탑卵塔 / 115, 136
남대 수안南臺守安 / 171
남섬부주南贍部洲 / 83
남악 혜사南岳慧思 / 120

남악 회양南嶽懷讓 / 132
남양 혜충南陽慧忠 / 126
남전南泉 / 133
남전 보원南泉普願 / 67
남종南宗 / 324
납의衲衣 / 76
내복 견심來復見心 / 167
내복來復 / 167, 168
노공魯恭 / 281
노숙老宿 / 79
노신勞薪 / 230
노신의 맛(勞薪味) / 229
노촌老村 임상덕林象德 / 171
노춘盧春 / 252
노파선老婆禪 / 147, 227
녹낭漉囊 / 247
녹야원鹿野苑 / 49, 151
녹원鹿園 / 151
녹원鹿苑 / 286
누두漏逗 / 241
누사덕婁師德 / 96
누진통漏盡通 / 43
능인能忍 / 57
능인能仁 / 57, 287
능적能寂 / 57
니려야泥黎耶 / 287

다비茶毘 / 169
다비茶毗 / 287
단나檀那 / 286
단멸견斷滅見 / 206

단원자丹元子 / 300
단월檀越 / 286
단전單傳 / 144, 145
단전丹田 / 291
달관 담영達觀曇穎 / 128
달마達摩 / 123, 321
달마대사達磨大師 102, 106, 270, 320
담무갈曇無竭 / 185, 250
담복화薝葍花 / 287
담시曇始 / 67
담운曇雲 / 58
담월曇月 / 58
담판한擔板漢 / 173
당 선종宣宗 / 164
당각唐珏 / 263, 264
당우唐虞 / 297
대공소공大空小空 / 30
대반열반大般涅槃 / 62
대사大師 / 80
대연력大衍曆 / 300
대염열大炎熱 / 333
대용大溶 보복수保福殊 / 157
대이삼장大耳三藏 / 126
대인경계大人境界 / 114
대자 환중大慈寰中 / 135
대장경大藏經 / 140
대장부大丈夫 / 119
대중천자大中天子 / 164
대진산문帶鎭山門 / 94
대통력大統曆 / 301
대혜大慧 / 143
대호규大號叫 / 333
덕산 선감德山宣鑑 / 119, 148
도가거칩지사陶家居蟄之梭 / 110

도간陶侃 / 110
도거掉擧 / 241
도리천忉利天 / 47, 83, 329, 332, 337
도명道明 / 262
도생道生 / 61
도솔兜率 / 84
도솔천兜率天 / 47, 48, 49, 58, 232, 329, 333, 337
도신道信 / 322
도안 법사道安法師 / 170
도안道安 / 213
도연명陶淵明 / 110, 136, 212
도오 종지道吾宗智 / 60
도피안到彼岸 / 63, 283
도홍경陶弘景 / 272
독각獨覺 / 287
돈오頓悟 / 324
동불로하불선冬不爐夏不扇 / 280
동산 청품洞山清禀 / 176
동산 양개洞山良价 / 160
동파東坡 소식蘇軾 / 39, 52, 60, 69, 90, 93-95, 99, 100, 115, 169, 185
동포同袍 / 98
두보杜甫 / 72, 161, 253
두수抖擻 / 87
두타頭陀 / 87
득어망전得魚忘筌 / 188
득토망제得兎忘蹄 / 188
등활지옥等活地獄 / 332

■

마갈엄실摩竭掩室 / 279

마나라摩拏羅 / 318
마니주磨尼珠 / 216
마등가摩登伽 / 245, 246
마명대사馬鳴大士 / 314
마전작경磨甎作鏡 / 132
마조馬祖 / 244
마조 도일馬祖道一 / 101, 122, 132
마하가섭摩訶迦葉 / 53, 54, 93, 190, 310
마하가전연摩訶迦旃延 / 54
마하목건련摩訶目犍連 / 54
마하살摩訶薩 / 287
마하연摩訶衍 / 185, 248
마힐摩詰 / 71
만다라화曼陀羅花 / 287
만당慢幢 / 105
만덕사萬德寺 / 179
만법유심萬法唯心 25
만법일심萬法一心 / 27
말월비풍抹月批風 / 100
망명보살罔明菩薩 / 161, 162
망심妄心 / 158
매옥 염상梅屋念常 / 307
매월당梅月堂 김시습金時習 / 238
매향비埋香碑 / 254
맹자孟子 / 172
면벽面壁 / 270
면장面墻 / 173
모병毛病 / 258
모탄거해毛呑巨海 / 101
목련目連 / 244
목상좌木上座 / 173
목시운한目視雲漢 / 120
목우자牧牛子 지눌知訥 / 269
목은牧隱 이색李穡 / 203

목재牧齋 / 92
목재牧齋 전겸익錢謙益 99, 102, 250
목종穆宗 / 164
목주 도명睦州道明 / 173
몰자미沒滋味 / 117
몰자비沒字碑 / 137
몰저선沒底船 / 136
몰현금沒絃琴 / 136
묘고妙高 / 84
묘고산妙高山 / 329, 336
묘법妙法 / 85
묘법연화妙法蓮花 / 85
묘탑墓塔 / 115
묘희妙喜 / 114, 115
무간無間 / 333
무공적無孔笛 / 136, 137
무공침無孔針 / 137
무구칭無垢稱 / 70
무량수無量壽 / 58
무량수불無量壽佛 / 58
무면한無面漢 / 137
무無 / 128, 204, 205
무문인無文印 / 136, 137
무미반無米飯 / 136
무미지담無味之談 / 117
무봉탑無縫塔 / 115, 136
무색계無色界 / 33, 337, 338
무생인無生忍 / 70
무설어無舌語 / 137
무소유처無所有處 / 338
무수쇄無鬚鎖 / 136
무염등無焰燈 / 137
무영수無影樹 / 136
무용당 수연無用堂秀演 / 268

무위진인無位眞人 / 267
무자비無字碑 / 137
무자성無自性 / 219
무자인無字印 / 136
무저발無底鉢 / 137
무저선無底船 / 136
무정無情 / 28, 61
무종武宗 / 164, 165
무착無着 / 115
무착 문희無着文喜 / 114
무학無學 / 68
무현금無絃琴 / 136
문곡文谷 김수항金壽恒 / 157
문수文殊 / 114, 161, 162, 200, 202, 210, 211, 215
문수보살 / 200
문자상철우蚊子上鐵牛 / 117
문혜文惠 태자 / 104
미륵불彌勒佛 / 58, 102, 190
미차가彌遮迦 / 312
미천 석도안彌天釋道安 / 170, 223
미천사해彌天四海 / 223
민지閔漬 / 252
밀의密意 / 262
밀전密傳 / 145

바가바婆伽婆 / 66
바라문波羅門 / 287
바라밀다波羅蜜多 / 283
바라밀波羅密 / 63, 222
바라제목차波羅提木叉 / 287

바사닉왕婆斯匿王 / 231
바사사다婆舍斯多 / 319
바수밀婆須密 / 312
바수반두婆脩盤頭 / 317
박가범薄伽梵 / 27, 28
반고班固 / 299
반담粲談 / 59
반발返鉢 / 202
반야다라般若多羅 / 319
반야般若 / 62, 86, 160, 161, 273, 285
반야심상사般若尋常事 / 160
반야행般若行 / 63
반혼향返魂香 / 107, 108, 111
발무인과撥無因果 / 74
발합사파發合思巴 / 326
방거사龐居士 / 124
방관房琯 / 96
방棒 / 90, 148
방사房舍 / 41
방생傍生 / 331, , 334
방옹放翁 육유陸游 / 69, 70, 91, 101, 103, 115, 131
방장方丈 / 79
방차율房次律 / 96
방편方便 / 65, 99
배휴裴休 / 30, 31, 94
백거이白居易 / 135, 218
백광훈白光勳 / 179
백련사白蓮社 / 212
백마사白馬寺 / 69
백수자화栢樹子話 / 123
백옥봉白玉峯 / 179
백월분白月分 / 51
백장百丈 / 90, 244

백장 회해百丈懷海 / 90, 135
백조함화百鳥含花 / 133
백족 화상白足和尙 / 67
백학白鶴 / 82
백호白毫 / 87
번간幡竿 / 286
번뇌가 보리(煩惱卽菩提) / 64
번뇌煩惱 64, 68, 118, 119, 159, 188, 258
범부凡夫 / 119, 159, 258
범엽范曄 / 175
범왕가梵王家 / 149
범우梵宇 / 149
범찰梵刹 / 286
범패梵唄 / 182
법계法界 / 81
법공法空 / 30, 34
법달法達 / 105
법무아法無我 / 30
법보法寶 / 38
법신法身 / 36
법안法眼 / 146, 156, 157
법안 문익法眼文益 / 156
벽립천인壁立千仞 / 116
변재 선사辯才禪師 / 95
변화卞和 / 119
병산屛山 유자휘劉子翬 / 241
보리 달마菩提達磨 / 321
보리菩提 / 62, 119, 283
보방寶坊 / 286
보살菩薩 / 56, 80, 99
보살승菩薩乘 / 32, 38
보신報身 / 36
보제普濟 / 203

보제존자普濟尊者 / 203
보현普賢 / 114, 215
복전福田 / 68
복전의福田衣 / 76
복타밀다伏馱密多 / 313
본각 수일本覺守一 / 226
본래면목本來面目 / 137, 262
부견符堅 / 80, 220
부나야사富那夜奢 / 314
부대사傅大士 / 102, 161
부도浮圖 / 286
부도浮屠 / 76
부루나富樓那 / 54
북승생주北勝生洲 / 83
북종北宗 / 324
분소의糞掃衣 / 76
분양 무덕汾陽無德 / 148
불가득不可得 / 219
불가佛家 / 171, 172, 196
불공不空 / 249
불도징佛圖澄 / 213
불로不爐 / 280
불립문자不立文字 / 136, 145
불법佛法 / 165
불보佛寶 / 38
불성佛性 / 61, 266, 267, 277
불습갱不濕羹 / 136, 137
불심인佛心印 / 145
불여밀다不如蜜多 / 319
불이법문不二法門 / 202, 210, 279
불일佛日 / 174
불일 본공佛日本空 / 173
불자拂子 / 31, 116, 117, 169
불차不借 / 70

불타난제佛陀難提 / 313
불혜 법천佛慧法泉 / 166
비구比丘 / 65, 66, 286, 287
비로자나毗盧遮那 / 283
비바시불毘婆尸佛 / 307
비백飛白 / 153, 154
비사부불毘舍浮佛 / 308
비상비비상처非想非非想處 / 338
비야두구毘耶杜口 / 279
비야리성毘耶離城 / 70
비장방費長房 / 110

사고謝翱 / 263
사고四苦 / 50
사과四果 / 288
사구死句 / 143
사구死句 / 146
사대四大 / 39, 42, 284
사대 선사思大禪師 / 120
사대주四大洲 / 40
사라쌍수沙羅雙樹 / 49, 82, 154, 199
사라파沙羅巴 / 326
사리闍梨 / 286
사리闍梨 / 79
사리불舍利佛 / 54, 62, 244
사리舍利 / 75
사마자장司馬子長 / 298
사무색계四無色界 / 338
사문沙門 / 77
사미沙彌 / 66, 77, 286
사바娑婆 / 81

사부중四部衆 / 41
사빈주四賓主 / 148
사상四相 / 39
사생四生 / 39
사성제四聖諦 / 50
사야다闍夜多 / 317
사연四緣 / 288
사영운謝靈運 / 212
사왕천四王天 / 47, 83, 329, 332, 337
사요간四料揀 / 148
사원寺院 / 69, 72, 154
사위성舍衛城 / 72
사은四恩 / 41, 288
사자 비구師子比丘 / 318
사자후獅子吼 / 91
사제四諦 / 244, 284
사지四智 / 286
사천왕四天王 / 202
사태沙汰 / 165
사해四海 / 292
사해의 습착치(四海習鑿齒) / 170, 223
산곡山谷 / 157
산곡山谷 황정견黃庭堅 / 156, 160, 197
산산山山 / 277
산호수珊瑚樹 / 112
살적殺賊 / 68
삼거三車 / 38
삼검三劍 / 295
삼계三界 / 33, 203
삼공三空 / 34
삼관三觀 / 36
삼귀三歸 / 288
삼귀의三歸依 / 35
삼당시인三唐詩人 / 179

삼도三途 / 37
삼도팔난三途八難 / 104
삼독三毒 / 34, 42, 62, 258
삼마제三摩提 / 285
삼매三昧 / 65, 285
삼명三明 / 43
삼무일종의 법난(三武一宗法難) / 165
삼법문三法門 / 285
삼보三寶 / 31, 59
삼생三生 / 35, 288
삼생석三生石 / 97, 98
삼세심불가득三世心不可得 / 219
삼세제불三世諸佛 / 120
삼승三乘 / 26, 32, 38, 188, 289
삼신三身 / 36, 285
삼십삼천三十三天 / 28, 47, 330, 336, 337
삼십이상三十二相 / 88
삼악도三惡道 / 104
삼악취三惡趣 / 37
삼업三業 / 37
삼연三淵 / 32, 288
삼연三淵 김창흡金昌翕 / 71, 72, 121, 124, 162, 163, 170, 179, 181
삼유三有 / 285
삼의三衣 / 285
삼자부三字符 / 241
삼장三藏 / 32, 258, 285, 286
삼재三災 / 35, 84
삼정육三淨肉 / 45
삼제三際 / 35
삼종세간三種世間 / 326
삼처회향三處回向 / 38
삼천대천세계三千大天世界 / 37, 248

삼청三淸 / 293
삼태성三台星 / 195
삼학三學 / 33, 42
삼현三玄 / 285
삼혜三慧 / 244
상고商高 / 299
상교象敎 / 238
상나화수商那和脩 / 311
상문桑門 / 77
상원上院 / 278
상인上人 / 80, 286
색계色界 / 33, 329, 337
색계십칠천色界十七天 / 337
색色 / 205, 208
색태塞兌 / 279
생사가 열반(生死卽涅槃) / 64
생사生死 / 159
서래의西來意 / 106, 124
서미胥靡 / 175
서산대사西山大師 / 276
서석산瑞石山 / 270
서암 사언瑞巖師彦 / 274
서우화주西牛貨洲 / 83
석 자로 답한 말(將無同) / 52
석가모니불釋迦牟尼佛 / 310
석가팔상釋迦八相 / 48
석공石公 / 298
석상 경저石霜慶諸 / 159
석화전광石火電光 / 116
선교禪敎 / 74
선나禪那 / 287
선명력宣明曆 / 300
선어禪語 / 142
선월대사禪月大師 덕은 관휴德隱貫休 / 159

선자 덕성船子德誠 / 198
선재동자善財童子 / 259
선종宣宗 / 165
선혜대사善慧大士 / 102
설두 중현雪竇重顯 / 113
설총薛聰 / 246
성문聲聞 / 32
성문승聲聞乘 / 30, 32, 38
성성狌狌 / 277
성인聖人 / 119, 159, 258
세 마디로 얻은 속관(三語掾) / 52
소림굴少林窟 / 270
소사蕭寺 / 153, 154
소식蘇軾 / 95, 96, 103, 127, 210
소옹邵雍 / 280
소자운蕭子雲 / 153
소장무蕭長懋 / 104
손양孫陽 / 214
솔도파窣堵坡 / 287
송고頌古 / 142
송지문宋之問 / 243
수다라修多羅 / 286
수달장자須達長者 / 72, 180
수미산須彌山 / 37, 40, 83, 101, 247, 256, 329, 337
수미입개자須彌入芥子 / 247
수보리須菩提 / 54, 219, 266
수시력授時曆 / 301
수월水月 / 89
수좌首座 / 81
숙명통宿命通 / 43
숙종肅宗 / 126
순욱荀勗 / 230
숭승공崇勝珙 / 137

습득拾得 / 215
습착치習鑿齒 / 170
승가난제僧迦難提 / 316
승보僧寶 / 38
승조僧稠 / 125
승조僧肇 / 77
승찬僧璨 / 322
시기불尸棄佛 / 308
시분천時分天 / 337
식무변처識無邊處 / 338
식자息慈 / 77
식차마라式叉摩羅 / 287
신수神秀 / 33, 323, 324
신족통神足通 / 43
실상實相 / 273
심인心印 / 136, 145
십계十戒 / 77, 288
십대제자十大弟子 / 53
십악十惡 / 37, 53, 81, 285, 296
십이류十二類 / 284
십이처十二處 / 284
십주十洲 / 108, 111
십홀방十笏房 / 79
쌍림雙林 / 154, 155, 199
쌍천 사관雙泉師寬 / 94

아공我空 / 30, 34
아귀餓鬼 / 331, 334
아나율阿那律 / 54
아난다阿難陀 / 54
아난阿難 / 139, 202, 310, 311

아뇩다라삼먁삼보리阿耨多羅三藐三菩提 / 57, 283
아라한阿羅漢 / 68, 287
아란야阿蘭若 / 68, 69, 285
아뢰야식阿賴耶識 / 249
아미타불阿彌陀佛 / 58
아법이공我法二空 / 30
아비달마阿毘達磨 / 286
아비담阿毗曇 / 286
아사리阿闍梨 / 79
아승기阿僧祇 / 288
아일다阿逸多 / 58
악문숙岳文肅 / 302
악정岳正 / 302
앙산 혜적仰山慧寂 / 277
야마천夜摩天 / 47, 329, 337
야자신椰子身 / 101
야호선野狐禪 / 90, 91
약사유리광여래藥師瑠璃光如來 / 59
약산藥山 / 93
약산 유엄藥山惟儼 / 92, 105
양거원楊巨源 / 218
양구빈楊救貧 / 304
양균송楊筠松 / 304
양련陽璉 / 263
양류관음楊柳觀音 / 201, 263, 264
양무제梁武帝 / 102, 153, 272, 320
엄자崦嵫 / 217
여구윤閭丘胤 / 214, 215
여래선如來禪 / 147, 146, 147
여래如來 / 56, 186, 286
여래장如來藏 / 249
여산 혜원廬山慧遠 / 201
여주驪珠 / 119

역생力生 / 78
연각승緣覺乘 / 30, 32, 38
연각緣覺 / 32
연단煉丹 / 295
연비어약鳶飛魚躍 / 106
연화루蓮花漏 / 201
열도閱道 / 165
열반문涅槃門 / 27, 28
열반涅槃 / 62, 63, 159, 169, 186, 283
열중悅衆 / 79
염고拈古 / 142
염라대왕閻羅大王 / 59, 272
염부수閻浮樹 / 237
염부차閻浮車 / 62
염송拈頌 / 144
염열炎熱 / 333
염추수불拈搥堅拂 / 116
염화미소拈花微笑 / 93, 151
영가 현각永嘉玄覺 / 171
영각 원현永覺元賢 / 167
영양괘각羚羊掛角 / 117, 118
영은사靈隱寺 / 243
영조靈照 / 124
영취靈鷲 / 151
영취사靈鷲寺 / 179
영취산靈鷲山 / 151
오각五覺 / 289
오강吳剛 / 248
오개五蓋 / 285
오경五境 / 43
오계五戒 / 44, 49, 288
오국성五國城 / 262, 263
오근五根 / 44, 288
오기五氣 / 294

오기조원五氣朝元 / 295
오대산五臺山 / 114, 277
오미선五味禪 / 122, 123
오백생五百生 / 90, 91
오분법신五分法身 / 284
오선五禪 / 284
오온五蘊 / 30, 42, 183, 284, 338
오욕五欲 / 43
오운五運 / 288
오원烏圓 / 227
오음五陰 / 42
오정육五淨肉 / 45
오조 사계五祖師戒 / 94, 95
오조 법연五祖法演 / 123
오진五塵 / 43, 44
오질吳質 / 248
오체투지五體投地 / 44
오취五趣 / 42
오탁五濁 / 284
완석점두頑石點頭 / 169
왕구령王龜齡 / 96
왕래往來 / 29
왕발王勃 / 48, 49
왕법극王法極 / 96
왕수인王守仁 / 97
왕순王恂 / 301
왕십붕王十朋 / 96
왕안석王安石 / 96
왕양명王陽明 / 97
왕유王維 / 71
왕응린王應麟 / 300
왕희명王希明 / 300
외도外道 / 204
요석瑤石 / 246

욕계欲界 / 33, 329, 337
욕계육천欲界六天 / 84
용상대덕龍象大德 / 85
용상龍象 / 85, 286
용수존자龍樹尊者 / 315
용用 / 56
용장龍藏 / 139, 140
용호龍虎 / 295
우담발라優曇鉢羅 / 68, 69
우담화優曇花 / 287
우두 법융牛頭法融 / 133
우란분盂蘭盆 / 286
우바국다優波毱多 / 311
우바리優婆離 / 54
우바새優婆塞 / 121
우발라화優鉢羅花 / 288
우슬착지右膝著地 / 265
운문雲門 / 28
운문 문언雲門文偃 / 176
운암 담성雲嵒曇晟 / 60
원관圓觀 / 97, 98
원돈문圓頓門 / 143
원성실성송圓成實性頌 / 156
원적圓寂 / 62, 63, 169
원진元稹 / 253
원천강袁天綱 / 299
원회운세元會運世 / 301
원효元曉 / 245
위무제魏武帝 / 320
위산 영우潙山靈祐 / 119
유가儒家 / 171, 172, 196
유나維那 / 79, 90
유마거사維摩居士 / 279
유마維摩 / 98

유마힐維摩詰 / 70, 180, 261, 283
유순由旬 / 84, 327
유위법有爲法 / 228, 288
유有 / 36, 128, 204, 205
유윤중劉允中 / 305
유점사楡岾寺 / 187, 252
유정有情 / 28, 283
육경六境 / 43, 277
육근六根 / 46, 47, 60, 159, 277, 284
육근원통六根圓通 / 60, 244
육단肉袒 / 265
육바라밀六波羅蜜 / 62, 63
육수정陸修靜 / 212
육식六識 / 46, 249, 277
육신六神 / 293
육신통六神通 / 43, 284
육욕천六欲天 / 337
육입六入 / 284
육장귀六藏龜 / 47
육적六賊 / 46, 47
육진六塵 / 43, 46, 47, 284
육합六合 / 197
육화경六和敬 / 45
육화六和 / 45, 288
육화합六和合 / 45
은산철벽銀山鐵壁 / 116
은어隱語 291, / 296
음광존자飮光尊者 / 190
응공應供 / 68
의발衣鉢 / 76, 190, 324
의상義湘 / 243
의정疑情 / 143, 280
이고李翱 / 105
이공二空 / 30, 31

이근원통耳根圓通 / 244
이단원李端愿 / 128
이리二利 / 29
이만권李萬卷 / 101
이발李渤 / 101
이백락李伯樂 / 214
이백李白 / 235, 253
이수광李睟光 / 168
이순풍李淳風 / 299, 300
이승二乘 / 26, 30
이심전심以心傳心 / 141
이원李源 / 97, 98
이이李耳 / 177
이자현李資玄 / 257
이쟁천離諍天 / 333, 337
이주李舟 / 128, 129
이준욱李遵勗 / 128
이타利他 / 30, 32
이포새伊蒲塞 / 121, 122
이포새찬伊蒲塞饌 / 121
이필경李弼卿 / 271
이호二虎 / 31
인과因果 / 73, 74, 90
인과역연因果歷然 / 74
인무아人無我 / 30
인법이공人法二空 / 30
인사仁祠 / 153
인연因緣 / 208, 209
인초忍草 / 245
인허진隣虛塵 / 327
인허함대천법隣虛含大千法 / 248
일겁一劫 / 113, 114
일대사인연一大事因緣 / 29, 276
일미선一味禪 / 122

일미一味 / 27
일미평등一味平等 / 122
일불승一佛乘 / 26
일생보처보살一生補處菩薩 / 58
일승一乘 / 26, 188
일심법계一心法界 / 26
일심一心 / 25, 26, 27
일장패궐一場敗闕 / 221
일전어一轉語 / 94
일천제一闡提 / 169
임제 의현臨濟義玄 / 148, 285
임제종臨濟宗 / 320
임제할덕산방臨濟喝德山棒 / 148
임천 종륜林泉從倫 / 129
임포林逋 / 225

자리自利 / 32
자수용삼매自受用三昧 / 127
자씨慈氏 / 58
장광설長廣舌 / 61
장로長老 / 79
장륙금신丈六金身 / 130
장륙신丈六身 / 130
장문정張文定 / 96
장실丈室 / 79, 184
장졸張拙 / 159
장통현張洞玄 / 305
장효표章孝標 / 218
적멸寂滅 / 62
적묵寂默 / 57, 287
전겸익錢謙益 / 92

전등傳燈 / 141
전범성성轉凡成聖 / 119
전법계傳法偈 / 324
전삼삼후삼삼前三三後三三 / 114
전신前身 / 94, 102
점수漸修 / 324
정명淨名 / 70, 71, 79, 202, 210, 211, 261, 279, 283
정법안장正法眼藏 / 93
정사靜思 / 287
정세계情世界 / 331
정수正受 / 65
정학년丁鶴年 / 98, 104, 105
정혜定慧 / 65
제다가提多迦 / 312
제봉霽峰 고경명高敬命 / 270
제악막작諸惡莫作 / 135
제유諸有 / 185, 186
제일좌第一座 / 81
조계曹溪 / 129, 130
조과 도림鳥窠道林 / 135
조군경趙君卿 / 300
조동종曹洞宗 / 320
조변趙抃 / 165
조사선祖師禪 / 146, 147, 158
조사의 관문 / 142, 146
조상趙爽 / 300
조성기趙聖期 / 211
조숙량曹叔良 / 129, 130
조열도趙閱道 / 166
조영趙嬰 / 300
조정만趙正萬 / 270
조정이趙定而 / 270
조주趙州 / 67

조주 종심趙州從諗 / 123, 266
조청헌공趙淸獻公 / 165
존숙尊宿 / 79
졸수재拙修齋 / 211, 261
종남산終南山 / 91
좌선坐禪 / 132
주문공朱文公 / 166
주옹周顒 / 104
주인공主人公 / 274
주장자主杖子 / 28, 90, 173, 174, 176
주지住持 / 78, 79
주처하육周妻何肉 / 104
주희朱熹 / 123, 166, 167, 241, 305
죽부인竹夫人 / 173, 174
중관中觀 / 37
중봉 명본中峰明本 / 120, 174
중식中食 / 280
중읍 홍은中邑洪恩 / 277
중합衆合 / 332
중향산衆香山 / 181
증공량曾公亮 / 95
증로공曾魯公 / 95
지거천地居天 / 329, 337
지공誌公 / 120
지비자知非子 / 165
지성志誠 / 33
지영 상인智永上人 / 96
지옥천당地獄天堂 / 128
지율거底栗車 / 287
지음知音 / 275
지의智顗 / 36, 120
지자智攷 / 100
지적승地寂勝 / 58
지족知足 / 84, 337

지혜智慧 / 62, 86, 99, 285
직지인심直指人心 / 145
직지直指 / 145
진감국사 혜소眞鑑國師慧昭 / 233
진관陳瓘 / 96
진로塵勞 / 64
진사도陳師道 / 161
진사塵沙 / 73
진심眞心 / 158
진여眞如 / 25, 61, 159, 163, 273
진제대사眞際大師 / 67
진제眞諦 / 202
진존숙陳尊宿 / 173
진충숙陳忠肅 / 95, 96
진포혜陳蒲鞋 / 173

차사此事 / 29
찬고지鑽故紙 / 92
찰간刹竿 / 154
찰나刹那 / 29
참선參禪 / 142, 258
채원정蔡元定 / 305
채음蔡愔 / 238
척팔尺八 / 130
천목 중봉天目中峰 / 267
천심완穿心椀 / 137
천안통天眼通 / 43
친자칠묘大子七廟 / 48
천축天竺 / 82
천태삼관天台三觀 / 36
청오靑烏 / 304

청원 행사靑原行思 / 324
청품 선사淸稟禪師 / 176
청한자淸寒子 / 238
체體 / 56
초제招提 / 69, 153, 286
초조初祖 / 321
초투제사招鬪提舍 / 69
총림叢林 / 152, 154, 286
총상總相 / 25
최상승인最上乘人 / 33
최주악崔柱岳 / 199
추정발설抽釘拔楔 / 118
추첨抽添 / 295
축도생竺道生 / 169
축법란竺法蘭 / 238
취죽황화翠竹黃花 / 61
측천무후則天武后 / 242
칠반구환七返九還 / 294
칠보신七寶身 / 285
칠불게七佛偈 / 307
칠불사七佛寺 / 234
칠불七佛 / 48
칠불통계게七佛通戒偈 / 135
칠지七支 / 285
침공장신針孔藏身 / 100

타심통他心通 / 143, 26, 127
타화자재천他化自在天 / 329, 333, 337
타화천他化天 / 47
태계泰階 / 195
태백泰伯 / 168

태일군太一君 / 293
태초력太初曆 / 298
토각兎角 / 89
퇴계退溪 이황李滉 / 236
퇴지退之 한유韓愈 / 253

팔계八戒 / 49
팔고八苦 / 50
팔공덕수八功德水 / 209
팔관재八關齋 / 49
팔만사천법문八萬四千法門 / 64
팔상성도八相成道 / 48, 49
팔선八仙 / 294
팔식八識 / 249
팔열옥八熱獄 / 332
팔열八熱 / 51
팔풍八風 / 50, 24
팔한옥八寒獄 / 333
팔한지옥八寒地獄 / 229
팔한八寒 / 51
팔환변견八還辯見 / 51
팔환八還 / 51
패궐敗闕 / 221
패다라수貝多羅樹 / 86, 138
패다라貝多羅 / 86
패엽貝葉 / 86
편단우견偏袒右肩 / 265
편단偏袒 / 265
편작扁鵲 / 71
평등平等 / 25, 27, 119, 285
평상平常 / 160

폐불廢佛 / 164
포금원布金園 / 180
포뢰蒲牢 / 163
풍간요설豐干饒舌 / 215
풍간豐干 / 214, 215
필추芯蒭 / 66, 286

하력夏曆 / 299
하륜河崙 / 305
하윤何胤 / 104
학륵나鶴勒那 / 318
학림鶴林 / 154, 155
학림학수鶴林鶴樹 / 83
한산寒山 / 200, 203, 210, 215
한유韓愈 / 105
할喝 / 90, 148
합장굴合掌窟 / 180
항룡발降龍鉢 / 125, 220
항사恒沙 / 72, 73, 196
항성표恒星表 / 300
항하사恒河沙 / 73
항하恒河 / 196
해점거박解粘去縛 / 118
해탈解脫 / 64, 186
해호장解虎杖 / 125
향산香山 / 135
향수해香水海 / 83, 216
향엄香嚴 / 165, 244
향엄 지한香嚴智閑 / 131, 164
허순許詢 / 237, 251
허연許椽 / 237, 251, 256

허형許衡 / 300, 301
헌원씨軒轅氏 / 297, 302
현도玄度 / 237
현장玄奘 / 71
현전現前 / 143
협산夾山 / 174
협산 선회夾山善會 / 173
협존자脇尊者 / 313
형화박邢和璞 / 96
혜가惠可 / 321
혜능惠能 / 244, 323
혜림慧林 / 176
혜요慧要 / 201
혜원慧遠 / 200, 212
혜충慧忠 / 115
혜충국사慧忠國師 / 126
호규號叫 / 332
호수壺遂 / 298
호수狐首 / 304
호순신胡舜申 / 304, 305
혼침昏沈 / 241
홍인弘忍 / 322
화남和南 / 59
화두話頭 / 114, 116, 117, 124, 143, 144
화락천化樂天 / 47, 329, 333, 337
화림 선각華林善覺 / 31
화림華林 / 30
화반탁출和盤托出 / 121
화복貨卜 / 60
화상和尙 / 78
화신化身 / 36
화엄거사華嚴居士 / 96
화엄정華嚴靜 / 160
화완포火浣布 / 111

찾아보기 • 355

화중련火中蓮 / 166
화타華佗 / 71
환단還丹 / 119
활구活句 / 143, 146,
황두黃頭 / 67
황면구담黃面瞿曇 / 57, 67
황면黃面 / 67
황벽 희운黃檗希運 / 31, 173
황선사黃仙師 / 304
황정견黃庭堅 / 161, 210
황정黃精 / 181
황정黃庭 / 292
황제총皇帝塚 / 262, 263, 264
황제皇帝 / 304
황칠옹黃七翁 / 304

회삼귀일會三歸一 / 188
회옹 주희晦翁朱熹 / 236
회향回向 / 38
후신後身 / 95, 96, / 102, 200
휘종徽宗 / 262, 263
흑승黑繩 / 332
흑월분黑月分 / 51
흘률다吃栗多 / 287
흠종欽宗 / 262, 263
희이希夷 / 257

4조 도신四祖道信 / 133
6조六祖 / 33
6조 혜능六祖惠能 / 76, 105, 129, 262, 321, 324

한글본 한국불교전서

조·선·출·간·본

조선1 작법귀감
백파 긍선 | 김두재 옮김 | 신국판 | 336쪽 | 18,000원

조선2 정토보서
백암 성총 | 김종진 옮김 | 4X6판 | 224쪽 | 12,000원

조선3 백암정토찬
백암 성총 | 김종진 옮김 | 4X6판 | 156쪽 | 9,000원

조선4 일본표해록
풍계 현정 | 김상현 옮김 | 4X6판 | 180쪽 | 10,000원

조선5 기암집
기암 법견 | 이상현 옮김 | 신국판 | 320쪽 | 18,000원

조선6 운봉선사심성론
운봉 대지 | 이종수 옮김 | 4X6판 | 200쪽 | 12,000원

조선7 추파집·추파수간
추파 홍유 | 하혜정 옮김 | 신국판 | 340쪽 | 20,000원

조선8 침굉집
침굉 현변 | 이상현 옮김 | 신국판 | 300쪽 | 17,000원

조선9 염불보권문
명연 | 정우영·김종진 옮김 | 신국판 | 224쪽 | 13,000원

조선10 천지명양수륙재의범음산보집
해동사문 지환 | 김두재 옮김 | 신국판 | 636쪽 | 28,000원

조선11 삼봉집
화악 지탁 | 김재희 옮김 | 신국판 | 260쪽 | 15,000원

조선12 선문수경
백파 긍선 | 신규탁 옮김 | 신국판 | 180쪽 | 12,000원

조선13 선문사변만어
초의 의순 | 김영욱 옮김 | 4X6판 | 192쪽 | 11,000원

조선14 부휴당대사집
부휴 선수 | 이상현 옮김 | 신국판 | 376쪽 | 22,000원

조선15 무경집
무경 자수 | 김재희 옮김 | 신국판 | 516쪽 | 26,000원

조선16 무경실중어록
무경 자수 | 성재헌 옮김 | 신국판 | 340쪽 | 20,000원

조선17 불조진심선격초
무경 자수 | 성재헌 옮김 | 신국판 | 168쪽 | 11,000원

조선18 선학입문
김대현 | 성재헌 옮김 | 신국판 | 240쪽 | 14,000원

조선19 사명당대사집
사명 유정 | 이상현 옮김 | 신국판 | 508쪽 | 26,000원

조선20 송운대사분충서난록
신유한 엮음 | 이상현 옮김 | 신국판 | 324쪽 | 20,000원

조선21 의룡집
의룡 체훈 | 김석구 옮김 | 신국판 | 296쪽 | 17,000원

조선22 응운공여대사유망록
응운 공여 | 이대형 옮김 | 신국판 | 350쪽 | 20,000원

조선23 사경지험기
백암 성총 | 성재헌 옮김 | 신국판 | 248쪽 | 15,000원

조선24 무용당유고
무용 수연 | 이상현 옮김 | 신국판 | 292쪽 | 17,000원

조선25 설담집
설담 자우 | 윤찬호 옮김 | 신국판 | 200쪽 | 13,000원

조선26 동사열전
범해 각안 | 김두재 옮김 | 신국판 | 652쪽 | 30,000원

조선27 청허당집
청허 휴정 | 이상현 옮김 | 신국판 | 964쪽 | 47,000원

조선28 대각등계집
백곡 처능 | 임재완 옮김 | 신국판 | 408쪽 | 23,000원

조선29 반야바라밀다심경략소연주기회편
석실 명안 엮음 | 강찬국 옮김 | 신국판 | 296쪽 | 17,000원

| 조선30 | 허정집
허정 법종 | 성재헌 옮김 | 신국판 | 488쪽 | 25,000원

| 조선31 | 호은집
호은 유기 | 김종진 옮김 | 신국판 | 264쪽 | 16,000원

| 조선32 | 월성집
월성 비은 | 이대형 옮김 | 4X6판 | 172쪽 | 11,000원

| 조선33 | 아암유집
아암 혜장 | 김두재 옮김 | 신국판 | 208쪽 | 13,000원

| 조선34 | 경허집
경허 성우 | 이상하 옮김 | 신국판 | 572쪽 | 28,000원

| 조선35 | 송계대선사문집 · 상월대사시집
송계 나식·상월 새봉 | 김종진·박재금 옮김 | 신국판 | 440쪽 | 24,000원

| 조선36 | 선문오종강요 · 환성시집
환성 지안 | 성재헌 옮김 | 신국판 | 296쪽 | 17,000원

| 조선37 | 역산집
영허 선영 | 공근식 옮김 | 신국판 | 368쪽 | 22,000원

| 조선38 | 함허당득통화상어록
득통 기화 | 박해당 옮김 | 신국판 | 300쪽 | 18,000원

| 조선39 | 가산고
월하 계오 | 성재헌 옮김 | 신국판 | 446쪽 | 24,000원

| 조선40 | 선원제전집도서과평
설암 추붕 | 이정희 옮김 | 신국판 | 338쪽 | 20,000원

| 조선41 | 함홍당집
함홍 치능 | 성재헌 옮김 | 신국판 | 348쪽 | 21,000원

| 조선42 | 백암집
백암 성총 | 유호선 옮김 | 신국판 | 544쪽 | 27,000원

| 조선43 | 동계집
동계 경일 | 김승호 옮김 | 신국판 | 380쪽 | 22,000원

| 조선44 | 용암당유고 · 괄허집
용암 체조·괄허 취여 | 김종진 옮김 | 신국판 | 404쪽 | 23,000원

| 조선45 | 운곡집 · 허백집
운곡 충휘·허백 명조 | 김재희·김두재 옮김 | 신국판 | 514쪽 | 26,000원

| 조선46 | 용담집 · 극암집
용담 조관·극암 사성 | 성재헌·이대형 옮김 | 신국판 | 520쪽 | 26,000원

| 조선47 | 경암집
경암 응윤 | 김재희 옮김 | 신국판 | 300쪽 | 18,000원

| 조선48 | 석문상의초 외
벽암 각성 외 | 김두재 옮김 | 신국판 | 338쪽 | 20,000원

| 조선49 | 월파집 · 해붕집
월파 태율·해붕 전령 | 이상현·김두재 옮김 | 신국판 | 562쪽 | 28,000원

| 조선50 | 몽암대사문집
몽암 기영 | 이상현 옮김 | 신국판 | 348쪽 | 21,000원

| 조선51 | 징월대사시집
징월 정훈 | 김재희 옮김 | 신국판 | 272쪽 | 16,000원

| 조선52 | 통록촬요
엮은이 미상 | 성재헌 옮김 | 신국판 | 508쪽 | 26,000원

| 조선53 | 충허대사유집
충허 지책 | 성재헌 옮김 | 신국판 | 296쪽 | 18,000원

| 조선54 | 백열록
금명 보정 | 김종진 옮김 | 신국판 | 364쪽 | 22,000원

| 조선55 | 조계고승전
금명 보정 | 김용태·김호귀 옮김 | 신국판 | 384쪽 | 22,000원

| 조선56 | 범해선사시집
범해 각안 | 김재희 옮김 | 신국판 | 402쪽 | 23,000원

| 조선57 | 범해선사문집
범해 각안 | 김재희 옮김 | 신국판 | 208쪽 | 13,000원

| 조선58 | 연담대사임하록
연담 유일 | 하혜정 옮김 | 신국판 | 772쪽 | 34,000원

| 조선59 | 풍계집
풍계 명찰 | 김두재 옮김 | 신국판 | 438쪽 | 24,000원

| 조선60 | 혼원집 · 초엄유고
혼원 세환·초엄 복초 | 윤찬호 옮김 | 신국판 | 332쪽 | 20,000원

| 조선61 | 청주집
환공 치조 | 성재헌 옮김 | 신국판 | 416쪽 | 23,000원

| 조선62 | 대동영선
금명 보정 | 이상하 옮김 | 신국판 | 556쪽 | 28,000원

| 조선63 | 현정론 · 유석질의론
득통 기화·지은이 미상 | 박해당 옮김 | 신국판 | 288쪽 | 17,000원

| 조선64 | 월봉집
월봉 책헌 | 이종수 옮김 | 신국판 | 232쪽 | 14,000원

| 조선65 | 정토감주
허주 덕진 | 김석군 옮김 | 신국판 | 382쪽 | 22,000원

| 조선66 | 다송문고
금명 보정 | 이대형 옮김 | 신국판 | 874쪽 | 41,000원

| 조선67 | 소요당집·취미대사시집
소요 태능·취미 수초 | 이상현 옮김 | 신국판 | 500쪽 | 25,000원

| 조선68 | 선원소류·선문재정록
설두 유형·진하 축원 | 조영미 옮김 | 신국판 | 284쪽 | 17,000원

| 조선69 | 치문경훈주 상권
백암 성총 | 선암 옮김 | 신국판 | 348쪽 | 21,000원

| 조선70 | 치문경훈주 중권
백암 성총 | 선암 옮김 | 신국판 | 304쪽 | 19,000원

| 조선71 | 치문경훈주 하권
백암 성총 | 선암 옮김 | 신국판 | 322쪽 | 20,000원

| 조선72 | 월저당대사집
월저 도안 | 김두재 옮김 | 신국판 | 504쪽 | 26,000원

| 조선73 | 오종범음집
지선 | 김두재 옮김 | 신국판 | 326쪽 | 22,000원

신 · 라 · 출 · 간 · 본

| 신라1 | 인왕경소
원측 | 백진순 옮김 | 신국판 | 800쪽 | 35,000원

| 신라2 | 범망경술기
승장 | 한명숙 옮김 | 신국판 | 620쪽 | 28,000원

| 신라3 | 대승기신론내의약탐기
태현 | 박인석 옮김 | 신국판 | 248쪽 | 15,000원

| 신라4 | 해심밀경소 제1 서품
원측 | 백진순 옮김 | 신국판 | 448쪽 | 24,000원

| 신라5 | 해심밀경소 제2 승의제상품
원측 | 백진순 옮김 | 신국판 | 508쪽 | 26,000원

| 신라6 | 해심밀경소 제3 심의식상품 제4 일체법상품
원측 | 백진순 옮김 | 신국판 | 332쪽 | 20,000원

| 신라7 | 해심밀경소 제5 무자성상품
원측 | 백진순 옮김 | 신국판 | 536쪽 | 27,000원

| 신라8 | 해심밀경소 제6 분별유가품 상
원측 | 백진순 옮김 | 신국판 | 480쪽 | 25,000원

| 신라9 | 해심밀경소 제6 분별유가품 하
원측 | 백진순 옮김 | 신국판 | 340쪽 | 20,000원

| 신라10 | 해심밀경소 제7 지바라밀다품
원측 | 백진순 옮김 | 신국판 | 568쪽 | 28,000원

| 신라11 | 해심밀경소 제8 여래성소작사품
원측 | 백진순 옮김 | 신국판 | 434쪽 | 24,000원

| 신라12 | 무량수경연의술문찬
경흥 | 한명숙 옮김 | 신국판 | 800쪽 | 35,000원

| 신라13 | 범망경보살계본사기 상권
원효 | 한명숙 옮김 | 신국판 | 272쪽 | 17,000원

| 신라14 | 화엄일승성불묘의
견등 | 김천학 옮김 | 신국판 | 264쪽 | 15,000원

| 신라15 | 범망경고적기
태현 | 한명숙 옮김 | 신국판 | 612쪽 | 28,000원

| 신라16 | 금강삼매경론
원효 | 김호귀 옮김 | 신국판 | 666쪽 | 32,000원

| 신라17 | 대승기신론소기회본
원효 | 은정희 옮김 | 신국판 | 536쪽 | 27,000원

| 신라18 | 미륵상생경종요 외
원효 | 성재헌 외 옮김 | 신국판 | 420쪽 | 22,000원

| 신라 19 | 대혜도경종요 외
원효 | 성재헌 외 옮김 | 신국판 | 256쪽 | 15,000원

| 신라 20 | 열반종요
원효 | 이평래 옮김 | 신국판 | 272쪽 | 16,000원

| 신라 21 | 이장의
원효 | 안성두 옮김 | 신국판 | 256쪽 | 15,000원

| 신라 22 | 본업경소 하권 외
원효 | 최원섭·이정희 옮김 | 신국판 | 368쪽 | 22,000원

| 신라 23 | 중변분별론소 제3권 외
원효 | 박인성 외 옮김 | 신국판 | 288쪽 | 17,000원

| 신라 24 | 지범요기조람집
원효·진원 | 한명숙 옮김 | 신국판 | 310쪽 | 19,000원

| 신라 25 | 집일 금광명경소
원효 | 한명숙 옮김 | 신국판 | 636쪽 | 31,000원

| 신라 26 | 복원본 무량수경술의기
의적 | 한명숙 옮김 | 신국판 | 500쪽 | 25,000원

| 신라 27 | 보살계본소
의적 | 한명숙 옮김 | 신국판 | 534쪽 | 27,000원

| 신라 28 | 집일 경론소기
원효 | 원과 외 옮김 | 신국판 | 374쪽 | 22,000원

| 신라 29 | 무량수경의소 외
법위·태현·의상·신방·혜초 | 한명숙 옮김 | 신국판 | 424쪽 | 24,000원

고·려·출·간·본

| 고려 1 | 일승법계도원통기
균여 | 최연식 옮김 | 신국판 | 216쪽 | 12,000원

| 고려 2 | 원감국사집
충지 | 이상현 옮김 | 신국판 | 480쪽 | 25,000원

| 고려 3 | 자비도량참법집해
조구 | 성재헌 옮김 | 신국판 | 696쪽 | 30,000원

| 고려 4 | 천태사교의
제관 | 최기표 옮김 | 4X6판 | 168쪽 | 10,000원

| 고려 5 | 대각국사집
의천 | 이상현 옮김 | 신국판 | 752쪽 | 32,000원

| 고려 6 | 법계도기총수록
저자 미상 | 해주 옮김 | 신국판 | 628쪽 | 30,000원

| 고려 7 | 보제존자삼종가
고봉 법장 | 하혜정 옮김 | 4X6판 | 216쪽 | 12,000원

| 고려 8 | 석가여래행적송·천태말학운묵화상경책
운묵 무기 | 김성욱·박인석 옮김 | 신국판 | 424쪽 | 24,000원

| 고려 9 | 법화영험전
요원 | 오지연 옮김 | 신국판 | 264쪽 | 17,000원

| 고려 10 | 남명천화상송증도가사실
□련 | 성재헌 옮김 | 신국판 | 418쪽 | 23,000원

| 고려 11 | 백운화상어록
백운 경한 | 조영미 옮김 | 신국판 | 348쪽 | 21,000원

| 고려 12 | 선문염송 염송설화 회본 1
혜심·각운 | 김영욱 옮김 | 신국판 | 724쪽 | 33,000원

| 고려 13 | 선문염송 염송설화 회본 2
혜심·각운 | 김영욱 옮김 | 신국판 | 670쪽 | 32,000원

| 고려 25 | 백화도량발원문약해 외
체원 | 곽철환·박인석 | 신국판 | 348쪽 | 21,000원

※ 한글본 한국불교전서는 계속 출간됩니다.

연담 유일蓮潭有一
(1720~1799)

자는 무이無二, 속성은 천千이며, 조선 후기 영정조 때 활약한 대강백大講伯이다. 영허靈虛, 벽하碧霞, 용암龍岩, 영곡靈谷, 호암虎岩, 설파雪坡, 풍암楓岩, 상월霜月, 용담龍潭, 영해影海 등 십대법사十大法師를 두루 참학하여 밀지를 얻고 교리에 능통하게 되었다. 동문인 설파 상언雪坡常彦과 절차탁마하여 화엄강석을 30여 년 동안 15회 주관하기도 하였다. 교학과 선학에 모두 능통하였으나 특히 화엄학에 정통한 것으로 알려졌으며 '화엄종주'라 일컬어지게 된 연유이기도 하다. 저술에는 『사집수기四集手記』, 『기신사족起信蛇足』, 『금강하목金剛鰕目』, 『원각사기圓覺私記』, 『현담사기玄談私記』, 『대교유망기大敎遺忘記』, 『제경회요諸經會要』, 『염송착병拈頌着柄』, 『임하록林下錄』 그리고 본 책인 『석전유해』가 있다.

옮긴이 조영미趙英美

성균관대학교 한문학과를 졸업하고, 서강대학교 국문학과에서 석사과정을, 성균관대학교 한문학과에서 박사과정을 졸업하였다. 현재 동국대학교 불교학술원에 전임연구원으로 있다. 논문으로는 「『禪門拈頌』의 公案 조직 양상과 언어 활용 연구」(박사학위논문), 「선불교의 공안에서 효와(譃訛)의 속성과 의미기능」, 「公案의 문제설정 방식과 疑團 형성 고찰」, 「조사들의 공안 활용법」, 「白雲景閑의 祖師禪 인식」(『정읍사상사』), 「한국 불교 사전 편찬 현황보고」, 「吞虛宅成의 禪 이해 관점-삼분법 사유 틀의 시사점과 한계」 등이 있고, 공동역주서에 『정선 선어록』, 『정선 공안집』, 『정선 휴정』 그리고 역주서에 『백운화상어록』, 『선원소류·선문재정록』이 있다.

증의
한명숙(동국대학교 불교학술원 조교수)